중국 근현대 천주교사 연구

중국 근현대 천주교사 연구

최 병 욱 지음

경인문화사

책을 펴내며

한국 천주교는 세계적으로 유래가 없을 정도로 외부 선교사의 선교 행위 없이 천주교 신앙 공동체가 18세기 중엽 이후 자생적으로 형성되었다. 그 계기는 당시 명나라 말기 중국에서 활동했던 마태오 리치의 『천주실의』가 조선에 전해진 영향 때문이었다. 당시 닫혀있었던 조선은 중국의 천주교 선교사를 통해 세계와 연결된 것이다. 최초 세례자 이승훈이 북경의 프랑스 예수회 선교사에게 세례를 받았고, 김대건과 최양업은 모두 아편전쟁으로 개항된 중국 상해에서 각각 페레올 주교와 마레스카 주교에게서 사제 서품을 받았다. 이렇게 한국의 천주교 역사는 중국 천주교 역사와 불가분의 관계에 있었다.

한편으로 중국 근현대 천주교사에 대한 연구는 아편전쟁 이후의 서양 열강과 중국과의 외교 관계, 그리고 근현대 중국 정치를 이해하는 중요한 포인트다. 왜냐하면 그리스도교 보호 조항이 불평등조약에 삽입되어 많은 외교적 분쟁을 낳았기 때문이었다. 또한 중국 근현대 천주교사 연구는 현재 중국과 교황청의 외교 관계의 문제를 이해하는 출발점이다. 현재까지 중국은 1951년 외국인 성직자들을 추방하고 교황청과 외교 관계를 단절한 상태이다. 현재 중국의 천주교 신자는 천만명을 넘을 것으로 예상하고 있다. 중국은 자체적으로 신부와 주교 서품을 하고 있으니 교황청 입장에서도 하루 빨리 중국과 외교 관계를 맺어 세계 가톨릭의 합일성을 이루고 광대한 중국 천주교 신자와 선교 지역을 획득하고자 할 것이다.

따라서 중국 근현대 천주교사에 대한 연구는 한국 천주교 역사와 중국 근현대 정치외교사, 그리고 현재 중국과 교황청과의 외교 관계 문제 등을 이해하는 바로미터가 될 수 있다. 현재 국내에 몇몇 중국 그리스도교 관련 연구서가 있지만 주로 개신교 위주이며, 한국 연구자에 의한 직접적인 중국 근현대 천주교 관련 연구서는 거의 없다고 할 수 있다. 이러한 측면에서 현재로서 이 책의 출판은 매우 중요한 의의가 있다고 할 것이다.

필자는 그동안 근현대 중국에서의 천주교 전파와 수용에 따른 중국과 서양의 외교적 마찰, 중국 사회 내의 그리스도교 신자와 비신자 사이의 갈등과 모순[교안(敎案), 즉 반그리스도교 운동으로 점철된 19세기 말~20세기 초 중국 지역사회에서의 갈등 양상, 이를 둘러싼 청나라 정부와 서양 열강과의 외교 문제], 그리고 그러한 갈등과 모순을 해결하려는 다양한 시도[교안의 큰 원인인 프랑스 선교 보호권 배제를 둘러싼 청 정부와 교황청과의 외교 관계 수립 시도와 이에 대한 청조 관리의 인식과 실천, 20세기 중국과 바티칸 외교 관계] 등 근현대 천주교의 중국 수용 과정에서의 문제에 대해 많은 연구를 진행해 왔다. 또한 필자는 '치유' 그리고 '대화와 소통'이라는 키워드로 중국 교회사를 다시 바라보면서 그리스도교와 중국 사회와의 충돌, 문화 간의 대립, 집단 기억의 상처 등을 치유하고 소통하고자 했던 사례들[마상백(馬相伯), 뱅상 레브, 첼소 코스탄티니의 중국 천주교 토착화 운동]을 살펴보았다. 이 책은 이러한 필자의 연구 성과를 전체적으로 정리한 것이라 할 수 있다.

이 책은 전체 총 3편으로 구성되어 있다. 전체 내용에 앞서 프롤로그에서는 이 책을 전체적으로 축약하고 있는 내용을 담고 있다. 그리스도교의 중국 전래, 의례논쟁과 천주교 금지 정책, 천주교 교구 역사, 중국 천주교와 조선의 관계, 프랑스 선교 보호권과 반그리스도교 운동, 천주교 토착화에 나선 사람들, 중국과 교황청의 외교 관계, 현대 중국의 천주교 현황의 순서로 중국 천주교의 과거와 현재에 대해 다루면서 조선 천주교와의 관련성도 언급하였다. 제1편[프랑스의 선교 보호권과 중국의 천주교 정책]에서는 프랑스가 어떻게 중국 천주교 선교의 보호자로 나서게 되었는지에 대한 역사적 과정, 아편전쟁 이후 황포조약 체결 당시의 프랑스 대표 라그르네가 중국 천주교 금지를 해제시킨 과정과 더불어 천주교의 중국 내지로서의 선교 확대와 이에 따른 중국의 대응에 대해서 살펴보았다. 제2편 [중국 천주교 토착화를 위한 대화와 소통]에서는 중국 천주교 토착화의 선구자라고 할 수 있는 중국인 예수회 신부 출신 마상백의 생애와 천주교 토착화 활동, 벨기에 선교수도회 출신의 뱅상 레브 신부의 중국 선교 활동, 교황 사절 첼소 코스탄티니의 중국 파견과 천주교 토착화 운동에 대해 살펴보았다. 제3편 [중국과 교황청의 외교 관계]에서는 중국과 교황청 사이의 외교 관계의 역사에 대해 다루고 있다. 중국과 교황청 외교 관계의 시작은 원나라부터이지만, 최초 외교 관계의 수립 노력은 청나라 말기에 이홍장(李鴻章)의 주도로부터이다. 1885년에서 1886년 사이에 벌어졌던 외교 관계 수립에 대한 과정, 그리고 그 과정에서 벌어지는 청조 관리들의 외교 관계 수립에 대한 인식에 대해 살펴보았다. 또한 20세기 중국과 교황청의 외교 관계의 역사를 재조명하면서 중국과 교황청의 외교 관계의 미래에 대해 고찰하였다.

이 책은 필자 혼자만의 역량으로 나오기 어려운 작업이었다. 이 책이 나오기까지 많은 분들의 도움이 있었다. 학부 시절부터 박사과정까지 지도교수님이신 송인서 선생님의 따뜻하신 지도가 없었다면 이 자리에 필자도 없었을 것이다. 송인서 선생님께 다시 한 번 깊이 감사드린다. 북방민족사에 대한 관심을 갖게 해주신 주채혁 선생님, 중국 현대사에 대해 날카로운 분석을 할 수 있게 해 주신 나현수 선생님께 감사드리며, 필자의 박사학위 논문을 세심하게 지도해 주시고 학자로서 한 걸음 성장하게 해 주신 박준수 선생님께 진심으로 감사드린다. 또한 대학원 시절부터 동서양의 통합적·교류적 시각에 관심을 가지고 세미나를 이끄시면서 필자에게 언제나 따뜻한 시선을 보내주신 권오

신 선생님께 감사드리며, 필자를 항상 배려해 주시고 역사 연구의 치밀함에 대해 생각하게 해 주시는 원정식 선생님과 정철웅 선생님께 감사드린다. 필자에게 언제나 애정을 주시는 유재춘 선생님, 엄찬호 선생님, 남의현 선생님께 감사드리며, 김대기 선생님에게도 언제나 감사한 마음이다. 이 책을 출판하는데 도움을 주신 이상배 선생님께 감사드리며, 한성주 선생님에게도 감사의 마음 전한다. 또한 바쁜 와중에도 교정을 해준 이원희 선생님에게 고마움의 마음을 전한다.

무미건조한 책에 사진을 제공해 주서서 내용을 더욱 풍부하게 해 주신 한국교회사연구소와 조한건 소장신부님, 국제가톨릭형제회(AFI) 김정옥 선생님, 그리고 홍콩교구 성신 신학교(Holy Spirit Seminary)와 吳書成 신부님께 감사드린다. 또한, 오래전부터 필자의 중국 교회사 연구에 항상 관심을 가져주시는 부산교회사연구소 한건 소장신부님께도 감사드린다. 현재 중국 교회사 연구 모임인 '아시아 천주교사연구회'에서 큰 힘이 되어주시는 조광 선생님, 장정란 선생님께 감사드리며, 연구회를 이끌어주시는 신의식 선생님, 그리고 금경숙 선생님을 비롯한 연구회원 선생님들께도 감사드린다. 어려운 여건에도 출판을 승낙해 주신 경인문화사 한정희 사장님과 편집부 여러분께도 감사의 인사 올린다. 끝으로 언제나 자식 걱정이신 부모님, 공부하는 사위를 지지해주시는 장인·장모님, 사랑하는 아내 지혜, 두 아들 재원·서원에게 고마운 마음을 전한다.

2020년 10월
최 병 욱

차 례

제2편 중국 천주교 토착화를 위한 대화와 소통

제3편 중국과 교황청의 외교 관계

프롤로그

중국 천주교의 과거와 현재

그리스도교[*]의 중국 전래

그리스도교가 중국에 처음 전파된 시기는 당(唐)나라 때인 635년이다. 흔히 경교(景敎)로 알려진 네스토리우스파 그리스도교를 말한다. 처음에는 페르시아에서 왔다는 의미에서 파사교(波斯敎)로 불렸다. '경교'라고 부른 것은 이 종교의 공덕이 매우 밝기 때문이었다. 경교에 대한 중국에서의 활동에 대해서는 서안(西安)의 비림(碑林)에 있는 대진경교유행중국비(大秦景敎流行中國碑)에서 확인할 수 있다. 이 비석은 781년에 세워졌지만 당 말기와 오대(五代) 시기를 거치면서 매몰되어 사라졌다가 명(明)나라 말기인 1623년에 발견되었다. 경교는 당나라 초기에는 국가의 보호를 받으며 발전했지만 당 말기에 이르러 불교 등 외래 종교 탄압의 영향 아래 쇠퇴했다. 이 탄압의 과정에서 경교가 당시 북쪽 초원지대의 일부 유목민들에게 전해졌고, 동방의 그리스도교 왕 프레스터 존(Prester John) 전설을 만들어냈다.

프레스터 존, 즉 사제왕 요한은 중세 유럽인들의 상상 속에 존재했던 허구적 인물로 당시 몽골초원에 경교를 믿었던 유목민들이 상당수 존재했기 때문에 나온 설화이다. 마르코 폴로는 『동방견문록』에서 케

---

* 이 책에서는 구체적으로 천주교(가톨릭), 개신교 등과 관련된 설명을 제외하고는 일률적으로 '그리스도교'라는 용어로 통일하였다. 그리스도교의 한자식 표현은 기독교로써 같은 의미이지만, 한국에서 기독교는 일반적으로 개신교로 통칭되므로 이 책에서는 그리스도교로 표현하였다.

레이트 부의 옹 칸을 프레스터 존이라고 불렀다. 마르코 폴로가 중국
에 방문했던 13세기는 몽골세계제국 시기이다. 마르코 폴로의 중국 방
문 이전에 이미 카르피니와 루브룩이 교황 사절로 몽골 카라코룸에 방
문하였다.

가톨릭, 즉 천주교가 정식으로 중국에 전래된 시기는 원(元)나라 때
이다. 1294년 교황청에서 파견된 몬테코르비노(Montecorvino) 대주교
가 원의 대도(大都) 즉 북경(北京)에 도착한 것이 그 출발점이었다. 교
황 클레멘스 5세는 1307년 대도에 칸발리크 대교구를 설립하였다. 몬
테코르비노 대주교는 중국에서 30여년 봉직하다가 1328년 북경에서
사망하였다. 교황청은 그의 후임으로 파리대학 신학교수였던 니콜라스
(Nicolas)를 임명했지만, 그가 중국에 도착했는지의 여부는 사료에 기
재되어 있지 않다. 여하튼 원대에는 천주교 선교가 허용되었지만, 원
이 멸망한 후인 명나라 때에 해금(海禁) 정책이 실시되었으며, 중국의
천주교는 세력을 잃었고 교황청과의 관계도 단절되고 말았다.

중국에 천주교가 다시 발을 내딛게 된 계기는 유럽의 대항해 시대

마테오 리치와 서광계

와 더불어 예수회 선교사의 아시아
선교가 시작되면서 부터이다. 예수회
선교사로서 최초로 아시아에 파견돼
인도와 일본 등지에서 선교를 했던
하비에르(Francisco Javier) 이후 많
은 예수회 선교사들이 아시아 선교
대열에 합류했다. 특히 이들 선교사
들의 선발권 및 배치권 뿐만 아니라
파견지에서의 교회 설립권과 주교
후보자 제청권 그리고 선교사들의
전반적인 보호의 임무를 가진 나라
는 포르투갈이었다. 이때부터 19세

기 중반까지 포르투갈은 아시아에서
천주교 선교 활동의 공식적인 보호
자였다.

 예수회 창설 멤버인 하비에르는
중국 선교의 필요성을 느껴 입국을
시도했지만 상천도(上川島)라는 섬에
서 1552년에 병으로 사망하였다. 공
교롭게도 같은 해 이탈리아에서 태어
난 마태오 리치(Matteo Ricci)는
1578년 3월 말, 14명의 선교사와 함
께 포르투갈의 리스본에서 출발하여
9월 13일 인도 고아에 도착하였다.
이후 마태오 리치는 중국 선교를 위
해 1582년 마카오에 도착, 1583년

흠천감에서의 아담 샬

광동(廣東)의 조경(肇慶)에 거주를 허가 받았다. 처음에는 승려로 가장
하여 6년을 거주했으며, 중국식 이름인 리마두(利瑪竇)로 활동했다.
마태오 리치는 선교 초기에 승려 복장을 착용했지만, 선교수단을 새롭
게 변화해야 한다는 것을 느꼈다. 그는 중국이 유교사회임을 점차 깨
달았고, 사회의 지배층인 신사(紳士)와의 긴밀한 유대관계를 맺는 것
이 중국 사회에서 선교사들이 적응할 수 있는 방법임을 알게 되었다.
이제 그는 유학자의 옷을 착용하고 유교 경전을 연구하는 서양 선비가
되었다. 그리고 마침내 1601년 자명종, 프리즘 등으로 황제의 환심을
사 북경 거주 허가를 받고 서광계(徐光啓) 등 명나라 고위 관료와의
밀접한 교류 관계를 맺으면서 <곤여만국전도(坤與萬國全圖)>, 『천주실
의(天主實義)』 등을 저술하였다. 이후 아담 샬, 페르비스트 등 마태오
리치의 후계자들이 명·청 시대에 흠천감(欽天監) 감정(監正)을 맡는
등 중국에서 예수회 선교사들의 활동은 두드러졌다.

의례논쟁과 금교(禁敎)정책

학자풍의 강희제

예수회 선교사들이 중국에서 성공적인 정착을 할 수 있었던 것은 마태오 리치의 적응주의적 선교방법, 즉 유교 전통에 어긋나지 않게 교리를 설명하여 위로부터의 포교를 꾀하는 태도가 크게 주효한 것으로 볼 수 있다. 그러나 이러한 선교방식은 가톨릭 내부로부터의 반발을 불러 일으켜 의례논쟁(儀禮論爭)이 발생하였다. 조상과 공자에 대한 제사를 인정하고 있는 것이나 중국인들이 예부터 믿고 있는 '상제(上帝)'나 '천(天)'을 전능하신 하느님으로 해석하고 있는 것은 다른 교파 선교사들에게는 도저히 용납할 수 없는 것이었다. 예수회 내부에서도 이에 대한 논쟁이 있었지만, 기타 유럽 선교사들은 조상이나 공자에 대한 제사는 우상숭배이며, 중국에서 말하는 '천'과 가톨릭에서 말하는 하느님은 근본적으로 같지 않다고 여겼다. 그들은 교황에게 예수회 선교사들을 고소했고, 이에 따른 논쟁이 1634년부터 1742년에 이르기까지 무려 백년에 걸쳐 진행되었다.

1700년 교황 클레멘스 11세는 중국의례 문제를 심사하게 했고, 결국 중국 천주교 신자들의 조상숭배를 금지한다는 교황의 교서가 중국 황제에게 전달되었다. 이에 강희제(康熙帝)는 궁정에서 복무하는 예수회 선교사를 제외한 모든 선교사를 추방하기에 이르렀다. 그리고 강희제의 뒤를 이은 옹정제(雍正帝)는 천주교 선교를 완전히 금지시켰다. 이제 선교사들은 궁궐 내에서 기술자나 화가 등으로 남아 있었으며,

선교 활동은 금지되었다. 건륭제(乾隆帝) 시기에는 강경한 천주교 금지 조치로 지방에서 활동하던 선교사들이 목숨을 잃는 경우도 많았다. 도광제(道光帝) 시기에 들어와서는 청나라 법률에 천주교 금지 조항이 규정되어 천주교는 왕조의 안전을 위협하는 사교(邪敎)의 지위로 전락했다. 이러한 중국의 천주교 금지 정책은 아편전쟁이 발발할 때 까지 120여 년간 지속되었다.

중국 천주교 교구 역사

천주교의 아시아 전파에 따라 1534년에 교황청은 포르투갈 소속의 인도 고아에 교구를 설립했다. 1553년 포르투갈이 마카오를 조차하자 1576년 교황 그레고리오 13세가 마카오 교구를 설립, 중국·일본·베트남 등의 선교 업무를 관할하도록 했다. 이로써 마카오 교구는 인도 고아 대교구에 소속되었고, 중국의 선교는 마카오를 중심으로 시작되었다. 1622년 6월 22일 교황 그레고리오 15세는 직접 전 세계의 선교 업무를 총괄하는 포교성(布敎省, Congregatio de Propaganda Fide)을 설립하였다. 1658년 교황 알렉산데르 7세는 중국과 기타 동아시아 국가를 위해 대목구(代牧區)를 설치, 직접 포교성에 속한 주교를 파견하여 선교지를 관리하려고 했다. 이에 팔뤼(François Pallu), 모트(Pierre Lambert de la Motte), 코톨랑디(Ignace Cotolendi) 등을 파견해 직접 동아시아의 선교지를 관리하고자 했다.

이들 중 처음으로 대목구장에 임명된 팔뤼는 안남(安南)·통킹[東京] 대목구장으로 중국의 운남(雲南)·귀주(貴州)·호광(湖廣)·광서(廣西)·사천(四川) 등 5개 성(省)의 선교 업무를 겸임 관리하게 했고, 모트는 코친차이나[交趾] 대목구장으로 중국의 절강(浙江)·복건(福建)·강서(江西)·광동(廣東) 등 4개 성의 선교 업무를 겸임 관리하도록 했고, 1660년에 코톨랑디가 중국 남경(南京)의 대목구장으로 강소(江蘇)·하남(河南)·산서(山西)·산동(山東)·섬서(陝西)와 조선의 선교 업무를 관할토록 했다. 하지만 1661년 1월 6일에 파리에서 출발한 코톨랑디 주교는 1662년 8월 16일 페르시아를 지나 인도로 가던 도중에 병사하고 말았다.

이렇게 교황청이 포교성의 설립을 통해 중국 선교지를 조정하자 포르투갈은 아시아 선교 보호권에 위협을 느꼈다. 1690년 교황 알렉산데르 8세는 포르투갈의 압력 하에 남경과 북경에 교구를 설립하였고, 이전에 설립된 마카오 교구까지 중국은 모두 3개의 교구가 설립되었다. 그리고 이 세 교구는 모두 인도 고아 대교구 소속이었다. 이때 남경교구 주교로 첫 중국인 나문조(羅文藻) 주교가 임명되었지만 다음해인 1691년에 사망하였다.

포르투갈이 중국 전 지역을 세 교구 중심으로 관할하고자 했지만, 교황청은 북경 교구는 직예(直隸)와 산동, 요동을 관할하고, 남경 교구는 강남과 하남, 마카오 교구는 광동과 광서 그리고 해남을 관할하도록 하고 나머지 각성(各省)에 대목구를 세우고자 했다. 1696년 8월에 포교성은 중국에 정식으로 9개의 대목구를 설립했다. 즉 복건, 절강, 강서, 사천, 운남, 호광, 귀주, 산서, 섬서 대목구이다. 표면적으로 보면 대목구제의 설립은 교구제와의 다툼으로 보이지만 실제로는 교황청이 포르투갈 및 뒤에 오는 스페인, 프랑스 등 서양 열강의 선교 보호권을 약화시키고자 하는 주요한 조처였다. 이로부터 중국 천주교는 정식으로 대목구제와 교구제가 병행하게 되었다.

1856년 북경, 남경 교구가 폐지되기 전에 중국에는 요동, 몽골, 산동, 산서, 섬서, 하남, 복건, 절강, 강서, 호광, 사천, 귀주, 운남 대목구가 있었으며 라싸 자치구도 따로 있었다. 이후 90년간 중국 천주교 교구는 부단히 증설되어 1946년 중국에 교계제가 설정되었을 때 마카오 교구를 제외하고 전국에 138개 교구가 설립되었다.

일반적으로 대목구 역시 수도회에 위임하여 관할했는데, 크게 파리외방전교회(사천, 운남, 귀주 및 만주, 광동 등 관할), 프란치스코회(호북, 산서, 호남, 산동 등), 선교수도회(복건, 절강, 광서 등), 예수회(강남 지역), 말씀의 선교 수도회(산동 동부지역), 성모성심회(몽골 지역) 등으로 나눌 수 있다. 1900년 통계에 의하면, 중국인 사제가 471명, 외국인 사제가 904명, 천주교 신자는 74만 명이며, 당시 중국 전체 인구는 4억이었다. 1903~1904년에 외국인 사제는 1,110명이었고, 중국인 사제는 534명이었다. 1919~1920년의 통계에 의하면, 외국인 사제는 1,417명이며, 중국인 사제가 963명이었다. 1928~1929년에 외국인 사제는 2,051명, 중국인 사제가 1,563명이었다. 1936년에는 외국인 사제가 2,717명, 중국인 사제는 1,835명이었으며, 1946년에는 사제가 5,000여명, 그중 중국인 사제는 2,000여명이었다.

조선 천주교, 중국을 통하다

조선과 서양의 만남은 명나라 말기 이래 북경을 오가던 사신을 통해 이루어졌다. 당시 천주교는 서학(西學)이라는 이름으로 서양 선교사의 직접 접촉이 아니라 중국에서 수입된 서적과 문물을 통해 조선에 전파되었다. 물론 서학이란 용어가 단순히 천주교만을 의미한 것은 아니었다. 서학은 천주교와 유럽의 과학기술 등을 모두 표현한 용어였다. 당시 북경의 흠천감과 천주당은 조선의 사신들이 공식적 임무가 끝난 후에 자주 찾던 명소였다. 조선 사신들은 이곳의 방문을 통해 서구 문물에 대한 지식을 얻고자 했고, 예수회 신부들도 조선 사신들의 요구에 응하여 서양의 문물이나 천주교의 성물, 한역서학서 등을 주었다. 이러한 교류는 조선에 서양 문명을 소개하고 문화적 영향을 끼침으로써 실학운동을 촉발시키는 계기가 되었다.

당시 조선 천주교 공동체 형성에 큰 영향을 미친 마태오 리치의『천주실의』는 동시대에 북경을 오갔던 이수광(李睟光)의『지봉유설(芝峯

類說)』에 이미 소개되고 있다. 『천주실의』는 얼마 후 조선에 들어와 유학자들의 큰 관심을 불러일으켰고, 천주교를 비판하고 배격하는 이들도 있었다. 하지만, 『천주실의』에 담겨져 있는 천주교 교리를 이해하고 소화하여 천주교 신앙에 도달하게 된 학자들도 있었다. 마침내 『천주실의』는 18세기 중엽 이후 이벽(李檗)·이승훈(李承薰)·권철신(權哲身) 등을 중심으로 천주교 신앙 공동체가 설립되는 데에 결정적인 영향을 미쳤다.

한편, 실학자로 유명한 홍대용은 1765년에 사신단의 일원으로 북경에 가서 천주당을 여러 번 방문하고 할러슈타인(A. von Hallerstein, 劉松齡) 등 서양 선교사들과 만나 서양 문물과 천주교 교리에 대해 대화를 나누기도 했다. 이러한 조선 사신들과의 접촉을 계기로 서양 선교사들은 조선 선교에 희망을 품기도 했다. 특히 병자호란 이후 볼모로 잡혀 갔던 소현세자는 약 70일 동안 흠천감 감정이자 예수회 선교사였던 아담 샬과 사귀면서 천주교와 서학을 접하게 되었다. 아담 샬은 귀국하던 소현세자에게 서학서와 천주교 서적, 성상 등을 선물하였다. 당시 청나라 황제는 소현세자를 보필할 궁녀와 환관들도 보냈는데, 환관들 가운데는 천주교 신자도 있어 아담 샬 신부는 조선으로 가게 된 환관에게 선교를 위한 교양 과정을 전수하였다. 그러나 소현세자가 귀국한 지 두 달 만에 갑자기 사망했기 때문에 이들 모두는 중국에 송환되었다. 이후에도 서양 선교사들의 조선 선교가 계속 시도되기는 했지만 1784년 이승훈(베드로)이 북경에서 그라몽(Jean de Grammont, 梁棟材) 신부로부터 세례를 받기 전까지는 조선인 어느 누구도 세례를 받지 못했으며, 1794년 12월 24일 중국인 주문모(周文謨, 야고보) 신부가 입국하기 전까지는 선교사가 조선에 들어오지 못했다.

프랑스 선교 보호권과 반그리스도교 운동

선교 보호권은 유럽의 대항해 시대에 교황이 스페인과 포르투갈 국왕에게 부여한 권한으로 선교사 선발권과 배치권 뿐만 아니라 식민지에서의 교회 설립권과 주교 후보자 제청권 및 십일조를 징수할 수 있는 권한이었다. 동아시아에 대한 선교 보호권은 포르투갈이 교황으로부터 부여받았다. 포르투갈의 선교 보호권은 교황이 직접 부여한 권한으로 프랑스의 선교 보호권과는 다르다. 프랑스의 선교 보호권을 좀더 구체적으로 말한다면, 프랑스가 청 왕조와 체결한 조약에서 법률적으로 보장받은 중국에서의 천주교 보호에 대한 권리를 말하는 것이다. 즉 중국에서 천주교 선교사들의 선교 활동을 보호하는 것, 천주교 선교사 및 교인과 관련된 교섭, 교안 처리의 대행 및 간섭 등으로 좀 더 좁혀 말할 수 있겠다.

사실 프랑스의 중국 선교 보호의 전례는 1685년 루이 14세의 프랑스 예수회 선교사 파견에서부터 시작된다고 할 것이다. 당시 퐁타네, 부베, 제르비용 등 선교사들이 1688년 2월 북경에 도착한 것이 프랑스의 중국 선교 보호의 첫 전례이다. 이후 프랑스 예수회는 중국에서 가장 큰 영향력 있는 예수회 조직으로 성장하였다. 1773년 예수회 해산때까지 프랑스 선교사는 90여 명이 활약했는데, 포르투갈 예수회 선교사와 비슷한 규모이지만 황실에서의 영향력은 훨씬 우세했다.

아편전쟁 이후 1844년 10월에 중국과 프랑스 사이에 황포조약(黃埔條約)이 체결되었는데, 당시 프랑스 대표 라그르네(Lagrené)는 조약의 교섭 기간 동안 조약 체결과는 별개로 천주교 선교 문제에 대한 교섭을 하여 중국 황제의 천주교 금지 해제를 이끌어 내었다. 바로 1846년 2월, 도광제(道光帝)의 천주교 금지 해제의 상유(上諭)가 발표된 것이다. 그러나 청나라의 천주교 박해는 여전히 중국 전역에서 행해졌고, 1856년 프랑스 선교사 샵들렌느(Auguste Chapdelaine)가 광서 서림(西林)에서 살해되는 사건으로 인해 프랑스는 영국과 함께 제2차 아편전쟁에 참여하였다. 제2차 아편전쟁의 결과인 천진조약(1858)과 북경조약(1860)의 체결로 내지 여행의 자유와 함께 중국에서의 천주교 신앙의 자유가 인정되었다. 또한 강희제 이래 몰수된 천주당 및 교회 재산을 북경주재 프랑스 공사에게 교부해야 함을 조약에 명시하였고, 프랑스 선교사는 각 지역에서 자유로이 토지를 사거나 빌려서 건물을 세울 수 있다는 규정이 추가되어 법률적으로 프랑스의 선교 보호권이 인정되었다.

일반적으로 중국의 반그리스도교 운동 즉, 교안(敎案)은 천진조약과 북경조약의 결과인 서양 선교사의 내지 선교의 자유와 프랑스 선교사가 불법적으로 삽입한 부동산조매권을 획득함으로써 이에 대한 지역 사회에서의 민(民)·교(敎) 간 갈등이 중국 전역으로 확대되어 나타난 것이다. 특히 프랑스가 천주교 선교 보호권을 북경조약을 통해 획득한 이후 반그리스도교 운동은 이제 단순히 지역사회에서의 종교적 분쟁이 아니라 교안을 빌미로 열강이 간섭하는 등 항상 외교적 문제로 비화되었다. 그러나 최대의 반그리스도교 운동이라 할 수 있는 의화단(義和團) 사건 이후 그 결과인 신축조약에 따라 이제 외국 선교사와 중국 그리스도교 신자는 청 정부가 보호해야 할 대상이 되었고, 어떠한 반외세, 반그리스도교의 행동도 용납하지 않게 되었다.

중국 상해와 조선 천주교

아편전쟁 이후 세계에서 가장 주목받는 도시가 된 상해(上海)는 한국 천주교 역사에서도 매우 중심적인 역할을 한 곳이다. 김대건이 1845년 8월 17일 상해 포동(浦東) 지역에 있는 김가항(金家巷) 성당에서 페레올(Ferréol) 주교로부터 사제 서품을 받았다. 또한 김대건 신부와 마카오 신학교에서 사제 교육을 받았던 최양업이 상해 예수회의

서가회(徐家匯) 신학원에서 신학 공부를 마친 후, 1849년 4월 15일
남경 교구장 서리 마레스카(F.X. Maresca) 주교에게서 사제 서품을
받음으로써 조선인으로서는 두 번째 사제가 되었다.

또한 남경조약이 체결되기 바로 전인 1842년 7월 상해에 도착한 프
랑스 예수회 선교사 고틀랑(Claude Gotteland) 신부는 김대건이 마카
오에서 조선으로 돌아와 활동하며 선교사들의 입국 경로를 조사하기
위해 배를 이끌고 1845년 6월 상해에 도착했을 때 김대건 일행을 찾
아와 고해성사를 주고, 미사도 봉헌하였다. 고틀랑 신부는 1847년에
서가회를 예수회 중심기지로 삼고 1848년 서가회에 신학원을 세웠는
데, 이 곳 신학원에서 최양업 부제가 1년 정도 신학을 공부하고 사제
서품을 받았던 것이다.

또한 한국 천주교 역사에서 황사영 백서사건과 더불어 가장 큰 스
캔들로 여겨지는 페롱(Stanislas Féron) 신부 가담의 오페르트(Ernst
Oppert) 도굴 사건의 출발지가 바로 상해였다. 오페르트 사건의 출발
지라고 할 수 있는 상해는 아편전쟁 이후 설치된 조계 지역을 바탕으
로 발전했는데, 특히 1860년대를 기점으로 동방의 런던, 혹은 동방의
파리로 불릴 만큼 크게 발전했기 때문에 서양 상인이나 선교사들의 활
동무대였다. 당시 상해는 강남 선교지로서 예수회의 선교 관할 지역이
었지만, 많은 천주교 선교회가 상해에 경제활동을 담당하는 사무소를
차려 선교회 상해 대표부로 활용했기에 선교사들도 많이 활동하고 있
었다. 당시 파리외방전교회 상해 대표부에 머물렀던 페롱 신부는 조선
에서의 천주교 선교의 새로운 돌파구를 마련하기 위해 조선인 천주교
신자와 함께 남연군묘 도굴 사건을 기획했던 것이다. 이 사건으로 인
해 흥선 대원군의 서양 세력에 대한 강경한 태도는 더욱 강화되었고
천주교에 대한 박해는 최고조에 달했다.

중국 천주교 토착화에 나선 사람들

19세기 이래 중국 반그리스도교 운동의 어두운 장막을 드리우고 있었던 것은 사실 중국 천주교회가 직접적으로 교황청에 의해 관리되는 것이 아니라 프랑스 선교 보호권에 의해 관리를 받고 있는 종속적 체제에 있다는 것과 프랑스 선교사를 비롯한 천주교 선교사들의 제국주의적 태도가 주된 것이라고 볼 수 있다. 결국, 이러한 문제는 천주교 내부의 자기성찰이 먼저 진행되어야 중국 사회에서의 맹목적인 배외주의와 반그리스도교에 대한 중국인의 감정이 치유될 수 있는 것이다.

20세기 벽두에 일어난 의화단 사건이라는 엄청난 국가·사회적 희생을 치른 다음에야 천주교 내부에서도 자기성찰이 나오게 되었지만, 당시까지만 하더라도 이러한 그리스도교 반대 정서와 사회적 폐해를 바로 잡으려고 노력했던 천주교 내부 인사는 극히 한정적이었다. 특히 중국에 온 많은 서양 천주교 선교사는 그렇지 않았다. 그래도 개별적으로 서양 선교사가 천주교회의 제국주의적 행태에 대해 비판을 하고 반성을 하였다. 벨기에 국적의 선교수도회 소속 선교사 뱅상 레브(Vincent Lebbe)가 대표적인 인물이었다. 또한 한 때 예수회 신부였던 중국인 천주교 신자 마상백(馬相伯)은 천주교 가치와 서양 선교사들의 행동에 모순이 존재함을 느끼고 이를 바로 잡으려는 노력의 일환으로 천주교의 토착화 운동에 뛰어들었다.

뱅상 레브, 마상백 등의 중국 천주교의 토착화에 대한 노력은 교황청의 새로운 선교정책과 맞물려 베네딕도 15세의 선교회칙 막시뭄 일룻(Maximun illud)을 이끌어내었다. 교황청은 1922년 코스탄티니(Celso Costantini)를 첫 교황 사절로 중국에 파견하여 중국 천주교의 토착화 사업을 진행하였다. 1926년에는 교황 비오 11세가 로마에서 친히 6명의 중국인 주교를 축성하였다. 1930년대에 이르면 중국인 주교는 이미 23명에 달하고 중국인 신부는 1,600여명에 이르렀으며, 수녀는

3,600명에 달했고, 중국의 천주교 신자는 300만 명에 달했다. 1946년에는 전경신(田耕莘) 주교가 아시아인 최초로 추기경으로 임명되었다. 이후 중국 대륙이 공산화되면서 교황청과 외교 관계가 단절되었지만, 마상백과 뱅상 레브는 중국 대륙과 대만에서 모두 중국 천주교 토착화 운동의 선구자로 평가받고 있다. 또한 제2차 바티칸 공의회의 쇄신을 미리 보여 주고 토착화와 지역 교회의 성장과 현지인 사제의 양성을 촉진하면서 광범한 활동을 펼친 코스탄티니는 제2차 바티칸 공의회의 선구자들 가운데 한 명이 되었다.

중국과 교황청의 외교 관계

중국은 1951년 외국인 성직자들을 추방하고 교황청과 외교 관계를 단절한 상태이다. 현재 중국은 '하나의 중국(One China)'을 강조하고 있다. 따라서 중국은 교황청에 대해 외교 관계의 정상화를 꾀하기 전에 우선적으로 대만과 외교 관계를 단절해야 한다고 말하고 있다. 또한 교황의 중국 주교 서품은 중국 정부가 내정 간섭으로 생각하기 때문에 외교 관계 수립에 걸림돌이 되고 있다. 이에 따라 중국이나 교황청 모두 자국의 현재 상황에 따라 상호 외교 관계에 대한 실익을 모색하고 있는 실정이다.

중국과 교황청의 외교 관계 수립 노력은 19세기 말부터 중국 정부와 교황청 사이에 계속적으로 진행되었던 것이지만, 중국에서 천주교 선교 보호권을 유지하려는 프랑스의 방해로 이루어지지 못하다가 1940년대 이후에야 공식적으로 중국과 교황청 사이에 외교 관계가 이루어졌다. 그러나 중화인민공화국 성립 이후 쌍방은 단절의 역사를 밟아왔다.

1922년 교황 비오 11세가 처음으로 중국에 첫 교황 사절로 첼소 코스탄티니를 파견했지만, 외교적 신분은 갖지 못하였다. 그는 중국 첫 공의회를 개최하고 중국인 주교 축성을 주도하는 등 중국 천주교의 토착화 작업에 매진하였다. 후임 중국 교황 사절로 자닌(Mario zanin)이 파견되었다. 자닌의 주요 임무는 공교진행회(公敎進行會) 조직의 정비였다. 평신도 사도직 운동인 공교진행회는 우빈(于斌) 주교가 총감독을 맡았다. 당시 자닌과 국민정부와의 관계는 매우 양호했지만, 중일전쟁 시기 자닌의 중립 외교로 중국과 교황청 사이에 외교적 마찰이 일어나 국민정부가 교황청에 항의하기도 하였다.

1940년, 중국과 교황청의 외교 관계 수립을 방해했던 프랑스가 독일에 투항하자 국민정부는 바티칸과 외교 관계 수립을 적극적으로 개시하였다. 1942년, 바티칸은 중국이 교황청에 사절을 파견하는 것에 동의하였고, 중국 국민정부는 1942년 6월에 사수강(謝壽康)을 교황청 공사에 임명하였다. 마침내 1946년 7월에 교황청은 리베리(Antonio Riberi) 대주교를 초대 중국 교황 공사로 임명하였다.

리베리 공사가 임명되었을 때에는 국민당과 공산당이 중국 대륙의 패권을 차지하기 위한 내전을 벌이고 있던 시기였다. 국공내전 이후 중국 공산당이 사실상 중국의 패권을 차지했음에도 불구하고 교황청은 교회 성직자가 직위를 버리고 도망가는 것을 금지했고, 초기에는 중국 공산당과의 대립은 없었다. 그러나 1950년 말, 중국 그리스도인들은 완전한 독립 의지를 천명하는 세 개의 자주독립 운동을 전개해야만 했다. 중국의 공산당 정부는 외세의 영향으로부터 철저히 독립할 것을 모든 사회 계층에 요구하면서 삼자운동(三自運動), 즉 자치(自治), 자전(自傳), 자양(自養) 운동을 전개했다. 중국 천주교회는 로마에서 독립된 본토 중국 교회의 수립에 동참해야 했다. 1951년 2월, 중국 정부는 자주독립 운동의 일환으로 모든 방법을 동원하여 외국 선교사들을 출국시킬 수 있는 국가종교사무국을 신설했다. 그리고 1951년 9월, 2개월의 연금 후 리베리 공사는 중국에서 추방되었다. 이와 동시에 중국 공산당은 외국인 선교사를 추방하기 시작했고, 교황에 충성을 맹세하는 중국인 성직자 및 수녀와 신자들을 감금하였다. 중국 천주교는 교계제도에서 이탈하기 시작했다. 즉 중국 정부는 중국 천주교회가 스스로 주교를 선출하고 서품할 수 있도록 요구하였다. 1957년, 천주교 관제 단체기구인 중국천주교애국회가 성립하였고, 애국회는 주교 선출 등 교회의 모든 사무를 주관, 통제하였다. 이로써 교회 내부는 애국 혹은 지하교회로 분열되었다. 중국 정부의 이러한 조치로 인해 교황청과의 외교 관계는 현재까지 단절된 상태로 이어져 오고 있다.

현대 중국의 천주교

2000년 이후 중국 정부는 자국 내 천주교 신자가 400만 명이라고 주장하고 있지만 정부가 인정하지 않는 비공식 지하교회 신자까지 포함한다면 중국의 천주교 신자는 1,000만 명이 넘을 것으로 예상하고 있다. 2018년 홍콩 교구 산하 성신연구소(聖神研究中心, Holy Spirit Study Centre)의 통계 발표에 의하면, 중국의 천주교 신자는 약 1,000만 명이며, 교구 146개(정부 통계 96개), 주교 100명(76명이 재직 중이며, 24명은 재직하지 않음. 76명의 재직 주교 중 공식 57명, 비공식 19명), 신부는 애국교회 2,550명, 지하교회 1,320명이라고 하였다. 따라서 교황청 입장에서는 하루 빨리 교황의 중국 주교 서품의 권한을 회복하여 광대한 중국 천주교 신자와 선교지역을 획득하고자 할 것이다.

하지만 현재 중국과 교황청은 매우 풀기 어려운 난제에 직면해 있다. 양측의 외교 관계 수립의 최대 걸림돌은 의심할 여지없이 주교의 선임 문제이다. 주교 임명권과 관련하여 교회법에서는 교황만이 주교를 임명하거나 추인한다고 명시되어 있기 때문에 중국 정부가 천주교 주교를 스스로 선출하여 축성하는 행위는 교회법과 정면으로 배치되는 것이다. 이러한 측면을 고려하여 중국과 교황청 사이의 미래 변화는 '베트남 모델'을 따를 가능성이 있다. 베트남 모델은 중국 정부가 교황청에 제출하는 주교 후보자 명부에 대한 동의권을 행사하고 교황청의 결정을 확인하는 과정을 거치는 방식으로 최종적으로는 교황이 주교를 임명하는 시스템이다.

최근 중국과 교황청과의 관계 개선의 징후가 보이고 있다. 양측은 2018년 9월 북경에서 '주교 임명에 관한 잠정 합의문'에 서명했다. 중국이 교황을 세계 천주교의 수장으로 인정하는 대신 교황은 중국 정부가 교황의 승인을 받지 않고 임명한 주교 7명을 승인하기로 합의했다. 이후 2019년 8월 중국과 교황청이 공동으로 승인한 첫 주교들이 임명되었다. 중국 북부 내몽골의 안토니오 야오순(Antonio Yao Shun, 姚順) 신부는 8월 26일 우란차부(烏蘭察布) 지닝(集寧) 교구 주교로 임명되었다. 또한 8월 28일 중국의 스테파노 쉬홍웨이(Stefano Xu Hongwei, 胥宏偉) 신부가 교황의 승인을 받고 주교로 서품되었다.

현재로서는 중국과 교황청 모두 대(大)를 위해 소(小)를 희생할 가능성이 매우 높다. 즉 중국 입장에서는 교황청과의 수교를 통해 대만을 국제적으로 더욱 고립시키고 현재 진행되고 있는 대만의 독립노선에 제동을 걸 수 있기 때문이다. 교황청 입장에서는 교황의 중국 주교 서품의 권한을 회복하여 세계 가톨릭의 합일성을 이루고 광대한 중국 천주교 신자를 얻게 되는 것이기 때문이다. 중국과 교황청의 중요한 차이는 바로 중국의 입장에서는 정치적 통일이며, 교회의 입장에서는 신앙상의 합일이라고 볼 수 있다.

제 1 편

프랑스의 선교 보호권과
중국의 천주교 정책

제1장 프랑스 선교 보호권의 기원과 성립

1. 선교 보호권의 의미

역사적으로 볼 때, 어떤 지역 혹은 국가에서의 종교에 대한 보호 권리는 상위의 정신적 권력으로부터 위임되거나 해당 국가의 법률적 보호에 의해 부여되는 방식으로 크게 나누어 볼 수 있다. 중국의 경우, 포르투갈의 선교 보호권이 전자의 경우에 해당하며, 1844년부터 1860년까지 프랑스와 청나라 사이에 체결된 일련의 조약에 의해 비준된 보호 권리는 후자의 경우에 속한다고 할 수 있다. 포르투갈은 유럽의 대항해시대 이후 교황으로부터 아시아에 대한 천주교 선교의 보호 권리를 부여받았다. 반면, 프랑스는 황포조약(黃埔條約), 천진조약(天津條約), 북경조약(北京條約)에서 규정된 종교 보호 조항을 통해 중국에서의 천주교 보호에 대한 권리를 법률적으로 보장받았다. 전자는 교황이 위임하는 권리인데, 그 위임이 파기되거나 권리를 이행할 수 없을 시에는 효력을 잃게 된다. 그런데 이 권리는 해당 국가의 입장에서는 큰 의미가 없다고 볼 수 있다. 후자는 그 권한의 행사 범위가 한정되지만, 교황으로부터가 아닌 바로 해당 당사국과 체결된 조약에 의해 보장된 종교 보호의 권리였다. 통상적으로 근대에 비준된 조약들이 갖는 불평등성을 고려해 본다면, 사실상 이러한 권리는 당사국과 보호국 간의 정치·경제·문화 등 사회 전반에 끼치는 부정적 영향을 드러내 보이고 있었다.

선교 보호권은 '보호권(保護權)'[1] '호교권(護敎權)'[2] 등으로도 쓰이는데, 중국 학계에서는 '보교권(保敎權)'[3]이라는 용어를 쓰고 있다. 필자를 포함한 국내 중국사 연구자들도 일반적으로 중국 학계의 영향을 받아 '보교권'이라는 용어를 썼지만,[4] 국내 교회사 연구자들은 보호권 혹은 선교 보호권이라는 용어를 써 왔다. 따라서 이 책에서는 보교권이라는 생소한 용어 보다는 선교를 보호한다는 뜻이 명확히 나타나는 '선교 보호권'으로 표기할 것이다.

포르투갈의 선교 보호권은 교황이 직접 부여한 권한으로 프랑스의 선교 보호권과는 다르다. 근현대 프랑스의 중국 선교 보호권을 좀 더 구체적으로 말한다면, 프랑스가 청나라와 체결한 조약에서 법률적으로 보장받은 중국에서의 천주교 보호에 대한 권리를 말하는 것이다. 즉 중국에서의 천주교 선교사들의 선교 활동을 보호하는 것, 천주교 선교사 및 교인과 관련된 교섭, 교안(敎案) 즉 반그리스도교 운동의 처리 대행 및 간섭 등으로 좀 더 좁혀 말할 수 있겠다. 이 글에서는 그 보다 더 확대하여 근대 조약 체결 이전의 상황까지도 고려한 의미로 보면 타당할 것이다.

---

1) 한국가톨릭대사전 편찬위원회, 1997, 『한국가톨릭대사전』5, 한국교회사연구소, 3489~3490쪽 ; 矢野仁一, 1916, 「支那に於ける天主教の保護權に就て」, 『史林』第1卷 第1號.
2) 張天護, 1936, 「法國之護教政策」, 『外交月報』, 第9卷 第6期, 北平: 外交月報社.
3) 龔政定, 1962, 「法國在華之保教權」, 臺北: 國立政治大學碩士論文 ; 李師洲, 1990, 「帝國主義列强在華保教權的沿革」, 『山東大學學報』, 第2期 ; 顧衛民, 2002, 「近代中國的保教權問題」, 中國義和團研究會 編, 『義和團運動100周年國際學術討論會論文集』下, 濟南: 山東大學出版社 등이 있다.
4) 최병욱, 2004, 「중국에서의 프랑스 '保教權'의 기원과 성립 - 淸初 프랑스 예수회 선교사의 중국파견에서 淸佛<北京條約>의 체결까지」, 『明淸史研究』 22 ; 이은자, 2002, 『의화단운동 전후의 산동 - 민간종교결사와 권회에 관한 연구』, 고려대학교 출판부, 123·183쪽 ; 신의식, 2002, 「天主教 解禁(1840년) 前後의 傳教 狀況變化」, 『中國學論叢』13, 201~205쪽.

따라서 근대 중국 외교사 및 중국에서의 교안을 연구할 때, 프랑스를 중심으로 하는 열강의 선교 보호권은 매우 중요한 문제이다. 왜냐하면 선교 보호권이야말로 당시 중국과 서양 열강 간의 불평등한 세력 관계를 짐작해 볼 수 있는 대표적 사례 중 하나이기 때문이다. 중국 천주교 선교 보호권에 대한 앞선 연구 성과가 있지만 기존의 연구들은 천주교 보호권에 대한 개괄적인 흐름만을 다루고 있거나 프랑스의 선교 보호권이 중국에 대한 경제적·정치적 교두보의 역할로만 작용했다고 보는 시각이 대부분이다. 또한, 대부분 연구가 근대 이후 체결된 조약 속에서의 선교 보호권 획득을 주로 다루고 있다. 그러나 중국에서의 프랑스 선교 보호권은 근대 이전에서 그 '기원'을 찾아야 한다. 따라서 청나라 초기 프랑스 예수회 선교사의 파견 문제를 고려해야 할 필요가 있다. 왜냐하면 근대 불평등조약을 통한 천주교 보호의 법률적 보장의 이면에는 프랑스가 17~18세기에 중국에 세워놓은 천주교 보호의 전례가 있었기 때문이다.

중국에서의 프랑스 선교 보호권은 근대 이후 조약을 통해 획득했지만, 사실 그것은 청나라 초기 즉 루이 14세 시기 프랑스 예수회 선교사의 중국 파견에 그 기원을 두고 있다. 프랑스의 선교 보호권은 중국에서 선행자들이 쌓아놓은 선교 보호라는 관례와 이른바 조약의 시대라고 하는 19세기의 조약법에 기초하고 있다. 다만, 프랑스의 선교 보호권의 기원이 후세들에게 영향을 미친 것은 사실이지만, 그것이 아시아의 근대라고 하는 상황 하에서 결국 다른 양상으로 나타나고 전개되었다는 것이다.

이 글은 프랑스 예수회 선교사 파견의 목적과 청나라가 프랑스와 체결했던 조약 속의 천주교 보호 조항이 내포하고 있는 의미를 통해 중국에서의 프랑스 선교 보호권에 대해 고찰할 것이다. 먼저 선교 보호권의 시초였던 포르투갈의 아시아 선교 보호권을 간략하게 언급할 것이고, 이어 17세기말 예수회 선교사 파견을 통한 프랑스의 천주교 보호의 의미에 대해 고찰해 본 후, 그것의 결과물이라고 할 수 있는 근대 불평등조약을 통한 선교 보호권 성립에 대해 살펴보겠다. 이를 통해 근대 중국의 불평등조약에서 나타났던 선교 조항이 근대 이전의 프랑스 선교 보호 정책의 기원 하에 나타났으며, 그러한 선교 보호의 기원이 조약을 체결함으로써 선교 보호의 권리로 성립되는 과정을 추적해 볼 것이다. 또한 프랑스 선교 보호권의 '기원'과 '성립'을 고찰함으로써 천주교 선교 보호권 자체가 중국에서 프랑스의 독특한 정책이었음을 살펴보고자 한다.

2. 포르투갈의 선교 보호권

유럽에서 종교개혁이 확산되자 천주교 내부에서도 변화의 움직임이 일어났다. 그 변화 중의 하나가 바로 로욜라(Ignatius de Loyola)를 중심으로 하는 예수회(Society of Jesus)의 창설이었다. 예수회는 교황에 대한 충성과 엄격한 군대식 규율을 앞세워 선교 활동과 교육 사업에 주력했다. 예수회의 중심 사업은 유럽에서 위축되고 있는 천주교 영역을 아메리카와 아시아 등지로 확대시키는 것이었다. 예수회 선교사로서 최초로 아시아에 파견돼 인도와 일본 등지에서 선교를 했던 하비에르(Francisco Javier) 이후 많은 예수회 선교사들이 아시아 선교 대열에 합류했다. 특히 이들 선교사들의 선발권과 배치권 뿐만 아니라 파견지에서의 교회 설립권과 주교 후보자 제청권 그리고 선교사들의 전반적인 보호의 임무를 가진 나라는 포르투갈이었다.

19세기 중반까지 포르투갈은 아시아에서 천주교 선교 활동의 공식적인 보호자였다. 교황은 포르투갈 국왕에게 식민지 개척의 독점권을 인정하는 한편, 그 식민지에서의 선교 활동을 후원할 권한과 의무도 함께 맡도록 하였다. 교황 니콜라오 5세(Nicolaus Ⅴ)는 1452년 6월 18일 교황 칙서 <둠 디베르사스>(Dum Diversas)를 반포하여 포르투갈 국왕 아폰수(Afonso) 5세에게 아프리카 지역에서 사라센인 및 이교도들을 정복하여 이들을 종신노예로 삼을 것을 허가하였다. 그리고 1455년 1월 8일에는 교황 칙서 <로마누스 폰티펙스>(Romanus Pontifex)를 반포하고 그 권한을 확대하여 아시아 지역에도 적용하였다.5) 이어 교황 알렉산데르 6세(Alexander Ⅵ)는 1493년에 포르투갈 국왕에게 동아시아의 선교 보호권을 부여했고, 1534년에 교황청은 포르투갈 소속의 인도 고아에 주교좌를 설립해, 동아시아의 선교 업무를 관할케 했다.6) 1553년 포르투갈은 마카오를 조차하고, 1576년 1월 23일 교황 그레고리오 13세(Gregorius XIII)가 마카오 교구를 설립, 중국·일본·베트남 등의 선교 업무를 관할하도록 했다. 이로써 마카오 교구는 인도 고아 대교구에 소속되었고,7) 중국의 선교는 마카오를 중심으로 시작되었다.

교황이 부여한 포르투갈의 동아시아 선교 보호권에는 많은 권리가 내포돼 있었다. 유럽에서 출발하는 모든 선교사는 동아시아로 가기 전에 반드시 리스본을 거쳐, 포르투갈 국왕의 비준을 받아야 하며, 선교사는 교황에게 충성을 맹세하는 것 이외에 국왕의 보호권을 승인하는 선서를 해야 했다. 또한 교황은 동아시아의 주교를 인선할 때에는 반드시 포르투갈 국왕의 추천을 받아야 했고, 동아시아의 선교 업무와 각국 정부와의 교섭도 포르투갈 국왕이 사절을 파견해 처리했다. 그러나 이러한 권리를 갖는 동시에 포르투갈은 선교 경비를 보조하고, 선교사를 파견하는 의무를 져야 했다.8) 이 같은 포르투갈의 동아시아 선

---

5) 조현범, 2012, 「세계 교회의 흐름과 교계제도의 설정 −동아시아 선교 정책의 변화를 중심으로」, 『교회사연구』 40, 8쪽. 이하 교황에 대한 한글, 라틴어 표기는 루돌프 피셔-볼페르트 지음, 안명옥 옮김, 2001, 『교황사전』, 가톨릭대학교출판사 ; 『한국가톨릭대사전』 1을 참고했다.

6) 羅光, 1984, 『教廷與中國使節史』, 臺北: 傳記文學出版社, 176쪽.

7) 羅光, 1967, 「中國天主教歷代分區沿革史」, 羅光 主編, 『天主教在華傳教史集』, 臺北: 光啓出版社·徵祥出版社·香港眞理學會 聯合出版, 300쪽.

8) 羅光, 1984, 176쪽 ; 龍思泰(Anders Ljungstedt) 著, 吳義雄·郭德焱·沈正邦

교 보호권에 근거하면, 교황은 단지 포르투갈 국왕을 통해 간접적으로
동아시아 각국의 교무를 관리할 뿐이었다.

그러나 16세기말 이후 포르투갈이 국력이 약화됨에 따라 동아시아
의 선교 보호에 전력을 다하기 어렵게 되자 변화가 발생하게 되었다.
포르투갈의 보호권 약화를 틈타 1608년에 교황 바오로 5세(Paulus
V), 1633년에 우르바노 8세(Urbanus Ⅷ)는 모든 수도회의 선교사가
동아시아로 갈 때 포르투갈 국왕의 요구대로 리스본에서 승선할 필요
가 없다는 성명을 발표했다.9) 이 성명은 아시아에 대한 포르투갈의 선
교 보호권을 약화시키고자 한 것이다.

또한 1622년 6월 22일 교황 그레고리오 15세(Gregorius XV)는 직
접 전 세계의 선교 업무를 총괄하는 포교성(布敎省)10)을 창설해 포르
투갈의 선교 보호권을 제한하려 했다. 1658년에 교황 알렉산데르 7세
(Alexander Ⅶ)는 중국과 기타 동아시아 국가를 위해 교황 대리 감목
구, 즉 대목구(代牧區)11)를 설치, 직접 포교성성에 속한 주교를 파견

　　譯, 章文欽 校注, 1997,『早期澳門史』, 北京: 東方出版社, 174쪽. 이하 이 책
　　에서 중문으로 번역된 서양 문헌의 저자는 '중문이름(原著者 이름)' 방식으
　　로 쓸 것이며, 이후 인용할 때에는 원저자의 이름을 그대로 쓰겠다. 또한 앞
　　에서 인용한 논저는 특별한 설명이 없는 한 '羅光, 1984' 방식으로 약칭할 것
　　이며, 1차 자료를 뒤에서 인용할 경우에는 자료명만 명기할 것임을 밝힌다.
　9) 羅光, 1984, 77쪽.
　10) 정식 교계제도가 설정되지 않은 선교 지방이나 교계제도가 설정되었지만, 교
　　회가 충분히 성장하지 못한 지역 교회를 전반적으로 보살피고 지휘·감독하는
　　교황청의 성(省) 가운데 하나이다. 처음에는 포교성(布敎省, Congregatio de
　　Propaganda Fide)으로 명명되다가, 20세기에 들어와 포교성성(布敎聖省,
　　Sacra Congregatio de Propaganda Fide)으로 명칭이 개편되었으며, 현재는
　　인류복음화성(Congregatio pro Gentium Evangelizatione)이라고 한다.『한국
　　가톨릭대사전』9, 7144~7145쪽. 이 책에서는 현재에도 여전히 많이 사용하고
　　있는 용어인 '포교성성'으로 쓰겠다. 중국에서는 전신부(傳信部)라는 표현을
　　쓰고 있다.
　11) 대목구(라틴어:Vicariatus Apostolicus, 영문:Apostolic Vicariate)는 선교 지방
　　에 아직 정식 교계제도가 설정되기 어려운 지역에 설치된다. 이 지역은 고유

하여 선교구를 관리하려고 했으며, 프랑수아 팔뤼(François Pallu), 피에르 랑베르 드 라 모트(Pierre Lambert de la Motte), 이냐스 코톨랑디(Ignace Cotolendi) 등을 파견해 직접 동아시아의 선교구를 관리하려 했다.12)

이들 중 처음으로 대목구장에 임명된 팔뤼는 안남(安南)·통킹[東京] 대목구장으로 중국의 운남(雲南)·귀주(貴州)·호광(湖廣)·광서(廣西)·사천(四川) 등 5개 성의 교무를 겸임 관리했고, 모트는 코친차이나[交趾] 대목구장으로 중국의 절강(浙江)·복건(福建)·강서(江西)·광동(廣東) 등 4개 성의 교무를 겸임 관리했고, 1660년에 코톨랑디가 중국 남경(南京)의 대목구장으로 강소(江蘇)·하남(河南)·산서(山西)·산동(山東)·섬서(陝西)와 조선 교무를 관할했다.13) 이것은 기본적으로 포르투갈의 선교 보호권이 적어도 중국이나 베트남에서는 적용되지 못함을 의미한다.

사실 동아시아에 대목구를 설치하는 문제를 처음 제기한 사람은 프랑스 예수회 선교사 로드(Alexandre de Rhodes)였다. 그는 오랜 기간 동안 인도, 중국 특히 베트남의 코친차이나에서 선교를 했는데, 코친차이나에서 관헌들에게 체포되어 추방당한 전력을 가지고 있었다. 로드는 1649년에 로마로 돌아와 교황에게 현지 성직자 양성의 필요성에 대해 상소하였다. 동시에 그는 스페인·포르투갈의 선교 보호권이 천주교 선교 사업에 방해가 될 뿐이며, 대목구를 설치하여 대목구장이 직접 포교성성과 교황의 명령을 받도록 하고, 아울러 대목구장은 선교구에서 현지 성직자를 양성해야 한다고 주장했다.14)

한 본목자가 아니라 교황을 대리하는 대목구장이 관할하는데, 대목구장에는 보통 명의 주교가 임명된다. 대목구장은 비록 교황을 대리하지만 교구장 주교와 같은 권한을 행사한다(『한국가톨릭대사전』 1, 570쪽).

12) H. Cordier, *Historie des Relations de la chine avec les puissances occidentales 1860-1900*, vol. Ⅱ, Paris: Félix Alcan, 1902, p.625 ; 羅光, 1967, 301쪽.

13) 羅光, 1967, 301쪽.

동아시아의 선교 보호권을 둘러싸고 17세기 내내 교황청과 포르투갈 왕실 사이에 논란이 계속됐다. 그러나 이때 이미 국력이 약화된 포르투갈이 선교 분야에 인원을 배치할 수도 없었고, 재정적 지원도 할 수 없었기 때문에 교황청은 이를 이용해 더욱 포르투갈의 선교 보호권을 제한하려고 했다. 1673년 11월 10일에 교황 클레멘스 10세(Clemens Ⅹ)는 포르투갈의 통제 아래 있는 고아 대주교의 태국·통킹·코친차이나에 대한 관할권을 폐지하는 칙서를 반포했다. 이는 포르투갈이 정복하거나 정복할 수 있는 지역에만 선교 보호권이 적용됐기 때문에 상술한 지역이나 중국을 포르투갈의 선교 보호권 범위 밖에 둔 것이었다. 또한 같은 해 12월 교황은 대목구장이 리스본을 경유하지 않고 동아시아로 가는 것을 허락하자 포르투갈은 1677년 교황청에 항의하고, 프랑스인에게 대목구장을 맡기지 말 것을 건의했다.15)

교황은 1678년 10월 10일에 칙서를 내려, 모든 대목구 관할 아래 있는 동아시아 선교사들은 대목구장 앞에서 교황의 절대적 권력을 승인할 것을 맹세하도록 했다.16) 이에 예수회 선교사뿐만 아니라 모든 수도회 선교사들은 그들의 수도회에 속하지도 않는 주교에 대해 복종하는 맹세는 실로 수도회의 기본 준칙을 위반하는 것이라고 생각했다.17)

대목구장에 대한 복종선서 문제는 수도회를 넘어서 국가가 개입하게 되면서 더욱 복잡하게 전개되었다. 이것은 두 가지 형태로 나타나

---

14) 顧衛民, 2000, 『中國與羅馬敎廷關係史略』, 北京: 東方出版社, 40~41쪽 ; 조현범, 2012, 13쪽. 이후 로드는 프랑스에서 파리외방전교회 창건에 참여했다 (費賴之(S. J. LE P. Louis Pfister) 著, 馮承鈞 譯, 1995, 『在華耶穌會士列傳及書目』(上), 北京: 中華書局, 189~190·358쪽).

15) 維吉爾·畢諾(Virgile Pinot) 著, 耿昇 譯, 2000, 『中國對法國哲學思想形成的影響』, 北京: 商務印書館, 24~25쪽 ; 顧衛民, 2000, 43쪽.

16) K. S. Latourette, *A History of Christian Missions in China*, New York: The Macmililan Company, 1932, p.125 ; Virgile Pinot, 2000, pp.26-27.

17) Virgile Pinot, 2000, pp.28-29.

는데, 우선 국가가 직접 나서 맹세 행위를 반대하는 경우이다. 프랑스 국왕이 프랑스 선교사인 팔뤼의 행위에 반대했고, 고아 총독도 태국의 각 수도회 고위직이 이 선서에 복종을 금지한다고 하였다. 포르투갈 정부는 선교 보호권을 강조하면서 그들이 비준하지 않은 어떠한 대목구장 혹은 주교에 대해 복종을 거절하도록 하였다.

다른 하나는 선교사가 본국인이 담임하고 있는 장상(長上)[18]에만 복종하는 것이다. 포르투갈은 교황이 프랑스인을 대목구장으로 파견하지 않는다면, 복종할 수 있다고 했다. 마찬가지로 스페인도 프랑스인 대목구장의 임명을 반대했고, 프랑스는 포르투갈 주교 아래에서 일하는 것을 원치 않았다. 당시 이러한 체제는 언제나 주교 혹은 대목구장이 관할 구역에 종사하는 선교사들이 본국 동포들일 경우에만 가장 효과적으로 운행되었다.[19]

이와 같이 17세기를 통해 동아시아에서 정치적·경제적 교두보를 점차 잃어가고 있었던 포르투갈은 기껏해야 중국으로 오는 선교사를 마카오에서 제지함으로써 그들의 선교 보호권을 유지하려고 했다. 포르투갈은 유럽인이 중국 내지의 항구로 들어가는 것을 억제하려 했고, 특히 프랑스 선교사에 대해 각종 제한을 가했다. 포르투갈 국왕이 제기한 조건은 다음과 같다.

첫째, 중국으로 가는 프랑스 선교사는 반드시 먼저 마카오에 와야 한다. 마카오 주교는 그들의 행동을 제한할 권리가 있으며, 그들을 마카오에 머물게 하거나 그들을 다른 지방에 파견할 권리가 있다. 둘째, 중국에 오는 프랑스 선교사는 절대로 프랑스 정부의 지시를 받아서는

---

18) 장상은 교회 내의 교구나 수도회에서 권위나 권한을 지닌 그 공동체의 법적 대표이며 책임자로서 결정권을 지니고 있는 사람을 말한다. 장상은 '교회의 장상'과 '수도회 장상'이 있다. 교회의 최고 장상은 교황이며, 추기경·대주교·주교는 관할 지역에서 장상이며, 신부는 신자에게 장상이다(『한국가톨릭대사전』 10, 7326쪽).

19) K. S. Latourette, 1932, pp.125-126.

안 된다. 셋째, 중국에 오는 프랑스 선교사는 단지 포르투갈 국왕만이 그들의 정치 지도자임을 승인해야 한다. 넷째, 중국에 오는 프랑스 선교사는 단지 포르투갈 국왕의 보조금만을 받아야 한다. 다섯째, 마카오가 중국으로 들어가는 유일한 항구이다.20)

이와 더불어 1688년 포르투갈은 선교사가 아시아에서 축출되지 않으려면 반드시 리스본을 경유해야 한다는 규정을 반포했다. 같은 해 교황청은 이 같은 명령에 반대해 선교사들이 이러한 명령을 받을 필요가 없다고 했다. 그러나 마카오에서 일정한 기간 동안 거류하려는 선교사들은 자신의 안전을 위해 상사의 명령을 어기고 포르투갈의 명령에 복종하지 않을 수 없었다.21)

1689년 포르투갈 국왕은 교황에게 항의하며, 중국에서 남경과 북경 두 교구를 건립하여 포르투갈이 관리하도록 요구하였다. 당시 교황 알렉산데르 8세는 포르투갈이 군함을 파견하여 베니스를 원조해주는 조건으로 포르투갈 국왕의 요구를 비준하였다.22) 그러나, 남경 교구는 강남·하남 2성, 북경 교구는 직예·산동·요동 3성을 관할하는데 그쳤다.23) 17세기 말엽에 이르러, 중국에서의 포르투갈 선교 보호권은 이

---

20) 閻宗臨, 1998,「十七,十八世紀中國與歐洲的關係」, 閻守誠 編,『閻宗臨史學文集』, 太原: 山西古籍出版社, 30~31쪽. 마카오에서의 비포르투갈 국적의 선교사(특히 프랑스 선교사)에 대한 제한은 마카오 포르투갈 정부의 일관된 행태였다. 1788년에 프랑스 선교사 오뱅(R. Aubin)과 아일랜드 선교사 한나(R. Hanna)가 마카오에 온 후 그곳에서 3년을 기다린 후에도 중국으로 들어가는 허가를 받지 못했다. 오뱅은 기다릴 수가 없어 몰래 호광 등지로 들어가 활동했다(張力·劉鑒唐, 1987,『中國敎案史』, 成都: 四川省社會科學院出版社, 232쪽).

21) Anders Ljungstedt, 1997, pp.175-176.

22) 李師洲, 1990, 96쪽. 이리하여 1690년 중국에는 3개 교구, 즉 마카오 교구(광동·광서 관할겸임), 북경 교구(직예·산동·산서·몽골·하남·사천 관할겸임), 남경 교구(강남·절강·복건·강서·호광·귀주·운남 관할겸임)가 건립되었다(方豪, 2007,『中國天主敎史人物傳』, 北京: 宗敎文化出版社, 482쪽).

23) 마카오 주교의 고아 대주교 대리권 행사와 중국 각 대목구장의 반대로 인해

미 교황청에 의해 쇠약해지기 시작하였다. 또한 18세기에 들어와 이른
바 의례논쟁에 따른 옹정제(雍正帝)의 천주교 금지로 말미암아 19세
기 중엽까지 포르투갈의 선교 보호권은 명목상의 권리였을 뿐이었다.

1838년 4월 교황 그레고리오 16세는 포르투갈이 천주교 보호자의
의무를 이행할 수 없다는 이유로 칙서를 반포하여 인도와 중국에서의
포르투갈의 선교 보호권을 취소하였다.24) 아편전쟁 이후, 1857년 교
황청과 포르투갈은 중국에서의 포르투갈 선교 보호권을 폐지하고, 단
지 마카오 교구만 포르투갈이 보호하도록 하는 협약을 맺었다.25)
1876년 마카오 대주교 구베아(L'abbé de Gouvea)는 포르투갈 선교사
가르세스(M. Garcez)의 여권 발급에 대한 문의에 대해 광주(廣州)의
프랑스 영사에게 말하기를, "포르투갈 정부는 중국과 선교에 대한 조
약상의 관계가 없기 때문에 양광총독(兩廣總督)으로부터 여권 발급에
대한 허가를 얻기가 쉽지 않습니다. 프랑스 정부가 청원을 받아주어,
그 선교사에 대해 보호를 해 주시기 바랍니다"고 하였다.26) 이것은 포
르투갈이 공식적으로 중국에서의 프랑스 선교 보호권을 승인하는 것
이었다.

3. 프랑스 예수회 선교사의 중국 파견

프랑스의 중국에 대한 관심은 포르투갈 선교 보호권이 로마 교황청
에 의해 쇠약해지기 시작한 17세기 후반에 이르러 루이 14세의 팽창

1695년 포교성성은 북경 교구와 남경 교구의 관할 범위를 축소하고, 나머지
지역에 9개의 대목구를 설립하였다. 顧衛民, 2000, 44쪽.
24) A. Thomas, *Histoire de la Mission de Pékin: Depuis l'arrivée des
lazaristes jusqu'a révolte des boxeurs*, Tome Ⅱ, Paris: Louis Michaud,
1925, p.245.
25) 羅光, 1987, 176쪽.
26) H. Cordier, 1902, vol.Ⅱ, p.637.

정책과 맞물려 아시아와의 무역과 관련하여 대두하기 시작했다. 또한
이 시기에 청 왕조에서 흠천감(欽天監) 감정(監正)으로 있었던 페르비
스트(Ferdinand Verbiest, 南懷仁)가 예수회 회장 올리바(Paul Oliva)
에게 선교사가 매우 적으니 청의 궁정에서 일할 수 있는 사람을 신속
히 파견해 줄 것을 호소한 서신이 프랑스 국왕 루이 14세의 수중에 전
해진 것도 중요한 계기가 되었다.27) 당시 프랑스에서는 국왕의 명령에
따라 지리학의 개혁 작업을 하고 있었으며, 파리과학아카데미 회원들
은 이를 위해 능력 있는 학자들을 대서양과 지중해의 항구, 영국과 덴
마크 그리고 아프리카와 아메리카 여러 도서에 파견하고 있었다. 그러
나 인도와 중국으로 파견하는 것은 이곳에 대한 위험부담이 크기 때문
에 인선이 매우 어려웠고, 이로 인하여 이곳에 선교단을 가지고 있는
예수회가 주목을 받게 되었다.28)

　　중국과 접촉하려는 프랑스의 시도는 당시 중국의 무역 및 중국과
관련된 모든 소식을 장악하고 있는 포르투갈의 제지를 받았다. 프랑스
는 교황청과 포르투갈의 제지에서 벗어나 중국과 직접적인 관계를 맺
기 위해 프랑스 예수회 선교사를 파견하기로 했다. 그렇다면, 프랑스
가 포르투갈의 선교 보호권과 교황청의 간섭에서 벗어나 직접적으로
자국의 예수회 선교사를 파견한 이유는 무엇인가? 루이 14세 시기 저
명한 천문학자이자 파리 천문대장인 카시니(Jean-Dominique Cassini)
는 예수회 선교사의 파견 시도가 성공한다면, 이후에도 계속 수학자를
중국에 파견할 수 있어 프랑스가 중국에서 명성을 수립하고 무역을 전

---

27) 『在華耶穌會士列傳及書目』(上), 358~424쪽 참조.
28) 「耶穌會傳教士洪若翰神父致國王忏悔師, 本會可敬的拉雪兹神父的信」(1703
　　年 2月 15日), 杜赫德(P. de Halde) 編, 鄭德弟·呂一民·沈堅 譯, 2001, 『耶
　　穌會士中國書簡集: 中國記憶錄』I, 鄭州: 大象出版社, 251쪽. 이하 각각 「洪
　　若翰神父的信」, 『耶穌會士中國書簡集』으로 약칭함. 『耶穌會士中國書簡集』은
　　*Lettres Édifiantes et Curicuses, écrites des Missions Étrangères Mémoires de
　　la Chine*, A Lyon, 1819의 번역본으로 각 권마다 譯者와 出版年度(1-3권은
　　2001년, 4-6권은 2005년)가 다르지만, 일괄해 생략함.

개할 수 있을 것이지만, 포르투갈과 교황청이 이 계획의 걸림돌이라고
했다.29) 카시니의 계획에 따르면, 프랑스의 예수회 선교사 파견 목적
은 중국 내에서 프랑스의 명성을 쌓는 것이고, 무역의 이익을 꾀하려
는 것이었다. 그리고 자국 선교사 파견의 걸림돌은 포르투갈의 선교
보호권과 교황청이었다. 한편 프랑스 재상 콜베르(Colbert)가 퐁타네
에게 한 말을 보면, 또 다른 중국 파견에 대한 동기를 알 수 있다.

> 신부여! 만약 과학을 위한 것이라면, 나라와 가족을 떠나 그 먼 길을 가
> 서 힘들게 일할 필요가 없다. 이교도를 개종하고, 그들의 영혼을 예수 그
> 리스도에게로 오게 하는 것이라면, 당신들은 먼 항해를 하게 될 것이다.
> 나는 당신들이 이 기회를 잘 이용하기를 바라고, 복음 전파의 여가를 이용
> 해 각지에서 과학적·예술적인 관찰을 해, 프랑스의 과학과 예술이 완전한
> 경지에 이를 수 있기를 바라마지 않는다.30)

위의 내용을 종합해 보면, 프랑스가 중국과의 직접적 관계를 맺기
위해서는 포르투갈의 선교 보호권과 교황청에서 독립된 프랑스인 예
수회 선교사를 파견해야 했는데, 이들의 파견 목적은 가톨릭 선교, 과
학적 자료수집과 무역의 이익추구라고 할 수 있다. 교황청이 팔뤼를
대목구장으로 파견할 때, 프랑스 정부는 팔뤼가 프랑스인으로서 프랑
스의 명예를 드높일 것으로 보았으며, 실제로 프랑스 정부는 팔뤼를
이용해 프랑스의 무역 발전을 꾀하려고 했다. 이 때문에 프랑스는 팔
뤼가 파견됐을 때, 교황청 주재 프랑스 공사에게 명령해 교황 클레멘
스 9세에게 감사의 표시를 했고, 도움을 약속했다. 그러나 팔뤼는 대
목구에 포함되는 모든 선교사에 대해 대목구장에 대한 복종의 선서를
명령해 루이 14세는 더 이상 그를 신뢰할 수 없게 됐다. 이것이 프랑
스가 예수회 선교사를 직접 중국에 파견한 이유가 되기도 했다.31)

---

29) 閻宗臨, 1994, 30쪽.
30) 「洪若翰神父的信」, 『耶穌會士中國書簡集』Ⅰ, 251쪽.

결국, 루이 14세와 재상 콜베르는 직접 프랑스 예수회 선교사를 중국에 파견하기로 했다.32) 콜베르는 1681년 중국에 파견하는 선교사를 예수회로 정했는데, 당시는 대목구장에 대한 복종선서 문제 때문에 예수회와 파리외방전교회 사이의 관계가 악화됐던 시기였다. 이에 콜베르 사후 예수회 선교사 파견 계획이 실현되지 못하다가, 중국에서 돌아온 예수회 선교사 쿠플레(Couplet, 柏應理)가 루이 14세를 알현하면서, 중국 파견의 중요성에 대해 진술했다. 그는 국왕에게 중국 선교지는 종교적 발전뿐만 아니라 과학지식의 획득에도 매우 중요함을 강조했다. 이후 구체적인 예수회 선교사의 중국 파견 계획은 콜베르의 후계자인 루브와(Louvois)가 진행하였다.33)

마침내 루이 14세는 1685년에 예수회 선교사 6명을 중국에 파견했다. 파견된 선교사는 장 드 퐁타네(Jean de Fontaney, 洪若翰), 죠아생 부베(Joachim Bouvet, 白晉), 장-프랑수아 제르비용(Jean-François Gerbillon, 張誠), 클로드 드 비즈루(Claude de Visdelou, 劉應), 루이 르 콩트(Louis Le Comte, 李明), 기 타샤르(Guy Tachard)이다.34) 이들 6명의 예수회 선교사는 '궁정 수학자'로서 파리과학아카데미를 위해 과학자료 수집의 임무를 맡고 있었다. 1685년 3월 3일에 프랑스 선교사들은 포르투갈의 리스본에서 승선하는 관례를 따르지 않고, 프랑스에서 출발해 태국을 거친 후에 마카오로 들어가려 했다.

그렇지만 당시 포르투갈 정부는 마카오에서 포르투갈 국왕의 비준을 받지 않은 선교사, 특히 프랑스 선교사의 마카오 입항을 제지했다.

---

31) 張雁深, 1950, 『中法外交關係史考』, 北京: 史哲硏究社, 7~11쪽.

32) K. S. Latourette, 1932, p.112.

33) Virgile Pinot, 2000, pp.35-38.

34) 「洪若翰神父的信」, 『耶穌會士中國書簡集』 I, 252쪽 ; H. Cordier, 1902, vol. II, pp.625-626에는 5명이 중국에 파견됐다고 하는데, 그것은 중국에 도착한 선교사의 수를 말한 것 같다. 타샤르는 선교사들이 태국을 경유할 때, 그곳에 남았다(『耶穌會士列傳及書目補編』, 654~655쪽).

이러한 상황은 당시 루이 14세가 파견한 선교사 중 한 명인 퐁타네의
다음과 같은 서신에서 확인할 수 있다.

　　태국의 국왕대신은 우리들이 마카오에서 학대를 받을까 염려했는데, 이
　는 근거가 없는 말이 아니었다. 왜냐하면 몇 개월 후 태국에 도착한 중국
　선박이 우리들에게 알려준 사실은, 포르투갈인이 포르투갈 정부의 명령을
　받고 대목구장 및 포르투갈 선박에 승선하지 않고 도착한 선교사들을 마
　카오 항구에 상륙하지 못하게 제지하고 있다는 것이다. 그 해에(1686년;
　필자) 우리들은 실제로 이러한 명령이 집행되는 것을 발견했다. 우리와 동
　시에 태국을 떠났던 프란치스코회 선교사인 드 마뉴(de Manille)가 마카오
　에서 체포돼 고아로 보내졌다.35)

　이 때문에 포르투갈 국왕의 비준을 받지 않은 5명의 프랑스 선교사
는 포르투갈의 제지를 피해 1687년 6월 19일에 태국을 출발해 1687
년 7월 23일 영파(寧波)에 도착했고, 1688년 2월 7일에 북경에 도착
했다.36) 포르투갈 선교사의 반대 때문에 영파에서 북경으로 오는 과정
도 순탄치 않았다. 페르비스트가 프랑스 선교사들이 북경에 올 수 있도
록 황제에게 요청했을 때, 포르투갈 예수회 선교사 페레이라(Thomas
Pereira, 徐日昇)가 강력히 반대했다. 이에 대하여 페르비스트는 프랑
스인을 받아들이는 것은 선교구를 위해 중대한 이익이 될 것이기 때문
에 페레이라가 포르투갈의 입장에 선 것에 대해 비판했다.37)

　1687년에 파견된 선교단은 프랑스 선교사에게 아주 중요한 의의를
지니고 있다. 그것은 프랑스 선교사가 하나의 독립된 선교 역량을 가
지고 중국의 선교 무대에 등장했다는 것을 말해준다. 이 선교단은 프
랑스 정부가 직접 조직하여 파견한 것이기 때문에 사람들로부터 '프랑

---

35) 「洪若翰神父的信」, 『耶穌會士中國書簡集』 I , 257쪽.
36) 「洪若翰神父的信」, 『耶穌會士中國書簡集』 I , 254~265쪽.
37) 張國剛 等著, 2001, 『明淸傳敎士與歐洲漢學』, 北京: 中國社會科學出版社,
　　620쪽.

스 정식 선교단' 혹은 '중국에 파견된 첫 번째 프랑스 선교단'이라고
불렀다.38)

　다섯 명의 프랑스 '궁정 수학자'의 파견은 프랑스의 대중국 선교정
책에서 새로운 단계의 시작이었다. 우선, 그들은 포르투갈의 리스본에
서 출발한 것이 아니고, 프랑스 항구에서 출발했다. 그리고 그들을 파
견한 주체는 교회가 아니라 프랑스 국왕이었다. 이것은 포르투갈의 동
아시아 선교 보호권에 대한 프랑스의 명백한 도전이었다.39) 앞서 포르
투갈의 선교사가 같은 예수회 소속의 프랑스 선교사들의 입경(入京)을
반대했던 것처럼 북경에서 프랑스 선교사와 포르투갈 선교사 사이에
는 미묘한 긴장 관계가 형성되었다. 특히 프랑스 선교사가 북경에 왔
을 때 페르비스트가 이미 사망한 뒤여서 포르투갈 선교사였던 페레이
라가 흠천감 감부(監副)를 대리하고 있었다.

　프랑스와 포르투갈 국적 예수회 선교사 사이의 미묘한 신경전의 원
인은 포르투갈 선교사가 흠천감의 통제를 기도했기 때문인 것으로 보
인다. 그들은 프랑스 예수회 선교사들이 가져온 천문 관측 기기를 몰
수하려고 했고, 여행할 때에 어떠한 관측도 금지시키려고 했으며, 프
랑스 선교사들이 보유한 과학기술을 황제에게 보이지 못하게 했다.40)

---

38) 李晟文, 1999,「明淸時期法國耶穌會士來華初探」,『世界宗敎硏究』第2期,
56쪽.

39) 물론 프랑스가 일방적으로 포르투갈을 무시하고 프랑스 예수회 선교사를 파
견하지는 않았다. 포르투갈 주재 프랑스 공사는 1685년에 프랑스 예수회 선
교사 파견에 대해 포르투갈 국왕에게 보고하고, 선교사를 위해 통행허가서를
신청했다. 그는 이번 선교단 파견의 사명은 해류 여행의 길을 따라 경도(經
度), 적위(赤緯) 및 지침(指針)의 변화를 관찰하기 위한 것이며, 지도와 항해
술을 완벽하게 익히는 것이라고 했다. 당시 프랑스는 유럽 강국이었기 때문에
포르투갈은 애매모호한 태도를 취했다. 포르투갈은 프랑스 선교사를 위해 허
가증을 발급하지 않았지만, 그들의 출발을 저지하지도 못했다(李晟文, 2001,
「明淸之際法國耶穌會士來華過程硏究」, 黃時鑒 主編,『東西交流論譚』第二
集, 上海文藝出版社, 77쪽).

40) 魏若望, 2001,『傳敎士·科學家·工程師·外交家 南懷仁(1623-1688): 魯汶國

또한 포르투갈은 마카오의 통제를 이용해 계속적으로 프랑스 선교 사를 방해했다. 그들은 프랑스가 자국의 선교사들에게 보내는 책과 경비를 차단하고 억류해 프랑스 선교사들을 매우 궁핍하게 만들었다.41) 궁정에 남아있던 부베와 제르비용도 끊임없이 페레이라의 감시를 받아야만 했기 때문에 그들은 포르투갈 선교사들의 감시에서 벗어나 자신들의 독립된 천주당을 원했다. 이러한 희망은 1693년 학질에 걸린 강희제(康熙帝)가 프랑스 선교사가 헌상한 치료제를 통해 완쾌됨으로써 이루어졌다. 강희제는 그 보답으로 황성(皇城) 안에 그들이 머물 수 있는 가옥을 내 주었으며, 선교사들은 이 가옥을 천주당으로 사용했다. 그 후 프랑스 선교사들은 거주지 앞 공터에 새로이 큰 천주당을 지을 수 있도록 강희제에게 요청했고, 강희제는 공부(工部)에 명해 이들을 위해 새로이 천주당을 짓게 했다. 이 천주당이 잠지구(蠶池口) 천주당(지금의 서십고[西什庫] 천주당으로 흔히 북당[北堂]이라고 한다)으로 1703년(강희 42년)에 준공되었다.42)

이와 더불어 과학과 의학에 정통한 프랑스 선교사들은 점차 강희제의 신임을 얻었으며, 이에 따라 프랑스 예수회는 중국에서 하나의 독립된 역량을 지니기 시작했다. 1699년 퐁타네가 프랑스로 떠날 때 제르비용은 프랑스 예수회 선교사 회장직을 이어 받았다. 당시 예수회 회장 콘잘레스(Thyrse Conzalez)에 의해 제르비용이 중국의 프랑스 예수회 선교구 회장이 됨으로써 프랑스 예수회 선교구가 중국 예수회에서 독립된 형태로 등장하게 되었다.43)

際學術研討會論文集』, 北京: 社會科學文獻出版社, 620쪽.

41) 포르투갈의 선교자금 차단으로 남경에서 선교 활동을 하던 퐁타네는 부득이하게 비즈루를 남경에 머물게 하고, 자신은 광주로 가서 포르투갈의 행위에 대해 항의했다(『在華耶穌會士列傳及書目』(上), 429쪽).

42) 「摘譯康熙年間建造北堂事實」, 『遷移蠶池口敎堂函稿』(『李鴻章全集』 第5冊, 海南出版社, 1997), 2817~2818쪽 ; 「洪若翰神父的信」, 『耶穌會士中國書簡集』Ⅰ, 287~294쪽.

43) 榮振華(S. J. Joseph Dehergne) 著, 耿昇 譯, 1995, 『在華耶穌會士列傳及書

프랑스 '궁정 수학자'에 큰 만족을 느낀 강희제는 1693년에 부베를
프랑스에 특사로 파견하여 더욱 많은 프랑스 선교사를 초빙하려 했다.
1698년 부베는 파레낭(Dominicus Parrenin, 巴多明), 레지스(Jean
Baptiste Regis, 雷孝思) 등 10명의 프랑스 예수회 선교사들을 데리고
중국에 왔다.44) 1699년에 강희제는 프랑스로 귀국하는 퐁타네에게 재
차 과학과 예술에 재능이 있는 선교사 파견을 요청했고, 퐁타네는 프
랑스에서 8명의 선교사를 모집하여 중국으로 보냈다. 이 시기를 전후
하여 많은 프랑스 예수회 선교사들이 중국으로 왔는데, 유명한 사람으
로는 마이아(de Mailla, 馮秉正), 고빌(Antoine Gaubil, 宋君榮), 브누
아(Michel Benoist, 蔣友仁), 아미오(Amiot, 錢德明) 등이다.45)

1687년에 5명의 프랑스 선교사가 중국에 왔을 때부터 1773년에 예
수회 해산까지 중국에 온 예수회 선교사는 연대가 불분명한 몇몇과 중
국인 예수회 선교사를 제외하고 약 230여 명으로, 그중 프랑스 국적의
선교사는 약 90여 명을 차지하고 있다. 프랑스 국적의 선교사 수와 비
교하여 포르투갈 국적의 선교사도 비슷한 숫자를 차지하고 있지만, 궁
정 내에서의 영향력에서는 북경에서 많이 거주한 프랑스 선교사가 훨
씬 컸다. 그 일례로 프랑스 선교사중 50%정도가 북경에서 거주하며
선교하거나 궁정 내에서 종사했고, 포르투갈 선교사는 20%정도를 차
지하고 있다.46) 또한 프랑스 예수회 선교사의 연구 활동을 보면, 18세
기 중국의 예수회 선교사의 한학(漢學) 연구는 531종인데, 그중 420
종이 프랑스 선교사들의 것이며, 중국 문헌을 번역한 수가 총 52종인

目補編』(下), 北京: 中華書局, 785쪽.

44) 부베가 중국에 돌아오는 상황에 대해서는 「耶穌會傳敎士白晋神父致國王忏
悔師, 本會可敬的拉雪玆神父的信」(1699年 11月 30日), 『耶穌會士中國書簡
集』I, 143~149쪽 참조.

45) 李晟文, 1999, 55~56쪽.

46) 숫자에 대한 주요 근거자료는 『在華耶穌會士列傳及書目』과 『在華耶穌會士
列傳及書目補編』을 참고로 한 것임.

데, 그중 프랑스 선교사들이 48종을 번역했다.[47]

프랑스 예수회는 다른 예수회 조직보다 형식상 독립된 존재였기 때문에 의례논쟁의 풍파 속에서도 마태오 리치 이후의 선교책략을 일관되게 유지할 수 있었다.[48] 오히려 프랑스 예수회는 마태오 리치 시기보다 더욱 중국 관습과 조화하려는 선교정책을 취했으며,[49] 프랑스 선교사의 '중국화' 선교정책은 과학기술의 영역에서 더욱 두드러졌다. 1687년에 도착한 5명의 예수회 선교사는 '프랑스 국왕 루이 14세의 수학자'라는 별칭을 가지고 있었다. 이후 뒤이어 온 선교사들은 프랑스 과학원 원사 혹은 프랑스나 유럽 과학계와 친밀한 관계를 지닌 선교사들이었다. 프랑스 선교사들은 청조(淸朝)의 지도제작, 자명종 제조 등의 과학기술 활동에 적극적으로 참가했으며, 청조에 봉직하여 황제의 스승이 되기도 했다.[50]

한편, 선교사 부베가 다시 중국으로 올 때에는 일단의 예수회 선교사와 함께 프랑스 선박에 승선하여 돌아왔는데, 이 선박은 중국에 최초로 온 프랑스 선박 랑피트리트호(l'Amphitrite)였다. 이 선박이 1700년 8월 프랑스에 돌아왔을 때 중국 상품을 가득 싣고 왔다.[51] 이것이 프랑스와 중국의 최초 무역관계의 개시라고 할 수 있다. 이후 18세기를 통해 중국의 서적, 물품 등이 유입되어 프랑스의 문화방면에 많은 영향을 미쳤다.

---

47) 張國剛 等著, 2001, 167~169쪽.
48) 李晟文, 「淸代法國耶穌會士在華傳敎策略」, 『淸史硏究』, 1995-3, 49쪽.
49) 단적인 예로 그들은 『성경』속에 나타나는 노아의 대홍수 시간(기원전 2300년경)을 중국 역사와 부합시키기 위해 『성경』의 기원을 더 높게 잡았고, 천주교와 유교의 합일점을 찾기 위해 노아의 자손이 아시아로 흩어져 현재 중국의 산서(山西)와 섬서(陝西) 지역에 들어와 살게 됐다고 주장했다. 李明(Louis Lecomte) 著, 郭强·龍雲·李偉 譯, 2004, 『中國近事報道(1687-1692)』, 鄭州: 大象出版社, 119~120쪽.
50) 李晟文, 1995, 51~52쪽.
51) H. Cordier, 1920, vol.Ⅲ, pp.307-308.

하지만, 문화적 측면의 영향은 차치하고, 경제적 측면에서만 본다면 프랑스의 대중무역은 황포조약 체결 전까지 전혀 호전의 기미가 보이지 않는다. 랑피트리트호가 광동(廣東)에서 프랑스 무역의 기초를 쌓았다지만, 별다른 소득은 보지 못했다. 1713년에 세 번째 중국회사가 창립되어 계속해서 무역선을 중국에 보냈고, 1719년 대중 프랑스 무역회사들이 하나로 합병되어,52) 얼마간 무역수지의 호전의 기미가 있었다지만,53) 대중 무역의 총액은 매우 적었다.

18세기와 19세기 중반까지 중국에 와서 무역을 한 프랑스 선박 수는 거의 매년 평균 2~3척으로 변동이 없는 반면, 영국은 산업혁명의 영향으로 인해 18세기 말엽부터 급속히 증가하였다.54) 또한 공교롭게도 예수회가 해산되던 1773년 이후 영국의 선박수가 급격히 증가하고 있다.

따라서 예수회 선교사 파견 이후 황포조약 체결까지의 기간 동안 중국에서의 프랑스의 영향력은 북경 황궁 안에서 프랑스 선교사를 통한 명성만이 존재했을 뿐 경제적 이익만으로 보았을 때, 거의 영향력이 없었다고 볼 수 있다. 18세기 프랑스의 유명한 작가인 랑그레(Langrés)는

---

52) H. Cordier, 1901, vol. I, p.16. 1660년에 처음 중국회사가 설립되었고, 1698년에 두 번째 회사가 설립되었다(*ibid.*, p.16).

53) 1725년에서 1736년까지 대중 프랑스 구매비율은 100 : 104, 1736년부터 1743년까지는 100 : 141, 1743년부터 1756년까지는 100 : 116이었다. 그러다가 1764년부터는 100 : 85, 1765년은 100 : 81, 1766년에는 100 : 71, 1767년에는 100 : 68, 1768년에는 100 : 63으로 적자를 보이기 시작하였다. 張天護, 1936,「淸代法國對華貿易問題之硏究」,『外交月報』第8卷 第6期, 北平: 外交月報社, 60~61쪽.

54) H. B. Morse, *The Chronicles of the East India Company Trading to China(1635-1834)*, oxford: The clarendon Press, vol 5, 1926-1929의 자료에 따르면, 1779~1781년, 1793~1801년, 1804~1827년 사이에 중국에 왔던 프랑스 선박에 대한 기록이 전혀 없다. 반면 *Chinese Repository*(vol 11, 1842), p.294에는 1820~1832년간 광주에서 프랑스 선박은 매년 2~3척 내지는 3~4척이 보일 뿐이라는 기록이 있다.

"종전에 우리는 중국과 정치·무역상의 관계를 건립하고 유지하였다. 이 방면에서 유럽의 어떠한 국가도 프랑스와 비할 수가 없었다. 그러나 우리들은 오히려 지금까지 이러한 관계를 이용하지 못했다. 설사 우리들의 선박이 중국 해역에서 자유로이 항해하는 시기에도 우리들은 이를 더 이용하지 못했다"[55]라고 말했다. 하지만, 분명한 것은 프랑스는 적어도 예수회 해산때까지 중국 황궁 내에서 프랑스 예수회 선교사를 통해 중국에서 그들의 선교 보호의 전례를 만들어 나갔다는 사실이다. 이것은 후에 그들의 후예들이 다시 그렇게 하게끔 만드는 기초를 다지게 했다고 볼 수 있다.

청조의 천주교 금지 정책과 더불어 프랑스의 선교정책은 내부 정치적 상황에 의해 주춤했다.[56] 이후 프랑스 혁명의 폭발 때문에 선교사의 경제적 지원이 중단되는 등 중국의 프랑스 선교사에게까지 영향을 미쳤다. 나폴레옹은 집권 이후에 이전의 교회재산 반환과 기존에 향유했던 특권의 회복을 명령했고, 아시아의 천주교 선교를 그의 보호 아래 두고자 했다. 그렇지만, 나폴레옹은 천주교 선교를 그의 각종 정치목적을 위한 하나의 수단으로 생각했기 때문에 유럽에서의 정치적 문제 및 교황과의 문제가 일어나자 즉시 파리외방전교회 및 다른 선교회를 해산했다.[57] 1804년에서 1815년까지 프랑스 선교수도회(Congregation of the Mission)[58]는 중국에 6명의 선교사 밖에 파견하지 못했으며,

---

55) L. Langrés, *Obwervation sur Les relations politiques et commerciales de l'Angleterre et de la France avec la Chine*, Paris, 1805, p.24(衛靑心(Louis Wei Tsing- Sing) 著, 黃慶華 譯, 1991, 『法國對華傳敎政策』(上·下), 北京: 中國社會科學出版社(上), 3쪽 재인용). 이하 Louis Wei Tsing- Sing을 Louis Wei로 약칭함.

56) 장세니스트와 예수회의 다툼, 교황권에 대한 교회독립주의인 갈리카니즘, 계몽주의 등이 풍미했던 18세기는 프랑스의 종교적 해외팽창 열정이 쇠퇴한 시기였다. 또한 17세기부터 논란이 되어왔던 중국의 의례논쟁에 따른 반대파들의 투쟁과 천주교 국가들의 예수회 추방 등의 이유가 있었다.

57) Louis Wei, 1991(上), pp.66-67.

파리외방전교회는 단지 1명만 파견했을 뿐이었다.59)

나폴레옹 이후 루이 18세는 1815년에 파리외방전교회를 회복시킨 후, 다음해 선교수도회를 회복시켰지만, 중국에서의 선교회는 명목상의 선교회일 뿐이었다. 그렇지만, 분명한 것은 프랑스는 적어도 예수회 해산때까지 중국 궁정 내에서 프랑스 예수회 선교사를 통해 그들의 선교 보호권의 전례를 만들어 나갔다는 사실이다. 프랑스 선교 보호권은 아편전쟁 이후 새로운 의미로 등장했다. 불평등조약의 체결로 이제 선교사는 선교를 위해 북경의 황궁에서 황제를 위해 복무할 필요도 없어졌다. 오직 신앙의 열정만으로도 광대한 중국을 그리스도교화 할 수 있다는 희망은 조약 체결을 위해 파견되었던 프랑스 전권대표 라그르네(Marie Melchior Joseph Théodore de Lagrené, 拉萼尼)에 의해 실현될 것만 같았다.

4. 천주교 선교의 기반을 닦은 라그르네

청조의 천주교 금지 조치 이후 그리스도교 문제가 다시 대두된 시기는 아편전쟁 이후이다. 아편전쟁 결과 영국은 청나라와 남경조약을 맺었고, 이는 프랑스의 정계와 재계에 영향을 주었다. 특히 프랑스 재계에서 적극적으로 프랑스 정부에 사절단 파견을 요구했다. 당시 프랑스의 기조(Guizot) 내각은 이러한 건의를 받아들여 1843년에 그리스 주재 대사인 라그르네를 대표로 하는 사절단을 파견하기로 결정했다.60)

---

58) 성 빈첸시오 아 바오로(Vincentius a Paulo, 1581-1660)가 1625년 4월 17일에 프랑스에서 창설한 남자 사도 생활단으로 이 수도회를 중국에서는 견사회(遣使會)라고 했고, 한국에서는 '선교수도회' 또는 '선교사제회'라고 했다. 또 창설 당시 파리의 생 라자르(Saint Lazare) 거리에 본부가 있었기 때문에 '라자로회'(Lazzaristae)라고도 했고, 창설자의 이름을 따서 '빈첸시오회'(Vicentiani)라고도 불린다(『한국가톨릭대사전』 7, 4419쪽).

59) Louis Wei, 1991(上), p.16.

당시 프랑스 정부가 라그르네에게 내린 훈령의 주요 내용은 다음과 같다. 첫째, 남경조약은 본질적으로 중국과 서양 그리스도교 국가의 관계를 바꾸어 놓았고, 새로이 개방된 통상 항구 및 이익 균점 원칙은 거대한 상업의 앞길을 예시하고 있다. 프랑스도 극동 지역에서 상업이익을 추구해야 한다. 둘째, 사절단의 목표는 중국과 통상조약을 체결하는 것이며, 영국과 같은 이익과 보장을 얻어내야 한다. 셋째, 중국이 현재 처한 환경에 비추어 사절단은 큰 곤란을 일으키지 말아야 한다. 북경에 가서 중국 황제를 알현할 필요는 없고, 단지 광동(廣東)이나 기타 연해지방에서 중국 전권대표와 만나야 한다.61)

라그르네의 임무는 영국이 남경조약에 의해 획득한 이익과 보장을 프랑스도 달성하기 위한 것이 가장 큰 목적이었고, 그 외에 프랑스가 극동에서의 세력기반을 위해 그들의 해군기지 건설을 추진하려는 것이었으며, 선교나 천주교에 대한 어떠한 내용도 찾아 볼 수 없다.

7월 왕정 시기는 프랑스 국민들 사이에서 정교일치에 대한 재론이 본격화됐던 시기였다. 프랑스 혁명 이후 국가의 세속화와 정교분리가 엄격히 규정됐지만, 나폴레옹은 종교협약(Concordat, 1801)을 통해 교회를 긴밀하게 국가에 종속시켰기 때문이었다. 종교로부터 국가의 분리는 근대국가의 형성에서 가장 기본적으로 받아들여져야 하는 명제이며 종교는 각 개인의 선택문제로 귀착돼야 한다는 정교분리를 주장하는 세력이 본격적으로 등장하고 있었다.62)

비록 정교분리가 한 세기 동안이나 유예되기는 했지만, 국가는 기본

---

60) Louis Wei, 1991(上), pp.246-248.

61) 張建華, 2001, 「中法<黃埔條約>交涉: 以拉蕚尼與耆英之間的來往照會函件 爲中心」, 『歷史硏究』, 第2期, 84쪽. 정식 훈령 뒤에 또 다른 보충 훈령이 있었는데, 그것은 라그르네의 비밀 임무로써 중국 인근 지역에서 프랑스 해군 기지를 찾으라는 것이었다.

62) 成樂寅, 1990, 「프랑스憲法史 小考」, 『社會科學硏究』10-2, 영남대학교 사회 과학연구소, 50쪽.

적으로 여전히 세속적이었다. 특히 7월 혁명 이후에 정치적으로 반교권주의(反敎權主義)가 심화돼 갔고, 기조 내각의 대내외 안정화 정책에 따라 라그르네에게 보낸 훈령에 종교 문제가 거론되지 않았던 것은 종교 문제 때문에 국내 교권주의 반대파인 자유주의자와 공화주의자들의 반발을 고려했기 때문이었다.63)

라그르네는 1844년 8월에 마카오에 도착해 영국과 미국이 청나라와 체결한 조약을 꼼꼼히 살펴보면서 조약 체결 준비를 했다. 라그르네는 영국과 같은 이익과 보장을 얻어내기 위해 조약을 검토하여 10월에 황포조약을 체결했다. 황포조약의 전체적인 내용은 영국, 미국이 청나라와 체결한 조약과 비슷하다. 여기서는 선교 관련 내용만을 검토해 보겠다.

라그르네가 황포조약 체결 준비를 할 때 살펴 본 호문조약(虎門條約) 제6조와 망하조약(望廈條約) 제17조는 라그르네에게 황포조약에서의 천주교에 대한 보호 권리의 근거를 제공해 주었다. 그 내용은 다음과 같다.

> 호문조약 제6조: 만약 영국인이 조약을 위배해 마음대로 내지(內地)로 들어가 여행한다면, 어떠한 품계를 막론하고 즉시 임의로 그곳 지방민에 의해 체포돼 관할 영국 영사관에 인계돼 처벌받을 것이다. 그러나 그곳 지방민 등은 마음대로 (영국인을) 구타·상해하여 (양국 간의) 우호에 상처를 주는 일이 없도록 한다.64)

> 망하조약 제17조: 미국인은 5개 개항장에서 무역하거나 거주할 수 있으며, 민방(民房)을 빌릴 수 있고, 토지를 세내어 자유로이 건물을 세울 수

---

63) Louis Wei, 1991(上), p.276.
64) 王鐵崖 編, 1957, 『中外舊約章彙編』第1冊, 北京: 三聯書店, p.35. 괄호와 밑줄은 필자가 한 것임. 밑줄 부분은 虎門條約 영문본에는 없는 구절이다. 호문조약의 영문본에 대해서는 *The Chinese Repository*, vol.12(Oct, 1843), pp. 555-557 참조.

있다. 또한 의원·교회 및 장례식장의 건립을 허가한다. …… 만약 묘지가
중국인에 의해 파괴되면 엄중한 처벌을 받을 것이다.[65]

호문조약 제6조는 조약의 위배 여하를 막론하고, 중국 내지에서 영
국인의 보호를 보장하고 있으며, 망하조약 제17조는 비록 5개 개항장
으로 한정했지만, 근대 조약에서 처음으로 교회의 건립을 보증하고 있
다. 사실 황포조약의 전체적 내용을 살펴보면, 몇 군데 수정한 것을 제
외하고는 거의 영국과 미국이 중국과 체결한 조약의 번역판이라고 할
수 있다. 그렇지만 1842년에서 1844년까지 영국이 중국과 체결한 일
련의 조약에는 선교에 대한 언급이 없으며, 미국의 망하조약에는 프랑
스와 비슷한 조항의 내용이 들어 있으나, 미국은 개신교 국가였기 때
문에 이 조약은 당시 중국의 천주교 신자에 대해서는 큰 의미가 없다
고 볼 수 있다. 황포조약 중 선교와 관련돼 있는 것으로 보이는 조항
을 찾아보면 다음과 같다.

　　황포조약 제22조: 프랑스인은 5개 개항장에 거주하며, 토지를 세내어
자유로이 가옥을 짓거나 상점을 세울 수 있다. 또한 프랑스인은 교회·의
원·자선기구·학당·묘지 등을 지을 수 있으며, 지방관은 영사관과 회동해
프랑스인이 거주하고 건물을 지을 수 있는 적합한 땅에 대해 의논해 결정
한다. 만약 중국인이 프랑스인의 교회·묘지를 훼손하거나 파괴한다면, 지
방관은 법률에 따라 엄중한 처벌을 한다.[66]

　　황포조약 제23조: 프랑스인은 5개 개항장에서 거주하거나 왕래·여행할
수 있다. 그러나 영사관과 지방관이 의논해 정한 경계를 넘어가서는 안 된
다. 어떠한 프랑스인을 막론하고, 이 같은 금령(禁令)을 어기거나 경계를
벗어나거나 멀리 내지(內地)로 진입하는 사람이 있다면 중국 관리가 임의
대로 체포할 수 있다. 그렇지만 프랑스인을 가까운 개항장의 프랑스 영사

65) 『中外舊約章彙編』第1册, 54쪽.
66) 『中外舊約章彙編』第1册, 62쪽. 밑줄은 필자가 한 것임.

관에 인계해 처리하도록 한다. 중국 관리와 백성은 모두 프랑스인을 구타하거나 상해, 학대하여 양국의 우호를 상하게 해서는 안 된다.[67]

황포조약 제24조: 프랑스인은 5개 개항장에서 자유자재로 매판·통역관·서기·장인·선원·노역자를 고용할 수 있으며, 사민(士民) 등에게 청해 중국어를 배울 수 있고, 작문·문예 등의 학습을 보좌하게 할 수 있다. 프랑스인은 외국어를 배우고 싶어 하는 중국인을 가르칠 수 있으며, 프랑스 서적을 발매하고 각종 중국 서적을 구입할 수 있다.[68]

사실 선교와 관련된 황포조약의 제22조·23조·24조를 면밀히 살펴보아도 선교에 대한 단어뿐만 아니라 선교사에 대한 말도 없다. 프랑스 전권대표 라그르네가 '선교'와 '선교사' 그리고 '선교자유'라는 단어를 조약에 넣지 않은 이유는 프랑스 의회 내 반교권주의파의 반대를 피하기 위해서이며, 한편으로는 프랑스인이 그리스도교 금지령을 위반하려는 의도가 있다는 청조의 의심을 피하기 위해서라고 볼 수 있다.[69] 또한 굳이 그러한 단어를 넣지 않더라도 제22조는 5개 개항장에서 천주교에 대한 권리를 보증했고, 선교에 대한 허락을 함축하고 있다. 황포조약 제22조의 대부분은 망하조약의 특권을 이어 받았고, 단지 자선기구와 교회학교 두 항목이 추가됐을 뿐이다. 그렇지만 제22조와 밑줄 부분의 교회 보호는 앞선 조약에 없는 새로운 내용으로 서양 교회가 중국에서 획득한 중요한 특권이다. 이로부터 청조는 중국에서 외국 교회에 대한 보호를 승낙한 것으로 볼 수 있다. 그리고 제23조는 내지에서의 선교사의 안전을 보장하고 있다. 라그르네가 제24조에서 획득한 것은 프랑스인이 중국의 5개 개항장에서 문화 활동에 종사할 수 있다는 것이다. 즉 선교사는 문화 활동에 종사한다는 명목 아래 신학교를 세울 수도 있었다.

---

67) 『中外舊約章彙編』第1冊, 62쪽.
68) 『中外舊約章彙編』第1冊, 62쪽.
69) Louis Wei, 1991(上), p.276.

라그르네는 기조에게 황포조약과 관련된 담판과 체결상황에 대해 보고하기를, 황포조약의 제22조는 호문조약 제7조와 망하조약 제17·18조를 기초로 입안한 것이며, 제23조는 호문조약 제6조에 근거해 입안한 것이라고 했다.[70] 특히 라그르네는 이 보고에서, 황포조약의 제23조가 중국에서 서양 선교사들의 보호 규정을 갖고 있다고 했다. 비록 조약의 같은 항목에서 프랑스인의 내지 진입을 금지하고 있지만, 마찬가지로 제23조에 의해 금령을 위반해 내지로 잠입하는 외국인을 국제법의 보호 아래 두어 금령을 위반한 자가 어떠한 처벌이나 학대도 받지 않게 됐다고 했다. 라그르네는 이러한 조항의 규정 때문에 앞으로 어느 선교사라도 중국 내지에서 박해를 받지 않을 것이라고 했다.

그 한 예로 페르디낭 몽텔(Ferdinand Montels, 曾福定)이라는 선교사가 내지 선교를 이유로 지방 관리에게 체포됐고, 그 관리가 몽텔에게 족쇄와 수갑을 채우고 처형할 권리가 있다고 하자, 선교사는 다음과 같이 말했다.

> 중국 황제도 그러한 권리가 없다. 중국과 프랑스 사이에 체결된 조약에 의하면 중국 내지에서 체포된 모든 선교사는 프랑스 당국의 보호를 받아 가까운 개항장으로 안전하게 호송해야 한다.[71]

조약 체결 이후 내지에 들어가 선교하는 것이 조약에 위배되는 것이었지만, 호문조약 제6조와 황포조약 제23조에 외국인 보호 규정이 있기 때문에 많은 선교사들이 중국 각지로 선교 활동에 나섰다. 황포

---

70) Louis Wei, 1991(上), p.277.

71) 「一位高級教士致會友的一封書簡」(江西省 橋頭, 1857年 9月 15日), 中國第一歷史檔案館·福建師範大學歷史系 合編, 『淸末敎案』 第4册, 法文資料選譯, 北京: 中華書局, 2000, 63~64쪽. 이 서간은 강서(江西) 대목구장 다니쿠르(François-Xavier Timothee Danicourt, 顧鐸德)가 같은 선교회 소속의 한 선교사에게 보낸 것이다. 당시 이 말을 들은 관리는 노여워하며, 선교사와 천주교 신자 2명을 처형했다.

조약이 체결된 1844년부터 내지 선교의 자유를 획득한 천진조약이 체
결된 1858년까지 조약을 위반하고 중국 내지로 잠입한 외국 선교사의
수와 활동지역은 다음과 같다.

〈표 1〉 서양 선교사의 중국 내지 활동 인원수와 활동 지역(1844~1858)

국 적	인 원 수	활 동 지 역
프랑스	33	강소, 절강, 광동, 광서, 복건, 강서, 호북, 하남, 섬서, 감숙, 사천, 운남, 귀주, 산동, 직예, 북경, 몽골 (열하, 차하르 포함), 티베트, 요동
영국	6	강소, 절강, 광동
이탈리아	6	호북, 섬서, 산서, 산동, 북경
미국	1	산동
포르투갈	1	북경
스페인	1	호북
독일	1	광동
불분명	3	호북, 산동, 열하

(출처 : 沈渭濱, 2001, 『困厄中的近代化』, 上海遠東出版社, 52쪽).

이로 보면 이 시기 적어도 7개 국가 52명의 선교사가 불법적으로
중국 내지에 잠입했음을 알 수 있다. 선교사들은 거의 중국 전 지역을
활동 범위로 했으며, 그 중 프랑스 선교사가 33명으로 다른 국가에 비
해 많을 뿐만 아니라 활동 지역도 광범위했다. 선교사 인원수가 대부
분 당시 청조 자료에 의한 것인 만큼 이보다 더 많은 선교사들이 내지
에서 활동했을 것이다. 왜냐하면 아편전쟁 이전인 1839년에 65명의
서양 선교사가 중국의 13개 성에서 활동하고 있었기 때문이다.[72] 또
한 1850년에 중국에서 활동한 서양 선교사는 117명이었고, 중국인 선
교사는 131명이었다.[73]

---

72) *The Chinese Repository*, vol.13(Nov., 1845), p.595.
73) Louis Wei, 1991(下), p.652.

이러한 사실에 대해 라그르네는 이미 황포조약 체결 전부터 알고 있었다. 조약 체결을 위해 8월에 도착한 라그르네는 이미 프랑스에서 출발할 때 예수회가 파견한 6명의 선교사들과 동행해 마카오에 왔었고,[74] 조약 체결 전에 중국의 선교사들은 청조를 압박해 천주교 금지의 폐지를 라그르네에게 요청했다. 당시 남경 대리주교였던 베지(Louis de Bési, 羅類思)는 프랑스의 사절 파견으로 천주교인들이 기뻐하고 있는데, 그 이유는 루이 14세와 같은 프랑스 황제가 사절단을 파견해 그들을 보호한다고 여기기 때문이라는 서신을 라그르네에게 보냈다.[75] 베지는 다년간의 중국 경험에 비추어 단정하기를, 서양 국가가 그리스도교 이익에 대해 강력한 요구를 한다면 중국 정부가 이를 거절하지 못할 것이라고 했다.[76]

라그르네는 중국에서의 선교 상황에 대해 잘 알고 있었으며, 선교 기반 마련의 필요성을 느꼈을 것이다. 그러나 외교관의 신분상 이를 공개적으로 해결할 수 없었기 때문에 통역관 칼르리(Joseph-Marie Callery, 加略利)에게 자신의 임무는 통상조약의 체결이며, 임무 완성 후에 선교 문제를 중국인에게 제기할 것이고, 선교 문제는 중국인 스스로 해결하도록 할 것이라고 했다.[77]

그의 이러한 행동은 프랑스 정부가 라그르네에게 보낸 훈령에서 중국에서의 선교 문제에 대해 한마디도 없었으며, 그에게 이러한 문제를 처리하는 권한을 부여하지도 않았기 때문에 촉발된 것이었다. 이 때문

---

74) 史式徽(J. de la Servière) 著, 天主教上海教區史料譯寫組 譯, 1983, 『江南傳教史』 第1卷, 上海譯文出版社, 63~65쪽.

75) Louis Wei, 1991(上), p.327.

76) J. de la Servière, 1983(第1卷), p.74.

77) Louis Wei, 1991(上), p.336. 당시 프랑스 측의 통역을 맡았던 칼르리 신부는 1835년에 조선대목구로 파견 예정이었으나 조선 입국이 여의치 않아 마카오 대표부에 머물렀다. 그는 1837년에 마카오의 파리외방전교회 극동대표부 안에 설립된 조선 신학교에서 김대건·최양업의 교육을 맡았으며, 황포조약 체결 당시에는 프랑스 외무부 소속의 통역관으로 활동하였다.

에 라그르네는 종교 문제를 통상조약 안에 삽입하는 것을 원치 않았
다. 만약 통상조약에서 종교 문제와 관련된 조항이 있다면, 그것은 의
회의 반대파에게 트집을 잡혀 프랑스 정부에게 곤란함을 줄 것이기 때
문이었다.

   그렇지만 라그르네가 처음부터 이러한 문제를 염두에 둔 것은 아니
었다. 사실 그는 중국으로 오는 도중 중국에서의 천주교 선교가 처한
환경에 대해 동행한 선교사와 많은 얘기를 나누었고, 필리핀의 마닐라
체류기간(1844년 7월 26일~8월 6일)에 스페인 선교사의 열정적인
접대를 받으면서 천주교 국가 프랑스가 중국에서 무엇을 해야 할지에
대해 고민했다. 그는 스페인 선교사들이 프랑스를 제1의 천주교 국가
로 여기고 천주교의 미래가 프랑스의 수중에 달려있다고 생각하고 있
는데, 이것은 어떠한 것과도 비교할 수 없는 역량이며, 이미 천주교에
대한 효과적인 보호를 획득했음을 보여주는 것이라고 프랑스 정부에
보고했다.[78]

   그렇지만 라그르네는 프랑스 정부의 훈령대로 수행해야 하는 외교
관 신분이었기 때문에, 훈령도 없는 천주교 문제를 공개적으로 다루기
도 어려웠다. 그리고 천주교 문제는 청나라와의 조약 담판에서 불리하
게 작용할 것이 분명했다.[79] 따라서 라그르네는 협상 당시 중국 스스
로가 전면적으로 천주교에 대한 태도를 바꿀 것을 중국의 흠차대신(欽
差大臣) 기영(耆英)에게 모호하게 건의했다. 왜냐하면 그는 자기의 권
한에 한계가 있음을 알고 있었으며, 선교 문제 때문에 책임추궁을 당
하는 것이 두려웠기 때문이었다. 그래서 그는 기영과 선교 문제를 공
개적으로 담판하는 것이 불가능하다고 생각했다. 그는 중국에 선교 자
유의 요구를 생각하고 있었지만, 스스로 제기할 생각은 갖고 있지 않
았다. 따라서 라그르네는 통역관인 칼르리에게 일임하여 비공개로 이

---

78) Louis Wei, 1991(上), pp.324-325.
79) Louis Wei, 1991(上), p.384.

문제의 해결을 지시했다. 결국 당시 프랑스 국내의 정치적 문제 때문에 라그르네는 천주교 보호를 조약에 넣으려고 시도하지 않았으며, 중국에서 자발적으로 천주교를 허용하는 형식인 황제의 상유(上諭)를 요구했던 것이다.

조약의 교섭기간 동안 비공개적으로 선교 문제에 대한 교섭이 이루어졌고, 불법적 천주교 신자에 대한 지방관의 처벌과 외국 선교사의 내지 진입 금지에 대한 2가지 조건을 전제로 기영은 천주교 이금(弛禁)에 대해 도광제(道光帝)에게 상주(上奏)하기로 결정하였다.[80] 마침내 1844년 11월 11일에 도광제는 천주교가 지금껏 사교(邪敎)로 지정되지 않았고, 엄히 금령을 펴지도 않았으며,[81] 개항장에서 금교(禁敎)를 해제하는 것은 불가하지 않다[82]는 말로 천주교 이금의 허가를 간접적으로 용인하는 상유를 내렸다. 이후 도광제는 12월 14일에 정식으로 천주교 이금 허가에 대한 상유를 내렸으며,[83] 12월 28일에 기영은 이 상유를 받고 정식으로 프랑스에 통보했다.[84]

황포조약의 체결과 도광제의 천주교 이금의 반포는 프랑스 정부와 여론의 지지를 이끌어냈다. 그렇지만, 중국 내 선교사들은 여전히 내지로의 선교 금지에 불만을 표시했고, 조약 체결 후 개항장의 선교지를 돌아본 라그르네는 이금의 반포가 공식적으로 공개되지 않았음을 알게 되었다. 라그르네는 비준된 조약의 교환시기인 1845년 8월 25일에 맞춰 모든 중국인에게 이금 상유의 공표와 옛 천주당의 반환 등에

---

80) Louis Wei, 1991(上), pp.371-393.

81) 「著兩廣總督耆英再就弛禁天主敎一節向法使婉轉開導等事上諭」(道光 24年 10月 2日), 中國第一歷史檔案館·福建師範大學歷史系 合編, 1996, 『淸末敎案』 第1冊, 北京: 中華書局, 6~7쪽.

82) 「著兩廣總督耆英如法使堅持不移可相機辦理弛禁天主敎事密諭」(道光 24年 10月 2日), 『淸末敎案』 第1冊, 7쪽.

83) 「著兩廣總督耆英將所擬弛禁天主敎之貼黃述旨摺行知法使事上諭」(道光 24年 11月 5日), 『淸末敎案』 第1冊, 10쪽.

84) *The Chinese Repository*, vol.14(April, 1845), pp.196-198.

대해 공식적으로 요구했다.[85) 이에 1846년 2월 20일에 도광제는 중국 천주교 금지의 해제와 강희 시기 몰수된 옛 천주당 반환의 허가에 대한 상유를 반포하였다.[86)

그렇지만 이 두 번의 상유는 그 내용이 1860년 북경조약에 삽입될 때까지 문자 그대로 시행되지는 않았다. 왜냐하면 법률적으로 보면, 천주교 이금 상유는 중앙정부가 내리는 행정명령에 속하는 것이지 조약과 같이 국제법적 효력을 지니는 것이 아니기 때문이다.[87) 또한 상유 내용과 황포조약의 규정에 의하면, 각지에서 공공연히 천주교를 신봉하는 자는 단지 중국의 백성일 뿐이며, 프랑스 선교사는 여전히 내지 진입을 불허한다는 입장이었다.

천주교 이금 상유가 반포된 후인 1846년 5월 26일 프랑스 선교사 고틀랑(Claude Gottelland, 南格祿)는 중국 내지의 선교사들 중 어떤 사람은 라그르네가 중국 교회를 구한 별이라고도 하고, 어떤 이는 라그르네가 중국에서 했던 일에 불만을 품고 있다고 프랑스 정부에 서신을 보냈다.[88) 그는 이 서신에서 라그르네가 획득한 이금 상유가 내지에서 그렇게 환영받지 못하고 있기 때문에 중국 황제에게 선교사의 내지 선교 자유를 요구하고, 아울러 각 지방에 상유 공표를 요구했다. 그리고 그는 천주교 이금 상유의 반포가 중국인의 머릿속에 있는 많은 편견을 무너뜨릴 수 있을 것으로 여겼다. 그러나 실제로 이금 상유는 중국 지방정부에서 거의 시행되지 않았다.

그렇다면 황포조약의 체결과 이금 상유의 반포는 프랑스 입장에서 어떠한 의미가 있는 것인가? 전술했듯이, 프랑스는 중국과의 첫 번째

---

85) Louis Wei, 1991(下), pp.450-453.

86) 「著兩廣總督耆英等將康熙年間舊建天主堂勘明給還該處奉教之人事上諭」(道光 26年 正月 25日),『淸末敎案』第1冊, 14쪽.

87) 王立新, 1996,「晩淸政府對基督敎和傳敎士的政策」,『近代史硏究』, 第2期, 225쪽.

88) J. de la Servière, 1983(第1卷), p.77.

조약에서 선교에 대한 보호와 호의를 조항에 삽입한 유일한 가톨릭 국
가였다. 후일 천진조약과 북경조약을 체결할 당시 프랑스 전권대표였
던 그로(Jean-Baptiste Gros)는 황포조약 제22조와 제23조가 이들 조
약을 입안하는데 귀중한 근거가 됐다고 생각하였다.[89]

프랑스는 당시 중국에서 천주교를 통해 프랑스의 헤게모니를 세우
기 위한 독특한 기회였다. 영국은 1842~43년의 조약에서 선교 조항을
삽입하지 않았으며, 프랑스의 조약보다 앞선 망하조약의 선교 관련 조
항은 라그르네에게 협상의 모델로써 도움을 주었는지 모른다. 그렇지
만 그것들은 미국이 개신교 국가이기 때문에 중국 천주교에 대해서는
큰 영향을 주지 못했다. 프랑스 정부의 대중국 선교정책의 기반은 바
로 이러한 조항을 통해서 확립됐다고 볼 수 있다. 또한 프랑스의 요구
로 획득한 도광제의 이금 상유는 100여 년의 천주교 금지를 폐지했다
는 점에서 그 자체만으로도 획기적인 일이었다. 비록 이 상유가 도광
과 함풍(咸豊) 시기 지방정부에 의해 시행되지는 않았지만, 상유의 내
용은 후일 천진조약과 북경조약에 삽입됨으로써 프랑스에 의해 결국
사용됐던 것이다.

5. 프랑스의 중국 선교 보호권 '성립'

1838년 4월에 교황 그레고리오 16세는 포르투갈이 보호자의 의무
를 이행할 수 없다는 이유로 칙서를 반포해 인도와 중국에서의 포르투
갈의 선교 보호권을 취소했다. 이후 프랑스와 청나라가 황포조약을 체
결하자 1846년 4월에 교황청은 내몽골 서만자(西灣子)의 프랑스 선교
사 물리(Joseph-Martial Mouly; 孟振生)에게 포르투갈 관할의 북경교
구를 접수하도록 명령했다.[90] 그렇지만, 교황청이 중국에서의 프랑스

---

89) Louis Wei, 1991(上), p.279.
90) 張力·劉鑒唐, 1987, 234쪽.

선교 보호권을 인정한 것은 아니었다. 사실 교황청은 선교 보호권을 배척하고, 직접 중국의 천주교 업무를 관할하려 했다. 도광제의 천주교 이금 상유가 전해지자, 교황청은 교계제도 설립 등에 대한 중국 교무 문제에 대해 주교회의를 개최하려 했다.91) 하지만, 중국에 교계제가 설립되면 선교 보호권에 제한을 가하는 것이기 때문에 이 회의에 대해 프랑스와 포르투갈이 반대를 했고, 결국 교황은 회의 개최 결정을 포기했다.92)

황포조약 체결 이후 프랑스가 대중국 외교에서 선교 보호권을 강하게 밀고 나간 것은 몇 가지 측면에서 그 원인을 찾아 볼 수 있다. 첫째, 가톨릭을 이용하여 정권을 공고히 하려는 프랑스의 국내 정책에서 그 내적 요인을 찾을 수 있다.93) 1848년에 프랑스 대통령에 당선된 루이 나폴레옹은 권력 강화와 정치적 기반을 얻기 위해 천주교를 자기의 지지 세력으로 끌어들이기 위한 계획을 세우고 있었다. 먼저 이탈리아 교황령에 혁명이 일어나자 오스트리아를 견제한다는 구실로 로마 공화국을 타도하고 교황을 보호하기에 이르렀다. 이러한 그의 행동은 프랑스 천주교회를 그의 지지자로 만드는 데 결정적인 계기가 됐다. 또 국내에서는 반교권주의에 영향을 받아 국가가 독점했던 교육영역을 천주교 세력에게도 광범하게 열어주었다. 이러한 국가와 천주교회와의 관계는 이후 프랑스 제2제정이 탄생하면서 더욱 밀접한 단계로 나아갔다.94) 나폴레옹 3세는 쿠데타에 성공한 이후 천주교회가 보내준 지지에 대한 보답으로 천주교 의식들을 보호해 주며, 추기경을 위시한 성직자들이 상원(上院)에 적을 둘 수 있게 하고, 여성수도회 다수를 공인해 주는 등 천주교 옹호 정책들을 수행해 나갔다.

---

91) 顧衛民, 2000, 98쪽.
92) Louis Wei, 1991(下), pp.612-613.
93) 王曉焰, 1999, 「19世紀上半葉法國對華政策的主要特徵」, 『首都師範大學學報』 第2期, 64쪽.
94) 노명식, 1994, 『프랑스 혁명에서 파리코뮌까지』, 까치, 257~269쪽.

둘째, 중국에서 프랑스 선교세력을 확대하여 경제적 이익을 얻으려
한 것이 또 하나의 원인이다. 1848년 11월 10일에 상해 영사 몽티니
(Louis Charles de Montigny, 敏體尼)는 천주교 보호가 프랑스 정부
의 최선의 정책으로 중국 천주교인에게 많은 영향을 주었고, 그들이
앞으로 프랑스 상업의 첫 번째 고객이 될 것이라는 서신을 프랑스 전
권대표 루앙(Rouen, 陸英)에게 보냈다.95) 몽티니는 또 얼마 후에 선
교사 보호와 관련된 현안 문제를 보고하는 서신에서, 상업 방면에 관
한 선교사들의 노력을 찬양해야 한다고 했다.96) 조약 체결을 위해 파
견된 라그르네의 목적 역시 프랑스 정부 훈령에서 보듯 명확히 무역협
정을 위한 것이었다.

그렇지만 황포조약 체결 이후 광주(廣州)에 온 서양 선박수의 비교
(<표 2>)를 보면, 황포조약 체결 후에도 프랑스의 대중무역은 고전을
면치 못하고 있었다.

〈표 2〉 황포조약 체결 후 광주에 온 서양 각국 선박수의 비교

년도 \ 국가		영국	미국	네덜란드	프랑스
1845	선박수	182	83	11	3
	톤수	86,087	38,658	2,972	799
1846	선박수	244	64	8	4
	톤수	92,896	29,049	2,747	1,283
1849	선박수	218	75	21	4
	톤수	93,095	36,904	6,811	1,291

(출처 : *The Chinese Repository*, vol.15(April, 1846), pp.165-166; *The Chinese Repository*, vol.16(June, 1847), pp.314-315; *The Chinese Repository*, vol.19(October, 1850), p.513에 근거하여 작성)

당시 서양 상인 중 영국인이 경제적인 면에서 가장 수위를 차지하

---

95) J. de la Servière, 1983(第1卷), p.173.
96) J. de la Servière, 1983(第1卷), p.174.

였고 미국 상인도 점차 대중무역에서 점유율이 높아졌지만 프랑스가
이 방면에서 매우 낙후되었다고 볼 수 있다. 사실 프랑스 상인은 그
수가 거의 없다고 할 수 있을 정도이다.97) 이러한 양상은 1870년 이
후 프랑스, 영국 그리고 미국의 무역수치(<표 3>)에서도 확연히 나타
난다.

<표 3> 중국에서 각국이 차지하는 수입 비중(1871~1911)

국가＼년도	1871~73	1881~83	1891~93	1901~03	1909~11
프랑스	-	-	-	-	0.6
영국	34.7	23.8	20.4	15.9	16.5
미국	0.5	3.7	4.5	8.5	7.1

(출처 : 嚴中平 等編, 1955, 『中國近代經濟史統計資料選輯』, 北京: 科學出版社, 65쪽. 각국이
차지하는 비중은 100이며, 세 나라 이외에 기타 국가는 포함되지 않음. 영국이 차지하는 비
중에서 홍콩 제외)

이로 보아 프랑스가 당시에 선교 보호권을 더욱 강하게 밀고 나갔
던 이유는 19세기 내내 중국에서 경제적인 이익을 얻지 못했던 상황
에서도 찾을 수 있다.

셋째, 프랑스의 천주교 보호는 자신들의 전통이자 의무이며, 이를
통해 중국에서 정치적 위신과 명성을 세우려는 의도가 있었기 때문이
다. 중국 천주교의 이금을 얻어낸 라그르네는 영국과 미국이 이루지
못한 정신문화 방면에서 프랑스 정부가 행동을 개시할 단계가 왔다고
기조에게 보고했다.98) 천주교 이금의 소식을 들은 기조는 이러한 성과
에 대해 당신의 사명은 국왕과 프랑스 정부를 영예롭게 했으며, 천주
교도들은 이것을 프랑스의 영광스런 전통으로 여길 것이라는 비밀 문
건을 라그르네에게 보냈다.99) 제정 시대이든 공화정 시대이던 간에

---

97) 1873년 3월의 조사에 의하면, 상해에 거주하던 88명의 프랑스인 중 3명만이
   상인이었다. 吳圳義, 1978, 『淸末上海租界社會』, 臺北: 文史哲出版社, 58쪽.
98) Louis Wei, 1991(上), p.316.

19세기 프랑스의 대중국 선교정책은 정치적 위신과 명성을 얻기 위한 것으로 점철됐다고 볼 수 있다. 이런 의미에서 볼 때, 교회사가 라토렛 (Latourette)의 다음과 같은 말은 시사하는 바가 크다 하겠다.

> 프랑스가 적극적으로 중국 천주교의 보호국이 된 진정한 목적은 실제로 종교 사무 자체에 있는 것이 아니며, 또 전체적인 상업적 이익에 있는 것도 아니었다. 왜냐하면 프랑스의 대중국 무역액은 결코 크지 않았으며, 당시의 프랑스 제3공화국 정부는 프랑스에서 교회에 대해 회의적이고 적대적이기까지 했기 때문이었다. 그러나 중국에서 프랑스 대표는 그것을 계속 지지하였다. 프랑스 정부는 포르투갈이 했던 것처럼 주교의 추천이나 임명 승인의 특권을 주장하지는 않았다. 그러나 포르투갈이 했던 것보다 더욱 더 많은 정력적인 도움을 선교사들에게 주었다. 프랑스의 진정한 목적은 신념에 대한 열광이라기보다는 종교를 통해 그 위신과 명성 그리고 권위를 확보하는 것이었다.[100]

이상의 세 가지 요인으로 프랑스가 중국에서 선교 보호권을 중요한 외교정책으로 추진해 나갔던 것으로 볼 수 있다. 여하튼, 황포조약과 천주교 이금 반포 이후 프랑스가 중국에서 조약과 천주교 이금에 대한 상유 반포를 통해 천주교 보호를 획득한 유일한 천주교 국가의 지위를 얻은 것은 사실이다. 그렇지만 어차피 황포조약과 1846년의 도광제 상유는 결코 프랑스에게 천주교를 보호하게 하는 것이 아니었으며, 오히려 외국 선교사가 중국 내지에서 선교하는 것을 허용하지 않았다.

또한 상유에서 허가한 옛 천주당의 반환은 법적인 근거가 있는 것도 아니고, 문자 그대로 실행하기에도 제도적으로 어려웠다. 그리고 앞서 살폈듯이 종교 보호와 병행한 무역에서의 영향력도 결코 행사하지 못했다. 따라서 프랑스가 사실상의 선교 보호권을 획득하려면, 상유의 법제화와 광범한 중국 내지로의 선교 개방이 필수적으로 전제되

---

99) Louis Wei, 1991(下), p.449.
100) K. S. Latourette, 1932, pp.306-307.

어야 했다.

1856년에 광서성 서림(西林)에서 프랑스 선교사 샵들렌느(Auguste Chapdelaine, 馬賴)가 그 곳 지현(知縣)에 의해서 처형된 사건이 발생했다.[101] 그의 죽음은 중국에서의 프랑스 외교에 돌파구를 가져다주었다. 비록 샵들렌느가 내지 여행을 할 권리가 없었고 자신의 위험을 잘 알았다지만, 그의 죽음은 프랑스의 대중국 정책에서 프랑스의 명성과 위신을 넓히는 데 충분한 구실을 제공했던 것이다.

프랑스가 서림교안을 구실로 영국과 함께 제2차 아편전쟁에 참가한 것은 프랑스 선교 보호권의 확립으로 나아가는 계기가 되었다. 이번의 기회가 프랑스에서는 중국에서의 천주교 선교 사업에 간섭을 하고, 루이 14세 시대 이래 프랑스가 차지하고 있는 천주교 보호 지위를 증가시킬 수 있게 된 것에 대해 환영하지 않을 수 없었다. 이밖에 이번의 간섭은 나폴레옹 3세 정부에게 3년 동안 계속 유지해 왔던 영국과의 공동 행동을 취할 수 있게 했다.[102] 일찍이 1854년에 프랑스와 영국이 조약의 개정에 대해 요구했지만, 청조의 무대응과 유럽에서의 크림전쟁 때문에 효과적인 행동을 취하지 못했다. 두 나라의 관심은 분명히 달랐지만, 조약 개정이라는 공통된 목표가 있었다. 영국이 주로 상업적 이익에 관심이 있었던데 비해 중국에서 프랑스가 갈망하는 유일한 목적은 천주교 선교였다.

1856년 10월에 영국이 광주를 공격했고, 프랑스는 인접한 모든 선교사들을 보호하기 위해 영사관을 피신처로 그들에게 제공해 주었다. 이것은 모든 국가의 천주교 선교사들에 대해 프랑스의 보호를 확장시키는 첫 번째 경우였다.[103] 1856년 12월 25일에 프랑스 외무부는 프

---

101) 「兩廣總督葉名琛奏陳英法二使爲馬神父被廣西正法等事所遞照會已據理回覆摺」(咸豊 7年 12月 3日), 『淸末敎案』 第1冊, 167~171쪽.

102) H. B. Morse·H. F. MacNair, *Far Eastern International Relations*, Boston: Houghton Mifflin, 1931, p.185.

103) H. Cordier, *L'Expédition de Chine de 1857-58*, Histoire diplomatique. Notes

랑스 전권대표 부르블롱(Alphonse de Bourboulon, 布爾布隆)에게 훈령을 내려, 중국에서 영국과 일치된 행동을 해야 할 것을 당부했다. 또한 외국 사절의 북경 거주, 중국 무역 지역 및 외국선박 항해 수역의 확충, 그리고 중국 내지 진출의 편리와 프랑스 선교사의 안전에 대한 보장 등을 명령했다. 그러나 별 효과가 없자, 프랑스는 그로(Gros)를 전권대신으로 파견했는데, 그의 사명은 샵들렌느 신부 살해에 대한 보상, 프랑스 공사의 북경 거주 문제와 중국 대외 무역 지역의 확충 등이었다. 중국 정부와 담판하는 시간과 장소, 그리고 자세한 사정에 대해서는 그로 자신이 스스로 결정했다. 만약 중국 정부가 담판이나 배상을 한사코 거절할 경우를 대비해 프랑스 정부는 그로에게 무력 도발의 전권을 위임했다.104)

황포조약 제23조를 위반하여 사형됐던 샵들렌느에 대한 보상과 해당 관리에 대한 처벌의 요구는 거절되었고, 프랑스는 영국과 함께 청나라에 대한 군사적 행동에 들어갔다. 당시 나폴레옹 3세는 제1제정의 영광을 재현하려고 했으나, 본국에서 그에 대한 천주교의 지지를 회복해야 하는 문제에 직면해 있었다. 샵들렌느의 죽음과 그것의 결과로서 생긴 중국과의 전쟁은 이러한 문제를 만회할 수 있는 좋은 기회를 제공했다. 그리고 그것은 1858년 6월에 다음과 같은 청불(淸佛) 천진조약의 체결로 나타났다.

> 청불 천진조약 제8조: 프랑스인이 내지 및 배가 들어갈 수 없는 부두로 여행하는 것에 대해 이를 허락한다. 그러나 반드시 본국 흠차대신 혹은 영사 등의 관원에게 미리 중국과 프랑스가 함께 날인한 여권을 교부받아야 한다. 그 여권에는 중국 지방관의 날인이 있는 것으로 근거를 삼는다.105)

---

et documents, Paris: Félix Alcan, 1905, p.56.

104) 張雁深, 1950, 85쪽.

105) 『中外舊約章彙編』第1册, 106쪽. 여권 발급의 형식은 영국과 프랑스가 모두 위와 같은데, 미국은 영사가 여권을 발급할 권한이 없고, 단지 공사만이 여권

청불 천진조약 제13조: 제8조에 따라 날인한 여권을 지니고 내지로 들어가 선교하는 사람은 지방관이 필히 보호해야 한다. 천주교를 믿는 중국인은 조사를 금하며 처벌하지 않는다. 지금까지 천주교를 금하는 내용을 쓰거나 새긴 모든 명문(明文)은 어느 곳을 막론하고 모두 면제한다.106)

조약 제8조는 프랑스 국민은 적절한 프랑스 외교 대행자에 의해 교부받은 여권을 지니고 중국의 내지를 여행할 수 있다는 것이 규정되었다. 실제 관례상 이는 모든 천주교 선교사들이 프랑스 공사관이나 영사관이 교부한 여권에 의해 내지를 여행하고 거주할 수 있다는 것을 의미한다.107) 왜냐하면 어떠한 다른 천주교 국가도 천진조약 체결 후에 오랫동안 여권을 허가받는 권리를 갖지 못했기 때문이다.108) 조약 제13조는 중국에서 천주교의 자유에 대해 법적으로 규정하였다.

을 발급하도록 돼 있다(「田貝致謝爾曼函」(1897年 7月 12日 於北京美國使館), 中國第一歷史檔案館·福建師範大學歷史系 合編, 2000, 『淸末敎案』 第5册, 美國對外關係文件選譯, 北京: 中華書局, 504-505쪽).

106) 『中外舊約章彙編』 第1册, 107쪽.

107) 여권을 지닌 선교사를 보호하는 것이 조약 체결로 합법화 됐지만, 실제로 조약체결 직후에는 지방정부가 제대로 실행하지 않았다. 1862년에 프랑스 선교사 넬(Jean-Pierre-Néel, 文內耳)이 살해된 귀양교안(貴陽敎案)에서 넬이 처형을 당할 때의 상황을 보면 알 수 있다. 넬은 "나는 중국인이 아니다. 프랑스와 중국의 조약 체결 때문에 나는 프랑스에서 종교를 전파하러 왔다. 나는 무릎을 꿇지 않는다. 나는 손님이지 죄인이 아니다. 다시 말하건대, 나는 여권이 있다. 이것을 봐라"고 했고, 심문하는 관리가 말하기를, "너의 여권은 너의 정부가 발급한 것이지 우리 정부가 발급한 것이 아니다. 우리들은 믿을 수가 없다"고 했다. 이 내용은 귀주 대목구장 파우리(Louis S. Faurie, 胡縛理)가 교황청 포교성성에 보낸 서간에 나온다. 「貴州宗座代牧主敎胡縛理致敎廷傳信部樞機們的書簡」(貴州傳敎區, 1862年 2月 23日), 中國第一歷史檔案館·福建師範大學歷史系 合編, 2000, 『淸末敎案』 第4册, 法文資料選譯, 北京: 中華書局, 107쪽.

108) 이홍장(李鴻章)의 보고에 따르면, 적어도 1886년까지도 프랑스는 모든 천주교 국가의 선교사에게 여권을 발급해 주고 있었다(「致譯署論羅馬派使管敎」(光緒 12年 6月 28日), 『遷移鼈池口敎堂函稿』, 2823쪽).

그렇다면, 중국에서 프랑스의 천주교 보호의 수립으로 여겨지는 천진조약 제8조와 제13조가 가져다 준 전체적인 결과는 무엇인가? 이렇게 요약할 수 있겠다. 첫째, 프랑스 정부는 중국과의 외교 관계 운용에서 선교 보호가 중요한 정책이었다는 것을 여실히 보여주었다. 둘째, 개항장의 제한된 지역에서 전국적으로 선교할 수 있는 권리를 넓혔다는 것이다. 여권에 관련된 규정에 의해 프랑스는 외교적 명성을 얻었을 뿐만 아니라 국적에 관계없이 모든 천주교 선교사들에게 내지에 들어갈 수 있는 여권을 발급해 주는 유일한 천주교 국가의 지위를 획득했다. 또한 박해나 형벌 없이 중국인 천주교 신자들이 그들의 종교를 믿을 수 있는 권리가 주어지는 이 조항은 사실상 프랑스를 모든 중국 천주교인의 확실한 보호자로 만들었다.

그러나 프랑스 선교 보호정책의 입장에서 보면, 천진조약에 결점이 없는 것이 아니었다. 그 중 최대 결점은 프랑스가 중국에서의 천주교 선교사업의 보호자라고 하는 것을 중국이 아직 명확히 승인하지 않았다는 점이다. 이러한 결점은 바로 1860년의 청불 북경조약에서 비로소 개정되었다. 영국과 프랑스는 전쟁의 배상을 얻기 위해 그들 국가의 정책에 따라 행동했다. 영국은 그들의 요구대로 구룡반도(九龍半島)를 할양받았으며, 프랑스는 북경조약에서 선교 부문을 추가했다. 그 조약 제6조는 다음과 같다.

청불 북경조약 제6조 중문본: 도광 26년 정월 25일 상유에 따라 즉시 각처 백성들이 자유로이 천주교를 믿고, 함께 모여 설교를 듣고, 교회를 세워 예배할 수 있도록 공표하고, 함부로 조사해 체포하려는 자는 마땅히 처벌을 받는다. 또한 이전에 천주교를 박해했을 때 몰수된 교회·학당·묘지·토지·가옥 등을 배상, 반환해 ㉠ 북경 주재 프랑스 공사에게 교부하고, 프랑스 공사가 다시 이것을 그곳 천주교인에게 전해준다. ㉡ 아울러 프랑스 선교사는 각성(各省)에서 자유로이 토지를 조매(租買)하여 건물을 세울 수 있다.[109]

조약 제6조에서 "㉠ 북경 주재 프랑스 공사에게 교부한다"는 말은 청조가 프랑스에 대해 천주교 선교의 보호자라는 것을 법적으로 승인했다고 볼 수 있는 구절이다. 물론 천주교 선교를 프랑스가 보호한다는 말이 직접적으로 기재되어 있지 않지만, 기존의 선교 업무에 관한 프랑스의 포괄적인 보호를 함축하고 있는 것은 사실이다.110) 그렇지만, 청불 북경조약 제6조의 중문본은 전체적으로 불문본과 많은 차이를 보이고 있다. 청불 북경조약 제6조의 불문본은 다음과 같다.

> 청불 북경조약 제6조 불문본: 도광제의 1846년 3월 20일의 상유에 따라, 이전에 천주교인을 박해했을 때, 몰수된 천주당·자선당 등을 배상·반환해야 하며, 북경 주재 프랑스 공사에게 교부하고, 프랑스 공사가 이것을 다시 그곳의 천주교 신자에게 전해준다.111)

중문본의 윗부분 내용은 천진조약 제13조와 중복되는 내용이라 크게 문제될 게 없지만, 주목할 것은 말미에 임의로 추가된 구절(㉡ 밑줄 부분)이다. 그것은 일반적으로 조약 체결 당시 통역관이었던 프랑스 선교사가 위 조항을 임의대로 삽입했다고 알려졌다.112) 합법적으로

---

109) 『中外舊約章彙編』 第1册, 147쪽. 밑줄은 필자가 한 것임.

110) 1886년에 청조와 교황청의 외교 관계 수립을 위해 이홍장(李鴻章)이 로마에 사절을 파견한 것에 대해 천진의 프랑스 영사 리즈털위베르(Paul Ristelhueber, 林椿)가 이홍장을 찾아와 항의했는데, 이때 프랑스 영사는 바로 윗 구절(㉠밑줄 부분)을 근거로 들면서 중국 천주교 사무는 로마가 관여할 사항이 아니라고 했다(「覆譯署論法阻羅馬遣使」(光緖 12年 8月 初3日), 『遷移鼇池口敎堂函稿』, 2827쪽).

111) 'Convention de paix additionnelle au traité de T'ien-Tsin conclue à Pe-King, le 25 octobre 1860,' H. Cordier, *L'expédition de Chine de 1860*, Histoire diplomatique. Notes et documents, Paris: Félix Alcan, 1906, p.438.

112) 당시 프랑스 대표였던 그로(Gros)도 이 사실을 몰랐으며(張天護, 1936, 「法國之護敎政策」, 75쪽) 후에 프랑스 공사 베르테미(Jules Berthémy, 柏爾德密) 또한 통역관 중 누구에 의해 이 내용이 추가됐는지 정확히 모르고 있다(Louis Wei, 1991(下), p.591). 분명히 프랑스 대표 통역관인 메리탕(M. de

말하면, 부가조항은 효력이 없는 것이었다. 왜냐하면 1858년의 조약 제3조에 보면 논쟁이 있을 경우 불문본을 정문(正文)으로 한다고 돼 있기 때문이다.113) 그러나 당시 외교적으로 무능했던 청조는 이 사실을 몰랐으며, 프랑스 정부조차도 몰랐던 것으로 보인다. 총리아문은 이 사실을 천진조약의 개정을 준비하는 과정이었던 1868년에야 발견했지만, 1895년에 호광총독(湖廣總督) 장지동(張之洞)에 의해서 발견돼 공론화될 때까지 함구하고 있었다.114)

1858년에 프랑스는 국적에 상관없이 합법적으로 선교사의 여권을 발급해 주는 유일한 국가가 됐고, 1860년에는 프랑스가 중국에서 천주교 보호자임을 국제법으로 보장받았다. 1861년에 프랑스는 3년 전에 승인된 이 권리를 처음으로 사용했다. 이미 중국 내에서 비밀리에 오랫동안 거주하고 있던 28명의 선교사가 프랑스 전권대신 그로(Gros)로부터 그들의 여권을 교부받았다. 그들 중 한 명은 프랑스인이 아니라 네덜란드인이었다.115) 1888년에 독일과 이탈리아가 중국과 여권부여에 관한 협정을 맺을 때까지 프랑스는 각국 선교사들에 대해 여권 부여의 특권을 소유한 유일한 천주교 국가였다.

프랑스의 랑길라(Adrien Languillat, 郎懷仁) 주교와 중국 각 대목

Méritens, 美理登)과 들라마르(Louis Delamarre, 艾嘉略)가 함께 이 일을 했을 것이지만(G. Soulié, *Exterritorialite et intérêts étrangers en Chine*, Paris: P. Geuthner, 1925, p.357), 들라마르가 자의적으로 추가했다고 하는 것이 일반적 견해이다(대표적인 것으로 K. S. Lattourette, 1932, p.276 ; J. de la Servière, 1983(第2卷), p.20 등이 있다).

113) 『中外舊約章彙編』 第1册, 105쪽. "自今以後, 所有議定各款, 或有兩國文詞辯論之處, 總以法文做爲正義." 청불 천진조약의 전체적 내용에 대해서는 청불 북경조약 제3조에서도 거듭 확인하고 있다(『中外舊約章彙編』 第1册, p.147). 불문본을 정문으로 하기 때문에 북경조약 제6조의 불법적 삽입조항이 잘못된 것이라고 주장하는 프랑스인도 있었다(Louis Wei, 1991(下), p.593).

114) 呂堅, 1988, 「關于近代史上敎會內地置産協定」, 『史學集刊』, 第2期, 40~42쪽.

115) H. Cordier, 1901, vol. Ⅰ, pp.60-62. 네덜란드인은 선교수도회 소속의 안토이네 스모렌버흐(Antoine Smoremburg)였다.

구장은 천진·북경조약이 체결되자 프랑스 황제 나폴레옹 3세에게 편지를 보내어 북경조약이 체결되어 내지로 진출하여 천주당을 세울 수 있게 된 것에 고마움을 표시하였고, 북경 주재 프랑스 공사의 노고를 치하했다.116) 이렇게 중국에서의 프랑스의 천주교 보호는 1861년 1월 11일에 프랑스 정부 기관지 르 모니퇴르(Le Moniteur)가 북경조약에 대해 프랑스의 전통적 보호정책이 극동에서 설립됐다고 격찬할 정도로 확고히 세워졌다.117)

유럽의 대항해시대 이후 포르투갈의 아시아 선교 보호권이 교황청에 의해서 주어진 권리였던 반면, 북경조약에 의해 획득한 프랑스의 선교 보호권은 범위가 중국으로 한정되었지만, 그것은 해당 국가에 의해 승인된 권리였다. 그리고 두 종류의 종교 보호의 권리 사이에는 중국에서의 프랑스 천주교 보호의 기원이라 할 수 있는 17~18세기의 프랑스 예수회 선교사의 파견이 있다. 프랑스의 예수회 선교사 파견은 선교 목적 이외에 포르투갈의 아시아 선교 보호권 타파와 중국과의 무역 전개, 과학적 탐사 임무 등을 의도하고 있었다. 비록 예수회 선교사 파견을 통한 프랑스의 대중국 무역은 실패했지만, 프랑스는 예수회 선교사를 통해 그들의 천주교 선교 보호정책을 중국에 최초로 실현시켰고, 후에 그러한 전례는 근대에 들어와서 조약에 의해 합법적으로 성립되는 계기를 만들었다. 프랑스는 직접 예수회 선교사를 파견하여 중국에서 선교 보호의 관례를 만들었고, 근대에 들어와 조약에 선교 조항을 삽입함으로써 중국에서 프랑스의 선교 보호권을 성립시켰던 것이다. 그리고 조약 체결 과정에서 프랑스는 선교 보호가 중요한 외교 정책이었다는 것을 여실히 보여주었다.

황포조약을 통해 프랑스는 선교에 대한 보호를 조항에 삽입한 첫 번째 천주교 국가의 지위를 얻었고, 천진조약을 체결함으로써 국적에

---

116) J. de la Servière, 1983(第2卷), p.196.
117) H. Cordier, 1901, vol. I, pp.66-67.

관계없이 모든 천주교 선교사들에게 내지에 들어갈 수 있는 여권을 발급해 주는 유일한 천주교 국가의 지위를 획득했으며, 북경조약은 프랑스로 하여금 중국내 모든 국가의 천주교 선교사의 보호와 중국 천주교도에 대한 보호까지 국제법적으로 인정하여 주었다. 천주교 보호정책이 프랑스 외교정책의 기조로 볼 수는 없으나, 이러한 정책이 제국주의의 경제적 침략의 수단이라고 하는 하위 개념이 아닌 프랑스의 대중국 외교에서 하나의 중요한 자리를 차지했다는 것은 틀림없는 사실이다.

하지만, '강제적 합법조약'을 통해 얻어진 근대 중국에서의 프랑스 선교 보호권은 운용과정에서 많은 문제점을 야기함으로써 교안, 즉 반그리스도교 운동이 발생하게 되는 큰 원인이 되었다. 또한 청불전쟁 이후 선교 보호 방식이 프랑스의 단독 보호에서 다자간 보호로 국면이 전환되면서, 선교 보호권 문제를 둘러싸고 중국, 프랑스, 교황청과 천주교 국가들 사이에 외교 분쟁이 일어나기도 하였다.

제2장 라그르네와 기영의 천주교 이금 협상

1. 라그르네와 기영

라그르네(Lagrené)는 황포조약 체결을 위해 프랑스가 파견한 전권 대신이며, 기영(耆英)은 라그르네와 황포조약 체결을 담당했던 청조의 흠차대신(欽差大臣)이었다. 이 글은 이 두 사람이 황포조약의 협상 체결 과정에서 불거진 중국 천주교 이금(弛禁), 즉 천주교 금지의 해제 문제를 놓고 벌이는 협의과정을 통해 당시 프랑스와 중국의 천주교 인식을 투영해 보고자 한다. 이 문제를 살펴보려고 하는 것은 라그르네와 기영의 천주교 이금 협상이 이후 프랑스의 대중 정책과 중국의 그리스도교 정책에 토대를 마련해 주었기 때문이다.[1]

---

[1] 라그르네와 기영의 천주교 이금 논의는 황포조약 협상 과정에서 불거진 문제로 황포조약 교섭이나 프랑스의 중국 선교정책에서 언급되어 왔다. 황포조약 교섭과 프랑스 선교정책에 대한 대표적 연구 성과로는 Louis Wei Tsing-Sing, *La Politique Missionaire de la France en Chine 1842-1856: L'ouverture des cing ports chinois au commerce étranger et la liberté religieuse*, Paris: Nouvelles Editions Latines, 1960이 있다. 루이 웨이(Louis Wei Tsing-Sing)는 다양한 프랑스 정부문서와 교황청 자료를 바탕으로 남경조약 체결 이전의 중국 선교 상황의 개략적 소개와 아편전쟁 시기의 그리스도교 선교, 라그르네의 통상조약 협상 활동과 프랑스 선교 보호권의 연혁, 그리고 중국 각 교구 내부의 모순적 문제 등에 대해 광범위하게 다루고 있다. 이 책은 衛青心 著, 黃慶華 譯, 1991, 『法國對華傳敎政策』(上·下), 北京: 中國社會科學出版社으로 중역되어 나왔고, 현재 중국 연구자들이 프랑스 대중 선교정책 연구에서 가장 많이 인용하는 연구서이다. 이 글도 루이 웨이의 책

아편전쟁의 결과 중국이 영국, 미국, 프랑스와 체결한 조약에는 선교사의 선교 자유나 그리스도교 신앙 자유에 대한 규정이 없었다. 단지 5개 개항장 내에서 서양인들이 교회를 짓고 그리스도교를 믿는 건 자유였다. 라그르네가 열정적으로 협상했던 황포조약은 프랑스인을 위해 그들이 개항장에 들어가 거주하며 천주교 신앙의 자유를 취득하게 했지만, 이러한 개항장의 개방 지역과 중국 각 지역의 선교지 및 중국 천주교인이 처한 환경은 이전과 다를 바 없었다. 천주교는 여전히 금교(禁敎)의 속박을 받고 있었기 때문이었다.

라그르네는 조약 체결을 위해 노력했지만, 중국 천주교와 관련된 협상 권한을 프랑스 정부로부터 부여받지 못했다. 그래서 그는 황포조약 체결을 준비하면서도 중국 천주교에 대한 금지의 해제를 조약에 넣으려고 하지 않고, 청조가 적극적으로 이 문제를 해결해 줄 것을 기영에게 요구하였다. 결국 그의 요구는 받아들여져 청조는 120여 년간 유지해 온 금교 정책을 도광제(道光帝)의 상유(上諭)로 마침내 폐지하였다.

을 많이 인용하였다. 그밖에 황포조약의 협상과정을 주로 살펴보면서 천주교 이금에 대해 살펴본 연구로는 金重遠, 1981, 「拉萼尼使團和中法黃埔條約」, 『世界歷史』, 第1期 ; 張建華, 2001, 「中法<黃埔條約>交涉 : 以拉萼尼與耆英之間的來往照會函件爲中心」, 『歷史硏究』, 第2期 등이 있다. 또한 郭衛東, 2001, 「淸朝禁敎政策演變的若干問題」, 『安徽史學』, 第1期 ; 茅海建, 1995, 『天朝的崩潰－鴉片戰爭再硏究』, 北京: 三聯書店도 천주교 이금과 관련된 내용을 간략히 언급하고 있다. 이 글은 기존 연구 성과를 토대로 1844년 10월 황포조약 체결 시기 라그르네의 통역이자 천주교 선교사인 칼르리(Callery)가 정리한 라그르네와 기영이 주고받은 조회(照會)를 바탕으로 한 J. M. Callery, *Correspondance Diplomatique Chinoise: Relative aux Négociations du Traité de Whampoa Conclu entre la France et la Chine le 24 Octobre 1844*, Paris: Tiré a Cent Bxemplairks, 1879을 중점적으로 살펴보면서 당시 두 사람 사이에 협의되었던 천주교 이금과 그에 대한 인식을 고찰해 보고자 한다. 칼르리가 정리한 이 외교문서는 라그르네와 기영의 공식적인 조회 이외에 개인적인 서신도 함께 수록되어 있어 그들이 황포조약 체결 당시 천주교에 대해 어떻게 인식하고 있었는가를 이해할 수 있는 좋은 자료이다.

그리하여 라그르네는 중국에서의 프랑스 선교 보호권 성립의 토대를 만들었다.

청조의 협상대표 기영은 황족 출신으로 1842년 3월에 조약 교섭의 명령을 받고, 1848년 봄 광주를 떠나기까지 약 6년간 중국의 외교를 주관했던 사람으로서 그의 손을 거쳐 남경조약, 망하조약, 황포조약 등이 체결되었기 때문에 청조 내에서도 연약한 외교가로 비난을 받기도 했던 인물이다. 따라서 기영을 근대 중국의 전형적인 투항외교가이자 중국 전통의 대외관념과 대외체제를 유지했던 인물로 보기도 하지만,[2] 최근 들어 그가 처한 시대적 한계와 함께 기영의 외교활동과 사상에 대한 다양한 평가가 나오고 있다.[3] 흔히 기영의 외교활동과 사상을 '성신수약(誠信守約)', '일시동인(一視同仁)'으로 요약하여 당시로서는 진보적이고 평등적인 외교사상을 보였다고 평가되기도 하지만[4], 조약의 협상 과정에서 나타난 천주교에 대한 인식은 이전의 금교 시기와 크게 다를 바 없었다.[5]

이 글은 19세기 프랑스와 중국의 첫 충돌에서 만났던 라그르네와 기영의 천주교 이금 협상을 살펴보면서 천주교에 대한 두 사람의 인

---

2) 李少軍, 1990, 「試論耆英的投降外交」, 『武漢大學學報』, 第3期 ; 李光和, 2005, 「"示以誠信, 一視同仁" – 鴉片戰爭時期耆英對外交涉思想探析」, 『貴州社會科學』, 第4期 ; 李光和, 2007, 「務存大體 量爲變通-鴉片戰爭時期耆英對外交涉思想探析之一」, 『懷化學院學報』, 第3期.

3) 李光和, 2007, 「"力爭國權, 整軍經武" – 鴉片戰爭時期耆英對外交涉思想探析之二」, 『社科縱橫』, 第7期 ; 王開璽, 2008, 「略論第一次鴉片戰爭期間耆英的制夷思想與實踐」, 『社會科學輯刊』, 第1期.

4) 王中茂, 2006, 「重評耆英的外交活動及其思想」, 『史學月刊』, 第12期.

5) 아편전쟁 이전 금교 시기 청조의 천주교 인식에 대한 대표적 국내 연구로는 崔韶子, 1987, 『東西文化交流史 – 明淸時代 西學受容』, 三英社가 있다. 그 밖에 林金水, 1991, 「試論南懷仁對康熙天主教政策的影響」, 『世界宗教研究』, 第1·2期 ; 林延淸, 1986, 「論鴉片戰爭前淸政府對耶穌會士的政策」, 『南開史學』, 第1期 ; 吳伯婭, 2002, 『康雍乾三帝與西學東漸』, 北京: 宗教文化出版社 등이 있다.

식, 나아가 프랑스와 청조의 천주교에 대한 인식의 차이가 이후 근대 중국에 미친 영향이 어떠했는지를 논의해 보고자 한다. 이를 위해 이 글에서는 우선 강희제 이래 천주교 금지 정책에 대해 살펴볼 것이다. 그리고 아편전쟁 이후 체결된 남경조약과 망하조약, 그리고 황포조약의 내용 속에 포함된 그리스도교 관련 조항과 그 의미를 살펴보고, 프랑스 전권대표 라그르네의 공식적 사명과 그 속내를 파악하고자 한다. 다음으로 황포조약의 협상과정에서 제기된 천주교 이금을 둘러싼 라그르네와 기영의 협의를 살펴보고, 마지막으로 천주교 이금 문제에 대한 기영의 상주와 도광제의 상유 반포에 대해 고찰해 볼 것이다.

2. 청조의 천주교 금지 정책

프랑스가 공식적으로 파견한 첫 '프랑스 선교단'인 5명의 선교사가 중국에 왔던 시기에 청조는 1681년 삼번(三藩)의 난을 평정하였고, 1683년에는 반청(反淸) 세력의 마지막 보루였던 대만까지 복속시킴으로써 마침내 중국 통일을 완성하였다. 또한 이 시기 청조는 러시아의 남하를 방어하기 위해 아이훈성을 구축하고, 1689년에 러시아와 네르친스크 조약(Treaty of Nerchinsk, 尼布楚條約)을 맺었으며, 1690년에 서몽골 준가르부의 갈단을 토벌하는 등 대내외적으로 안정된 시기였다. 특히 네르친스크 조약을 체결할 때 프랑스 예수회 선교사인 제르비용이 중국 측의 조약 체결 실무자로 나서 러시아와의 국경조약 체결을 잘 마무리지었던 일은 청조가 천주교에 대해 긍정적으로 인식하게 되는 계기가 되기도 했다. 당시 조약 체결 협상의 흠차대신 색액도(索額圖)가 제르비용에 대해 말하기를, 중국과 러시아의 담판에 "제르비용의 지모(智謀)가 없었다면 화의가 성립되지 않았으며, 반드시 병화(兵禍)가 닥쳐 양국의 우호에 금이 갔을 것이다"6)라고 했다. 1691년에 절강(浙江) 순무(巡撫)가 엄격히 천주교 금지를 실행하자 제르비용은 색액도에게 이 문제의 해결을 요청했고, 색액도는 선교사들이 중국과 러시아와의 조약 체결에서 공로를 세운 점을 들면서 강희제에게 은혜를 베풀어 줄 것을 간청했다.[7] 마침내 1692년에 강희제는 예부의 다음과 같은 상주문을 비준하여 천주교 선교를 공식적으로 허가했다.

> 서양인은 현재 역법을 관리하고 군대에 이용될 때에는 화포를 제조하고, 러시아와의 국경조약 체결에 성심성의껏 일을 하는 등 많은 업적을 쌓았습니다. 아울러 각성에 거주하고 있는 서양인은 악행을 저질러 소란을 피우지 않았습니다. 또 사설(邪說)로써 사람들을 현혹시켜 이단(異端)의 일을 만들지 않았습니다. 서양인은 위법을 한 일이 없으니, 금지를 하는 것은 좋지 못합니다. 각처 천주당을 예전 그대로 남겨두어야 합니다. 천주당을 출입하는 것은 평소대로 허락하고 금지할 필요가 없습니다.[8]

그러나 이미 17세기 중반부터 진행돼 오던 의례논쟁이 구체화되면서 청조와 천주교와의 관계는 서서히 경색국면으로 돌아서기 시작했다. 이 당시 중국에는 예수회 선교사뿐만 아니라 프란치스코회와 도미니코회, 그리고 파리외방전교회 등 여러 단체의 선교사들도 많이 들어와 있었다. 뒤늦게 중국에 도착한 이들 선교사들은 예수회를 곱지 못한 시선으로 바라보고 있었다. 그것은 이미 중국에 확고한 위치를 차지하고 있는 예수회에 대한 질투이기도 했지만, 무엇보다도 이들의 눈에 비친 예수회 선교사들의 활동이 너무나 이단적이었기 때문이었다. 조상과 공자에 대한 제사를 인정하고 있는 것이나 중국인들이 예부터 믿고 있는 '상제(上帝)'나 '천(天)'을 전능하신 하느님으로 해석하고 있는 것은 다른 교파 선교사들에게는 도저히 용납할 수 없는 것이었다. 예수회 내부에서도 이에 대한 논쟁이 있었지만, 기타 유럽 선교사

---

6) 樊國樑(Favier), 1905, 『燕京開教略』中篇, 北京: 救世堂, 39쪽.

7) 費賴之(S. J. LE P. Louis Pfister) 著, 馮承鈞 譯, 1995, 『在華耶穌會士列傳及書目』(上), 北京: 中華書局, 446쪽.

8) 黃伯祿, 1904, 『正敎奉褒』, 上海: 慈母堂, 116~117쪽.

들은 조상이나 공자에 대한 제사는 우상숭배이며, 중국에서 말하는
'천'과 가톨릭에서 말하는 하느님은 근본적으로 같지 않다고 여겼다.
그들은 교황에게 예수회 선교사들을 고소했고, 이에 따른 논쟁이
1634년부터 1742년에 이르기까지 무려 백년에 걸쳐 진행되었다.

의례논쟁 속에서 1693년 3월 26일에 파리외방전교회 소속의 복건
(福建) 대목구장 메그로(Charles Maigrot, 顏璫)는 자신의 관할 구역
사제들에게 '천주'의 명칭 이외에 '천'과 '상제'는 사용하지 말 것이
며, 공자와 조상에게 드리는 제사는 금하고, 죽은 자를 위한 위패를 세
우지 말고, 교회 학교 교과서에 무신론 사상과 이단 학설을 삽입하지
말라는 등 일곱 항목의 금령을 내리고, 이 문제에 대한 확고한 결정을
교황청에 요청했다.9)

1700년 교황 인노첸시오 12세(Innocentius XII) 사후 교황에 즉위
한 클레멘스 11세(Clemens XI)는 중국 의례 문제를 심사하게 했다.
결국 교황이 파견한 투르농(Tournon, 多羅) 사절단은 중국 의례를 금
지하는 교황의 조서를 가지고 1705년 12월에 강희제를 알현했다. 교
황 특사 투르농을 접한 강희제는 선교사에 대한 규정을 마련해야 한다
고 느꼈다. 강희제는 말하기를, "근래 서양에서 온 사람이 매우 잡다
하다. 도(道)를 행(行)하는 사람도 있지만, 그 시비(是非)를 분별하기
어렵다. 지금 너희들이 올 때 하나의 규칙을 정하지 않으면 장차 시비
가 일어날 것이 두렵고 교황과 관계가 있지 않을까 하는 의심이 든다.
다만 상례(常例)를 똑똑히 알려주고, 후래인(後來人)에게 명해 법도를
엄수하고 조금이라도 어긋남이 없도록 해야 된다"10)라고 했다. 1706
년에 강희제는 선교사들의 중국 선교 규칙을 명확히 규정했다.

---

9) 이 훈령의 전문은 蘇爾(S.J. Donald F. St. Sure)·諾爾(Ray R. Noll) 編, 沈保
   義·顧衛民·朱靜 譯, 2001, 『中國禮儀之爭: 西文文獻一百篇(1645-1941)』,
   上海古籍出版社, 15~19쪽에 실려 있다.

10) 陳垣 識, 1974, 『康熙與羅馬使節關係文書』, 臺北: 文海出版社, 影印本, 9~10
    쪽. 원문에는 교황을 교화왕(敎化王)으로 표현하고 있다.

서양인은 금후 '마태오 리치의 규정'을 지키지 않으면 결코 중국에 거주하는 것을 허락하지 않고 반드시 추방하겠다. 만약 교황이 이로 인해 너희들의 선교를 허락하지 않는다면, 너희들은 이미 출가인이므로 중국에 거주하면서 수도해도 된다. 교황이 만약 너희들이 마태오 리치의 규정을 따르고 교황의 말을 듣지 않아 서양으로 귀환시킨다고 하더라도 짐은 너희들을 보내지 않을 것이다.[11)

강희제는 이전보다 선교사들을 중국적인, 즉 마태오 리치의 선교 방법을 강요하는 편으로 입장을 굳혔다. 이 규정은 중국의 전통질서 내에서의 선교사들의 활동을 의미하는 것이었다. 그 해 강희제는 북경에 있는 선교사를 접견하는 자리에서 또 하나의 칙령을 반포했다.

영원히 서양으로 돌아가지 않는 서양인에게 인장(印章)이 찍힌 정부의 허가증을 발부할 것이다. 증서에는 선교사의 국적·연령·소속 수도회·중국에 들어온 시기 및 허가증을 수령한 사람의 영원히 유럽으로 돌아가지 않겠다는 승낙을 명기해야 한다. 서양인은 궁정에 들어와 짐을 알현하고, 만주어와 한어로 표기되고 인장이 날인된 허가증을 수령해야 한다. 이 증서는 너희들을 위한 증명이 될 것이다.[12)

당시에 모두 48명이 허가증을 수령했는데, 그 중 예수회 선교사가 39명, 프란치스코 선교사가 9명이었다. 허가증을 발급받지 않은 13명은 마카오로 보내졌다.[13) 이때 북경의 선교사들은 강희제의 금교 조치를 매우 걱정해 연명으로 '반(反)유럽인, 반그리스도교 주장(奏章)에 대한 답변(答辯)'이라는 장문의 진술서를 작성했다.[14) 강희제가 북경

---

11) 『康熙與羅馬使節關係文書』, 13~14쪽.
12) 「耶穌會傳教士馮秉正神父的信」(1717年 6月 5日), 『耶穌會士中國書簡集』 Ⅱ, 191~192쪽.
13) 吳伯婭, 2002, 156쪽.
14) 「耶穌會傳教士馮秉正神父的信」(1717年 6月 5日), 『耶穌會士中國書簡集』 Ⅱ, 194~205쪽.

선교사들의 요청에 답하면서, "너희들은 안심하라. 결코 천주교를 금지하는 것은 아니다. 그러나 금지하는 것은 허가증을 수령하지 않는 서양인이며, 허가증이 있는 사람은 관여하지 않는다. 만약 지방관이 모두 금지하면 즉시 짐이 발급한 증서를 보여주어 그것을 선교의 증거로 삼으면 된다. 너희들은 안심하고 가라. 만약 허가증이 있는 사람을 금지하면 다시 상주하라"15)고 하여 엄격한 금지를 실시하지는 않았다.

그러던 차에 1720년에 교황 특사 메차바르바(C. A. Mezzabarba, 嘉樂)가 교황 클레멘스 11세의 중국의례 금지의 서신을 재차 들고 왔다. 교황 특사 메차바르바를 접견한 이후 강희제의 천주교에 대한 관용적인 인식은 변화했다. 그는 아주 강렬한 어조로 다음과 같이 말했다.

> 서양인이 중국의 대례(大禮)를 어찌 말할 수 있겠는가? 중국 서적을 이해하지도 못하는 자가 논쟁을 하는 것이 가당찮다. 지금 사신이 와서 고시(告示)한 것은 필경 화상(和尙)이나 도사(道士)의 이단 종교처럼 난언(亂言)하는 것이 그들에 비할 바 없구나. 이후 서양인이 중국에서 선교를 해서는 안 되며 말썽이 일어나지 않기 위해 금지해야 한다.16)

이로부터 청조는 공식적으로 천주교 금지 정책을 실시했다. 그렇지만 강희 시기에 엄격한 천주교 금지를 실행하지 않았다. 또한 청조가 추방한 선교사는 단지 허가증을 수령하지 않은 자들이었다. 따라서 중국 거주를 희망했던 선교사는 청조가 발급하는 허가증을 수령한 후에 여전히 자유로이 수도(修道)했고, 비밀리에 천주교 선교에 나섰다. 하지만, 선교 자체를 금지하면서 과학적 지식이 뛰어난 선교사들에 대한 관용적인 정책은 중국인 신자와 선교사들의 입장에서는 실질적인 금지를 뜻하는 것이라고 볼 수 있다. 또한 강희제의 이러한 조치는 후대

---

15) 『正敎奉褒』, 135쪽.
16) 『康熙與羅馬使節關係文書』, 96쪽.

의 황제가 엄격한 금지 조치를 하게 되는 전례를 만들어 주었다. 강희제의 금교 정책은 이후의 옹정제·건륭제·가경제·도광제에 의해 계승되고 준수되어 청조의 기본 국책이 되었다.

청조 입장에서 의례논쟁은 분명 중국의 내정간섭이자 유교 이념을 바탕으로 한 중국의 전통질서를 파괴하는 행위였다. 강희제의 탄력적이고 관용적인 천주교 정책은 서양의 과학기술을 선교 수반으로 하고 중국의 전통문화 아래에서 천주교를 이해시키려고 한 예수회 선교사들의 선교와 맞물려 서양 문화가 중국에 전파되는 계기를 만들었다. 특히 강희 시기에는 마테오 리치 시기보다 더욱 적응주의적인 선교정책에 나선 프랑스 예수회 선교사들의 활발한 활동으로 일정 정도 천주교 선교를 용인하게 하는 등 청조의 천주교 정책에 긍정적 영향을 미쳤고, 서양의 문물과 접촉할 수 있는 직접적 계기가 만들어졌다. 그렇지만 그것은 중국의 교학(敎學) 체계나 사대부의 경학적 사고틀에 영향을 줄 만한 질적, 양적 중요성을 갖지 못했다. 오히려 청조 지배가 안정화된 강희 말, 옹정·건륭 시기에 대외적으로는 중국을 중심으로 한 중화세계질서의 보편적 권위를 더욱 강화하고, 대내적으로는 명대 이래 지속되어 온 향약·보갑제를 확립, 전개시켜 유교이념을 바탕으로 한 향촌지배체제가 더욱 강화되는 형태로 나아갔다.

따라서 강희제 시기에는 일시 선교가 허락되기도 했지만, 중국의례 문제 때문에 교황의 특사가 파견되자 국가의 안위와 관련된 문제로 보고 천주교를 금지시켰던 것이다. 강희제가 호학적(好學的)인 군주라서 서학(西學)에 관심을 가졌든 옹정제가 불교에 심취하여 천주교에 흥미가 없었던 간에 청조 황제들은 천주교를 제국의 안전을 위협하는 존재로 보았다.

옹정제는 1724년 1월에 민절총독(閩浙總督) 각라 만보(覺羅 滿保)의 "서양인이 각성(各省)에 몰래 잠입해 천주당을 세우고 선교를 행하여 민심을 점점 선동시키니 조금도 이익 되는 게 없습니다. 청컨대 각성의 서양인 중 능력 있는 자들을 북경으로 보내는 것 이외에 나머지 모두는 마카오에 안착시켜야 합니다. 또한 천주당을 공소(公所)로 개조하고 천주교에 입교하는 자는 엄하게 다스려야 합니다"[17]라는 상주문을 비준하여 실질적인 금교 정책을 시행했다.

옹정제는 전국적으로 서양 선교사를 축출하고 반년이라는 제한된 시간 아래 북경으로 오는 선교사를 제외하고는 전부 출경시켰다. 허가증이라도 지니고 있으면 어느 정도 자유로웠던 강희제의 정책에 비해 옹정 시기에는 북경의 궁정에서 근무하는 선교사들 이외에 모두 추방시키는 강경 조치가 취해졌다. 옹정제는 독일인 예수회 선교사 쾨글러(Ingnaz Kögler; 戴進賢)와 프랑스 예수회 선교사 부베, 파레낭과의 대화에서 천주교 금지를 시행하는 것은 황제 자신의 개인적인 문제가 아니라 국가적인 면에서 그리한 것이라고 다음과 같이 말하고 있다.

> 너희들은 모든 중국인을 천주교 신자로 만들 생각을 하고 있고, 이것이 너희들 종교의 요구라는 것을 짐은 잘 알고 있다. 만약 그렇게 된다면 우리들은 어떻게 변하겠는가? 너희들 국왕의 신민(臣民)으로 변한다. 너희들이 양성한 교인은 단지 너희들만 승인할 것이고, 만약 작은 변화나 변고가 생기면 그들은 오로지 너희들의 명령만 따를 것이다. 짐은 현재 이러한 것을 걱정하지는 않지만, 많은 선박이 도래할 때에는 틀림없이 난이 일어날 것이다.[18]

옹정제는 당시 국제적인 정세에 의거해 천주교가 중국에서 발전하면 왕조의 안전을 위협할 것이라고 보았다. 비록 그가 아직 직접적으로 대면한 문제는 아니었지만, 유럽 각국을 두려운 존재로 보았고, 서

---

17) 『淸世宗實錄』 卷14, 雍正 1年 12月 壬戌.
18) 「馮秉正神父致本會某神父的信」(1724年 10月 16日), 『耶穌會士中國書簡集』 Ⅱ, 338쪽.

방의 종교인 천주교가 중국을 위협하는 요소라고 생각했다. 결국 청조
는 중국의 전통질서를 유지하는 한도 내에서 천주교를 허용했지만, 의
례 문제와 점증하는 서양 세력으로 인해 천주교를 금지시켰던 것이다.

건륭제 시기에는 비록 서양인의 기술적인 측면에 많은 관심을 보여
궁정화가 카스틸리오네(Giuseppe Castiglione, 郎世寧), 천문학자 쾨
글러와 천문 겸 지리학자 브누아(Michael Benoist, 蔣友仁) 등이 건륭
제의 높은 신임을 받았지만, 건륭제 역시 천주교 자체에 대해서는 흥
미가 없었고, 옹정제보다 천주교에 대해 강경한 금교 조치를 취했다.
건륭 시기에는 선교 때문에 지방에서 선교하던 천주교 선교사들이 목
숨을 잃는 경우도 많았다. 예를 들어 복건 순무 주학건(周學健)이
1747년에 복건으로 잠입해 선교한 도미니코회 선교사 산츠(Pierre
Martyr Sanz, 白多祿)와 4명의 동료 선교사를 사형에 처했다. 이 일은
조정에 주청되어 건륭제의 비준을 받았다.19) 또한 소주(蘇州)에서는 예
수회 선교사 엔리케즈(Antoine Joseph Henriquez, 黃安多)와 아데미스
(Tristan de Athemis, 談方濟)가 1750년에 선교 금지를 위반한 죄로
교수형에 처해졌다.20) 기타 지역에서도 유사한 천주교 탄압 사례가 많
았다. 이제 서양 선교사들은 북경 천주당에 '안전하게 거주'하게 하거
나 관리를 파견하여 압송해 출경시켜 '유원(柔遠)의 의도를 보이게'21)
하여 내지 선교 활동은 정체 단계에 들어섰다.

가경제 시기(1796~1820)에 들어서 금교 정책은 더욱 엄격해져 서
양인이 사사로이 경전을 간행하고 강회를 열어 민중을 현혹시키는 것
이 있다면 마땅히 교수형을 집행해야 한다고 했고, 북경에서 천문·역

---

19) 「尙若翰神父就中華帝國1746年爆發的全面敎案而自澳門致聖Ⅰ－夏欣特夫人
　的記述」, 『耶穌會士中國書簡集』Ⅳ, 322~356쪽.
20) 「耶穌會士傅安德神父致同一耶穌會的帕圖耶神父的信」(1750年 12月 2日),
　『耶穌會士中國書簡集』Ⅳ, 357~366쪽.
21) 王之春 著, 趙春晨 點校, 2000, 『淸朝柔遠記』卷5(光緖 17年 廣雅書局本,
　光緖 22年 湖北書局 重刊本), 北京: 中華書局, 134쪽.

법 기술과 관련이 없는 서양인은 광동으로 보내어 귀국시켜 시끄러운 일이 없도록 예방하려고 하였다.22)

1821년에는 『대청율례(大淸律例)』에 금교 조항이 추가돼 기민인(旗民人) 등이 천주교를 믿거나 선교하면 판결 후 즉각 교수형을 집행하거나 유배하여 노예로 삼도록 하였다. 또한 내지에서 서양인의 부동산 구입을 금지했고, 금교를 엄격히 실행하지 않는 지방관은 처벌하도록 규정하였다.23) 이로써 천주교 금지는 『대청율례』에 법률적 조항이 규정돼 천주교의 지위는 청조의 합법적 종교가 아니라 왕조의 안전을 위협하는 사교(邪敎)의 지위로 전락했다.

천주교가 18~19세기에 청조에서 사교의 위치로 전락한 것은 안으로 청조 자체의 종교 반란과 밖으로 점증하는 서양 세력에 대한 위협 때문이었다. 그것은 청조를 대내외적으로 위협하는 요소였다. 건륭제는 점증하는 서양 세력에 대처하기 위해 1757년부터 외국과의 무역 항구를 광주 한 곳만 개방하는 제한적 해금 정책을 실시하였다. 아울러 "거간꾼이 양행(洋行)을 세우거나 서양인을 도와 천주당 설립을 도모하는 일을 한다면 엄히 금지하도록 한다"24)라고 강조하였다.

사실 건륭제는 해금 정책 후에 이미 천주교가 해외로부터 다시 들어오고 있다는 것에 주의했으며, 특히 루손 섬[呂宋]으로부터 서양인이 와서 선교한다는 것에 주의했다. 건륭제는 루손이 천주교인들이 모여 사는 곳으로 내지의 백성이 그곳에 많다고 하여 이곳을 천주교 전파의 본거지로 보았다. 그는 이후에 연해 각 항구에서 루손으로 가는 사람 및 루손에서 온 내지의 모든 사람의 행방을 찾아 엄히 조사하고 이를 금지하도록 널리 반포하였다.25) 이와 같은 금지 조치가 국내의 종교와 관련된 반란과 맞물려 천주교에 대한 경계심은 더욱 강화되었다.

---

22) 『淸仁宗實錄』 卷243, 嘉慶 16年 5月 乙巳.
23) Louis Wei, 1991(上), p.21.
24) 『淸朝柔遠記』 卷5, 103쪽.
25) 『淸高宗實錄』 卷315, 乾隆 13年 5月 壬寅.

건륭제는 천주교가 회교도 반란 세력과 결탁할 것을 우려했다. 황제가 가장 걱정하는 것은 서양인이 반란한 회교도와 한통속이라는 소식이었다. 그는 서양인이 회교도와 같은 종교에 속하니, 전국의 서양 선교사를 철저히 조사해 서양 선교사 및 관련된 사람들을 모두 소탕하고 반란 회교도와 결탁하는 것을 방비하라고 했다.[26]

1781년에 감숙(甘肅) 난주(蘭州)에서의 회교도 반란과 1796년에서 1804년까지의 백련교 반란은 청조에게 사교에 대한 위기심을 고조시켰다. 중국에서는 역사적으로 볼 때, 이단종교 형태로 힘을 규합해 왕조를 전복시키는 일이 많았다. 회교도와 백련교도에게 놀란 청조가 천주교를 의심하게 될 것은 당연한 일이었다. 더구나 포르투갈이 마카오를 점거하고 있었으므로 청조는 서양 선교사들을 항상 경계했다.

1804년에야 진압된 백련교의 난과 더불어 청조는 전국 각지에서 종교 탄압을 대대적으로 벌였으며, 천주교에 대한 인식도 백련교와 별반 다르지 않았다. 실제로 천주교는 옹정제의 금교 이후 중앙정부의 감시를 피해 대부분 사천·귀주와 같은 중국의 주변지역을 중심으로 선교해 나갔기 때문에 자연히 비밀스럽게 될 수밖에 없었고, 이 같은 포교 활동 때문에 천주교가 백련교와 같은 비밀종교로 취급됐고, 천주교인은 비도(匪徒)와 같이 인식됐다.[27]

금교 이후 옹정제는 천주교가 이미 서양 각국과 관계가 있다고 보았다. 건륭제는 회민(回民) 기의(起義)와 내통했다는 것을 의심했고, 가경 시기에 천주교는 사교이고, 천주교인은 비민(匪民)이었다. 도광 시기에 들어서서는 법률적으로 금교 규정을 마련했다. 어쨌든 천주교

---

26) 馬塞北 主編, 1988,『淸實錄穆斯林資料輯錄』上卷, 銀川: 寧夏人民出版社, 862~863쪽.

27) 冉光榮, 1985,「淸前期天主敎川活動與淸政府的査禁」,『社會科學研究』, 第4 期, 65쪽 ; Paul A. Cohen, "Christian Mission and Their Impact to 1900", in John K. Fairbank, ed. *The Cambridge History of China.* Vol.10, Part I, Cambrige: Cambrige U. P., 1978, pp.545-546.

에 대한 관용적인 시기나 엄격히 금지한 시기나 청조 입장에서는 큰
의미가 없었다. 왜냐하면 그때는 천주교가 서양 열강의 실질적 보호를
받지 못하고 있었기 때문에 청조는 천주교를 내부의 전통적 종교와 같
이 대했기 때문이다. 따라서 천주교는 청조의 전통질서 안에서 이를
유지하는 한도 내에서만 허용하고 이를 어기면 금지했던 것이다. 그러
나 아편전쟁이 일어나면서 이러한 질서는 이완되기 시작하였다.

3. 불평등조약의 체결과 선교 관련 조항의 삽입

포함(砲艦)과 함께 들어온 서양 열강은 이전과는 비교할 수 없을 만
큼 정치·군사적 역량을 가지고 있었다. 이제 청조는 그리스도교가 중
국에서 서양 열강의 이익의 한 부분임을 승인해야만 했다. 따라서 청
조는 그리스도교 문제의 해결을 위해 열강과 국제 교섭을 진행시키지
않을 수 없었다. 아편전쟁 패배 후 1842년에 청조는 영국과 남경조약
을 체결했고, 1843년에는 호문조약을 추가로 체결했다. 조약에는 광
주·복주·하문·영파·상해의 개항과 홍콩의 할양, 치외법권 등의 내용
이 있다.28) 하지만, 남경조약과 호문조약에 직접적으로 선교 문제에
대한 언급은 없다. 심지어 5개 개항장에서도 선교할 수 있다는 규정이
없다. 그러나 아편전쟁은 선교사의 중국 선교를 위해 유리한 조건을
창출했다. 즉 조약 자체에 간접적으로 선교 문제가 언급됐기 때문이
다. 우선 5개 개항장에서 통상을 허락했고, 서양인의 거주를 승인해
자연적으로 그리스도교 문제가 따라왔다. 또한 치외법권 때문에 청조
는 중국에 주재한 영국인을 처벌할 수 없었고, 이것은 자연적으로 모
든 중국 내지에 잠입한 선교사에도 적용되는 것이었다.

미국은 공개적으로 그리스도교 관련 문제를 조약 체결에서 제기했

---

28) 王鐵崖 編, 1957, 『中外舊約章彙編』 第1冊, 北京: 三聯書店, 30~50쪽.

다. 그것은 교회 설립의 문제였다. 망하조약 제17조에는 미국인이 5개 항구에서 무역하거나 거주할 수 있으며, 가옥을 빌릴 수 있고, 토지를 세내어 건물을 세울 수 있으며, 의원·교회 및 장례식장의 건립을 허가하는 내용이 있다.29) 이 조항에서 교회 건립의 허가에 관한 것은 "이미 선교의 의도를 노출하고 있다"30)고 볼 수 있다. 또한 제18조에는 미국 관민(官民)이 중국 사민(士民)을 초빙하여 방언(方言)을 배우거나 문장을 쓰게 할 수 있으며, 어떠한 사람을 초빙하더라도 중국 지방관이 방해하거나 모함해서는 안 되며 아울러 중국 서적을 구입할 수 있다는 내용이 있다.31) 이 조항 역시 선교와 관련이 있다고 볼 수 있는데, 선교를 문화 활동의 영역에 포함시켰을 때, 미국인은 문화 활동에 종사한다는 명목 아래 중국인에게 선교할 수 있기 때문이었다.

물론 망하조약이 중국에서 교회 건설을 허락한 최초의 조약은 아니었다. 1727년에 러시아와 체결한 캬흐타 조약(Treaty of Kyakhta, 恰克圖界約)에 교회와 관련된 내용이 있다. 러시아 역시 그리스도교의 일파인 그리스 정교 국가였기 때문인데, 당시에는 교당(敎堂)이라 하지 않고 묘우(廟宇)라고 했다. 캬흐타 조약 제5조에는 다음과 같은 조항이 있다.

> 러시아 사절이 묘우 건설을 청하여 중국은 러시아 대신과 협의하여 묘우 건설을 도와준다. 현재 북경에 라마 1명이 거주하고 있는데, 3명을 더 파견하여 이 묘우에 거주하는 것에 대해 재심의하고 있다. 합의한 규정대로 따른다면 러시아인이 예불과 염경(念經)하는 것을 막아서는 안 된다.32)

러시아가 그리스 정교를 신봉했지만, 캬흐타 조약에서는 종교 사무

---

29) 『中外舊約章彙編』 第1冊, 54쪽.

30) 劉錦藻 撰, 2000, 『淸朝續文獻通考』 第4冊, 卷355, 外交19, 杭州: 浙江古籍出版社, 10989쪽

31) 『中外舊約章彙編』 第1冊, 54쪽.

32) 『中外舊約章彙編』 第1冊, 9쪽.

에 대해 명확한 기록은 없다. 그것은 당시 중국이 선교를 금하고 있어 교당을 묘우, 선교사를 라마, 예배를 염경이라 했기 때문이다.[33] 또한 캬흐타 조약을 교섭한 청조 관원이 천주교와 그리스 정교를 판단하기는 어려웠을 뿐 아니라 당시 러시아와 관련된 종교 문제가 그다지 중요하지 않았기 때문이었다. 더구나 선교라고 하는 것이 큰 목적이 있었던 것도 아니었고, 그리스 정교가 중국에서 발전하지도 못했다. 그러나 망하조약이 체결된 시대에 이르러서는 상황이 크게 달랐다.

당시 망하조약의 담판에 브릿지맨(E. C. Bridgman)과 파커(P. Parker)라는 두 미국인 선교사가 통역과 비서를 담당했는데, 이들이 중국과의 담판에서 중요한 역할을 했다.[34] 그 중 5개 개항장에 교회를 건립할 수 있다는 조항의 삽입은 이들이 이루어낸 중요한 업적이었다. 이 내용의 삽입에 대해 중국 측 협상대표인 기영은 처음부터 강하게 반대했지만, 미국 측은 포르투갈이 마카오에서, 영국은 홍콩에서 모두 교회를 세우고, 또한 토지를 선택해 장례를 한다고 항의하며 조약 속에 이 내용이 들어가도록 관철시켰다.[35]

미국 측은 "미국이 중국에 무역하러 온 사람도 많지 않아 택지를 얻으려 하지 않았는데, 만약 토지를 세내어 교회와 장례식장을 세울 수 없다면 실로 기회를 놓치는 일이 될 것"[36]이라고 했다. 기영은 교회와 장례식장의 건설에 대해 다시 조사해 보니, 엄격히 고집하여 반박하기가 곤란하다고 했다. 그러나 미국인이 강제로 임차하거나 점거해서 여론을 들끓게 해서는 안 되며, 신민(紳民)이 기꺼이 임대하지 않으려

---

33) 『淸朝續文獻通考』 第4冊, 卷349, 外交 13, 10917쪽.

34) 顧衛民, 1996, 『基督敎與近代中國社會』, 上海人民出版社, 123쪽.

35) 「兩廣總督耆英奏報與美使商定條約三十四款情形片」(道光 24年 5月 24日), 中國第1歷史檔案館 編, 1992, 『鴉片戰爭檔案史料』 第7冊, 天津古籍出版社, 469쪽.

36) 「兩廣總督耆英奏報與美使商定條約三十四款情形片」(道光 24年 5月 24日), 『鴉片戰爭檔案史料』 第7冊, 469쪽.

한다면 미국 또한 구실을 댈 도리가 없다고 했다.[37] 기영은 미국인에게 교회와 장례식장의 건설을 양보해도 중국인이 당연히 서양인에게 토지를 임대해 주지 않을 것이라고 보았던 것이다.

조약 담판에 참가했던 미국 선교사 파커는 이러한 규정을 중국 측 대표가 감사의 표시로 넣었다고 얘기했지만,[38] 조약상의 내용을 보면 청조가 교회 건립에 동의한 것은 아니고 개항장의 미국인을 위해 교회 건립만 허가한 것이라고 볼 수 있다. 그러나 1844년 8월 15일에 군기대신(軍機大臣) 목창아(穆彰阿) 등이 망하조약에 대해 심의하면서 교당 조항에 대해 심각한 우려를 표시했다.

> 5개 개항장이 비록 무역을 허가했지만 왕래가 별로 없고, 마카오와 홍콩에 비해서는 큰 차이가 있다. 산 자를 위해 복을 빌고, 죽은 자를 위해 위로한다고 하여 교회와 장례식장을 건립하면 토지를 점유하는 것이 많아질 것이고, 그러면 점거하는 땅이 점점 넓어질 것이다.[39]

군기처에서는 아무리 개항장이라 해도 외국인에게 토지를 임대하여 교회를 설립케 하는 일은 중국의 토지가 외부 세력, 특히 서양 그리스도교 세력의 토지로 점유 당한다는 생각을 했던 것이다. 임대한 토지에 교회를 짓게 하는 것은 그리스도교 선교를 허용하는 것과 마찬가지였기 때문이다.

그렇지만 기영은 미국이 스스로 토지를 임차하여 교회를 설립하는 것에 대하여 반박하기는 곤란하다고 했다. 왜냐하면 5개 개항장에서 토지를 임차하여 건물을 세울 수 있도록 이미 조약에서 규정했기 때문

---

37) 「兩廣總督耆英奏報與美使商定條約三十四款情形片」(道光 24年 5月 24日), 『鴉片戰爭檔案史料』 第7册, 469쪽.
38) 王立新, 1996, 「晩淸政府對基督敎和傳敎士的政策」, 『近代史硏究』, 第2期, 225쪽.
39) 「軍機大臣穆彰阿等奏爲遵旨核議耆英等所定咪唎堅國條約摺」(道光 24年 7月 2日), 『鴉片戰爭檔案史料』 第7册, 492쪽.

이었다. 따라서 중국 지방관이 택지를 조사, 의논하여 이를 결정하고, 서양인이 강제로 임차하여 점거하는 것을 허락하지 않는 조치밖에 없었다.40)

어차피 당시는 망하조약이 체결되는 시점이었고, 군기처에서 이를 막을 수는 없었다. 단지 중국 백성들이 그리스도교를 믿지 못하게끔 단속하는 대책을 강구하는 방법밖에 없었다. 군기처는 교회를 세우고 예배하는 것은 양이(洋夷)의 풍속이지만 이치에 맞지 않아 우민(愚民)이 현혹되기 쉬워 나쁜 짓을 따라하는 것을 피하기 어려우니 기영 등이 각성 독무(督撫)와 협의하여 대책을 강구해야 하며, 그리스도교를 선교하거나 믿게 해서는 안 된다고 했다. 또한, 중국의 풍속과 민심에 관계가 있기 때문에 연해 거주민이 양이의 말에 현혹되지 말도록 하며, 양이의 의례가 행해져서는 안 된다고 했다. 그리스도교는 청조의 법률에도 금지되어 있고, 선왕(先王)의 유지(諭旨)는 후대의 왕이 지켜야 할 중요한 전례였다. 또한 청조는 그리스도교가 중국의 전통질서와 맞지 않고, 청조의 체제를 위협하는 대상이라고 보았다.

기영의 말대로 교회 설립 논의는 중국에서 서양인의 예배 장소를 말하는 것이지 결코 중국인에게 그리스도교를 전파하는 문제를 얘기한 것은 아니었다. 실제로 이것은 단지 중국의 5개 개항장에서 미국인의 종교 신앙을 허락한 것에 불과하고, 중국인에게 선교를 허락한다고 하는 내용은 없기 때문이다. 그러나 청조는 프랑스와 체결한 황포조약에서 천주교 보호를 위한 확실한 근거를 마련해 주었다. 황포조약 제22조는 망하조약 제17조를 근거로 하여 프랑스 대표 라그르네가 중국 측과 협의한 내용이다. 프랑스인이 5개 개항장에 거주하며, 토지를 임차하여 건물을 지을 수 있는데, 교회·의원·자선기구·학당·묘지 등을 지을 수 있다고 규정했다.41) 망하조약에는 없는 자선기구와 학당이 추

---

40) 「軍機大臣穆彰阿等奏爲遵旨核議耆英等所定咪唎堅國條約摺」(道光 24年 7月 2日), 『鴉片戰爭檔案史料』 第7冊, 492쪽.

가 되었다.

중국 측에서는 자선기구와 학당을 추가했을 뿐 큰 의미가 없다고 할 수 있으나 자선기구의 운용은 지역사회에서 신사들의 특권을 침해하는 것이었다. 프랑스 측에서는 이를 통해 프랑스 선교사들이 향촌사회에서 민중을 구제하고, 고아들을 보살펴 주는 일을 할 수 있게 되었다. 그러나 이러한 권리를 확대하려면 중국 백성의 천주교 신앙 허가와 중국 내지 선교 자유가 필요했다. 학당의 건립 허가 역시 중국 측에서 보면 프랑스인이 학당을 세워 프랑스인의 자제들을 교육시키는 기관일 뿐이었다. 하지만 프랑스 측에서 교회학교를 세울 수 있다는 것은 중국인 천주교 신자와 그들 자제를 교육시킬 수 있는 계기를 마련한 것이었다. 그러나 이를 확대하기 위해서는 중국인들의 천주교 신앙의 허가가 선행되어야 했다.

여하튼 황포조약 제22조의 자선기구와 학당의 추가는 청조 입장에서나 프랑스 측 입장에서나 당장엔 큰 의미가 없었다. 그러나 전통적 향촌질서를 흔들 수 있는 이 규정은 결국 내지 선교의 허가와 함께 1858년 천진조약 제10조에서 재확인됨으로써[42] 중국의 전통적 질서를 이완시키는 아주 중요한 조항이 되었다. 또한 황포조약 제22조의 마지막 구절인 "만약 중국인이 프랑스인의 교회·묘지를 훼손하거나 파괴한다면, 지방관은 관례에 따라 엄중한 처벌을 한다"[43]는 조항은 다른 조약에 없는 새로운 내용으로 서양 교회의 중요한 특권이었다고 할 수 있다. 이것은 중국에서 외국 교회에 대한 보호를 승낙한 조항으로 이후 청조는 수 없이 발생한 민교(民敎) 충돌에서 부득불 교회를 보호할 수밖에 없게 되었다.

황포조약 제23조도 호문조약 제6조에 근거하여 입안한 것이라고 라

---

41) 『中外舊約章彙編』 第1冊, 62쪽.
42) 『中外舊約章彙編』 第1冊, 106쪽.
43) 『中外舊約章彙編』 第1冊, 62쪽.

그르네가 얘기했듯이, 기존의 조약과 큰 차이가 있는 것은 아니었다. 그러나 당시 불법적인 것을 알면서도 내지에서 선교하고 있던 선교사들에게 내지에서의 외국인 보호 규정은 큰 의미가 있는 것이었다. 황포조약 제23조의 "내지로 진입한 프랑스인을 상해나 학대 없이 안전하게 개항장의 프랑스 영사관에 인계하도록"44)하는 규정 때문에 청조는 내지에서 불법적으로 선교하고 있던 천주교 선교사를 보호할 수밖에 없었다. 그러나 청조는 그러한 규정을 지키지 않았고, 오히려 내지 진입을 금지하는 규정으로 간주했다.

황포조약 제24조는 망하조약 제17조에 근거하여 작성했다. 망하조약 제17조는 미국인이 중국 사민(士民)을 초빙하여 중국어를 배우거나 중국 서적을 구입할 수 있다고 되어 있는데,45) 황포조약 제24조에서는 프랑스인이 중국인을 가르칠 수 있으며, 프랑스 서적을 발매할 수 있다는 규정을 추가했다.46) 이는 프랑스가 학교의 설립뿐만 아니라 중국인에게 프랑스의 천주교 교육을 시킬 수 있었고, 성경을 포함한 서적을 발매할 수 있도록 한 규정이 되었다.

그렇지만 상술한 조약에 드러난 것만으로는 청조가 서양 그리스도교에 큰 양보를 하지 않은 것처럼 보인다. 중국 측에서는 단지 5개 개항장에서 서양 선교사들의 활동을 제한하면 되었고, 내지로 들어간 선교사들을 안전하게 해당 국가 영사관으로 호송하면 그만이었다. 교회나 학교의 설립도 5개 개항장에서 서양인들만의 종교 활동이자 교육 활동의 규정으로 생각했다. 청조가 유지해 오던 주변 국가와의 조공적 체제나 유교 가치관에 입각한 전통질서는 손상 받지 않은 것처럼 보였다. 하지만 상술한 조약의 내용을 보면 5개 개항장 안에서 선교를 허락하는 규정도 없지만, 선교를 금지하는 내용도 없다. 교회가 서양인

---

44) 『中外舊約章彙編』 第1冊, 62쪽.
45) 『中外舊約章彙編』 第1冊, 54쪽.
46) 『中外舊約章彙編』 第1冊, 62쪽.

의 종교 활동의 장소였으므로 자연스럽게 중국인을 선교하는 장소로 사용될 수도 있었다. 그러나 중국 백성에게 선교를 한다면 한 가지 빠트린 것이 있다. 그것은 바로 중국인의 그리스도교 신앙의 자유였다. 이제 청조는 프랑스 전권대표 라그르네의 또 다른 요구에 직면해야 했다.

4. 라그르네의 공식적 사명, 그리고 그 속내

어쨌든 공식적인 라그르네의 사명은 영국과 대등한 권리를 가진 통상조약을 청나라와 체결하는 것이었다. 기영은 이미 프랑스가 중국에 오기 전에 조약 체결 준비를 하고 있었다. 그는 미국 측 대표 쿠싱 (Cushing)을 통해 프랑스 사절단이 조약 체결을 위해 중국으로 오고 있다는 소식을 알고 있었으며, 프랑스가 미국 독립전쟁 시기에 미국을 도왔던 사실 등 프랑스에 대해 약간의 지식도 가지고 있었다. 더구나 기영은 프랑스가 영국과는 그리 좋지 않은 사이라 프랑스가 장차 중국과 결합해 함께 영국을 공격할 수 있을 것이라고 추측하기도 했다. 기영은 라그르네가 앞서 영국이나 미국과 체결한 조약의 범위에서 크게 벗어나는 요구를 하지 않는 한, 그리 큰 문제가 될 게 없다고 판단했다. 특히 미국 사절이 북경에 들어와 알현한다는 요청이 받아들여지지 않았던 것처럼 프랑스도 아직은 모르지만, 그리 되지 않을 것이라고 생각했다. 그러나 라그르네 사절단이 이끌고 온 8척의 함선이 마닐라에 정박하고 있다는 소식을 들은 기영은 의구심이 들 수밖에 없었다. 그들이 만약 통상조약을 위해서 중국에 왔다면, 매년 겨우 수척의 프랑스 상선이 중국에 와서 얻을 수 있는 이윤이 매우 제한적일 것인데, 이렇게 많은 인원을 동원할 가치가 없었기 때문이다. 기영은 라그르네의 의도를 파악하기가 어려웠다.[47]

---

47) 「兩廣總督耆英奏報從前法人在粵情形及法國已經遣使來粵片」(道光 24年 5月 24日), 『鴉片戰爭檔案史料』 第7冊, 470~471쪽.

이러한 상황 속에서 라그르네는 마카오에 도착한 후에도 기영에게 그의 의도를 알리지 않았다. 초조해진 기영은 즉시 관리를 파견해 정보를 얻으려고 노력했고, 수소문한 결과 핵심은 프랑스 사절단의 북상(北上) 문제인 것으로 파악했다. 그러나 라그르네가 북경에 들어가는 임무를 프랑스 정부로부터 부여받지 못했으며, 라그르네 역시 마카오에 왔을 때, 북상 문제에 대해 그리 크게 생각하지 않았던 것으로 보였다. 라그르네는 중국 측 관리에게 북경에 갈 의도가 없음을 밝혔지만, 중국 측에서 오히려 민감하게 반응하고 있다고 칼르리에게 의견을 구하면서 북상 문제를 잘 활용하면 의외의 결과를 얻을 수 있다고 보았다. 이에 칼르리는 라그르네에게 북경에 가려는 의도와 프랑스 정부의 명령이 있었는지의 여부를 중국 측에게 명확히 말하지 말 것을 조언했다. 또 그는 북상 문제에 대해 되도록 말을 아끼고 협상할 것을 얘기했고, 교착 상태가 될 때 직접적으로 북상 문제의 거론을 제의했다.[48]

이러한 심리적 외교전술을 활용하며 라그르네는 정확한 의도를 기영에게 전하지 않았다. 기영은 라그르네의 북상 여부에 대해 고민하면서 라그르네에게 1844년 9월 12일에 마카오에서 회담할 것을 요구했다. 라그르네는 북상할 의도가 없었지만, 기영은 그의 북상을 저지하기 위해 광주에서 일련의 중요한 의례를 주관해야하기 때문에 9월말이 되어야만 회담이 열릴 수 있을 것이라고 했다. 기영이 9월까지 회담을 지연시킨 것은 이때 중국 바다의 동남 계절풍이 끝나 선박이 역행하여 올라 갈 수가 없기 때문이었다.[49]

1844년 9월 29일 기영은 마카오에 도착했다. 10월 1일과 3일에 기영과 라그르네는 서로 예의를 갖추고 예방했다. 라그르네는 기존의 계

---

48) Louis Wei, 1991(上), pp.251-252.
49) 「兩廣總督耆英奏報赴澳門會見法使拉蕚尼日期摺」(道光 24年 8月 14日), 『鴉片戰爭檔案史料』 第7冊, 501~502쪽 ; *Correspondance Diplomatique Chinoise*, No.4.

획대로 이번에 어떠한 일로 왔는지에 대해 아무 말도 하지 않았다. 당시 기영은 사람을 보내 프랑스 사절단의 상황을 염탐해 보았는데, 프랑스가 중국에 온 목적에 대해 갖가지 소문이 무성했다. 프랑스가 중국과 연합해 영국을 공격한다고 주장하는 사람도 있었고, 어떤 사람은 프랑스가 천진으로 가서 황제를 알현한다고 했고, 심지어 어떤 소문은 영국처럼 전쟁을 벌여 호문을 할양받을 것이라는 얘기도 들린다고 하였다. 기영은 프랑스의 대중 무역액이 매우 적은데, 이번에 갑자기 8척 이상의 군함을 몰고 중국에 온 목적은 절대 통상조약을 맺으려고 한 것이 아니라고 생각했다. 기영은 이들이 계속 말만 많고, 수시로 변화하여 정말 예측하기 어렵다고 하면서 병선 여러 척을 이끌고 멀리 서양 수만 리에서 왔는데, 반드시 무언가 '다른 목적'이 있다고 생각하였다.[50)

기영이 말한 프랑스의 '다른 목적'은 분명히 천주교 이금 요구이지만, 당시 그는 이를 파악하기 어려웠다. 사실 라그르네는 프랑스 정부의 훈령대로 수행해야 하는 외교관 신분이었기 때문에, 훈령도 없는 천주교 문제를 공개적으로 다룰 수 없었다. 그리고 천주교 문제를 공론화 하는 것은 중국과의 통상조약 협상에서 불리하게 작용할 것이 분명했다. 따라서 라그르네는 황포조약 협상 당시 중국 스스로가 전면적으로 천주교에 대한 태도를 바꿀 것을 기영에게 모호하게 건의했다. 왜냐하면 그는 자기의 권한에 한계가 있음을 알고 있었으며, 선교 문제 때문에 책임추궁을 당하는 것이 두려웠기 때문이었다. 그래서 그는 기영과 선교 문제를 공개적으로 담판하는 것이 불가능하다고 생각했다. 그는 중국에 선교 자유를 요구할 생각을 하고 있었지만, 스스로 제기할 생각은 갖고 있지 않았다. 따라서 라그르네는 통역관인 칼르리에게 일임하여 비공개로 이 문제의 해결을 지시했다. 결국 당시 프랑스

---

50) 「兩廣總督耆英奏報在澳門連日會見法使大槪情形摺」(道光 24年 8月 29日), 『鴉片戰爭檔案史料』 第7冊, 508~509쪽.

국내의 정치적 문제 때문에 라그르네는 천주교 보호를 조약 내에 삽입하려는 노력을 하지 않았으며, 중국에서 자발적으로 천주교를 허용하는 형식인 황제의 상유를 요구했던 것이다.

5. 천주교 금지 해제를 위한 물밑 협상

옹정제 이후 지속된 중국의 천주교 금지 조치를 해제시키기 위한 프랑스 측의 물밑 접촉이 황포조약의 협상 과정 내내 진행되었다. 1844년 10월 5일과 6일에 라그르네와 기영은 두 번의 회담을 진행했다. 라그르네는 '선의(善意)'의 건의를 제출했다.[51] 그 내용은 상호간 사절의 파견과 영국의 견제에 필요한 호문의 할양, 프랑스 선교사의 북경 궁정에서의 공직 근무 허락, 그리고 대포와 해전 기술을 습득하기 위한 청조 관리의 프랑스 파견 등이었다. 라그르네는 공사관의 설립과 영국의 홍콩 점거의 견제에 따른 호문의 할양을 요구했고, 아편전쟁 이전에 프랑스인이 흠천감에서 근무했던 예를 들면서 프랑스 선교사가 북경에서 공직에 근무할 수 있도록 요구했다. 또한 영국인에 대항하기 위해 청조 관리의 프랑스 파견을 협조할 수 있다고 하였다. 라그르네의 이러한 제의는 프랑스 정부의 훈령에는 보이지 않는다.

라그르네의 제의에 대해 기영은 중국의 전통에 부합되지 않는 요청이라고 거절했고, 황제 주위의 몇몇 대신들이 이러한 일에 반감을 나타낼 것이며 그들을 설득하기가 쉽지 않을 것이라 했다. 또한 호문의 할양 요구에 대해서도 강력히 반발했다. 물론 라그르네의 본래 의도는 이에 있지 않았다. 그는 기영의 거절에 대해 조금도 개의치 않았다. 오

---

51) 「兩廣總督耆英奏請將習教之人稍寬禁令以示羈縻摺」(道光 24年 9月 11日), 中國第一歷史檔案館·福建師範大學歷史系 合編, 1996, 『淸末教案』 第1冊, 北京: 中華書局, 3쪽; 黃恩彤, 「撫遠紀略」, 中國史學會 主編, 2000, 『鴉片戰爭』 第5冊, 上海人民出版社·上海書店出版社, 430~431쪽.

히려 라그르네는 중국 측에서 의심하고 있는 소문을 해소하기 위해 기영에게, 북경에 갈 생각도 없고 프랑스 정부도 그런 명령을 내리지 않았음을 표시하여 기영 등이 만족을 표시하기도 했다.[52]

청조와 프랑스의 통상조약 협상은 10월 7일에 정식으로 시작되었다. 조약의 담판 전에 기영은 이미 호문조약과 망하조약의 부본(副本)을 참고용으로 프랑스쪽에 주었기 때문에 조약 담판에서는 프랑스 국왕의 호칭 문제를 제외하곤 큰 문제는 없었다. 조약 체결의 실무 담당자인 황은동(黃恩彤)에 의하면, "프랑스는 무역 조항이 35개 조항인데, 영국·미국과 크게 다를 바 없다. 그들에게 중요한 것은 무역에 있지 않았다"[53]고 했다. 황은동이 말한 것은 천주교 이금 문제였다. 실제로 황은동은 조약 담판 기간 동안 쌍방의 심사는 모두 조약 자체에 있지 않았고, 천주교 이금 문제에 집중돼 있었다고 하였다.

10월 7일 아침, 즉 조약 담판의 첫째 날에 기영은 다음과 같은 한 통의 개인 서신을 라그르네에게 보냈다.

····· 중국과 프랑스는 지금까지 조금도 불화가 없었습니다. 귀하께서 광주에 온 목적이 무역을 위해서 온 것이 아니라고 하니 영국이나 미국과 비교할 수가 없습니다. 다른 나라보다 요구하는 것도 없어 좋은 친구와 같습니다. ····· 따라서 귀하께서 공연히 헛수고하는 일이 없을 것이며, 단지 무역장정만 맺는 일은 없을 것입니다. ····· [54] [밑줄 필자]

이 개인 서신의 마지막 밑줄 부분을 보면 기영이 라그르네에게 확실히 통상조약 이외에 무엇인가 다른 것을 보장해 주리라 암시했다는

---

52) Louis Wei, 1991(上), p.265.
53) 黃恩彤, 「撫遠紀略」, 『鴉片戰爭』 第5冊, 433쪽.
54) *Correspondance Diplomatique Chinoise*, No.10. 기영은 외교협상을 시작하기 전에 상대국 대표에게 성의와 호감을 표시하는 외교술을 잘 구사했다는 평가를 받는데, 특히 라그르네와의 교섭 담판에서 더욱 두드러지게 양국 사이의 우호관계를 강조하고 있다(王開璽, 2008, 130~131쪽).

점을 알 수 있다. 이로 보아 이미 협상 시작 전에 비공식적으로 중국
천주교와 관련된 얘기가 오갔던 것으로 여겨진다. 서신을 받은 라그르
네는 10월 10일에 기영에게 다음과 같은 개인 서신을 보냈다.

> …… 지금은 무역장정을 잘 성립시키는 것이 첫 발걸음입니다. 프랑스
> 정부에서는 본인이 입안한 장정을 보고 모두 기뻐합니다. 그러나 본인은
> 귀국이 동쪽의 큰 나라임을 압니다. 우호의 도리를 보여주려면 <u>다른 항목</u>
> 이 있어야 합니다. …… 55) [밑줄 필자]

라그르네가 말한 '다른 항목'(밑줄 부분)은 말할 것 없이 천주교 이
금이었다. 사절단 통역관으로 있던 칼르리가 즉시 라그르네에게 제의
하여 청조에 천주교의 이금을 요구함으로써 논의가 시작되었다. 비록
프랑스 정부의 훈령 중에 종교 방면의 지시가 없었지만 이러한 좋은
기회를 이용하여 칼르리가 이에 대해 교섭을 진행하는 것에 대해 라그
르네는 동의했다. 칼르리는 선교사로서 이번 기회를 이용하여 청조의
천주교 금지의 해제를 원하고 있었기 때문에 계속해서 천주교 이금을
요구했다.56)

프랑스 측은 13일에 천주교 이금에 대한 한 가지 방안을 마련하여
중국 측에 제출했다. 그것은 기영이 도광제에게 금교 법률을 폐지시켜
줄 것을 상주하는 것이었다. 이에 대해 중국 측은 14일에 프랑스 측이
제기한 천주교 이금을 받아들일 수 있으나 천주교 신자에 대한 구분을
해야 함을 강조하고, 천주교 신앙을 빌미로 나쁜 일을 일삼는 자는 종
전대로 처벌한다는 규정이 있어야 함을 강조했다.57)

천주교 신자의 처벌 규정을 둘러싼 의견의 차이로 회담은 교착 상
태에 빠졌다. 중국 측은 천주교 이금 문제를 지연시키면서 통상조약의

---

55) *Correspondance Diplomatique Chinoise*, No.14.
56) Louis Wei, 1991(上), p.353.
57) Louis Wei, 1991(上), pp.367-368.

체결을 바랬는지는 모르나, 프랑스 측은 통상조약의 교섭 전에 이금 문제를 마무리 지으려 했다. 15일에 기영은 천주교 신자가 범죄를 저지르는 문제 등을 거론조차 하지 않으면서 이금 문제를 도광제에게 주청할 것을 결심한 듯 했다.58) 기왕 북상 문제 등에서 프랑스가 한 발짝 물러난 이상 중국 측 입장에서는 프랑스에게 양보를 해도 큰 문제는 없어 보였다. 그러나 천주교 금지 정책은 이미 120여 년 동안 실행되었고, 『대청율례』 등에서도 제한을 두고 있었기 때문에 천주교 이금을 동의하도록 도광제를 설득하는 것도 어려운 일이었다. 이를 위해서는 두 가지의 전제조건이 필요했다. 하나는 도광제를 설득할 근거자료로 필요한 강희제의 천주교 선교 자유에 대한 상유였고, 다른 하나는 선교 자유와 관련된 라그르네의 정식 조회(照會)였다.

사실 라그르네에게도 이는 상당히 난감한 문제였다. 왜냐하면 선교 문제에 대하여 라그르네가 프랑스 정부로부터 정식적인 훈령을 받지도 않았기 때문이었다. 사실 선교와 관련된 정식적인 외교 각서를 교환한다는 것은 프랑스 정부의 훈령에도 어긋나는 행동이었다. 이에 따라 라그르네는 선교 문제에 대해 직접적인 표현은 삼가고, 기영이 말한 "공연히 헛수고하게 하지 않고, 무역장정만 맺지는 않을 것"이라는 말에 감사의 표시를 했다. 그러나 라그르네는 무역장정을 맺는 것 이외에 기영이 해 줄 수 있는 것이 무엇인지 기영의 의견을 듣고 싶어 했다.59)

10월 16일에 중국 측에서 천주교 이금 문제를 매듭짓기 위해 칼르리를 방문했고, 칼르리는 중국 측이 선교 문제를 얼버무리며 대강 넘어 가려 한다면 프랑스는 즉시 북경으로 들어갈 것이라고 위협하였다.60) 결국 이러한 위협 때문에 기영은 프랑스와의 통상조약 협상을

---

58) 黃恩彤, 「撫遠紀略」, 『鴉片戰爭』 第5册, 432쪽.
59) *Correspondance Diplomatique Chinoise*, No.15.
60) Louis Wei, 1991(上), pp.373-374.

일찍 마무리 짓기 위해 천주교 이금에 동의했고, 10월 16일에 라그르네에게 조회를 보냈다.

> 프랑스가 믿는 천주교는 본래 권선징악(勸善懲惡)하니, 실로 정교(正教)이고 이단(異端)이 아닙니다. 중국은 예전에 금교(禁教)한 예가 있습니다. 그런데 천주교는 귀국의 황제와 백성이 믿고 있으니 체면에 관련된 것이 매우 큽니다. …… 본인은 신속히 <u>중국 황제에게 상주하여 사후 중국 내지 사람들이 이 종교를 믿고 선(善)을 행하는 자는 모두 처벌하지 않도록 할 것입니다.</u>㉮ 귀국이 믿는 종교가 이단이 아니라는 것을 보임으로써 우리 양국이 영원토록 불화가 없기를 바랍니다. …… 61) [밑줄 필자]

이로써 기영은 천주교 이금에 대해 도광제에게 상주할 것을 결정하고 라그르네에게 알렸다. 이에 대하여 10월 17일에 라그르네는 다음과 같은 조회를 보냈다.

> …… 귀하께서 신속히 황제께 상주한다는 얘기를 들었습니다. 또한 귀하께서는 장래 <u>중국 내지의 천주교 신자는 처벌하지 않는다고 했습니다.</u> ㉯ 이것이 이루어진다면 귀하께서는 실로 명망을 들을 것입니다. 프랑스 황제 및 백성들도 매우 기뻐할 것입니다. 양국은 이제부터 불화를 깨끗이 씻어 버릴 수 있습니다. 즉시 프랑스로 가서 귀하의 큰 힘으로 이금이 되었다는 것을 널리 알릴 것입니다. 강희 31년에 허락한 이금 원안을 보낼 것이니, 잘 보시고 황제께서 허락해 주시도록 처리해 주시기 바랍니다. 우리가 의논한 것에 대해 반드시 성은(聖恩)을 거치고, 상호 조약의 비준 시에 황제의 허락을 받은 것을 서로 교부하도록 합시다. 그래야만 본인은 모든 일을 마치고, 고국으로 돌아갈 수 있을 것입니다. …… 62) [밑줄 필자]

라그르네의 조회 내용에는 두 가지 의미가 내포돼 있다. 양국 간 조약의 비준 전에 천주교 이금에 대한 일은 도광제의 허락을 얻어야 한

---

61) *Correspondance Diplomatique Chinoise*, No.16.
62) *Correspondance Diplomatique Chinoise*, No.17.

다는 것이고, 그렇게 된다면 프랑스 측은 다른 요구를 제기하지 않을 것이라는 의미이다. 그런데 기영은 천주교 신자에 대한 구체적인 구분의 조건을 얘기했지만(밑줄㉮), 라그르네는 구체적인 조건을 외면하였다(밑줄㉯). 그리하여 기영은 이에 대하여 몇 가지 단서 조항을 요구하였다.

> ······ 지금 귀하께서 이금 요구를 하는데, 본인의 의견과 서로 같습니다. 다만 명확한 구분을 정해야만 합니다. ······ 중국인 천주교 신자가 죄를 지으면 처벌해야 합니다. 그들이 중국의 법을 지키는 것은 일반 백성과 다를 게 없습니다. ······ 천주교를 믿고 선을 행하는 것은 허락하지만, 제멋대로 행동하는 것은 허락할 수 없으며, 더구나 범죄를 저지른 천주교 신자를 처벌하지 못하는 것은 허락할 수 없습니다. 이와 같이 구분해 처리하면 공평할 뿐만 아니라 천주교가 실제로 이단이 아니고, 천주교 신자가 죄인이 아님을 세상에 공표할 수 있습니다. ······ 63)

기영은 프랑스 측의 이금 요구를 허락해 줄 수 있지만, 범죄를 저지른 중국인 천주교 신자에 대한 처벌 규정을 요구하였다. 비록 범죄를 저지른 교인에 대한 처벌이었지만, 서양 선교사의 내지 선교가 허락되지 않았기 때문에 내지의 천주교인에 대해서 청조가 자의적으로 판단할 수도 있었다. 기영 입장에서는 불법적인 천주교 신자에 대한 처벌 규정만 보장된다면, 천주교 이금은 양보할 수 있는 문제였다. 기영은 조회 이외에 개인적인 서신을 한 통 붙여 다음과 같이 상세히 해석했다.

> ······ 본인은 중국인 천주교 신자가 종교를 구실로 나쁜 짓을 한다고 보지 않으며, 프랑스 선교사들이 중국의 법도를 교란시킨다고 생각하지 않습니다. ······ 다만 이금이 되면 불법적인 무리들이 천주교를 구실로 몸을 숨기고, 나쁜 무리가 되어 죄를 피하려고 하게 될 것이 염려스러울 뿐입니다. 만약 중국이 법으로 그것을 통제하면 그들은 상황을 날조해 프랑

---

63) *Correspondance Diplomatique Chinoise*, No.19.

스 선교사에게 알려 헛소문을 퍼뜨리며 중국이 조약을 지키지 않는다고
할 것입니다. 이는 장래 불화의 씨앗이 될 것이며, 우리 양국의 우의에도
해가 됩니다. 프랑스의 내지 선교는 이미 조약에도 허가하지 않고 있으니
이를 다시 제기할 필요는 없습니다. …… 64)

기영은 천주교가 이금되면 불법적인 무리들이 죄를 피하기 위해 천
주당으로 몸을 피할 것을 걱정하여 천주교인 중에서 나쁜 무리들과 그
렇지 않은 무리들을 구분할 필요가 있다고 판단했다. 또한 프랑스가 내
지로 가서 선교하면 반드시 사단(事端)이 벌어지니 절대로 안 된다는
것을 제기했다. 사실 황포조약은 이미 담판이 끝나 양국 간 조인을 기다
리고 있었다. 황포조약 제23조에는 프랑스인이 5개 개항장에 거주할 수
있지만, 영사관과 지방관이 정한 경계를 넘어가서는 안 되며, 프랑스인
은 어떠한 사람을 막론하고, 이 규정을 어겨 경계를 벗어나 멀리 내지로
진입한 자는 중국 관원이 조사하여 체포한다는 규정이 있다.65) 기영은
이 규정에 근거하여 프랑스인이 중국 내지로 들어가 선교할 수 없다는
규정과 범죄를 저지른 천주교 신자의 처벌 규정을 함께 제기했다.

라그르네 역시 황포조약의 체결 날짜도 다가오고, 스스로도 프랑스
사절의 임무를 넘어서 더 이상 과분한 요구를 제기할 수 없는 상황이
었기 때문에 기영의 요구에 따라 최종적으로 다음과 같은 조회를 보
냈다.

…… 범죄를 저지른 천주교인의 처벌에 대해서는 귀하의 말씀을 헤아려
보니 본인의 의견과 서로 같습니다. 또한 그것이 천주교의 도리라고 봅니
다. …… 또한 귀하께서 말씀하신 프랑스인의 내지 여행 금지는 이미 조약
에서 합의한 사실이니, 귀하께서 말씀하신대로 처리하시기 바랍니다.66)

---

64) *Correspondance Diplomatique Chinoise*, No.20.
65) 『中外舊約章彙編』第1冊, 62쪽.
66) *Correspondance Diplomatique Chinoise*, No.21.

황포조약의 체결 이전에 천주교 이금 협상을 마무리하려 했던 라그르네는 천주교 신자의 처벌 문제를 양보했다. 라그르네는 이 조회를 보내기 전에 개인적인 서신을 이용하여 내지에 들어가는 서양 선교사들에게 엄격한 제한 조치를 취한다면 상호간 원치 않는 결과를 초래할 수 있으니, 선교사의 내지 선교 금지에 청조의 느슨함을 보여 달라고 요청했으나, 기영의 대답을 얻지는 못했다.[67]

당시 선교사들의 내지 선교 활동은 불법적이었지만, 천주교 이금이 실현된다면 이미 내지에서 활동하고 있는 선교사 이외에 더욱 많은 선교사들이 내지로 들어갈 것이었기 때문에 라그르네는 선교사들에게 엄격한 조치를 취하지 말 것을 요구했던 것으로 보이나 기영은 받아들이지 않았다. 청조의 입장에서 보면 내지 선교 금지가 이미 조약으로 합의한 상태였기 때문에 천주교의 전국적 확산 우려가 있는 선교사들의 내지 선교 활동을 용인할 수 없었을 것이다.

그러나 사실 라그르네 입장에서도 이는 큰 문제가 되지 못했다. 왜냐하면 라그르네는 프랑스 정부에 황포조약과 관련된 담판과 체결상황에 대해 보고하기를, 황포조약의 제23조가 중국에서 서양 선교사들의 보호규정을 갖고 있다고 했다. 비록 조약의 같은 항목에서 프랑스인의 내지 진입을 금지하고 있지만, 마찬가지로 제23조에 의해 금령을 위반해 내지로 잠입하는 외국인을 국제법의 보호 아래 두어 금령을 위반한 자가 어떠한 처벌이나 학대도 받지 않게 됐다고 하였다. 라그르네는 이러한 조항의 규정 때문에 앞으로 어느 선교사라도 중국 내지에서 박해 받지 않을 것이라고 하였다.[68]

반면 기영 역시 선교사의 내지 진입 금지가 국제법인 조약에 규정되어 있어 이를 적절히 이용하고자 했다. 기영의 '성신수약(誠信守約)'의 강조는 상대국의 조약 준수를 내포하고 있다. 그는 조약을 지키면

---

67) Louis Wei, 1991(上), pp.390-391.
68) Louis Wei, 1991(上), p.277.

허락하지만 그렇지 않으면 모두 반박해야 한다고 강조하였다. 1847년 프랑스 선교사가 산서(山西)로 잠입했다가 양광총독 기영에게 보내어진 사건이 있었다. 기영은 그 선교사를 프랑스 영사에게 압송하면서 5개 항구에서 교회를 세우고 예배를 드리며, 내지로는 함부로 들어가 선교할 수 없다는 것은 조약에 기재되어 있으므로 이를 반드시 준수해야 하며, 사후에 프랑스에서 수시로 이를 조사하고 단속해 줄 것을 요구하였다.69)

6. 기영의 천주교 이금 상주와 도광제의 상유 반포

라그르네의 조회를 받은 10월 22일에 기영은 마카오를 떠나 황포로 가서 조약의 조인식에 참가하기 전에 도광제에게 천주교 이금에 대해 상주했다. 기영은 라그르네가 천주교 이금 문제만은 계속 요구하고 있다고 하면서, 그가 강희 31년 예부(禮部)가 의준(議准)한 안건이 기록된 이금 원안을 보내어 이를 빌미로 이금 비준을 요구하고 있다고 도광제에게 보고했다.70)

기영은 라그르네가 사절을 북경에 파견해 황제를 알현하는 것 혹은 천문을 잘 아는 사람을 흠천감에 가게 해 관리로 근무하게 하는 것, 그리고 중국 사신을 프랑스로 가게 해 조선 기술과 대포를 주조하는 일을 배우게 하고, 아울러 그들이 호문에서 건물을 세우고 거주하는 것을 허락하게 해 달라는 등의 요구를 하고 있지만, 이러한 요구가 불가능하다는 것을 알고 오로지 천주교 이금만을 요청하고 있다고 했다. 따라서 기영은 라그르네가 요구한 전자의 것들이 허락된다면, 천주교

---

69) 王中茂, 2006, 54쪽.
70) 「兩廣總督耆英奏請將習敎之人稍寬禁令以示羈縻摺」(道光 24年 9月 11日), 『淸末敎案』 第1冊, 2~4쪽.

이금은 요구하지 않을 것이나, 어차피 그의 모든 요구를 들어줄 수 없기 때문에 중국 천주교 신자에 대한 금령을 관대히 하여 이금 이외에 다른 조항의 요구가 없게 해야 한다고 했다. 그러면서, 천주교가 백련교(白蓮敎)나 팔괘교(八卦敎) 등 다른 사교와는 다르며, 마태오 리치의 선교 이래 모반을 일으키지 않았기 때문에 중국의 천주교 신자에 대한 처벌을 하지 않고, 이단사교(異端邪敎)의 오명을 벗게 해주면 은혜로 느껴 감히 다른 조항에 대한 요구가 없을 것이라고 했다. 기영은 이금 허락의 단서 조항으로 라그르네와 합의한 불법적인 교도의 처벌 규정에 대해 다음과 같이 보고했다.

> …… 이전에 천주교 신자는 변방 유배의 죄를 받았지만, 십자가를 뛰어넘는 의식을 하면 처벌하지 않았습니다. 이 법률을 정한 이래 북경에서 큰 사건이 없었고, 각성(各省)에서 범죄자를 체포해 처벌한 것이 매우 적었습니다. 또한 불법적이고 위급한 상황이 아니었기 때문에 철저히 규명할 필요가 없었습니다. 그렇기 때문에 금(禁)과 불금(不禁)의 차이가 거의 없었습니다. 현재 프랑스 사절 라그르네가 요구하는 것은 범법을 저지르지 않는 천주교인은 모두 처벌하지 않도록 하자는 겁니다. 예를 들어 부녀를 꾀어 욕을 보이거나 병든 자의 눈을 취하거나 다른 항목의 죄를 저질렀을 경우에는 여전히 법률이 정한 바에 따라 처리하도록 하면 됩니다. …… 71)

위의 상주를 보면 기영은 천주교 이금이 중국 입장에서 볼 때 그리 큰 문제가 아니라고 판단한 것으로 보인다. 즉 천주교 신자에 대하여 신앙을 허락해도, 법을 어기고 범죄를 저지르면 여전히 중국 법률에 따라 처벌할 수 있기 때문에 천주교를 황제의 상유로 금지하는 것과 금지하지 않는 것은 큰 차이가 없다고 했던 것이다. 이렇게 해서 기영은 공식적으로 천주교 이금을 도광제에게 요청했다.

---

71) 「兩廣總督耆英奏請將習敎之人稍寬禁令以示羈縻摺」(道光 24年 9月 11日), 『淸末敎案』 第1冊, 4쪽. 이 내용은 라그르네에게도 보내졌다(*Correspondance Diplomatique Chinoise*, No.34).

> ······ 그들은 무역이 많지도 않은데, 통상장정만 체결한다면 공연히 헛
> 수고한 꼴만 됩니다. 이 때문에 오로지 천주교 이금만 요구하고 있습니다.
> 그래야만 프랑스 국왕에게 자랑스럽게 보고할 게 있다고 생각하고 있습니
> 다. 그의 외교 기술이 매우 빈곤하나 그 의지는 대단합니다. 만약 단호히
> 거절하면 사단(事端)을 일으킬 수 있습니다. 그들의 요청을 잠시 허락하는
> 것처럼 보이게 하십시오. 또한 불법적인 교도에 대한 처벌 규정을 천명하
> 고, 서양인의 내지 선교를 금지하는 장정을 엄격히 정해 제한을 두어야 합
> 니다. ······ 72)

기영은 프랑스의 요구에 대하여 일시적으로 천주교를 허용하고, 내
부적으로는 불법적인 교도의 처벌 규정, 서양인의 내지 선교 금지 등
엄격한 금지 규정을 정하려 했다. 도광제는 기영의 이금 요구의 상주
를 받고 청조가 결코 천주교를 사교로 보지 않았으며, 엄히 금령을 펴
지 않았다는 상유를 내렸다.73) 그날 기영에게 내린 밀유(密諭)에는 프
랑스 측과 협상의 여지가 있다면 다시 시도해 보고, 그들이 계속 이금
을 주장한다면, 청조는 지금껏 금령을 내리지도 않았고, 조약에서도 5
개 개항장 내에서 교회를 세우고 예배하도록 되어 있으며 그 경계를
넘어 선교를 해서는 안 된다고 되어 있으니, 이금을 허락하는 것은 불
가하지 않다고 했다.74)

이후 기영은 거듭되는 라그르네의 구체적 이금 요구로 인해 1844년
12월 14일에 다시 한 번 천주교 금지에 대한 완화와 관련하여 도광제
에게 상주했다. 천주교가 비록 백련교, 팔괘교 등의 사교와는 서로 다
르지만, 오랫동안 금지의 법률에 묶여 있어 구례(舊例)의 금지 법률을

---

72) 「兩廣總督耆英奏爲姑允法使所請弛禁天主敎片」(道光 24年 9月 11日), 『淸
　　末敎案』 第1冊, 4~5쪽.
73) 「著兩廣總督耆英再就弛禁天主敎一節向法使婉轉開導等事上諭」(道光 24年
　　10月 2日), 『淸末敎案』 第1冊, 6~7쪽.
74) 「著兩廣總督耆英如法使堅持不移可相機辦理弛禁天主敎事密諭」(道光 24年
　　10月 2日), 『淸末敎案』 第1冊, 7쪽.

완화시킬 것을 요청했다. 그러나 상유를 효시하여 일반 백성에게 널리 알릴 필요는 없고, 일부러 프랑스에게 알릴 필요도 없다고 했다.[75] 그러면서 구체적으로 천주교가 이금되어야 하는 이유를 다음과 같이 따로 상주하였다.

> 천주교는 서양이 신봉하는 종교로 권선징악을 주된 의미로 삼고 있습니다. 명나라 이후 천주교가 전래된 이래 금지하지 않았지만, 천주교 신자가 종교를 빌미로 악행을 저지르게 되어 가경(嘉慶) 연간에 처벌 법률 조항을 신설하였습니다. 본디 천주교 신앙을 빌미로 악행을 저지르는 자를 금지하였지 서양 각국이 믿는 종교를 금지하지는 않았습니다. 현재 프랑스 사신 라그르네가 중국인 천주교 신자 중 선행을 하는 자는 그 죄를 면해주자는 요청에 대해 그렇게 해도 될 것 같습니다. 이후 중외(中外) 백성을 막론하고 천주교를 믿으면서 나쁜 짓을 저지르지 않는 자는 은혜를 베풀어 그 죄를 면해줄 수 있기를 간절히 바랍니다. 예를 들어 부녀자를 유인하여 능욕하거나 병든 자의 눈을 사취하거나 다른 범죄의 항목이 있다면 여전히 정해진 법률에 따라 처리해야 합니다. …… [76]

위의 상주를 살펴보면, 기영은 천주교가 권선징악의 요소를 갖고 있는 종교로 금지할 필요는 없다고 했다. 단지 부녀자에 대한 능욕, 병든 자의 눈 사취 등 천주교 신자의 악행 처벌에 대한 단서 규정을 달고 있다. 그러나 사실 이러한 확인되지 않은 소문에 대해서 청조 내부에서는 천주교 신자가 교회에서 자행하는 행동으로 인식하고 있었지만, 라그르네와의 조회에서는 이와 같이 기영이 알고 있는 천주교 신자의 악행을 구체적으로 제시하지는 않고 있다. 이러한 유언비어는 청조 관리뿐만 아니라 일반 백성에게도 영향을 미쳐 19세기 내내 그리스도교

---

75) 「兩廣總督耆英奏爲已姑允法使所請弛禁天主教幷酌擬簡明節略附呈摺」(道光 24年 11月 5日), 『淸末敎案』 第1冊, 8~9쪽.

76) 「兩廣總督耆英奏呈弛禁天主教酌擬簡明節略之貼黃述旨摺」(道光 24年 11月 5日), 『淸末敎案』 第1冊, 9~10쪽.

반대 운동의 빌미를 제공해 주었다.

여하튼 도광제는 12월 14일에 선을 행하며 천주교를 믿는 백성에 대한 천주교 신앙을 허가했고, 아울러 불법적인 천주교 신자의 처벌과 외국인의 내지 선교 금지를 반포했다.77) 이리하여 1844년 12월 14일 청조의 이금 상유 시점부터 천주교 금지 해제가 개시된 것으로 본다. 그러나 이금의 실제적인 집행에서 볼 때는 그렇지 않다. 1844년 말에 기영은 지방정부에 중국인의 천주교 신앙을 허가한다는 도광제의 이금 상유를 통지했다. 이에 대해 산동(山東) 관원 숭은(崇恩)이 비밀리에 상주하여 천주교 이금이 폐단을 낳을 것이니, 잠시 반포를 늦추어야 한다고 했다. 다음해 5월 8일에 청조는 숭은의 상주가 타당하다고 인정하여 각성 독무에게 숭은의 상주문을 돌리고, 이후 선교로 문제를 일으키지 않는 사람은 체포하여 조사하지 않지만, "밖으로 널리 알릴 필요는 없고, 교활한 무리들이 선동하지 말도록 하라"는 명령을 내렸다.78) 이것으로 보아 도광제의 이금 반포는 프랑스 대표 라그르네의 위협을 모면하기 위한 방편이었던 것이다. 청조는 이금 상유를 일반 백성에게 공표하려고 하지 않았으며, 실제로 그것을 실행하지도 않았다.

이러한 사실에 대해 중국 내 선교사들은 여전히 불만을 표시했고, 라그르네 역시 이금 상유가 중국 백성에게 공표되지 않고 있음을 알고 재차 모든 중국인에게 이금 상유의 공개를 요구하였다.79) 또한 라그르네는 기영과의 천주교 이금 협상에서 좀 더 명확히 중국 천주교에 대한 입장 정리의 필요를 느꼈다. 황포조약의 비준 교환 시기 즈음인 1845년 8월 7일에 라그르네는 기영에게 조회를 보내어 첫째, 천주교

---

77) 「著兩廣總督著英將所擬弛禁天主教之貼黃述旨摺行知法使事上諭」(道光 24年 11月 5日),『清末教案』第1册, 10쪽.
78) 「著各省督撫暫緩通行頒示弛禁天主教事上諭」(道光 25年 4月 2日),『鴉片戰爭檔案史料』第7册, 568~569쪽.
79) Louis Wei, 1991(上), pp.450-453.

활동에서 무엇이 선이고 무엇이 악인지 명확히 구분해 줄 것을 요청했다. 둘째, 기영의 상주문을 각성 대소아문(大小亞門)에 자문(咨文)을 보내 이를 모두 따를 수 있도록 요청했다. 셋째, 종전에 천주교를 믿었다는 이유로 죄를 받은 사람들의 석방을 요청했다. 넷째, 천주교를 믿는 중국인이 서로 모여 천주당을 세울 수 있도록 요청했다.[80] 라그르네는 천주교 이금에 대한 협상이 성과가 없다면, 황포조약의 비준서를 상호 교환할 필요가 없다고 기영을 압박하였다.[81]

기영은 이에 대해 선행을 하는 것과 악행을 저지르는 것은 이전에 분명히 밝혔기 때문에 달리 설명할 필요가 없으며, 상주문은 각성에 자문을 보냈으니 더 이상 의심할 필요가 없다고 했다. 또한 천주교 신자의 석방에 대해서는 새로운 법률을 이전으로 소급할 수는 없어 석방이 불가하다고 했다. 다만 장래에 황제의 사면이 있다면 이들의 감형을 기대할 수는 있다고 했다. 마지막으로 천주당이 아직 각성에 세워지지 않아 건설 허가를 내주기가 불편하고, 오랫동안 천주교가 금령 아래 있었기 때문에 다른 종교가 명의를 도용하는 일이 많아질까 두렵다고 했다. 하지만 교인들이 함께 모여 교회를 짓는 것은 천주교의 규율이기 때문에 숙고하겠다고 했다.[82]

기영은 위의 상황에 대해 도광제에게 상주하기를, 일단 프랑스와의 이금 협상을 잘 마무리 지어 황포조약의 최종 협상을 끝내야 한다고 보았다. 라그르네를 적당히 달래면서 천주교 이금을 허락한 후에 그가 귀국하면 큰 문제는 없을 것이라고 했다. 그러나 라그르네가 요구한 이전에 죄를 지은 천주교 신자의 석방과 천주당 건립에 대해서는 허락할 수 없다고 했다. 특히 그는 천주교를 믿으며 선행을 하는 것에 대해 논의한 것은 본디 치죄(治罪)를 면하게 해 준 것이지 천주교 선교

80) *Correspondance Diplomatique Chinoise*, No.58.
81) 「兩廣總督耆英等奏報法使近有反覆及連日與之辯論情形摺」(道光 25年 7月 17日), 『淸末敎案』 第1冊, 11쪽.
82) *Correspondance Diplomatique Chinoise*, No.65.

를 허락한 것이 아니기 때문에 큰 문제가 될 것이 없다고 했다.83)

　이후 기영은 라그르네에게 조회를 보내면서, 중국 각성의 총독·순무·장군에게 보낸 공문을 함께 보냈는데, 그 내용은 다음과 같다.

　　…… 천주교는 이미 면죄(免罪)가 허락되어 모두 모여 천주를 예배하고 십자가와 도상(圖像)을 섬기고, 성경을 읽고 설교를 행하는 것은 천주교를 믿고 선을 행하는 일로써 금지해서는 안 된다. 천주당을 세워 예배를 드리며 선을 권하는 자는 또한 좋을 대로 하도록 한다. 그러나 원향(遠鄕)의 사람을 끌어들여서 결탁 선동해서는 안 되며, 중국이 정한 법률을 위반해서는 안 된다. 만약 불법의 무리들이 천주교 신앙을 빌미로 무리를 모아 불법을 저지르거나 다른 종교의 사람이 천주교가 새로이 면죄(免罪)받은 황제의 유지를 이용하여 악행을 저지른다면 구례(舊例)에 따라 치죄(治罪)한다. …… 84)

　처음에 기영은 라그르네가 요구한 천주당 건립의 허가에 대해 부정적인 입장이었지만, 위의 조회를 살펴보면 천주당 건립을 허가하고 있다. 결국 황포조약의 비준을 마무리 짓기 위해 교당 설립의 허가는 양보한 것으로 보인다. 기영의 조회를 받은 라그르네는 자신이 제기한 네 가지 문제에 대해 기영이 잘 처리해 줄 것으로 기대하였고,85) 마침내 1845년 8월 25일에 황포조약의 비준서를 교환하였다.86) 이후 정식적으로 기영이 보낸 조회와 같은 내용의 상유가 반포되었다.

　　…… 몇 가지 조항을 요청하고 있는데, 예를 들어 천주교 신앙의 선악을 분별하는 것과 천주교를 믿어 처벌받은 사람을 모두 석방하는 두 가지 조항은 이미 반박을 하였다. 그러나 십자가를 섬기는 등의 사항은 천주교

---

83) 「兩廣總督耆英等奏報法使近有反覆及連日與之辯論情形摺」(道光 25年 7月 17日), 『淸末敎案』 第1冊, 12쪽.

84) *Correspondance Diplomatique Chinoise*, No.66.

85) *Correspondance Diplomatique Chinoise*, No.67.

86) *Correspondance Diplomatique Chinoise*, No.68.

의 규칙으로 금지할 필요가 없다. 천주를 섬기는 곳을 세우는 것 또한 좋을 대로 하도록 하라. 그러나 원향의 사람을 소집하여 부추겨 꾀어서는 안 되며, 불법적인 무리들이 천주교를 빌미로 무리를 지어 나쁜 짓을 저질러서는 안 되며, 다른 종교의 사람들이 천주교 인양 가장하는 것은 여전히 구례(舊例)에 따라 처벌하도록 한다. …… 87)

청조 입장에서는 처음에 천주당 건립에 대해 부정적인 입장을 나타냈지만, 이때 도광제의 상유가 반포됨에 따라 천주당 건립이 비로소 허가되었다. 그러나 위와 같은 상유가 내려졌음에도 불구하고, 내지 곳곳에서는 여전히 천주교를 믿는 사람이 체포 조사되었고, 이에 불만을 가진 라그르네는 1845년 12월 19일 기영에게 조회했다. 그는 이 조회에서 지방관이 아직 황제의 유지를 받지 못해 이러한 일이 발생하였고, 자신이 직접 5개 개항장을 둘러보니 황제의 상유가 게시된 것을 보지 못했다고 하였다. 따라서 다시 한 번 황제의 상유 반포를 요청하였다. 또한 그는 이 조회에서 다음과 같은 구체적인 천주교 이금을 제시하였다.

　　　…… 모든 천주교 신자가 선을 행하는 자는 어느 지방에서도 천주당을 세워 함께 모여 예배하고 십자가와 성상을 섬기고 성경을 읽으며, 설교를 행하는 것을 금지하지 말도록 해 주십시오. 아울러 강희 이래 세운 천주당은 그 원래 건물이 존재하는 곳은 여전히 해당 천주교 신자에게 교부하여 섬길 수 있도록 해 주기 바랍니다. 상유가 반포되면 즉시 각성에 통보하여 문무 대소아문에 게시하여 중외 인민이 황제의 성은에 감동할 수 있도록 해 주십시오. 만약 관원이 이를 위반하여 천주교 신자로서 선을 행하는 자를 체포하여 처벌한다면 마땅히 이를 벌해야 할 것입니다. …… 88)

---

87) 「著兩廣總督耆英等告知法使供奉天主教十字架等項可毋庸查禁但不得藉教爲非事上諭」(道光 25年 8月 19日), 『淸末敎案』 第1冊, 13쪽.
88) *Correspondance Diplomatique Chinoise*, No.85.

라그르네는 이전에 주장한 것 이외에 강희 이래 몰수된 교회를 해당 천주교 신자에게 교부해 줄 것을 요구했고, 아울러 중국인 천주교 신자를 체포 조사하는 관원에 대해 처벌해야 할 것을 요구하였다. 라그르네는 이때 처음으로 강희 이래 몰수된 옛 천주당을 해당 천주교 신자에게 반환하도록 요구했던 것으로 보인다. 결국 이러한 요구로 인해 마침내 1846년 2월 20일에 도광제는 천주교 이금을 선포하였다.

> 천주교는 다른 사교(邪敎)와 현저히 달라 이미 조사를 금지시켰고, 이번에 요청한 것 또한 모두 행하도록 하라. 모든 강희 연간 각성의 옛 천주당에서 묘우(廟宇)나 민가(民家)로 바뀌어 조사하지 못하는 것을 제외하고는 원래의 옛 건물이 아직 존재하는 것은 확실히 조사해 그곳 천주교 신자에게 돌려주도록 하라. 각성 지방관이 유지(諭旨)를 받은 후에 실제로 천주교를 믿고 무뢰배가 아닌 자를 함부로 조사하면 즉시 처벌을 받게 될 것이다. 천주교에 적을 둔 자가 악을 품고 원향의 사람과 결탁해 선동하거나 거짓으로 천주교의 명의를 빌려 말썽을 일으키는 교비(敎匪)들은 일체 범죄자로 간주해 법령에 따라 처리하도록 하라. 현재의 규정에 따라 외국인은 모두 내지로 들어가 선교하는 것을 허가하지 않는다.[89]

1846년 3월 18일에 기영이 광주에서 도광제의 이금 상유를 알려 금교를 해제하는 상유가 공개되어 천주교 이금은 이때부터 시작되었다고 볼 수 있다. 청조에게 천주교 이금을 획득한 라그르네는 영국과 미국이 이루지 못한 정신문화 방면에서 프랑스 정부가 행동을 개시할 단계가 왔다고 기조(Guizot)에게 보고했다.[90] 천주교 이금의 소식을 들은 기조는 이러한 성과에 대해 당신의 사명은 국왕과 프랑스 정부를 영예롭게 했으며, 천주교 신자들은 이것을 프랑스의 영광스런 전통으로 여길 것이라는 비밀 문건을 라그르네에게 보냈다.[91]

---

89) 「著兩廣總督耆英等將康熙年間舊建天主堂勘明給還該處奉敎之人事上諭」(道光 26年 正月 25日), 『淸末敎案』 第1册, 14쪽.

90) Louis Wei, 1991(上), p.316.

이금 상유가 반포된 후인 1846년 5월 26일 프랑스 선교사 고틀랑은 중국 내지의 선교사들 중 어떤 사람은 라그르네가 중국 교회를 구한 별이라고도 하고, 어떤 이는 라그르네가 중국에서 했던 일에 불만을 품고 있다고 프랑스 정부에 서신을 보냈다.[92] 그는 이 서신에서 라그르네가 획득한 이금 상유가 내지에서 그렇게 환영받지 못하고 있기 때문에 중국 황제에게 선교사의 내지 선교 자유를 요구하고, 아울러 각성에 상유 공표를 요구하였다. 그러나 라그르네의 요구로 반포된 도광제의 이금 상유는 청조의 120여 년간의 금교를 폐지했다는 자체만으로도 프랑스 선교사에게는 획기적인 일이었다. 비록 이 상유가 함풍(咸豊) 연간 지방정부에 의해 제대로 시행되지 않았지만, 그 내용은 후일 천진조약과 북경조약에 삽입됨으로써 프랑스에 의해 결국 사용되었던 것이다.

7. 천주교 보호자로서의 사명을 완성한 라그르네

옹정제의 금교 이후 천주교는 점차 청조 체제를 위협하는 사교(邪敎)의 위치로 인식되었다. 천주교가 18~19세기에 청조에서 사교의 위치로 전락한 것은 안으로는 청조 자체의 종교 반란과 밖으로는 점증하는 서양 세력에 대한 위협 때문이었다. 그것은 청조를 대내외적으로 위협하는 요소였다. 특히 소수의 만주족이 지배한 청조는 더욱 더 사회의 위계질서와 화합을 중시하는 유교적 가치관에 입각한 전통 사회질서를 유지하고 사상과 종교를 통제하려 했다. 따라서 그리스도교는 어느 방면보다 서양의 도전에서 가장 배척해야 할 대상이었다.

아편전쟁 이후 남경조약과 망하조약 그리고 황포조약의 통상협상을 이끌어 내며 대외적으로 안정된 국면을 조성했던 대외 화평파인 기영

---

91) Louis Wei, 1991(下), p.449.
92) J. de la Servière, 1983(第1卷), p.77.

은 청 왕조 체제의 안정을 담보하기 위해 비록 라그르네가 요구한 천주교 이금에 찬성했지만, 그로 인해 천주교에 대한 청조 관료의 전통적 인식이 변화했다는 것을 의미하는 것은 아니다. 도광제의 이금 상유로 중국 백성의 천주교 신앙을 허가했지만, 사실상 그를 비롯한 청조 관원들의 천주교에 대한 인식은 금교 시기의 인식과 크게 다를 바 없었으며, 그리스도교 선교가 완전히 개방된 북경조약(1860)의 체결 이후에도 공친왕(恭親王)과 이홍장(李鴻章)을 비롯한 양무파의 천주교 인식 역시 크게 변하지 않았다. 기영이 협상했던 당시로서는 어차피 5개 개항장 내에 서양인들을 묶어 놓으면 되었고, 백성의 그리스도교 신앙은 불법교도의 명분으로 단속하면 그만이었다. 따라서 기영이 프랑스와의 통상협상을 마무리하기 위한 방편으로서의 천주교 이금은 그로서는 충분히 양보할 수 있는 문제였다.

어쨌든 표면상으로는 황포조약과 천주교 이금 반포 이후 서양 천주교 국가로서는 유일하게 프랑스가 중국의 선교 보호권을 획득한 것은 사실이다. 그러나 실질적으로 황포조약과 1846년의 도광제의 이금 상유는 결코 프랑스에게 천주교를 보호하게 하는 것이 아니었으며, 오히려 외국 선교사가 중국 내지에서 선교하는 것을 불허했다. 또한 상유에서 허가한 옛 천주당의 반환은 국내 명령으로 국제법적 효력이 있는 것도 아니고, 문자 그대로 실행하기에도 제도적으로 어려웠다. 그리고 종교 보호와 병행한 대중 무역에서 프랑스의 영향력도 결코 행사하지 못했다. 따라서 프랑스가 사실상의 선교 보호권을 획득하려면, 상유의 법제화와 광범한 중국 내지로의 선교 개방이 필수적으로 전제돼야 했고, 이를 해결하기 위한 프랑스의 노력이 19세기 중반 내내 진행되었다.

서양에서 오랫동안 전통적인 천주교 보호국가로 자리 매김 했던 프랑스는 루이 14세 시기 예수회 선교사들을 중국에 파견함으로써 중국 천주교 보호국가로의 전통을 세우기 시작했다. 프랑스의 중국 천주교 보호는 자신들의 전통이자 의무이며, 이를 통해 중국에서 정치적 위신과 명성을 세우려는 의도가 있었다. 이러한 정치적 유산 아래 라그르네는 정부의 훈령 없이 스스로 중국 천주교의 보호자로 나서려고 했던 것이다. 중국의 전통적 유교사회와 청 왕조에 의한 장기간의 금교 시기의 이해 없이 문명의 사명과 천주교 보호자로서의 사명감을 내세웠던 라그르네는 분명히 루이 14세 시기를 기원으로 하는 중국에서의 프랑스 선교 보호권을 19세기에 들어서서 그 토대를 만들어 주었다. 사실상 그가 닦아놓은 토대 위에서 프랑스 제정 시대이든 공화정 시대이든 간에 19세기 프랑스의 대중 정책은 정치적 위신과 명성, 천주교 보호자로서의 사명을 얻기 위한 것으로 점철되었고, 이에 대한 반그리스도교 운동이 19세기 중국을 동요시켰다고 할 수 있을 것이다.

제3장 천주교 선교의 확대와 중국의 대응

1. 이금 상유 반포와 천주교 정책

　도광제(道光帝)의 이금(弛禁) 상유가 반포됨에 따라 중국 천주교와 관련하여 청조(淸朝)는 형식적으로나마 몇 가지 의무와 권리를 가져야만 했다. 첫째, 중국인의 천주교 신앙을 허가한다. 도광제의 상유에 의하면 범죄자가 아니고서는 함부로 천주교 신자를 조사하여 처벌할 수 없다고 했기 때문이다. 둘째, 천주교 신자의 교회 건립을 허락한다. 도광제의 상유에 의하면, 묘우와 민가로 바뀐 것은 제외하고 강희제 시기의 천주당을 천주교인에게 반환한다고 하여 그곳 신자에게 천주당 건립을 허가한 것으로 볼 수 있다. 그러나 상유 내용이 모호하여 이후 교당 부지 선정에서 많은 문제점이 발생하게 되었다. 셋째, 서양 선교사가 내지에 들어가 선교해서는 안 된다. 그렇지만 이것은 다른 한편으로 5개 개항장에서는 선교할 수 있다는 의미가 될 수 있다. 그리고 그곳에서 서양인이 교회를 세울 수 있는 권리에 대해서는 말할 필요도 없다. 넷째, 내지에 선교하러 가는 서양 선교사는 중국 관리가 체포할 수 있지만, 처벌을 하거나 다치게 해서는 안 되며 선교사 국가의 영사관에 인계해야 한다. 이 규정은 신체의 위험 없이 자유자재로 내지에 갈 수도 있다는 것으로 해석할 수 있다. 실제로 조약 체결 이후 내지에 들어가 선교하는 것이 조약에 위배되는 것인 줄 알면서도 많은 선교사들이 중국 각지로 활발한 선교 활동에 나선 것도 이 조항에 의해서였다.

그렇지만 도광제의 상유는 이후 실제로 지켜지지 않았다. 이는 청조가 조약의 내용에 따라 해당 서양 국가와 관련 선교사에 대한 규정만 지키면 되는 것이고, 도광제의 상유는 중국의 내부 행정명령에 속하기 때문에 중국 내 천주교에 대한 이금은 조약처럼 국제법적 효력을 가지지 못했다. 더구나 강희 연간에도 천주교에 대해 금지하는 상유를 내리기도 하고, 허가하는 상유를 반포하기도 했던 것처럼 청조는 이금 상유를 금령으로 바꿀 수도 있기 때문이다. 이것으로 보아 천진·북경조약 체결 이전까지 선교사들은 개항장 내에서만 선교를 할 수 있었고, 그 활동도 비교적 신중해야만 했다. 따라서 청조는 이 기간에 선교사의 활동과 중국인의 천주교 신앙에 대해 일정한 정도의 제한을 할 수 있었다. 이 시기 청조의 천주교 정책은 크게 5가지 형태로 구분할 수 있다.

첫째, 선교사의 내지 선교를 금지하였다. 조약의 규정에 따라 외국 선교사는 단지 광주·복주·하문·영파·상해의 5개 개항장에서만 선교할 수 있었으며, 내지로 진입해 선교 활동을 할 수가 없었다. 그러나 프랑스·스페인·이탈리아 등의 천주교 선교사들은 잇따라 전국 각지로 선교를 했기 때문에 청조는 이에 대해 강한 불만을 가지게 되었다. 청조는 선교사들을 광주·상해 등지로 압송해 해당 국가의 영사에게 넘겼다. 함풍(咸豊) 시기(1851~61) 선교사가 내지에 잠입해 지방관에 의해 본국 영사관에 압송당한 사건이 많이 발생했는데, 청조가 직접 명령을 내려 추방한 선교사가 13명에 달했다.[1]

둘째, 백성의 천주교 신앙에 대해 제한 정책을 취했다. 도광제의 이금 반포는 열강에 보이기 위한 행정명령일 뿐 실제로는 거의 시행되지 않았다. 게다가 그리스도교의 영향을 받은 태평천국 반란 이후 청조는 천주교가 체제를 위협하는 종교라 생각하고 중국인의 천주교 신앙에 대해 철저히 엄금하였다.

우선 청의 관리와 만주 기인(旗人)의 천주교 신앙을 철저히 금지했

---

1) 胡建華, 1990, 「論咸豊朝的限敎政策」, 『近代史硏究』, 第1期, 68쪽.

다. 1853년 4월에 어떤 사람이 흠천감의 몇몇 관리와 가족들이 천주교를 믿고 있으며, 태평군이 승리한다는 소식에 매우 기뻐하고 있다는 것을 밀고했다. 함풍제는 이 소식을 듣고 크게 놀라 엄밀히 조사해 처벌하도록 했다.2) 1853년 8월에 차하르[察哈爾] 부도통(副都統) 성계(盛桂)는 천주교를 믿는 만주 기인(旗人) 태보(泰保)·아연태(阿延泰)·의성(依成)을 체포했는데, 의성은 십자가를 뛰어넘는 의식을 하여 면죄 받았고, 태보·아연태는 배교를 거절해 기당(旗檔)을 뺏고 백극(伯克)의 노예로 삼았다.3) 천주교를 믿지 않겠다고 맹세하는 자는 십자가를 뛰어넘는 의식을 통해 그것을 증명해 보여야 면죄 받을 수 있었기 때문이다. 물론 십자가를 뛰어넘는 행위를 했더라도 몰래 위반했다면, 면죄 받지 못했다.4) 십자가를 뛰어 넘는 의식이외에 배교한다는 서약서를 제출해야 했다.5)

또한, 일반 백성의 천주교 신앙에 제한을 가했다. 1853년에 직예총독(直隷總督) 납이경액(納爾經額)이 안숙현(安肅縣) 안가장(安家庄)에 천주교 신자가 80호에 달한다고 상주해, 함풍제는 엄히 조사하도록 명령을 내려 다수가 하옥되었다.6) 1855년에 광동성 남해현(南海縣)의

2) 「定郡王載銓奏報接到密稟欽天監有人仍習天主教摺」(咸豐 3年 3月 15日) ;「著定郡王載銓密查欽天監左賈洵等是否習天主教事上諭」(咸豐 3年 3月 15日) ;「定郡王載銓奏爲欽天監左賈洵等俱已跨越十字出具幷未習教甘結摺」(咸豐 3年 3月 18日) ;「著定郡王載銓將賈洵等習教一案照此完結事上諭」(咸豐 3年 3月 18日), 中國第一歷史檔案館·福建師範大學歷史系 合編, 1996,『淸末教案』第1册, 北京: 中華書局, 137~142쪽.

3) 「察哈爾副都統盛桂奏報拿獲習天主教旗人泰保等照例定擬摺」(咸豐 3年 6月 29日),『淸末教案』第1册, 151~152쪽.

4) 「定郡王載銓奏報接到密稟欽天監有人仍習天主教摺」(咸豐 3年 3月 15日),『淸末教案』第1册, 137쪽.

5) 「著定郡王載銓令賈洵等跨越十字出具甘結事上諭」(咸豐 3年 3月 16日),『淸末教案』第1册, 139쪽.

6) 「直隷總督納爾經額奏報遵旨查辦安肅等縣傳習天主教等情形摺」(咸豐 3年 3月 20日),『淸末教案』第1册, 142~145쪽 ;「直隷總督納爾經額奏爲遵査安

천주교인 구운정(邱雲亭)이 안숙현 안가장 천주당의 재정적 지원을 받아 천진(天津)에서 약국을 개설했으나 청조는 1859년에 그를 체포, 광동 남해로 압송하고, 그의 원적(原籍)을 떠나지 못하도록 했다.7) 이를 본다면 도광제의 이금 상유가 반포됐지만, 그 대상에 관리나 만주 기인은 포함되지 않았음은 물론이거니와 일반 백성의 천주교 신앙을 금지하였다.

셋째, 청조는 열강과 선교사의 간섭을 일정 정도 저지하려고 했다. 1850년에 복주(福州) 후관현(侯官縣) 지현(知縣)이 신광사(神光寺)를 영국인 선교사에게 세를 주고 거주하게 한 사건이 발생했다. 이에 대해 사민(士民)들의 반대가 일게 되자 청조는 민절총독(閩浙總督) 유운가(劉韻珂)와 복건순무(福建巡撫) 서계여(徐繼畬)에게 명령해 선교사를 다른 곳으로 옮기도록 하였다.8)

1851년에 상해의 프랑스 영사 몽티니(Montigny)는 화정현(華亭縣) 미곡 창고가 천주당 옛터임을 내세워 이를 교회에 반환하도록 중국 측에 청구했다.9) 양강총독(兩江總督) 육건영(陸建瀛)은 송강(松江)이 상해에서 백 수십 리 떨어져 있어 내지에 속하기 때문에 5개 개항장에 속하지 않는다고 반박했으며, 그 땅은 천주당인지 여부를 알 수 없을 뿐 아니라 도광제의 상유에 따르면 묘우·민가로 바뀐 천주당은 환급되지 않는데, 미곡 창고는 묘우·민가보다 더 중요하기 때문에 교부할 수 없다고 했다. 이에 대해 프랑스가 함선 1척을 이끌고 황포강(黃浦江)에

肅等縣傳習天主教等情形摺」(咸豊 3年 5月 13日), 『淸末敎案』 第1冊, 147~150쪽.

7) 「直隷總督恒福奏爲審明習天主教人邱雲亭案情擬卽遞籍管束摺」(咸豊 9年 11月 12日), 『淸末敎案』 第1冊, 175~177쪽.

8) 「翰林院侍讀學士孫銘恩奏聞福官侯官知縣不顧輿情將神光寺借給英人居住摺」(道光 30年 7月 18日); 「閩浙總督劉韻珂等于海口加意巡防幷令神光寺英人及早遷出事上諭」(道光 30年 8月 3日) 等, 『淸末敎案』 第1冊, 44~62쪽.

9) 「兩江總督陸建瀛等奏法領事違約索取天主堂舊址幷以兵船要挾摺」(咸豊 元年 7月 12日), 『淸末敎案』 第1冊, 127~128쪽.

정박하면서 위협하기도 했지만, 별다른 행동을 취하지 않았고, 프랑스 선교사 역시 미곡 창고를 차지하려는 행동을 더 이상 취하지 않았다.10)

이 사건을 접한 양강총독 육건영은 중국 백성의 천주교 신앙에 대한 대책을 입안했다. 그가 입안한 장정(章程)을 구체적으로 제시하면 다음과 같다.

① 분규와 악행을 저지르지 않는 내지의 천주교인은 조사하여 처벌하지 않는다. 예를 들어 부녀를 유혹해 욕보이거나 병든 자의 눈을 취하거나 다른 범죄를 저질렀을 경우 즉시 관례대로 처벌한다. 천주교의 이름으로 원향(遠鄕)의 사람을 불러 선동 결탁하거나 비도(匪徒)가 천주교적(天主敎籍)에 가탁(假託)하여 분규를 벌이는 자는 모두 지방관이 체포해 처벌을 해야 한다.

② 내지의 천주교인이 선을 행하고, 천주를 모시고, 성경을 읽고 설교하는 행위를 허가한다. 그러나 단지 스스로 예배하는 것은 허락하며, 마음대로 천주당을 건설해서는 안 된다.

③ 내지의 천주교인이 사사로이 선대의 유산이나 재산을 팔아 천주당으로 만들면 도매(盜賣)의 죄로 처벌받을 것이다.

④ 내지의 천주교인이 동향 사람과 금전 문제로 벌어지는 소송 안건은 천주교와 관계없는 일이므로 선교사가 이러한 소송에 개입해서는 안 된다.

⑤ 영병(營兵)·아역(衙役)·서리(書吏) 등 모든 관인(官人) 및 공감직원(貢監職員)은 평민과 다르다. 이들이 입교하면, 법률에 따라 처벌한다. 일반 백성은 부형(父兄)이나 자제(子弟)가 입교하기를 원치 않는다면, 강제로 입교시키지 말아야 한다.

⑥ 서양 선교사는 5개 개항장에서 교회를 세우고 예배하는 것을 허가하나 마음대로 내지로 들어가 선교해서는 안 된다. 만약 조약을 위반해 마음대로 경계를 넘어가면 지방관이 체포해 각국 영사에게 압송하여 처벌하도록 한다.11)

---

10) 「兩江總督陸建瀛等奏報法國兵船已離滬出口摺」(咸豊 元年 7月 24日), 『淸末敎案』 第1冊, 131~132쪽.
11) 「酌擬內地民人習敎章程」, 『淸末敎案』 第1冊, 133~134쪽.

육건영이 입안한 이 장정은 도광제의 이금 상유의 내용과 함께 기존에 논의되었던 제한 규정을 좀 더 구체화시켜 청조의 내부 규정으로 만든 것으로 보인다. 이 장정에 대해 함풍제는 내부적으로는 이를 실행하도록 하되, 굳이 이러한 장정에 대해 서양 각국에 조회하여 괜한 오해를 불러일으키지 말 것을 당부하였다. 결국 청조는 육건영이 입안한 장정도 내부의 천주교 관련 처리 규정일 뿐 절대로 서양 각국에 유출하지 말 것을 지시했던 것이다. 또한 제2조의 '허가한다'는 구절은 조약을 공표하는 의미로 천주교 신자들이 명문(明文)에 의지하여 더욱 거리낌이 없을 것이니, 상유를 재천명할 필요는 없다고 했다.12) 이로 보아 청조는 조약뿐만 아니라 상유조차도 공개적인 반포를 하지 못하도록 했다는 것을 알 수 있다.

넷째, 『성유광훈(聖諭廣訓)』을 크게 선전해 그리스도교를 저지하려 했다. 양강총독 육건영이 '사교(邪敎)를 몰아내고, 정학(正學)을 숭상하자'는 것을 주청하여, 1851년 8월 18일에 함풍제는 『성유광훈』을 천하에 반포하였다.13) 함풍제가 말한 『성유광훈』은 1670년에 강희제가 반포한 '성유(聖諭) 16조'에 근거하여 1724년에 청조가 해석을 가해 편찬한 것이다. 『성유광훈』의 저술목적은 봉건윤리도덕으로 향리의 화목을 유지하고, 엄정한 법치로 기의·반역을 처벌하며, 유가사상으로 그리스도교 및 기타 이단 사설을 저지하고자 한 것으로 강희제의 유지를 받들어 백성들을 근신 절약하도록 깨우치고, 천박한 폐습을 없애 민풍을 순후하게 하며, 가정을 화목하게하기 위함이었다.14) 함풍제가 이를 반포한 이유는 널리 『성유광훈』을 선전해서 그리스도교와 배상제회(拜上帝會)를 저지하며 태평천국 진압에 이용하려 한 것이었다.

---

12) 「著兩江總督陸建瀛等將所擬習教章程咨行內地不必照會洋人事上諭」(咸豊 元年 閏8月 1日), 『淸末敎案』第1册, 134~135쪽.
13) 「著內閣命式英殿將宣宗欽定<聖諭廣訓>拓印頒行天下事上諭」(咸豊 元年 7月 22日), 『淸末敎案』第1册, 131쪽.
14) 『淸聖祖實錄』卷34, 康熙 9年 10月 癸巳.

다섯째, 열강과 선교사에 대한 타협이었다. 청조는 선교사와 교인의 활동을 제한했지만, 교안 처리과정 중에 열강이나 선교사와 언제나 대립적인 자세를 가지지는 못했다. 천주교 금지 시기와 달리 이제 선교사는 열강의 보호 아래 있었기 때문에 언제나 그들과 대립하거나 공격할 수는 없었다.

1844년에 상해 포동의 한 지방관이 관리를 파견해 교인에게 세금 징수를 요구했지만, 교인 측에서 납세를 거부하자 이 지방관이 곧 차역(差役)에게 오랏줄을 묶어 체포를 명했으나 신자들이 여기에 대항해 차역을 둘러싸고, 차역이 가지고 온 쇠사슬을 이용해 차역을 묶어 도대(道台) 아문(衙門)으로 보냈다. 이에 대해 도대는 납세를 거부한 교인을 하옥하였다. 베지 주교는 이 사실을 영국 영사 올콕(Rutherford Alcock, 阿禮國)에게 알려 올콕이 위협 편지를 보내어 교인이 석방되었다.[15]

1846년에 프랑스 선교사는 영파(寧波) 백성 주승첨(周承添), 한영풍(韓永豊)의 가옥을 빌리려고 했으나 그들이 거부하자 지방관이 가옥을 구매해 선교사에게 세를 내주었다.[16] 1848년에 청포교안(青浦敎案) 발발 후 청조는 10명의 중국 백성을 체포해 상해의 영국 영사관 앞에서 칼을 씌우고 조리돌리는 형을 가했으나 영국의 압력으로 은 300량을 배상했고, 담당 관리를 혁직시켰다.[17]

1856년 2월 29일 서림(西林) 지현 장명봉(張鳴鳳)이 광주(廣州)에서 광서(廣西) 서림현으로 잠입한 프랑스 선교사 샵들렌느와 천주교인 26명을 체포하고 선교사와 교인 2명을 사형에 처했다. 이 사건으로 프랑스가 영국과 협력하여 제2차 아편전쟁에 가담하게 되었고, 그 결

15) 衛靑心(Louis Wei Tsing-Sing) 著, 黃慶華 譯, 1991, 『法國對華傳敎政策』 (上), 北京: 中國社會科學出版社, 225~226쪽.
16) 「浙江巡撫梁寶常奏法國傳敎士顧鐸德請添租寧郡住房片」(道光 26年 閏5月 15日), 『淸末敎案』 第1冊, 22~23쪽.
17) 『籌辦夷務始末(道光朝)』 卷25, 臺北: 國風出版社, 1963, 15쪽.

과 서림 지현 장명봉이 혁직되어 영원히 관직에 임용하지 못하게 되었다.[18]

이상으로 도광·함풍 시기 청조의 천주교 정책을 크게 5가지로 특징지어 살펴보았는데, 이것으로 보아 서양 각국과 체결한 조약과 도광제의 이금 상유에 의거한 천주교 정책은 아무래도 제한적일 수밖에 없었다. 청조의 천주교 선교 제한의 구체적인 요인은 선교사와 교회의 근본적인 변화와 태평천국운동 때문으로 보인다.

열강의 중국 진출은 외국인 선교사의 지위를 제고시켰고, 일정 정도 중국 천주교인의 지위까지 변화시켜 특권세력으로 만들었다. 청조 입장에서 서양 각국은 침략세력이며, 선교사들 역시 서양인으로 이들이 불법적으로 내지에 잠입해 선교하는 것 자체가 청조 통치에 큰 위협이 되는 것이었다. 그리고 청조는 천주교인들을 잠재적 반청세력으로 인식했으며, 사회질서를 깨트리는 심각한 세력으로 보았다. 중국의 전통적 사회질서는 유교 가치관에 근거하여 발전해 왔으며 중국 사회가 위기에 처했을 때마다 이에 입각해서 극복해 왔다. 만주족 역시 중국의 정치·경제·문화적 영향권 내에서 왕조를 수립했기 때문에 청조의 통치자는 북경 천도 이전부터 이미 유교를 정학(正學)으로 받아들였으며 유교 가치관을 선양하였다. 특히 소수의 만주족이 지배한 청조는 더욱더 사회의 위계질서와 화합을 중시하는 유교윤리를 농촌과 도시의 민간에 주입시켜 사회질서를 유지하고, 사상을 통제하여 황권을 보호하려 했다.

유교 가치관에 입각한 전통적 사회질서는 유교를 정학으로 숭상하기 위해 다른 어떠한 이단의 학설도 용납하지 않았다. 강희제의 '성유 16조'중 하나인 '이단을 몰아내고 정학을 숭상하자'는 것은 청의 멸망 때까지 유지됐던 유훈이었다.[19] 특히 건륭(乾隆) 이래 발생했던 회교

---

18) 「兩廣總督叶名琛奏陳英法二使爲馬神父被廣西正法等事所遞照會已據理回覆摺」(咸豊 7年 12月 3日), 『淸末敎案』 第1冊, 167~171쪽.

도·백련교도 등의 종교적 반란과 근대의 태평천국운동은 반청의 기치를 지니고 있어 청조는 천주교에 대해 강한 거부감을 가지고 있었다.

2. 천진·북경조약의 체결과 내지 선교의 확대

1856년 10월 애로우호 사건으로 제2차 아편전쟁을 일으킨 영국은 광서에서 발생한 서림교안을 빌미로 세력을 확대하려 하는 프랑스와 연합하여 광주를 점령하였다. 영불 연합군은 1858년 5월에 대고(大沽) 포대를 공격하고 천진 교외로 진격하여 북경을 위협하는 형세에 이르렀다. 그리하여 청조는 6월 13일과 18일에 러시아와 미국, 다시 26일과 28일에 영국과 프랑스와 각각 천진조약을 체결하였다.

천진조약이 체결되어 청조는 외국 공사의 북경 상주와 우장(牛莊)·등주(登州)·담수(淡水)·대만(臺灣)·조주(潮州)·경주(瓊州) 등의 개항, 그리고 선교사의 중국 내지 선교의 자유와 외국인의 내지 여행 자유 등을 허가했다. 이후 천진조약의 비준서를 북경에서 교환하는 문제를 둘러싸고 다시 전쟁이 일어났고, 영불 연합군이 북경을 점령하자 1860년 공친왕(恭親王)은 10월 24일과 25일에 영국, 프랑스와 각각 북경조약을 체결했다. 북경조약의 내용은 천진조약을 인정하는 것 이외에 천진의 개항, 중국 노동자의 출국 인정, 영국에게 구룡(九龍)반도 할양, 그리고 천주교 금지 조치로 청조에 귀속된 옛 천주교 재산의 반환, 선교사의 내지 부동산조매권 등이었다.

천진·북경조약 체결의 결과 중국은 개방되었고, 중국적 세계 질서는 붕괴되었다. 특히 외국 공사의 북경 주재는 중국이 '천조(天朝)'가 아니라 국제사회의 한 일원이라는 인식을 갖게 했다. 개항장의 증가로 외국인의 중국무역이 보다 유리해 졌고, 영국인이 중국 해관을 담당하

---

19) 『淸聖祖實錄』卷34, 康熙 9年 10月 癸巳.

여 중국의 재정권을 장악했다. 이와 더불어 선교사의 내지 선교의 자유와 내지에서 토지를 조매(租買)하여 자유로이 건물을 세울 수 있는 권리는 그리스도교가 중국에서 확산돼 세력화하는데 합법적 기반을 조성했다. 천진조약에서 선교와 관련된 조항을 살펴보면 다음과 같다.

1858년 6월 13일에 러시아가 먼저 청조와 천진조약을 체결했는데, 그 중 제8조가 선교와 관련된 조항이었다. 이 조항에는 그리스 정교를 천주교라고 통칭하고 있으며, 러시아인이 내지에서 선교할 때 러시아 영사관과 중국 지방관이 협의하여 날인한 여권을 지니고 통행하도록 규정하고 있다.[20]

6월 18일에 청조가 미국과 체결한 조약 제29조에는 그리스도교 선교 보호 규정이 들어 있으며,[21] 6월 26일 영국과 체결한 조약에는 그리스도교 선교와 보호에 대한 규정이외에도 제9조에 영국인이 여권을 지니고 내지로 여행과 통상을 할 수 있다고 규정하였다.[22]

프랑스는 6월 27일에 청조와 조약을 체결했으며, 청조가 각국과 맺은 조약에 비하여 선교 관련 규정이 가장 많다. 즉 제8조에는 여권을 교부받은 프랑스인의 내지 여행 허가를 규정했고, 제10조에는 개항장에서 프랑스인이 교회·의원·자선기구·학당·묘지 등을 세울 수 있다는 황포조약의 내용을 재확인했다.[23] 물론 황포조약 체결 때보다 개항장이 더욱 많아져 프랑스의 선교 권리 또한 확대되었다. 또한 제13조에는 여권을 지니고 내지로 들어가 선교하는 사람은 지방관이 보호하고 우대해야 하며, 중국인 천주교 신자를 처벌해서는 안 되고, 천주교 금지를 쓰거나 새긴 모든 명문(明文)은 면제할 것을 규정했다.[24]

천주교 선교의 입장에서 천진조약은 제1차 아편전쟁 이후 체결된

---

20) 『中外舊約章彙編』 第1册, 88쪽.
21) 『中外舊約章彙編』 第1册, 95쪽.
22) 『中外舊約章彙編』 第1册, 97쪽.
23) 『中外舊約章彙編』 第1册, 106쪽.
24) 『中外舊約章彙編』 第1册, 107쪽.

불평등조약을 재확인한 것 이외에 중국인 천주교 신자에 대한 처벌 금지를 국제법적으로 확인시켜 주었고, 결정적으로 선교사의 내지 선교권을 보장해 주었다. 선교사는 합법적으로 내지에 들어가 선교할 수 있는 기반을 마련했다. 프랑스 선교사들은 특히 선교기반을 마련하기 위해 내지에서 토지를 조매하여 교회를 지을 수 있기를 원했다. 천진조약은 개항장에서 토지를 세내어 건물을 지을 수 있다고 규정하고 있기 때문에 개항장이 비록 확대됐다지만, 천주교의 적극 선교를 위해서는 내지에서의 부동산조매권이 선교사들에게 절실히 필요했다. 결국 내지 부동산조매권은 1860년에 북경조약에서 이루어졌다.

천진조약과 북경조약을 체결함으로써 제1차 아편전쟁 후에 중국과 서양 각국이 체결한 조약과 협의한 내용이 확대됨에 따라 천주교와 관련된 새로운 내용이 추가되었다. 천진·북경조약에서 선교와 관련된 조항은 이하 몇 가지 내용으로 요약할 수 있겠다.

첫째, 외국 선교사에게 중국 내지로 진출하여 선교하는 것을 허가하였다. 이전에는 외국 선교사가 단지 광주·복주·하문·영파·상해의 5개 개항장에서 선교를 했고, 내지로 들어갈 수 없었다. 만약 선교사들이 내지로 진출하면 지방관은 그들을 개항장으로 압송하였다. 이 때문에 중국에서 선교사의 활동 범위가 축소되고 선교 활동은 제한적이었다. 따라서 천진조약의 체결은 외국 선교사들이 광대한 중국의 어떠한 곳이라도 선교를 할 수 있게 하여 교회세력을 발전시키는 계기가 되었다.

둘째, 선교사와 교인에 대한 보호를 재차 강조했다. 이전에 도광제가 상유를 반포하여 위법을 저지르지 않는 천주교 신자는 처벌되지 않도록 했지만, 이것은 단지 행정명령일 뿐 법률적 효력을 가지는 것이 아니었다. 이 때문에 각성 지방관은 여전히 그리스도교를 믿는 기인(旗人)이나 관리 그리고 백성을 탄압했다. 그러나 천진조약에는 명확히 선교사와 교인의 보호를 규정했고, 법률적으로 이들의 합법적 지위를 인정함으로써 지방관은 마음대로 선교사와 교인을 탄압할 수 없으며 오히려 이들을 보호해야 했다.25) 중국 관리는 선교사를 반드시 보호해야 하고, 온 가족의 안전을 책임져야 했다. 또한 선교사를 업신여기거나 불법적 비도(匪徒)들이 건물에 방화하고 약탈하면 즉시 병력을 파견하여 이를 막고, 비도들은 엄히 처벌해야 했다.26)

셋째, 천주교 금지 규정의 폐지였다. 이것은 새로이 추가된 조항이었다. 1846년에 반포한 도광제의 이금 상유가 북경조약에 규정됨으로써 100여 년 동안 집행된 청조의 금교 조치는 완전히 폐지되었다. 그리고 천주교 금지를 폐지한 공문서를 널리 게시하도록 했고, 금지 명문을 모두 없애도록 하였다.

넷째, 천주당 반환의 범위가 확대되었다. 도광제 이금 상유에는 비록 옛 천주당 반환의 규정이 있었지만, 겨우 천주당으로 제한했었고 묘우나 민가로 바뀐 천주당은 반환의 예에 포함되지 않아 그 범위가 극히 제한적이었다. 그렇지만 이때에 이르러 반환의 범위가 천주당 이외에 학당·묘지·토지·가옥 등이 포함됐고, 묘우·민가로 바뀐 천주당은 반환하지 않는다는 제한을 취소했다.

천주당 및 관련 건물의 반환 규정은 천진·북경조약 체결 이후 중국 각성에서 많은 분쟁을 일으켰다. 강희제가 외국 교회 재산의 몰수를 행한 이후 1세기가 넘는 시간이 흘러 천주당의 주인이 여러 차례 바뀌었고, 또한 여러 번 재건축되어 어떤 곳은 관청이나 묘우 그리고 민가로 바뀌었고, 어떤 것은 파괴되어 찾을 수가 없었기 때문이었다.27) 따라서 옛 천주당 및 부속 부동산의 반환 분쟁은 1860년대 교안 발생의 대표적 원인이 되었다. 또한 이전의 교회 건물도 해당 교인에게 반환하는 것이 아니라 청불 북경조약의 규정에 따라 북경 주재 프랑스 공사에게 반환되었기 때문에 이를 둘러싸고 청과 프랑스 사이의 외교 분

---

25) 『中外舊約章彙編』 第1册, 88·95·97·107·147쪽.
26) 『中外舊約章彙編』 第1册, 91쪽.
27) 「總理衙門致各國公使書」, 『淸朝續文獻通考』(4) 卷350, 外交14, 10938쪽.

쟁의 씨앗이 되었다.

다섯째, 선교사가 각성에서 토지를 조매하여 자유로이 건물을 세우는 것을 허락하였다. 유교문화의 영향으로 중국인은 일반적으로 자신의 토지와 건물을 유교적 가치와 전혀 다른 이단 종교를 설파하는 교회에 빌려주거나 팔려고 하지 않았다. 그러나 선교사는 선교 활동을 전개하기 위해서는 토지나 건물이 없으면 불가능하기 때문에 종종 몰래 구입하거나 강제로 임차하는 방식으로 자기의 목적을 얻으려 했다. 그러나 어떤 천주당은 교통이나 풍수에 영향을 준다고 생각해 중국인들과 큰 충돌을 일으켰으며, 천주교 선교사가 내지에 들어가 토지를 조매(租買)하여 건물을 세운다는 사실만으로도 중국 지방 관리나 신사, 지방민에게는 큰 충격이었다. 특히 중국 내지에서 교회를 세워 정학(正學)이 아닌 그리스도교 이단을 유포하고, 고아원을 세워 보육 사업을 하며, 학교를 세워 천주교 교육 사업을 하는 것은 지방에서 그러한 자신들만의 특권을 유지했던 신사층들에게는 큰 위협이었을 뿐 아니라 지방의 전통질서를 크게 뒤흔드는 일이었다.

천진·북경조약의 체결로 천주교의 내지 선교가 확대되는 과정에서 내지 선교의 기반이 되는 옛 천주당 및 관련된 건물이 프랑스 공사에게 반환됨으로써 프랑스가 선교의 주도권을 잡게 되었다. 천진·북경조약의 체결은 청조가 프랑스에게 중국에서의 선교 보호권을 승인한 것으로 볼 수 있다. 당시 중국 내지에서 선교하던 선교사는 대부분 천주교 선교사였고, 이들 중 다수는 프랑스 선교사였다. 옛 천주당 반환 권리와 내지 부동산조매권은 대부분 천주교 선교사들이 가졌고, 당시 천주교 선교사들을 보호했던 국가는 프랑스였다. 근대 조약체제 아래 프랑스가 중국에서 선교 보호권을 확대해 나갔으며, 이에 대한 청조의 초보적이고 구체적인 대응이 나오게 되었다.

3. 옛 천주당 반환과 내지 부동산조매권 분쟁

1860년에 체결된 청불 북경조약은 1846년의 도광제 상유에서 허가한 옛 천주당의 반환을 법제화시킴으로써 중국 각지에서 천주교 금지 시기 이래 몰수되었던 천주당 및 관련 부속 건물의 반환을 둘러싼 분쟁이 발생했다. 그 분쟁의 핵심에는 프랑스 선교사들이 있었고, 프랑스 공사는 조약에 따라 선교사들이 요구하는 천주당의 옛 부지 반환을 청조에게 요구하였다.

1860년 10월에 프랑스 전권대신 그로(Gros)는 중국 측에 남당(南堂)과 북당(北堂) 및 그 부지와 가옥을 프랑스에게 교부할 것과 허가증 한 장을 발급해 프랑스 주교가 관할토록 요구했다.[28] 이에 대해 공친왕 혁흔(奕訢)은 먼저 남당 부지를 교부하고 허가증을 전해주었으나 북당 부지는 오랫동안 방치되어 지방관이 조사를 한 후에 다시 교부할 것이라고 했다.[29] 이에 대해 그로는 총리아문의 의사를 무시하고, 프랑스 주교가 현재 거주할 곳이 없어 신속히 북당을 반환하라고 재촉했다.[30] 더구나 그로는 프랑스가 천주교를 믿는 모든 국가를 보호하고 있다고 자임하면서 천주당 반환이 전적으로 프랑스가 담당하는 일임을 강조하며, 다음과 같이 혁흔에게 알렸다.

> 천주교 국가에서 프랑스가 선두이며, 가장 능력이 있습니다. 천주교를 믿는 국가는 프랑스가 모두 그들을 보호하고 있습니다. 예를 들어, 스페인·이탈리아 그리고 대서양의 크고 작은 국가들은 프랑스가 모두 보호합니다. 프랑스가 중국에 청컨대, 각처 천주교 신자의 교회·묘지·가옥 등은 프랑스 주교에게 교부해 주시기 바랍니다. 만약 다른 나라가 이에 대해 이

---

28) 「法使葛羅爲索要南北二堂事照會」, 中國史學會 主編, 1978, 『第2次鴉片戰爭』 第5冊, 上海人民出版社, 250~251쪽.
29) 「抄錄奕訢爲先交付南堂地基事給法使照會」, 『第2次鴉片戰爭』 第5冊, 251쪽.
30) 「抄錄法使催索北堂地基房廊照會」, 『第2次鴉片戰爭』 第5冊, 257~258쪽.

의를 제기하면, 프랑스가 알아서 처리할 일이지 귀국이 간섭할 일은 아닙니다.[31]

프랑스는 당시 중국과 천진·북경조약을 체결한 유일한 천주교 국가였다. 포르투갈이 1862년에, 스페인이 1864년에 청과 통상조약을 맺었지만, 그 국력이 프랑스에 크게 미치지 못했고, 이탈리아도 1866년에 중국과 통상조약을 맺었지만, 겨우 통일 국가를 이룬 상태라 중국에 눈을 돌릴 겨를이 없었다.

결국 혁흔은 프랑스의 요구를 승낙했고, 1개월 이내에 현재 북당에 거주하는 사람을 다른 곳으로 이주시키고 프랑스에게 이를 교부하도록 했다.[32] 또한 프랑스 공사와 혁흔과의 이러한 협상에 대해 함풍제도 신속히 일을 처리하여 다시 다툼이 벌어지지 않도록 지시했다.[33] 그러나 옛 천주당 반환 문제는 오히려 전국적으로 확산되었다. 1860년대 이후 10여 년 사이에 각지에서 발생한 교안의 많은 부분이 이로 인해 발생하였다.

여기에서는 옛 천주당 반환 사건을 1863년에 사천(四川)의 중경(重慶)에서 발생한 중경교안을 통해 그 분쟁과 분쟁에 대한 청조의 입장을 살펴보도록 하겠다. 사천은 천주교 금지 시기부터 프랑스 선교사들의 활동지역으로서, 중경교안은 옛 천주당 반환 사건의 대표적인 사건이라고 할 수 있다. 사천 지역은 천주교의 역사적 기반이 오래된 지역으로 1840년대 5만여 명의 천주교인이 있었으며, 이는 당시 천주교 신자가 전국적으로 20~25만 명이었다고 볼 때 신자의 약 4분의 1을

---

31) 「抄錄法使爲北堂交付法國有言法國自行處理事照會」, 『第2次鴉片戰爭』 第5册, 258쪽.

32) 「抄錄奕訢爲北堂卽行交付管業事給法使照會」, 『第2次鴉片戰爭』 第5册, 258~259쪽.

33) 「欽差大臣奕訢等奏法使請將北堂卽行給付片」(咸豊 10年 9月 26日), 『第2次鴉片戰爭』 第5册, 257쪽.

차지한 최대의 선교지였다고 할 수 있다.34) 또한 사천이 큰 선교지였던 만큼 강희 이래 몰수된 천주당도 많았다.

구르동(Gourdon)의 『성교입천기(聖敎入川記)』에 따르면, 사천의 천동(川東) 지역은 천주교인이 많이 분포한 곳이었다.35) 당시 태평천국의 내부 분열로 천경을 이탈한 석달개(石達開) 군대는 강서·광서·절강·복건·호남과 호북 여러 성을 거치다 1861년 10월 중순경 사천으로 들어와 부주(涪州)를 중심으로 하는 장강(長江) 연안을 따라 천동 지역에 세력을 형성하고 있었기 때문에 이에 대응해 천동 지역에는 단련(團練)이 강력하게 편성되어 있었다.36)

천동 지역의 중심인 중경에서는 성내에 있던 장안사(長安寺)를 천주교회로 양도하는 문제 때문에 단련과의 사이에 분쟁이 일어났다. 당시 프랑스 공사가 "사천성에는 옛 천주당이 적어도 27개소 이상이 있었으며, 모두 크고 화려했다"37)라고 했는데, 중경에서는 옛 교당의 반환 대신에 장안사를 환급해줄 것을 요구하였다.

즉, 천주교회는 프랑스 공사를 통해 장안사를 천동주교 데플레슈 (Eugène Jean Claude Dèsfleches, 范若瑟)에게 환급해 준다면 천동 지역에서 이전에 훼손된 천주당에 대해서는 일체 논의하지 않겠다고 총리아문에 요구했다.38) 이에 대해 총리아문은 장안사가 이미 오래전

---

34) K. S. Latourette, 1932, p.183.
35) 古洛東(Gourdon), 1981, 『聖敎入川記』(重慶: 曾家岩聖家書局, 1918), 成都: 四川人民出版社, 70~74쪽. 구르동은 파리외방전교회 선교사로서 1866년에 중국에 와서 계속해서 중경에서 선교 활동을 했으며, 1930년경 중경에서 사망했다.
36) 民國『巴縣志』卷21下, 689~690쪽(『中國地方志集成』四川府縣志輯 6, 成都: 巴蜀書社); 民國『滎經縣志』卷9, 武功志, 戎事, 515~516쪽.
37) 「總署收哥士耆函」(同治 2年 2月 20日), 中央研究院近代史研究所 編, 1974, 『敎務敎案檔』第1輯(3), 臺北: 中央研究院近代史研究所, 1149쪽.
38) 「法使哥士耆爲要重慶崇因寺作天主敎公產事致奕訢函」, 『淸末敎案』第1册, 307~308쪽.

부터 방치되어 왔으며, 『대청일통지(大淸一統志)』・『중경부지(重慶府志)』에도 제사를 지내는 사당으로 기재되어 있지 않기 때문에 이를 수락하려고 했다.[39] 그렇지만, 북송(北宋) 때 건립되어 명・청대에 두 번 중수된 고찰인 장안사는 중경에서 가장 높은 곳이고 전략적으로 중요한 지역이었다. 장안사는 함풍・동치 연간(1851~1874)에 비적의 출현으로 향리를 방어하기 위한 관독민판(官督民辦)의 보갑단련총국(保甲團練總局)이 설치됐던 곳이었다.[40] 또한 석달개 군대의 세력이 천동 지역에 미치고 있을 때 신사와 백성이 이곳에 미곡 창고를 세우고 병기를 저장해 두었던 곳이기도 했다.[41]

1863년 3월 14일에 파현(巴縣) 지현(知縣) 장병곤(張秉坤)이 신사를 소집해서 장안사를 교회에 발급하는 건에 대해 협의하였다. 그러나 이때 갑자기 군중들이 성내의 천주당인 진원당(眞原堂)에 몰려가 선교사와 논쟁을 벌였으며, 마침내 진원당을 비롯해 경당(經堂)・병원・학당 등을 파괴하는 사건이 발생했다. 무업유민(無業游民)이 이 기회에 천주교인 나광제(羅廣濟) 등 각 교인 가정을 파괴하고 옷과 기물을 약탈하는 등 많은 손실을 입혔다. 이에 천동도(川東道) 오호(吳鎬)가 군사를 거느리고 와 군중을 해산하고 단홍청(但洪淸) 등 사건을 일으킨 8명을 체포하였다.[42]

이 사건에 대해 사천 당국은 문과 창문이 파괴된 것 외에는 다른 손해는 없었다고 했으나 당시 사천에 있던 프랑스 선교사 들라마르는 교당의 서적과 기물을 많이 약탈당하고 신자들이 다쳤음을 주장했다.[43]

---

39) 「恭親王奕訢等奏爲請飭川督將重慶崇因寺作爲天主敎公業片」(同治 元年 12月 12日), 『淸末敎案』 第1冊, 306~307쪽.

40) 民國『巴縣志』 卷15, 軍警, 警察, 491~492쪽.

41) 「成都將軍崇實等奏爲重慶敎案愿請准予議結摺」(同治 3年 12月 26日), 『淸末敎案』 第1冊, 426쪽.

42) 「成都將軍崇實奏報重慶敎堂被毁及議處有關官員摺」(同治 2年 2月 4日), 『淸末敎案』 第1冊, 340~341쪽 ; 「成都將軍崇實等奏爲重慶敎案愿請准予議結摺」(同治 3年 12月 26日), 『淸末敎案』 第1冊, 426쪽.

또한 사건이 일어나자 데플레슈는 프랑스 공사 베르테미(Berthémy)를 통해 총리아문에 압력 행사를 요청하고 폭도들이 천주당 내에 보관해 두었던 '사천·귀주·운남·티베트로부터 보내졌던 상품' 및 교인 상점의 '사천·강소·광동의 잡화, 견직물'을 가져가 버렸다고 말하고 엄청난 배상을 요구하였다.44)

또한 천주교인 나광제 등은 소란 주도의 혐의로 단련보갑국 신사 장선소(張先昭)와 감생(監生) 진계림(陳桂林) 등을 고소하고 잃어버린 기물이 은 30여 만량의 가치가 있다고 주장했다. 그러나 사건의 책임을 물어 파면된 천동도 오호를 대신해 임명된 긍보(恆保)는 친히 현장을 조사하고 붙잡은 단홍청 등을 심문한 결과 그들이 사건을 주도하지는 않았다고 판결했다. 이후 성내의 신사와 교회의 교섭이 행해져 1865년 초에 이르러 교회 및 교인에게 은 15만량의 배상을 지불하기로 했다. 그 은은 신상(紳商) 공동적립금으로 마련했으며, 우선 데플레슈에게 4만량을 주고 나머지 11만량은 4년 동안 분할 교부하기로 했다. 그 대신에 장안사는 그대로 천동단련총국으로 남겨두고 합주·부주 등 4개소의 천주당 부지에 대한 검사를 면제하는 것으로 타결되었다.45)

중경교안의 결과로 사천 지역사회에서는 장안사를 회수해 단련보갑총국을 유지했지만, 천동지역 '소속경내'의 광대한 천주당 건설의 권리는 오히려 천동주교의 손으로 넘어갔다. 중경에서 선교 기반을 마련한 천주교회는 향촌지역인 유양(酉陽)·수산(秀山)·검강(黔江)·팽수(彭水) 등으로 선교를 넓혀나갔고, 이후 천동 지역에서는 많은 교안이 일어나게 되었다.

중경에서 장안사를 천주당으로 개조하는 문제로 교안이 발생한 바와

---

43) 「成都將軍崇實奏報重慶敎堂被毀及議處有關官員摺」(同治 2年 2月 4日), 『淸末敎案』 第1冊, 341쪽.

44) 「總署收范若瑟遞單」(同治 2年 8月 21日), 『敎務敎案檔』 第1輯(3), 1167쪽.

45) 「成都將軍崇實等奏爲重慶敎案愿請准予議結摺」(同治 3年 12月 26日), 『淸末敎案』 第1冊, 426~427쪽.

같이 1860년대 이후 발생하는 많은 교안은 천주교의 방대한 토지와 건물의 점유를 둘러싸고 벌어졌다. 특히 중경을 비롯한 장강 상류지역에서는 100여 년의 천주교 금지 시기를 통해 지방의 공소(公所)로 바뀐 천주당 옛 부지를 요구하거나 강점하는 과정에서 많은 교안이 발생했다.

실제로 140여 년이란 세월이 지난 이후 천주당 부지를 찾아 배상하는 문제는 많은 분쟁이 일어날 수밖에 없었다. 소유자가 바뀐 경우도 있고, 재건축된 경우도 많아 본래 옛 천주당 부지를 찾을 길이 없는 경우도 많았다. 이에 따라 장안사와 같이 지역사회의 보갑단련총국과 같은 중요한 곳이나 지역사회의 중심인 회관이나 공소 등을 배상으로 요구하기도 했다. 이에 대해 지역사회의 신사들은 옛 천주당 반환을 거절하는 경우가 많았고, 지방관이 돈을 출자하여 토지나 건물을 구매하여 교회에 주기도 했다.[46]

이러한 과정을 통해 교회는 많은 재산을 증식했다. 특히 장강 상류지역의 국가별 교회재산을 보면 1910년에 교회 건물이 8백 60여 곳이고, 토지가 1만 7천여 무(畝)나 되었으며, 국가별로는 프랑스가 절대적인 우세를 차지하고 있다(<표 4>).

<표 4> 장강 상류지역의 국가별 교회재산

교회재산\국가	교회 건물(所)	토지(畝)
프랑스	629	16,680
영국	181	700
미국	47	6
독일	7	0
합계	864	17,386

(출처 : 王笛, 2001, 『跨出封閉的世界: 長江上游區域社會硏究 1644-1911』, 北京: 中華書局, 684쪽)

---

46) 「總署收直隷總督文煜文」(咸豊 11年 11月 24日), 『教務教案檔』 第1輯(1), 244쪽.

1871년에 총리아문은 옛 천주당 반환 분쟁에 대해 "근년 각성 지방에 천주당 상환에 대한 일이 발생하고 있는데, 민간에 장애가 있는지 없는지를 불문하고 강희 시기 몰수된 천주당으로 지정하여 강제로 환급 받으려 한다. 또한 회관·공소 등 신민(紳民)이 가장 존중하고 있는 곳에 대해서도 모두 마음대로 요구하며 천주당으로 배상하려고 한다. 하물며 각성의 가옥이 실로 예전에 천주당에 속하다가 여러 해 교인에 의해 팔리고 민간에서 서로 팔려서 이미 여러 사람을 거쳐 새로 수리된 것에 대해 쓴 비용이 계산할 수 없을 정도로 엄청난데도 선교사는 약간의 돈도 내지 않고 강제로 반환하게 한다"47)고 하며 그 폐해를 지적했다. 옛 천주당 반환 분쟁과 함께 내지에서 부동산을 구입하는 문제도 지방에서 많은 충돌을 야기했다.

프랑스 선교사 들라마르가 자의적으로 청불 북경조약 중문본에 삽입한 '프랑스 선교사는 각성에서 자유로이 토지를 조매하여 건물을 세울 수 있다'는 규정은 프랑스 선교사 입장에서 볼 때 자유로이 내지에 들어가 부동산을 조매해 천주당을 세우고 선교할 수 있도록 한 것이었다. 그렇지만, 이 규정의 시행을 둘러싸고 청조 및 지방 정부, 그리고 프랑스 공사와의 의견 조율이 필요하게 되었다. 북경조약 협상을 담당했던 프랑스 대표조차도 이 일을 몰랐으나 후임 프랑스 공사 베르테미가 비로소 이 사실을 확인하고 이로 인한 불식을 해소하기 위해 청조로부터 새로운 확인을 받아내는 작업을 시도하려고 했다. 내지로 진출하는 외국 선교사들을 담당해야 했던 지방관 역시 북경조약 제6조의 해석 문제를 두고 의견 조율이 필요했다.

1864년 3월에 한 프랑스 주교가 하남(河南) 양성현(襄城縣)에서 장흥림(張興林)의 택지를 구매한 일에 대해 지현 진량기(陳亮基)가 계약서 내에 프랑스 주교라는 문구를 넣어야 하는지에 대해 하남 포정사(布政使) 왕헌(王憲)에게 문의했다.48) 진량기는 계약서 내에 프랑스

---

47) 「總理衙門致各國公使書」, 『淸朝續文獻通考』(4) 卷350, 外交14, 10938쪽.

주교 서명 문제를 자의적으로 판단할 수 없을 뿐 아니라 청불 북경조약에 프랑스인이 내지에서 부동산을 구매할 수 있다는 규정이 있어 상급기관에 물어볼 필요 없이 처리하면 되지만, 이 같은 사안이 처음이고, 외국인과의 교섭은 신중을 기해야 한다고 생각하여 이 사건을 보고한다고 했다. 이후 포정사 왕헌의 보고를 받은 하남순무 장지만(張之萬)은 이러한 내용을 총리아문에 다시 보고했다. 이에 총리아문은 다음과 같은 모호한 답변을 내놓는다.

> 프랑스와 맺은 조약 제6조를 살펴보니, '프랑스 선교사는 각성(各省)에서 자유로이 토지를 조매하여 건물을 세울 수 있다'는 말이 있다. 결코 내지(內地)라는 말은 없다. 또한 선교사라고 돼 있지 모든 프랑스인은 아니다. …… 양성현 지현 진량기의 보고에는 조약 내에 프랑스인이 내지에서 부동산을 구매할 수 있다고 하는데, 본 아문이 조약을 두루 살펴보아도 결코 그러한 말이 없다. 그 지현이 무슨 근거로 그러한 말을 하는지 모르겠다. 순무는 다시 명령을 내려 처리하도록 하시오.[49]

총리아문은 '각성에서 자유로이 토지를 조매하여 건물을 세울 수 있다'는 규정에서 '각성'은 '내지'가 아니라고 했으나, 각성 또한 어느 지역이라고 명확히 지정해 주지도 않았다. 결국 이 '각성'이라고 하는 자구가 과연 내지인가 개항장인가 하는 해석의 문제로 청조와 프랑스 공사가 대립하게 되었다.

이 점은 절강(浙江) 소흥부(紹興府) 회계현(會稽縣)에서 프랑스 주교가 중국 백성의 집문서를 사서 천주당을 건립한 사안에서 나타났다. 이 사건을 두고 회계현 지현 화학렬(華學烈)은 신사들을 소집해 의논했고, 정확한 해답을 얻지 못해 영소태도(寧紹台道)에 보고했다. 화학

---

48) 「總署收河南巡撫張之萬文」(同治 3年 2月 19日), 『教務敎案檔』 第1輯(2), 803쪽.
49) 「總署行河南巡撫文」(同治 3年 2月 29日), 『教務敎案檔』 第1輯(2), 804쪽.

렬은 프랑스인이 토지를 임차하여 건물을 지을 수 있다는 천진조약의
규정은 개항장을 말하는 것이나 북경조약에서는 선교사가 각성에 토
지를 조매하여 건물을 세울 수 있다고 하여 서로 차이가 있음을 보고
하고 소흥이 개항장이 아니기 때문에 이를 어떻게 처리할 것인가에 대
해 그 해결을 요청했다.50)

절강순무의 보고에는 강소순무 이홍장(李鴻章)의 의견을 함께 첨부
했다. 이홍장은 회계 지현 화학렬의 의견에 대해, 북경조약 제6조에는
비록 각성이라는 글자가 있지만 실제로 내지라는 문구가 없어 각성이
천진조약에서 말하는 개항장이라고 했다. 따라서 회계현이 개항장은
아니기 때문에 서양 선교사에게 토지를 임대해 건물을 짓는 것을 허가
할 수 없다고 했다. 이에 대해 프랑스 영사는 천진조약에 개항장이라
고 하는 문구가 있지만, 북경조약에 프랑스 선교사들이 각성에서 자유
로이 토지를 조매할 수 있으며 프랑스 주교 전태(田台)의 여권 내에는
공친왕 및 프랑스 공사의 직인이 함께 날인돼 있기 때문에 합법적으로
회계현에서 토지를 조매하여 교회를 세울 수 있다고 했다.51)

당시 이홍장의 조회를 받은 상해 프랑스 총영사는 이번 사안을 북
경조약에 의거해 그대로 실행할 수 있도록 얘기했으며, 북경조약의 각
성은 내지를 뜻하는 말이라고 했으나, 이홍장은 프랑스 총영사에게 보
내는 조회에서 북경조약의 각성 두 글자는 즉 광동·복건·산동·강남·
절강의 통상 각성을 말하는 것으로 내지가 아닌 개항장을 뜻한다고 했
다.52)

청불 북경조약 제6조를 둘러싼 논쟁에 대해 북경조약 중문본 제6조

---

50) 「總署收護浙江巡撫蔣益澧文」(同治 3年 12月 27日), 『敎務敎案檔』 第1輯(3),
    1271~1272쪽.
51) 「總署收護浙江巡撫蔣益澧文」(同治 3年 12月 27日), 『敎務敎案檔』 第1輯(3),
    1271쪽.
52) 「總署收上海通商大臣李鴻章文」(同治 4年 正月 5日), 『敎務敎案檔』 第1輯(3),
    1273~1274쪽.

가 어떻게 작성됐는지를 알고 있던 베르테미는 북경조약 중문본 제6
조의 최후 한 구절이 법률적 효력이 없기 때문에 이를 계기로 총리아
문과 다시 새로운 협정을 맺어 선교사의 내지 부동산 구입 권리를 합
법적으로 하려고 했다.

1865년 2월 11일에 프랑스 공사 베르테미가 총리아문에 서신을 보
내어, 이번 일에 대해 협의를 요구했다. 베르테미는 이홍장이 선교사
가 개항장 이외 지역에서 토지를 조매하여 교회 및 자선기관을 세울
수 없다고 한 것은 근거가 없기 때문에 총리아문이 주도적으로 타협해
주기를 원했다. 베르테미는 청불 북경조약 제6조의 '프랑스 선교사가
각성에서 자유로이 토지를 조매하여 건물을 세울 수 있다'는 규정에
대해 왜 이홍장이 개항장과 각성을 구별하는지, 선교사들이 토지를 매
입해 교회나 자선기관의 건립을 허가하지 않는다면 그곳에서 그들에
게 선교를 못하게 하는 것과 무슨 차이가 있는 것인가라고 반문하면서
타협안을 내 놓았다. 즉, 교회 및 각 공소는 한 사람의 개인 재산이 아
니며, 외국인 소유이면서 또한 중국인 소유이기 때문에 언제나 교인
등의 공공 재산이라고 했다.[53]

또한 2월 14일(정월 19일)에도 프랑스 공사 베르테미는 총리아문에
황제가 반포해 정한 조약을 중국 관리들이 무시하고 있다고 했고, 선
교사의 내지 부동산 구입에 대한 이홍장의 반대 입장이 담긴 서신을
첨부하면서 이를 총리아문이 승인한 것에 대해 반박했다.[54] 이에 대하
여 청조도 '각성'이라는 것을 무작정 통상항구라고 주장할 만한 근거
가 없었고, 프랑스 측에서 교회재산을 중국 천주교인의 공공 재산이라
고 하여 이를 중국 토지임을 인정했기 때문에 청조는 그리 큰 부담을
가지지 않고, 1865년 2월 20일에 프랑스 공사 베르테미와 선교사의

---

53) 「總署收法國柏爾德密函」(同治 4年 正月 16日), 『敎務敎案檔』 第1輯(1), 50~
   51쪽.
54) 「總署收法國柏爾德密函」(同治 4年 正月 19日), 『敎務敎案檔』 第1輯(1),
   51~52쪽.

내지 부동산 구입에 대해 다음과 같은 새로운 협의를 체결했다.

> 이후 프랑스 선교사가 내지에 들어가 토지나 가옥을 구입한다면, 그 매매 계약서 내에 "계약인 모모(이것은 매각인 성명이다)가 본처 천주당 공공재산으로 판다"라는 글자를 명확히 기재해야 한다. 반드시 선교사 및 교인의 이름을 넣어서는 안 된다.55)

베르테미 공사에 대한 답변 서신 형식으로 선교사의 내지 부동산 매입의 세부 사항을 합의한 총리아문은 2월 23일에 상해 통상대신 이홍장에게 보내는 편지에서 베르테미 협정 체결에 대해 자세한 해석을 했다. 총리아문은 우선 이홍장이 청불 북경조약 제6조에 대해 해석한 것이 정확하지만, 프랑스 공사가 '각성' 두 글자에 대해 주장을 굽히지 않기 때문에 합의하게 됐다고 설명하면서, 결국 토지를 구입해 세운 교회를 선교사 명의로 할 수 없고, 해당 교인 즉 중국인의 명의로 구입해 교회 공공재산으로 하기로 합의했음을 통고했다.56)

그러면서 총리아문은 이 서신에서, 합의한 베르테미 협정에 대해 중요한 보충 설명을 했다. 즉, 총리아문은 부동산 매각자에 대해서, 매각하기 전에 타당성 여부를 먼저 해당 지방관에 신고해 관청이 조사하여 이를 결정해야 하며, 만약 사사로이 부동산을 파는 자가 있으면 처벌해야 한다고 내부 규정을 통고했다. 이 통고의 최후 특별 지시는, "이 서신을 절대로 폭로해서는 안 된다"57)라고 하는 명령과 함께 총리아문의 이 편지가 상해 통상대신 이홍장에게서 각 지방으로 전달돼 각지에서 선교사의 내지 부동산 매입을 처리하는데 준수해야 할 원칙이 되

---

55) 『中外舊約章彙編』第1冊, 227쪽 ; 「總署致法國柏爾德密函」(同治 4年 正月 25日), 『教務教案檔』第1輯(1), 52쪽.
56) 「總署致上海通商大臣函」(同治 4年 正月 28日), 『教務教案檔』第1輯(1), 53~54쪽.
57) 「總署致上海通商大臣函」(同治 4年 正月 28日), 『教務教案檔』第1輯(1), 54쪽.

었다.

그러나 이러한 내부 규정은 베르테미 협의에는 없었기 때문에 이후 선교사가 토지를 매입하기 전에 지방관에 먼저 보고해 조사를 받고 허가를 얻어야 하는가 여부가 지방관과 선교사 사이에 가장 큰 문제로 대두되었다. 이는 청조가 교회의 내지 부동산 구입 문제에 여전히 교회 및 선교사에 대한 제한적인 태도를 취한 것으로 이홍장도 그 결정에 동의하였다.[58]

이를 본다면 청조는 프랑스와 1865년 2월(동치 4년 정월)에 새로운 '내지 부동산 구입' 협정 즉 베르테미 협정을 맺어 청불 북경조약(중문본) 제6조를 대신했지만, 실제로 집행할 때는, 총리아문의 지시를 따라 선교사가 토지를 매입하기 전에 먼저 지방관에 보고해 조사를 받도록 했다. 사실 이러한 사전 보고조차도 없다면 청조는 천주교 세력에 의해 내지의 지역질서가 무너질 것이라 생각했을 것이다.

어쨌든 프랑스는 선교사 들라마르가 '불법적'으로 삽입한 이 조항이 중국에서 프랑스 선교사들이 '합법적'으로 내지로 진출할 수 있는 법적 조항으로 규정하고, 이 규정을 보완하기 위해 베르테미 협정을 체결하여 북경조약 제6조의 규정을 합법화시킴으로써 중국에게 논의의 여지를 없애 버리려고 했다. 결국 청불 북경조약과 베르테미 협정은 중국에서의 프랑스 선교 보호권을 확립하고 시행하는 계기가 되었다.

4. 구체적 대응책을 입안한 선교 8조 장정

청조는 천진조약과 북경조약 그리고 베르테미 협정의 체결로 천주교 정책에 전면적인 변화를 꾀할 수밖에 없었다. 이후 천주교 선교사는 중국과 프랑스의 날인을 받은 여권을 지니고 광활한 중국 내지에

---

58) 「總署收上海通商大臣李鴻章函」(同治 4年 4月 8日), 『敎務敎案檔』 第1輯(1), 57쪽.

들어가 토지를 구입하거나 임차해 천주당이나 자선기구 등을 자유자재로 세울 수 있었으며, 또한 신체의 위험 없이 마음대로 선교 활동을 할 수 있었다. 북경조약 체결 후 청조는 선교사들의 선교와 내지 활동에 대해 구체적인 대응책을 입안하지는 않았지만, 그리스도교에 대한 내부적인 대응은 조약 체결 이전의 도광·함풍 시기와 별반 다르지 않았다. 이는 청조가 교회와 선교사에 대한 외형적인 보호 규정만 따랐을 뿐이지 기본적인 정책은 그리스도교의 내지 선교 확대를 가급적 제한하려는 것이었기 때문이다. 처음부터 청조의 입장은 천진조약의 비준 이래 그리스도교의 선교를 허가한 것이 영국과 프랑스를 달래기 위한 "부득이한 고충"59)이었고, 또 그것은 "임시변통의 계책"60)에 불과한 것이었다. 선교사의 내지 선교를 허가한다고 했지만, 원칙적으로는 "몰래 막아야 한다"61)에 있었다.

이로 보아 청조는 선교에 대해서 조약체제 때문에 형식적 보호 조치만 취할 뿐 그리스도교의 확산을 원하지 않았다. 그러나 내지 선교의 확대에 따른 선교사의 부동산 매입, 공사(公私) 사건에서의 소송 관여 등을 문제로 교안이 빈번히 발생하자, 청조는 선교사의 행위를 규제하고 서양 교회세력의 확장을 제한하기 위해 이에 대한 좀 더 구체적인 규칙을 제정하려고 했다. 1867년 총리아문은 1858년에 체결한 천진조약의 조약 개정에 대비해 쟁점이 될 만한 중요사항에 대해 양무에 밝은 지방 독무들에게 의견을 구했다. 특히 총리아문은 조약에 규정되어 있어 그리스도교 선교를 금지할 수는 없으니, 좋은 대책을 제시해 줄 것을 요청했다.62)

양강총독(兩江總督) 증국번(曾國藩)은 "중국이 정사(政事)와 풍속(風俗)을 바로 잡고, 예법(禮法)과 도덕을 융성시키면 선교가 확대되어

---

59) 『籌辦夷務始末(同治朝)』 卷5, 臺北: 國風出版社, 1963, 112쪽.

60) 『籌辦夷務始末(同治朝)』 卷5, 160쪽.

61) 『籌辦夷務始末(同治朝)』 卷5, 112쪽.

62) 『籌辦夷務始末(同治朝)』 卷50, 1209~1210쪽.

도 믿는 자가 드물 것"63)이라고 하여 중국의 전통적 체제인 예에 입각한 유교질서를 더욱 강화해야 한다는 지극히 원론적인 대책을 내놓았다. 호광총독(湖廣總督) 이홍장은 그리스도교를 겉으로는 보호하지만, 실제로는 방비하고 막아야 한다고 했고, 선교사가 사사로이 부동산을 구매하여 교회를 세우지 못하게 해야 한다고 건의했다.64)

1870년 천진교안(天津敎案) 발생 후에 중국번은 교안 방지를 위해 천주교회가 모두 지방관 관할 아래 들어가도록 총리아문이 각국 공사와 협의하여 처리해야 한다고 건의했는데, 이는 천주교회도 중국의 도교나 불교처럼 지방관의 관할 아래 통제하려는 의도로 보인다.65) 양무관료들의 의견들은 실제로 총리아문이 그리스도교에 대한 대책을 세우는 데 그대로 반영되었다.

총리아문은 교안 방지를 위해 양무관료들의 의견을 반영하여 그리스도교에 대한 구체적인 대책을 마련하고자 했다. 1871년 6월에 총리아문은 각국 공사관에 '선교 8조 장정'을 제출했다. 선교장정은 각국 공사와 협의한 것이 아니어서 법적 구속력은 없으나, 선교사의 내지 선교에 따른 중국 내에서의 전반적인 그리스도교 문제에 대해 청조가 어떻게 인식하고 대처하는가에 대해 압축적으로 설명하고 있는 규정이라고 볼 수 있다.

먼저 장정의 전언에 선교 8조 장정을 입안하게 된 목적에 대해 서술하고 있다. 총리아문은 서양 각국과의 조약 체결 후에 상업적인 일은 평화롭고 순조롭지만 문제는 선교에 있다고 하면서, 천주교와 중국 민심이 잘 어울리지 못한 원인이 대부분 선교사와 교회에 있다고 했다. 조약 체결 후에 선교사가 변화하고 교회 구성원이 복잡해져 좋지 않은 일들이 많이 발생했고, 교인과 비교인 사이에 원한이 생기며, 백

---

63) 『籌辦夷務始末(同治朝)』 卷54, 1271쪽.
64) 『籌辦夷務始末(同治朝)』 卷55, 1294쪽.
65) 허원, 2003, 「淸末의 敎案 終熄論」, 서원대학교 인문과학연구소, 『인문과학연구』 12, 148쪽.

성 역시 그리스도교의 교파를 구분 못해서 천주교로 통칭하고, 어느 나라 사람인가를 구분하지 않고 외인(外人)이라 통칭해 모두 원수로 여겨 교안이 발생하고 있기 때문에 이 장정을 입안케 되었다고 했다. 선교 8조 장정을 조항별로 살펴보면 다음과 같다.66)

제1조는 교회의 보육원 운영에 대한 문제이다. 이 조항이 선교장정에서 제일 먼저 나온 것은 보육원에 대한 백성들의 유언비어에서 비롯된 것으로 보인다. 천진교안이 발생하게 된 원인 중의 하나가 바로 천주당 보육원에서 아이의 눈과 심장을 파낸다는 소문이 퍼졌기 때문이었다. 이 같은 유언비어는 교안 발생의 대표적 원인 중의 하나였는데, 그 중 보육원의 유아 사망을 둘러싼 갖가지 소문이 무성했다. 이러한 소문을 불식시키기 위해 청조는 교회의 보육원 운영에 대해 문제제기를 한 것이다. 보육원 운영에 대해 청조가 세운 몇 가지 대책은 다음과 같다.

중국 아이는 그리스도교 신자의 아이인가의 여부를 막론하고 모두 중국 보육원이 양육하되 교회가 보육원 운영을 한다면, 신자의 아이만을 거두어 양육할 것, 교회가 신자의 아이를 위해 보육원을 운영할 경우 반드시 관에 보고해야 할 것과 언제 받아들였고 누가 언제 거두어 갔는지를 명확히 기재하도록 했다. 이는 청조가 보육원 운영을 지방의 신사에게 맡기고, 교회가 운영하는 보육원도 지방관의 관할 아래 통제하려고 한 것이었다. 이는 물론 교회 측에서나 서양 열강에서 받아들이기는 어려운 문제였다.

제2조는 중국 부녀자의 교회 출입을 금지하고, 외국 수녀의 중국 선

---

66) 宣敎 8條 章程은 「總理衙門各國大臣商辦傳敎條款」, 『敎務紀略』(上海書店: 光緒 31年 南洋官報局印本影印, 1986) 卷3下, 章程, 5~12쪽에 대략 정리되어 있으며, 8개 조항의 전문(全文)은 『籌辦夷務始末(同治朝)』 卷82, 1880~1886 쪽 ; 「總理衙門致各國公使書」, 『淸朝續文獻通考』(4) 卷350, 外交14, 杭州: 浙江古籍出版社, 2000, 10935~10939쪽에 있다. 이하 선교 8조 장정에 대한 정리는 위의 두 자료에서 정리했다.

교를 금지하는 문제이다. 그리스도교 개방 이래 중국의 관습과 달리 부녀가 교회에 출입하고, 남녀의 구분이 없으니 백성들이 선교를 경시하고, 음란한 일로 의심을 하게 되었다고 했다. 유교가치관에 입각한 전통사회에서 남녀가 함께 모여 예배를 드리는 행위는 갖가지 유언비어를 낳게 하여 일반 백성들이 그리스도교를 사교로 여겨 탄압하는 원인이 되었기 때문에 청조는 부녀자의 교회 출입을 금지하려는 것이었다. 또한 외국 수녀의 중국 선교에서도 마찬가지 입장이었다.

　제3조는 선교사와 교인은 모두 중국 법률과 풍습을 지켜야 하며, 선교사는 소송에 관여해서는 안 된다는 내용이다. 선교사가 중국에 거주하면, 당연히 중국의 법률과 풍습을 따라야 함을 강조했다. 그러나 선교사가 소송에 관여하면 본국으로 송환한다는 규정이 있는데, 이는 자국의 공민(公民)이 중국에서 누릴 조약상의 권리를 제한하거나 상실하는 것이기 때문에 서양 열강이 절대 받아들이지 않았다. 또한 중국 교인은 차요(差徭) 등 지방 공공사무에 책임을 회피해서는 안 된다고 했다.

　제4조는 교안의 처리 규정에 대한 문제이다. 교안이 발생하면 규정에 따라 처벌하고 따로 배상을 요구해서는 안 되며, 사건의 주모자 이외에 임의대로 무고한 신사를 끌어들여 연루시켜서는 안 된다고 했다. 특히 이 조문은 사천 교안의 예를 들어 신사는 간섭하지 않았음에도 불구하고 선교사는 신사를 주범으로 몰아 배상금으로 은 8만량을 배상하게 한 것을 들고 있다.[67] 지역사회에서 교안이 발생하면, 주모자의 처벌 이외에 막대한 배상금을 교회 측에서 요구했는데, 이 배상금은 모두 지역사회의 몫이었다. 또한 교안은 지역의 신사와 연루되어 있는 경우가 많아 지역사회와 교회 측이 반목할 수밖에 없었다.

---

67) 총리아문이 예를 들었던 사천의 교안은 유양교안(酉陽教案)에 대해서이다. 유양교안에 대해서는 최병욱, 2002 ,「1860년대 重慶·酉陽의 反基督教運動」,『江原史學』17·18 ; 최병욱, 2004,「四川省 川東地域의 敎案과 地域社會」,『江原史學』19·20 참조.

제5조는 프랑스 선교사의 여권 수령에 대한 문제이다. 프랑스 선교
사는 여권 내에 반드시 어느 성, 어느 부(府)를 상세히 기재하고, 해당
지역에 한해 선교해야 하며 몰래 다른 성으로 가서도 안 되고, 여권을
타인에게 양도해서도 안 된다고 했다. 또한 어느 성, 어느 부에 도착하
면 소지한 여권을 지방관에게 제출해 검사를 받아야 하며, 불법적인
사항이 있을 경우 선교사를 추방시킨다고 했다. 그리고 여권에 선교사
이름을 중국 문자로 기재하여 식별하기 쉽도록 하고, 선교사가 귀국·
병고, 직업을 바꾸었을 때는 여권을 반납해 폐기해야 한다고 하였다.
이러한 규정들은 청조가 선교사들의 선교 활동을 지방관의 관할 아래
에 두어 감시하려고 했던 것이지만, 전통적인 체제의 범위에서 벗어나
근대적 조약 체제 아래에서 외국 공민(公民)에 대한 초보적인 규정으
로도 볼 수 있다.

제6조는 그리스도교가 교인을 받아들이는 등의 문제에 대한 것이다.
교인은 함부로 받아들이지 말고, 교인의 이름·직업·입교 날짜는 매월
대장을 만들어 관청에 보고해야한다는 내용이다. 특히 교회는 입교할
때 사람됨을 살피고, 범죄자인지를 구별해서 입교시켜야 하며, 범죄를
저질렀을 경우에는 즉시 출교시켜야 한다고 했다. 이러한 규정은 전통
적 중국 사회에서 도교나 불교를 관리하는 것과 같이 중국의 그리스도
교 신자를 관리하려 했다는 것을 알 수 있다.

물론 평민과 교인에 대해 무조건적으로 구분지우려고 하지는 않았
다. 평민과 교인은 모두 중국의 백성으로 총리아문은 "차별 없이 대한
다는 의도를 보이고, 모두 그들의 입장이 되어 생각하도록"68) 지방관
에게 명령하고 있다. 그렇지만 교인이 선교사의 비호를 믿고 본분을
지키지 않으며, 공사(公私) 사무에 관여하거나 범죄를 저지르고 양민

---

68) 「恭親王奕訢等奏爲請旨再飭各督撫持平辦理敎民事件摺」(同治 1年 3月 6日),
中國第一歷史檔案館·福建師範大學歷史系 合編, 1996, 『淸末敎案』第1冊,
北京: 中華書局, 215쪽.

을 괴롭히면 관대히 대하지 말고 반드시 처벌해야 함을 강조했다.[69]

제7조는 선교사가 마음대로 관인(官印)을 사용해 임의로 조회를 보내서는 안 된다는 내용이다. 서양 선교사는 당연히 중국의 법도를 따라야 하며, 마음대로 관인을 사용해 대소 관청에 조회(照會)를 송부할 수 없다고 했다. 만약 중국의 고위 관료를 만나려 한다면, 중국 사대부가 고위 관료를 만날 때와 같은 방식으로 만나야 한다고 했다. 총리아문은 선교사들이 교안을 빌미로 지방관을 면직하라고 요구하는 것은 관리의 권한을 침해하는 것이며 나아가 국가의 권한을 침해하는 것이라고 했다. 그러나 선교사들을 중국 사대부와 동급으로 규정한 것은 선교사들의 정치적 실체를 인정한 것으로 볼 수 있다. 이는 후에 선교사의 계급을 지방관 서열에 맞춰 구체적으로 규정한 것과 궤를 같이 하는 것이다.[70]

제8조는 교회의 반환 및 선교사의 내지 부동산 매입에 관한 것이다. 총리아문은 선교사가 개인적인 목적으로 교회 반환을 요구해서는 안 되며, 모든 교회의 부동산 조매 시에는 원업주가 해당 관할 지방관에게 보고해야 하며, 풍수에 방해는 없는지를 조사하도록 했다. 또한 지방관이 심사하여 비준하더라도 지역민들의 원망이 없어야 하며, 1865년에 정한 협의에 따라 계약서에 중국 교인 공공의 재산으로 상세히 기록하도록 했다.

특히 제8조를 살펴보면, 베르테미 협정에 없는 규정들이 나오고 있다. 즉, 교회가 부동산을 조매할 때 원업주가 지방관에게 먼저 보고하도록 하는 문제와 지방의 풍수를 따라야 한다는 것, 그리고 지방 백성들의 불만이 없어야 한다는 것 등이다. 이러한 것들은 사실상 북경조약과 베르테미 협정에서 허가한 내지 부동산조매권을 청조에서 될 수

---

69) 「著內閣宣布嗣後各地方官于習教事件務須持平辦理事上諭」(咸豊 11年 11月 2日), 『淸末教案』 第1册, 205쪽.

70) 「慶親王奕劻等奏陳議定地方官與教中往來事宜並繕淸單呈覽摺」(光緖 25年 2月 4日), 『淸末教案』 第2册, 831~832쪽.

있으면 막으려고 한 규정이라 할 수 있다. 부동산을 매각할 때 지방관에게 먼저 보고하는 문제는 이미 프랑스와 베르테미 협정을 체결할 시기에 총리아문이 각성에 비밀문건으로 명령한 것이었고,71) 지방에서계속 시행되고 있었다. 다만, 지방관에게 먼저 보고하도록 하는 문제는 각국 공사에게 건의하는 형식으로 공식화시켰던 것이다. 어쩌면 총리아문은 이를 기회로 삼아 베르테미 협정의 수정을 공식적으로 제기한 것일 수도 있다. 그러나 이 문제는 결국 프랑스의 재요구로 인해 1895년 제라르(A. Gérard) 협정의 결과 지방관에 대한 보고를 하지않아도 되는 것으로 바뀌었다.72)

선교 8조 장정은 형식적으로는 청조에서 입안해 각국 공사에게 통고한 것이다. 그러나 열강의 입장에서는 국가 간에 협의하여 체결한것이 아니기 때문에 굳이 이를 받아들일 필요가 없었다. 이에 따라 선교 8조 장정이 발표된 후 서양 각국 정부는 이 장정에 대해 상대도 하지 않았다. 서양 각국은 선교장정에서 지목한 선교사의 악행도 근거가없고 진실이 아니라고 했으며, 오히려 총리아문이 지나친 편견을 가지고 있다고 비판했다.73)

선교장정은 사실상 천주교의 보호자임을 자처하는 프랑스에 대한대응책이었으나 프랑스가 받아들이지 않았다고 할 수 있다. 선교장정이 1870년에 발생한 천진교안의 영향을 받아 청조에서도 교회 및 선

---

71) 「總署致上海通商大臣函」(同治 4年 正月 28日), 『教務教案檔』第1輯(1), 臺北: 中央研究院近代史研究所, 1974, 54쪽.

72) 제라르 협정이란 1895년 총리아문과 프랑스 공사 제라르 사이에 맺어진 것으로 선교사가 내지에서 부동산을 매입할 때 매각자가 먼저 지방관에게 사전보고 필요가 없음을 명기한 협정이다(『中外舊約章彙編』第1冊, p.612). 그내용의 앞부분은 베르테미 협정과 같고, 뒷부분에 다음과 같은 내용이 있다. "…… 계약한 후에 천주당은 중국 법률이 정한 바에 따라 각 매도 증서와 납세 증명서의 비용을 납부하고, 다과(多寡)에는 차이가 없도록 한다. 매각자는먼저 지방관에게 보고해 허락받고 처리할 필요는 없다." [밑줄 필자]

73) 「總理衙門各國大臣商辦傳教條款」, 『教務紀略』卷3下, 章程, 12~13쪽.

교사, 그리고 교인에 대한 구체적인 규정을 마련할 필요에서 제기되었는데, 비록 이 장정이 열강에 의해 거절되었지만, 그 장정 자체가 무의미했다고는 볼 수 없다. 선교장정에 대한 협상이 비록 무산되었지만, 이 때문에 몇몇 선교사들이 중국 그리스도교를 재인식하는 계기가 되었다.

동문관에서 영어 교사를 지냈던 한 미국 선교사는 "중국인이 외국인에 대한 보호를 어떻게 간주하는가를 막론하고, 중국인은 치외법권을 이미 서양 그리스도교의 구성원이 된 중국인 신자에 적용하는 것에 반대할 권리가 있다. 치외법권으로 교인을 보호하려는 것은 개신교이든 천주교이든가를 막론하고 교회에 대한 일체의 반대로 해석하기에 충분하다. 선교 8조 장정에서 제기한 내용의 정확성에 의심이 들기도 하지만 분명한 사실은 로마 천주교 선교사로 대표되는 그리스도교는 이미 하나의 정치적 실체와 같다는 것이다. 천주교 주교들은 정부 측의 의례를 실행하고 관리의 위엄을 드러내고 있는데, 이것은 청조 관리에 대한 일종의 도발행위이다. 그들이 신앙을 언급하며 관여하는 사법적인 심판의 상세한 것에 대해서는 우리들도 매우 잘 알고 있다"[74]고 하여 중국인이 선교사를 적대시하는 원인이 바로 선교사의 과도한 교인 보호와 사법적 심판에 관여하는 문제임을 지적하였다. 특히 그는 선교사가 사법에 관여하는 것은 중국 관민(官民)의 교인에 대한 불공정한 대우를 개선하는 측면도 있지만, 긴 안목에서 본다면 그리스도교가 중국에 뿌리내리는데 오히려 장애가 된다고 보았다. 사법적인 면에서 교인을 보호하지 않으면, 지방 관리의 불공정한 대우와 고통을 야기할 것이나 교인을 보호하면 많은 위선적인 사람들이 교회로 들어오게 되고 그렇게 되면 갖가지 고발·고소사건이 빈발하게 되어 악순환

---

74) *The Chinese Recorder and Missionary Journal* Vol.4, No. 6(Nov. 1872), pp.263-267(王立新, 1996, 「晚清政府對基督教和傳教士的政策」, 『近代史研究』, 第2期, 232~233쪽 재인용).

이 되풀이 될 것이라고 하였다.

하트(R. Hart) 역시 교인들이 중국의 백성이라는 것을 잊지 말며, 다른 중국의 백성들과 마찬가지로 국가의 법률을 준수하고 법정의 재판에 복종해야 한다고 했다. 또한 그는 중국에서 복음이 신속하게 전파되기를 원한다면 선교사가 자신의 일을 선교에 한정시켜야 하고, 중국 사법에 관여하는 것을 피해야 한다고 충고하였다.[75]

선교장정은 천주교의 내지 선교 확대에 따른 청조의 자기 방어적인 성격이 짙다. 비록 천주교가 서양의 보호를 받고 있기는 하나, 전통적인 통제방식으로 관리하려고 했다. 보육원 운영의 지방관 통제, 부녀자의 교회 출입 금지와 외국 수녀의 중국 선교 금지 그리고 내지에서 선교하는 선교사들에 대한 감시 등 청조 체제 안에서 천주교를 통제하려는 의도가 있었기 때문이다. 한편 그리스도교가 지니고 있는 여러 가지 문제점을 각국 공사에게 제기한 점은 상호간의 협의나 근대적인 조약 체결을 통해 문제를 해결했다고 볼 수 있다. 또한 선교장정은 일부 선교사들이 중국의 서양 그리스도교에 대해 성찰할 수 있는 계기도 마련했으며, 1885년에 교황청이 중국과 외교 관계 수립을 계획할 때, 교황 레오 13세가 큰 관심을 가져 중국에 대한 중요한 참고로 삼기도 했다.[76]

『교무기략(教務紀略)』에 보면, 총리아문이 입안해 각국 공사에게 보냈던 선교 8조 장정 이후부터 1891년까지 교무와 관련된 장정은 거의 보이지 않는다. 그리스도교에 대한 장정은 1890년 이후 장강(長江) 유역에서 가로회(哥老會) 등 비밀결사가 중심이 되어 크게 발생한 교안 이후에 집중적으로 반포되었다. 이제 교안은 서양 교회와 선교사에 대한 단순한 반대운동뿐만 아니라 장강 유역에서 보여준 교안과 같이 가로회 등을 중심으로 한 비밀결사의 조직적인 서양 교회 및 서양 세력

---

75) 王立新, 1996, 233쪽.
76) Louis Wei, 1991(下), p.670.

의 반대운동으로 나타났다. 회당 중심의 이러한 교안은 청조 자체에서 볼 때도 경계해야 할 행동들이었지만, 청조가 회당 세력 자체를 반청 (反淸) 복명(復明)의 반란세력으로 간주했기 때문에 더욱 그러했다.

청조는 이전에 몇 차례 교무처리 규정을 제정해 서양 교회 및 선교 사들의 행위를 통제하는 것으로 그리스도교의 내지 선교 확대와 교안 방지를 위해 노력했으나, 장강 유역에 교안이 폭발하자 그리스도교 정 책에 변화를 꾀할 수밖에 없었다. 그 중 하나로 청조는 교회 내부 현 황 파악을 통해 교회를 통제하려고 했다.[77] 그래야만 민교(民敎) 사이 에서 충돌이 발생할 때 곧바로 일을 처리할 수 있고 미연에 화를 막을 수 있다고 보았다. 또한 장강 유역 교안은 반교회 문건의 광범위한 유 포를 중심으로 확대되었기 때문에 청조는 반그리스도교 선전, 특히 민 중을 자극하는 익명의 게첩을 엄금했다.[78] 이렇게 청조는 내부적으로 교무처리 규정을 제정하며 교안에 대한 대책을 마련했지만, 청일전쟁 의 패배 이후에 확산된 교안으로 인해 보다 구체적인 대책이 필요하게 되었다.

5. 그리스도교에 대한 인식과 정책의 변화, 그리고 한계

1895년 청일전쟁 패배로 인한 시모노세키 조약 체결로 외국의 직접 적 자본 투자가 허용되자 전국 각지에서 반외세 움직임이 전개되었고, 교안도 대규모로 발생하기 시작했다. 이에 따라 각성의 관리들도 그리 스도교 정책에 대해 적극적으로 상주를 올렸다. 그중 자신의 생각과 주장을 구체적으로 정리한 어사(御史) 진기장(陳其璋)의 상주문과 이 상주문을 의논하고 반박한 총리아문의 상주문을 비교해 봄으로써 당

---

77) 「淸查敎堂式樣處數造册咨部」, 『敎務紀略』 卷3下 章程, 14쪽.
78) 「查禁匿名揭帖」, 『敎務紀略』 卷3下, 章程, 14~15쪽.

시 청조의 그리스도교 인식과 정책에 대해 살펴보겠다. 1896년 3월에 진기장은 교안을 처리하는데 전문적인 장정이 없어 서양 각국의 의도대로 이루어진다며 10개 조항을 입안하여 상주했다. 이하 진기장이 입안한 10개 조항을 간단히 정리하면 다음과 같다.

① 교무는 총선교사에게 책임을 지게 한다. 각국 공사에게 청해 선교사 중에서 총선교사를 선출하여 모든 교무를 처리하도록 한다.

② 선교사의 내지 부동산 매입은 동치(同治) 4년에 정한 장정에 의해 먼저 지방관에게 보고하고, 민정을 살펴봐야한다. 민간의 공공재산을 사사로이 팔아서는 안 된다.

③ 교회 및 부속 건물의 개수와 양식은 지방관이 조사하여 대장을 만들어 총리아문에 보고해야 한다.

④ 교인의 인원수와 교회 고용 노동자의 수와 이름은 명부를 만들어 보고해야 한다.

⑤ 입교한 중국인은 대개 중국의 불량분자이므로 교인이 범법을 저지르면 교인 명부에서 제명해야 한다.

⑥ 교인의 소송사건에 대해 선교사는 개입하지 말아야 하며, 교인 명부에 따라 지방관이 교인을 소환하여 처리해야 한다.

⑦ 성인의 고향인 곡부(曲阜) 지방을 몽골과 티베트 등의 곳처럼 금지(禁地)의 곳으로 넣어 선교하지 말도록 해야 한다.

⑧ 우민(愚民)이 무지하여 종종 유언비어를 퍼뜨리고 의심을 하니, 교회가 민간 아동을 양육하게 해서는 안 된다.

⑨ 선교사가 입경할 때에는 먼저 여권을 제출해 조사해야 한다. 서양인이 중국에 온 후에는 즉시 지방 관아로 가서 여권을 제출해 검사를 받고 선교를 허락받는다. 내지에 들어가 선교를 하는 것 또한 중국 지방관의 허가증을 수령해야만 여행이 허락된다. 허가증이 없는 자가 사사로이 여행할 시에는 지방관이 보호를 할 수 없고, 또한 체류할 수 없다.

⑩ 선교사의 입경은 지방관이 관할해야 한다. 공법을 조사해 보면, 이곳에서 태어난 사람이나 외부에서 온 자를 막론하고 모두 지방의 법률에 의해 관할된다.79)

---

79) 「御史陳其璋奏陳辦理敎案十條章程摺」(光緖22年 2月 11日), 『淸末敎案』 第

진기장의 상주에 대해 총리아문은 이미 진기장의 상주문과 비슷한 내용의 장정을 천진교안 후에 입안하였고, 이것을 각국 공사와 협의하려했지만, 조약에 없다는 이유로 열강의 허락을 받을 수 없었다고 했다. 진기장의 상주는 분명히 1871년에 총리아문이 각국 공사와 협의하려 했던 선교 8조 장정을 다시 한 번 강조하려 했던 것임에 틀림없다. 이것은 20여 년 전의 총리아문의 의견이자 양무 관료들의 보편적인 생각이었고, 당시 지방 관리들의 일반적인 주장을 대변한다고 볼 수 있다. 그러나 1870년 이래 그리스도교와 관련된 다양한 외교적인 문제를 처리해 온 총리아문은 이전의 방식대로 서양 각국과 그리스도교 문제에 대해 논의할 수 없음을 토로하였다. 따라서 진기장이 입안한 10개 조항을 그대로 받아들이기에는 어려운 점이 있다고 하면서 조항별로 반박했다.[80]

진기장의 의견에 대해 총리아문은 총선교사를 설립하는 것은 실행할 수 없으며, 또 실행될 수도 없다고 했다. 왜냐하면 서양에서는 총선교사라는 말이 없으며, 로마 교황은 조약을 맺은 국가에만 사절을 파견하여 천주교인을 관할하는데, 현재 교황의 세력이 약하기 때문에 이탈리아나 프랑스 등 여러 나라가 교황 권력을 제한하고 있어 교황은 단지 허울뿐이라고 했다. 총리아문은 교황청과의 외교 관계 수립이 장단점이 있다고 하면서, 교황이 사신을 파견하면 프랑스나 독일 등 각국이 선교 보호권을 구실로 간섭하는 것을 막을 수 있지만 교인은 모두 천주교적(天主敎籍)에 소속되어 중국 지방관은 관여할 수 없다고 했다. 또한 총리아문은 교황청과의 외교 관계가 아직 수립되지 않았을 뿐더러 서양의 개신교와 천주교가 각자 다르기 때문에 만약 총선교사가 설치되면 두 종교를 무리하게 같이 할 수도 없으며, 교안 발생 시

---

80) 「恭親王奕訢等奏覆御史陳其璋所奏敎案章程應毋庸議摺」(光緒22年 3月 28日), 『淸末敎案』第2册, 639~643쪽. 이하 총리아문의 上奏文의 내용에 대해서는 『淸末敎案』第2册, 639~643쪽의 자료에서 정리했다.

총선교사가 중재하기 어렵고 시비 거리만 증가해 무익하다고 하였다.

이로 보아 총리아문은 이미 1885년에 교황청과 외교 관계 수립을 시도하려고 했었기 때문에 당시 교황청의 정치적 상황을 지방관리보다 제대로 인지할 수 있었던 것으로 보인다. 그러나 총리아문은 교황 공사가 파견되어 청조와 교황청간의 외교 관계가 수립되면 중국의 교인이 교황청의 백성으로 될 것을 우려했던 것 같다. 그리고 점차 이러한 문제 때문에 교황청과의 외교 관계 문제를 소홀히 했던 것으로 보인다. 이 문제는 20세기 초에도 반복적으로 대두되면서 교황청과의 외교 관계 수립의 걸림돌이 되었다.81)

총리아문은 선교사의 부동산 매입 시에 매각자의 사전 보고에 대해서 이전과 달리 지금은 이미 프랑스 공사와 협정을 맺었기 때문에 무효화되어 실행하기도 어려운 상황이며, 또한 국가 금지(禁地)나 민간 공공재산을 서양 교회가 매입하지 못하도록 하는 일에 대해서도 프랑스 공사와 여러 가지로 교섭하고 있는 중이라고 했다.

이는 당시 청조의 현실적인 인식이라고 할 수 있다. 진기장의 상주를 보면, 지방관은 아직도 1865년 총리아문이 각성에 비밀리에 자문한 부동산 매입 시에 지방관에게 먼저 보고하게 하는 규정을 들고 있는데, 이미 그것은 한 해 전인 1895년에 제라르 협정으로 폐기되었으며, 국가 금지나 민간 공공재산에 대한 서양 교회의 매입 불허에 대해서 제라르 협정 체결 이후에 총리아문이 줄곧 프랑스 공사에게 조회를

---

81) 1906년 절강(浙江) 영소태도(寧紹台道) 도원(道員) 세증(世增)이 광서제에게 상주하여 사절을 로마에 파견해 교황과 직접적인 관계를 맺기를 건의 하면서, 서양 각국이 교황청과 직접적인 외교 관계를 맺고 있지만, 그 백성들은 여전히 본국에 소속되어 있으며 교적에 예속되어 있지 않으니 교황과 직접적인 외교 관계를 맺어도 문제될 것이 없다고 했다(「浙江巡撫張曾敭奏道員世增條陳整頓敎務繕具淸單據情代奏摺」(光緒 32年 4月 26日), 『淸末敎案』第3册, 872쪽). 이는 청조가 교황청과 외교 관계를 맺으면 중국 천주교인이 교황청 소속이 될 것을 우려했던 것에 대한 설명으로 보인다.

했지만,82) 받아들여지지 않았던 상태였다. 프랑스 공사는 국가 금지와 민간 공공재산의 문제 역시 조약에 따라서 하면 될 것이라며 반대 입장을 표명했던 것이다.83) 진기장이 얘기한 장정은 베르테미 협정이지만, 그가 실질적으로 말하고자 하는 것은 매각자의 사전신고제이다. 이것은 애당초 베르테미 협정에도 없던 내용이며, 비밀문건으로 만들어 내부적으로 실행하고자 했던 규정이었다.

교회 및 부속 건물의 개수와 양식은 지방관이 조사하여 대장을 만들어 총리아문에 보고해야 한다는 것에 대해 총리아문은 이미 1891년에 교회의 관리와 교안의 사전 대책을 마련하기 위해 각성에 자문했던 내용이고, 각성에서 제대로 보고가 되지 않자 계속해서 요구했던 상황이라고 했다. 또한 교인의 인원수와 교회 고용 노동자의 수와 이름은 명부를 만들어 보고해야 한다는 것에 대해서 총리아문은 공연히 분란만 일으키는 얘기라고 주장했다. 교인의 수가 많아 명부를 만들기도 쉽지 않고, 만약 부(府)·주(州)·현(縣) 모두 명부를 만들라고 하면 공연히 분란만 일으키고, 민교 관계가 더욱 복잡해진다고 했다. 범죄를 저지른 교인을 교인 명부에서 제명하는 문제에 대해서도 총리아문은 실질적인 효용이 없을 것이라고 했다. 만약 죄상이 뚜렷하면, 총리아문이 각국 공사와 상대하겠지만, 그것을 따를지에 대해서는 파악하기가 어렵다고 했다.

교회와 교인의 대장 작성은 교회의 내부 상황을 파악하기 위한 방법으로 일종의 교적(敎籍)과 같은 것을 만들어 지방과 중앙에서 교회

---

82) 「總署給法國公使施阿蘭照會」(光緖 21年8月9日), 『敎務敎案檔』 第5輯(1), 臺北: 中央硏究院近代史硏究所, 1977, 246~247쪽 ; 「總署給法國公使施阿蘭照會」(光緖21年8月28日) ; 「總署給法國公使施阿蘭照會」(光緖21年10月8日) ; 「總署給法國公使施阿蘭照會」(光緖 21年11月11日), 『敎務敎案檔』 第5輯(1), 250~251·257~258·263~265쪽 ; 「總署給法國公使施阿蘭照會」(光緖21年12月5日), 『敎務敎案檔』 第5輯(1), 266~267쪽.
83) 「總署收法國公使施阿蘭照會」(光緖21年8月19日), 『敎務敎案檔』 第5輯(1), 248~249쪽.

를 관리하고자 했던 것으로 보인다. 이는 그리스도교를 불교·도교 등
다른 종교처럼 지방 행정체제인 보갑제에 묶어 두려고 한 것임을 알
수 있다. 교회와 교인의 대장 작성은 그리스도교를 가장 효율적으로
통제할 수 있는 방법이라고 할 수 있다. 이 방법은 이미 1871년에 총
리아문이 선교 8조 장정을 통해 입안했던 것이며, 의화단(義和團) 사
건 이후에도 지방관들이 꾸준히 요구했던 내용이다.84)

사실 총리아문도 서양 열강과의 마찰을 피하기 위해 교인에 대한
명부 작성에 난색을 표시했지만, 교회 및 부속 건물의 개수와 양식에
대해서는 1891년에 각성에 자문을 보낼 때에 이러한 조사가 각국에
조회를 보낼 필요 없이 '중국 자체의 일'이라고 강조하고 조사 범위도
거주지만 조사하고 교회의 종규(宗規)는 조사하지 말도록 하는 등 최
소한의 필요한 조사에 국한시키기도 했다.85)

그러나 총리아문은 교인에 대한 인식에 대해서는 진기장과 비슷한
생각을 갖고 있었는데, 교인이 기꺼이 원하여 입교를 하고 있지만, 이
들 모두는 본분을 지키지 않는 사람들이라고 했다. 또한 교인들은 사
람을 기만하고 선교사를 비호로 삼고 있다고 했다. 교인에 대한 법률
적인 처벌에 대해서는 중국 법률에 따라 처리하면 조약에 어긋나지 않
으니, 달리 논의할 필요가 없다고 했다.

선교의 금지(禁地) 지역을 천명하는 문제에 대해서 총리아문은 몽골
과 티베트 이외에 곡부에 대해서도 조약에는 모두 선교 금지의 말이
없기 때문에 금지 지역을 천명할 수 없다고 했다. 청조는 중국 정복
이후 만주와 몽골지역 등 변강 지역에 대한 엄격한 봉금정책을 실시해
왔다. 이러한 정책은 본래 변강지역의 한화(漢化)를 막고자 했던 것인
데, 18세기 이후에는 제대로 지켜지지 않았다. 기존의 이러한 봉금정

---

84) 「山西巡撫岑春煊爲請將教案善後章程第十一條內容照知各使事咨外務部文」
　　(光緒28年2月19日), 『淸末敎案』 第3冊, 229~236쪽.
85) 「淸査敎堂式樣處數造册咨部」, 『敎務紀略』 卷3下 章程, 14쪽.

책을 진기장은 변강지역에 대해 그리스도교가 유입 되는 것을 막고자 했고, 유교의 마지막 보루였던 곳인 곡부 지역에도 금지로 선포할 것을 건의했던 것으로 보인다. 이에 총리아문은 진기장이 몽골과 티베트를 금지라고 주장하지만 몽골 각 지방에는 모두 교회가 있고, 서양인이 많이 왕래하고 있으며, 티베트 지역 역시 현재 통상을 허락하여 금지가 아니니 이러한 것을 곡부에 적용할 수 없다고 했다.

교회가 보육원 운영을 하지 못하게 하는 문제에 대해서도 총리아문은 금지할 필요가 없다고 했다. 광서 연간에 장지동(張之洞)이 주청하여 달마다 관리를 교회에 파견해 조사하도록 했지만 각국 공사가 모두 불편하다고 생각해 아직 허락하지 않고 있는 상태라고 했다. 원래 총리아문이 입안한 선교 8조 장정을 살펴보면, 교회의 보육원 운영이 교안 문제에서 가장 심각한 것이었다. 보육원 운영에 따른 불미스러운 유언비어는 1890년대에 들어서도 교안 발생의 가장 근본적인 원인이 되었기 때문에 진기장은 민간 아동의 양육을 반대했던 것이다.

선교사의 여권을 조사하고 허가증을 발급하는 문제에 대해서 총리아문은 선교사가 중국에 와서 선교하는데 반드시 그 나라의 여권을 조사한 후에 입경을 허락하는 것이 조약에는 없기 때문에 조사할 방법이 없다고 했다. 지방에서 선교할 때 청조의 허가증을 수령해야만 허가하는 것은 이미 강희제 시기 의례논쟁이 진행되는 과정에서부터 실행되고 있었다. 강희제가 내린 칙령은 의례논쟁 속에서 청조가 인정한 선교사들만 중국 거주를 허가하고, 그렇지 못한 선교사는 출경시키는 과정에서 나온 것이지만, 결국 선교사를 지방관의 통제 하에 두고자 한 것이었다.

외국 선교사를 지방의 법률에 따라 관할하는 문제에 대해 진기장이 공법을 말하고 있지만 총리아문은 중국에는 적용하지 못한다고 했다. 중국과 서양이 종교가 다르고, 중국이 각국과 조약을 체결했는데, 선교사를 지방에서 관할하는 조항은 없다고 했다. 중외 교섭은 조약을 근거로 하는데, 조약에 있는 것이 증거로써 힘을 발휘하고, 조약에 없는 것은 강변하기가 곤란하다고 했다. 또한 총리아문은 논의할 것이 조약의 범위 밖에 있다면 새로운 규칙을 의논하여 반드시 조약 개정의 해를 기다려 각국과 다시 분명히 정하면 될 것이라고 했다. 당시 외교 관계에서 서양의 강권(强權)이 우선했다지만 적어도 총리아문의 해석은 천조(天朝)의 관념에서 근대 국가의 관념으로 진행되고 있다는 것을 실질적으로 보여주고 있다.

진기장이 말한 공법은 『만국공법』을 말하는 것이다. 『만국공법』은 미국 북장로회 선교사 마틴(W.A.P. Martin)이 휘튼(Henry Wheaton)의 『국제법 원리 *Elements of International Law*』를 번역한 것이다. 『만국공법』의 번역본이 완성되었을 무렵인 1864년에 마침 프로이센이 중국 영해에서 덴마크 상선을 탈취한 사건으로 충돌이 발생했는데, 총리아문은 『만국공법』의 조항에 따라 사건을 해결하여 효과를 보았다.[86] 이에 총리아문이 『만국공법』을 비준하여 1864년 북경 숭실관(崇實館)에서 300부를 간행하여 각성 도독에게 예비용으로 나누어 주었다. 『만국공법』에 보면 본국의 백성이나 외국의 백성을 막론하고 강역 내의 사람을 관할할 권리가 있음을 밝히고 있다.[87] 진기장은 바로 이러한 공법을 예로 들면서 선교사의 지방관 통제를 주장하고 있는 것이다.

진기장의 상주문을 살펴보면, 20년 전에 총리아문이 각국 공사에게 보냈던 선교 8조 장정과 유사한 대책이라고 할 수 있다. 또한 진기장의 상주로 보아 청조의 지방 관리들이 19세기 말에 이르러서도 그리스도교에 대해 잘 이해하지 못하고 있음을 알 수 있다. 진기장이 총선

---

86) Yen-p'ing Hao, Erh-min Wang, "Changing Chinese views of Western relation, 1840-95," in John K. Fairbank, ed. *The Cambridge History of China*. Vol.11, Cambrige: Cambrige Univ. Press, 1980, p.196.

87) 惠頓(Henry Wheaton) 著, 丁韙良(W.A.P. Martin) 譯, 2002, 『萬國公法』, 上海書店出版社, 44쪽.

교사를 제기한 것으로 보아, 그는 그리스도교에 대한 기본적인 지식조차 결핍되어 있었다. 물론 그도 그리스도교가 2개의 교파로 나뉘어 있다는 것은 알았지만 천주교만이 전 세계 교회를 통일하여 관할하고 각국에 교황 대표를 파견하는데, 이에 대해서는 제대로 인지하지 못하고 있었다. 이와 달리 총리아문은 지방의 관리보다 교황청에 대한 정치적 상황을 어느 정도 파악하고 있었다. 그것은 이미 교황청과의 외교 관계 수립 협의과정에서 나온 경험이기도 했다. 하지만 총리아문은 외교 관계 수립을 하면 중국 교인이 교황청 소속이 될 것이라고 하는 부분은 일찍이 옹정제가 선교사들과 나눈 대화 속에서 우려했던 부분과 같은 맥락이라고 볼 수 있다. 이를 보면 선왕들이 남긴 유훈이 19세기 말까지도 청조의 그리스도교 정책에 그대로 투영되고 있음을 알 수 있다. 그리스도교를 믿는 사람은 중국 백성이 아니고, 그리스도교 신자가 많아지면 중국 백성은 적어진다는 생각은 청나라 말까지 청조에 영향을 미쳤던 것이다.

여기서 짚고 넘어가야 할 중요한 문제가 있다. 이미 아편전쟁 이후 수십 년이 지났지만, 지방관리 심지어 총리아문조차 금교 시기의 인식을 여전히 고수하고 있다는 것이다. 일부 교인이 아니라 입교한 중국 백성을 대개 중국의 불량분자로 보았고, 본분을 지키지 않는 부류들로만 보았던 것이다. 이러한 인식은 총리아문도 그리스도교가 여전히 체제를 위협하는 이단종교라는 생각에서 자유롭지 못했다는 것을 증명한다.

청조는 북경 천도 이전부터 이미 유교를 정학으로 받아들였으며 유교 가치관을 선양하였다. 특히 소수의 만주족이 지배한 청조는 더욱더 사회의 위계질서와 화합을 중시하는 유교윤리를 농촌과 도시의 민간에 주입시켜 사회질서를 유지하고, 사상을 통제하여 황권을 보호하려 했다. 건륭 이래 발생했던 회교도·백련교도 등의 종교적 반란은 반청의 기치를 지니고 있어 청조 입장에서는 종교에 대해서 강한 거부감을 가지고 있었으며, 그리스도교의 영향을 받은 태평천국운동은 청조의 명운을 좌지우지했을 정도였다. 따라서 그리스도교는 청조 체제를 위협하는 이단종교라는 생각에서 자유롭지 못했던 것이다.

이처럼 진기장과 총리아문의 상주를 살펴보면, 실제로 선교사 및 교인에 대해서 장정을 정한다고 해도 열강과의 조약 개정이 선행되지 않는다면 그리스도교 대책은 단순히 내부 규정으로 머물 수밖에 없었다. 따라서 1896년 이후에는 장정이 주로 교안의 사후 대책 및 선교사와 교인의 보호, 교안을 일으키는 범죄자의 처벌 및 지방관의 처벌 규정 쪽으로 나아가게 되는 것을 볼 수 있다.[88]

그럼에도 불구하고 진기장과 총리아문의 이와 같은 논의가 단순히 무의미하게 끝난 것은 아니었다. 논의과정 속에 만들어졌던 내부 규정들은 의화단 사건 이후 국제환경의 변화 속에서 서양 각국과의 조약 개정의 과정에서 합의점을 찾기 시작했다. 의화단 사건 이후 열강은 중국인의 맹목적인 적대적 정서를 감소시키기 위해서도 교회와 선교사에 대한 어느 정도의 선교 활동 제한이 필요했다. 서양 각국과 신축조약(辛丑條約)을 체결한 후에 청조는 해관세칙 등 몇몇 구체적인 통상 사무에 대해 영국, 미국 등의 국가와 일련의 외교 담판을 진행하였다. 이러한 결과로 1902년에서 1906년까지 새로운 통상조약이 잇따라 체결되었다. 청조와 서양 각국과의 통상조약 개정 활동 중, 영국과 미국과의 통상 조약이 먼저 체결되었고, 가장 대표성이 있다고 할 수 있다. 왜냐하면 기타 통상조약은 모두 영국과 미국의 통상조약을 모델로 했으며, 정식으로 비준되지 않았거나 체결되지도 못했기 때문이다.

청조가 1902년 9월 영국과 맺은 통상조약 제13조는 그리스도교와

---

88) 「嚴定敎案處分章程」, 『敎務紀略』 卷3下 章程, 20~22쪽 ; 「賠款請定章程」, 『敎務紀略』 卷3下 章程, 22~23쪽 ; 「民敎不能相安亟宜設法消弭」, 『敎務紀略』 卷3下, 章程, 23~24쪽 ; 「傳敎洋人遵約章請申明條約」, 『敎務紀略』 卷3下, 章程, 25~27쪽 ; 「設立保甲認眞保護敎堂并定紳董處分」, 『敎務紀略』 卷3下, 章程, 29~30쪽.

관련된 내용이지만, 구체적인 교회 사무에 대한 얘기는 없다. 다만, 이 조항의 핵심은 영국이 이후 관리를 파견하여 중국과 함께 교안에 대해 조사하고 협의하는 것에 동의하는 것이다.[89] 교안에 대해 일방적으로 영국이 조사했던 예전의 방식과는 달리 많이 개선된 면이 있었음에도 불구하고 청조가 일관되게 주장했던 그리스도교 대책은 사실 거의 반영되지 못했다. 영국과의 통상조약 협상담판 담당자였던 성선회(盛宣懷)는 영국 공사와 조약에 대한 담판을 하는 과정에 청조의 입장이 조약에 반영될 수 있기를 희망했다. 그리스도교 선교와 관련되어 그가 제기한 내용은 선교사와 교인의 보호, 내지 선교에 대한 허가증 발급, 그리스도교 신자가 중국 법률을 지킬 것, 지방관의 통치에 대한 선교사의 관여 금지, 부동산 계약 시에 '본처 교회 공공재산'을 명기할 것, 교회 건물의 지방 양식화와 지역 신사와의 상의, 지방관의 교회 조사 허가 등이었다.[90]

성선회가 영국과의 조약에 넣으려 했던 이 내용은 이전부터 청조가 주장해 왔던 그리스도교 정책의 많은 부분이 포함되어 있다. 사실 성선회가 이 조약의 담판을 주도했지만, 조약 담판이 지지부진하자 장지동이 상해에서 최후에 영국 공사와 합의를 시도하였다. 장지동 역시 원래 통상조약의 개정 과정에서 그리스도교에 대한 관리를 확실히 하고자 했다. 그는 이미 1901년에 '선교사·교인 단속 10조'를 외무부 및 영국, 독일, 프랑스, 미국, 일본 주재 각 공사에게 보내어 각국과 상의할 것을 제기했다. 그 전체적 내용은 서양 선교사의 지방관에 대한 공적 방문과 교인 소송에 대한 간섭 금지, 교인의 사람됨을 보고 입교의 허락을 결정할 것, 교인과 평민의 구별 금지, 교인의 납세 의무 및 수신새회(酬神賽會) 행사의 세금 면제 허가, 중국인 선교사의 관청 방문 금지, 선교사의 범죄자 은닉 금지, 교회의 지방관 조사 허가 등이

---

89) 『中外舊約章彙編』 第2冊, 109쪽.
90) 『淸季外交史料(光緒朝)』 第5冊, 卷152, 臺北: 文海出版社, 1963, 180쪽.

었다.91)

성선회와 장지동이 제기한 것은 불평등조약에서의 외국인 선교사의 치외법권의 폐해와 교인과 교회에 대한 중국의 조사권 등에 대한 국가 주권 문제와 관련된 규정도 많이 내포되어 있다. 그러나 이러한 내용들이 영국과 체결한 조약에는 들어가지 않았지만, 1903년 미국과 체결한 통상조약 제14조에는 상당부분 반영되고 있다.92) 프랑스는 청조와 통상조약을 맺지는 못했지만, 1902년에 광주 주재 프랑스·미국 영사와 양광총독이 협상하여 전문적인 그리스도교 관련 장정인 '광동교무장정'을 체결했다. 그 내용은 교안 이외의 어떠한 사건도 선교사는 관여하지 못하도록 했고, 크고 작은 쟁론이 발생했을 때에는 지방의 신사에게 상의하도록 했다. 또한 해당 관할 선교사에게 소속 선교사와 교인 단속을 강화하도록 했다.93) 청조는 1870년 이후부터 서양 국가와 전문적인 교무장정을 체결하기 위해 노력했지만, 서양 각국의 반대로 시종 성공하지 못했다. 하지만 광동교무장정은 첫 번째로 성공한 사례라고 볼 수 있다. 이렇게 열강과 유리한 선교 관련 협상의 체결 분위기 속에서 청조 관원들의 교무와 관련된 논의에는 그들이 지니고 있던 중국적 세계질서에서 벗어나 국제 공법에서 중국의 주권을 논의하고, 그리스도교 선교 문제를 '강권'인 근대 조약에서 배제시키려는 노력들이 보인다.

따라서 위와 같은 변화과정을 본다면, 청조가 전혀 변화되지 않는 그리스도교 정책을 실시했다고 보기에는 무리가 있다. 오히려 청조의 그리스도교 정책 역시 국제질서 인식의 발전 속에서 부단한 변화를 보여주었다는 것을 설명해 주고 있다. 하지만 청조는 의화단 사건 이후 조약 개정의 시기에도 시종 그리스도교를 왕조 체제 안에서 단속해야

---

91) 『淸季外交史料(光緖朝)』(5), 卷152, 183쪽.
92) 『中外舊約章彙編』 第2册, 187~188쪽.
93) 『中外舊約章彙編』 第2册, 147~148쪽.

할 종교로 여겼으며, 전통적 체제 하에서 그리스도교 문제를 해결하려
했던 한계를 극복하지 못했다.

제 2 편

중국 천주교 토착화를 위한
대화와 소통

제1장 충돌과 화합의 관점에서 본
마상백의 중국 천주교 토착화

1. 백세 정치가·종교인·교육가, 마상백

중일전쟁이 한창인 1938년 10월, 광서(廣西) 계림(桂林)에 피신해 있던 마상백(馬相伯)은 전쟁을 피해 베트남 랑썬(Lang Son, 諒山)으로 들어갔다. 그가 다음 해인 1939년 11월에 100세의 나이로 타국의 땅에서 사망하기 전까지 했던 말이 있다. "나는 한 마리 개다. 1백년을 짖었지만 중국을 각성시키지 못했다."[1) 아편전쟁이 발발했던 1840년에 태어나 중국의 근현대사를 목도했던 마상백의 이 말에서 중국의 운명과 시대에 대한 실망이 배어있음을 확인할 수 있다. 또한 한 때는 예수회 신부로서, 환속하여 정치가로서, 말년에는 경건한 천주교 신자로서 종교를 통해 세상을 개혁하려 했지만 순탄치 않았던 정치적 상황이 내재되어 있는 말이기도 하겠다.

한국에는 일반적으로 잘 알려지지 않았지만, 중국 천주교회사 및 근현대 역사에서 마상백은 매우 중요한 인물이다. 17세기 중국 교회사를 연구할 때 서광계(徐光啓)의 역할을 무시할 수 없는 것처럼 19~20세기의 중국 교회사 연구에서 마상백을 언급하지 않을 수 없다. 그는 근현대 중국 사회에서 유명한 교육가이자 종교인이며 정치가였다. 진단

---

1) 張若谷 編著, 1939, 『馬相伯先生年譜』, 北京: 商務印書館, 234쪽.

학원(震旦學院), 복단대학(復旦大學)의 설립자이기도 하며, 천주교 대학 보인대학(輔仁大學)의 설립에도 관여하였다. 채원배(蔡元培), 우우임(于右任), 소력자(邵力子), 마군무(馬君武) 등 중국 현대사의 중요 인물들이 모두 그의 제자이다.

마상백은 영국의 원정군이 남중국해로 들어오고 있던 1840년 4월에 태어나 중일전쟁 기간인 1939년 11월까지 1세기를 살았던 사람으로서 그의 일생은 중국 근현대사와 함께 했다고 할 수 있다. 그는 명말(明末) 이래 전통적인 천주교 집안에서 태어나 유가 교육과 함께 상해의 예수회 학교에서 서양 교육을 받았다. 청년시절 예수회 신부가 되었지만, 교회 내부와의 갈등 문제로 속세로 돌아와 양무운동에 참여하였다. 이홍장(李鴻章)을 대표하여 일본, 조선, 미국과 유럽에 파견되었으며, 무술변법 이후 일본에서 입헌단체 정문사(政聞社)를 주관하기도 했다. 신해혁명에도 참여했고, 민국(民國) 초기에는 북경정부에서 정치고문을 맡기도 했다. 말년에 정계를 떠나 교회로 다시 돌아오면서 이전부터 꿈꿔왔던 중국 현대 교육개혁에 앞장섰다.

마상백과 관련된 연구는 크게 세 가지로 정리해 볼 수 있다.

첫째, 마상백의 정치사상과 실천 활동에 대한 연구이다.2) 마상백은 정치가로서 양무운동에 참여하였고, 후에는 입헌파로 활동했으며, 신해혁명 시기에는 대리강소도독(代理江蘇都督)이었다. 민국 초에는 원세개(袁世凱) 총통부 고등정치고문을 맡았으며, 이후 항일투쟁에도 민주인사들과 함께 온 몸을 던졌기에 정치활동과 사상에 대한 연구들이 있다.

둘째, 마상백의 교육 사상과 실천 활동에 대한 연구이다.3) 마상백은

---

2) 婁獻閣, 1993 「馬相伯與抗日救亡運動」, 『抗日戰爭研究』, 第2期 ; 權赫秀, 2003, 「馬相伯在朝鮮的顧問活動(1882年11月-1884年4月)」, 『近代史研究』, 第3期 ; 張繼才, 2009, 「清末至北洋政府統治時期馬相伯對國家結構的思考」, 『湖北社會科學』, 第10期 ; 薛玉琴, 2012, 「民國初年有關制憲問題的爭論-以馬相伯的經歷爲視覺的考察」, 『復旦學報』, 第2期 등.

중국 근현대 유명한 교육가이다. 그는 상해의 예수회 학교인 서회공학
(徐匯公學) 교장을 담임했고, 이후 가산을 털어 진단학원, 복단공학(후
의 복단대학)을 건립하였다. 후에 천주교 대학인 보인대학 설립에 앞
장섰다. 그는 중국 현대 교육의 기반을 마련한 인물로 근현대 교육사
에서 차지하는 위치는 매우 크다. 따라서 마상백 연구에서 그의 교육
사상 및 실천 활동에 대해서는 연구자들이 가장 많이 다룬 영역이라고
할 수 있다.

셋째, 마상백의 종교 사상 및 문화 활동에 대한 연구이다.4) 마상백
의 사상 및 활동의 과정에서 그의 종교적 주장은 매우 중요한 위치를
차지하고 있다. 초기 마상백 연구가 교회 내부 인사의 연구에서 시작
되었다면, 이후에는 역사학자들이 마상백의 종교 사상 및 문화 활동을
연구대상으로 삼기 시작했다.

마상백에 대한 연구는 이처럼 다양한 방면에서 진행되었지만, 많은
연구가 마상백의 언론 및 담화 등의 자료에서 출발하여 정치, 종교, 교
육 등 관련된 분야별로 분류하고 분석하여 결과를 도출해 내는 방법으
로 대부분 비슷비슷하다. 마상백은 역사가 깊은 천주교 집안에서 태어
나 천주교 교육을 받고 자랐지만, 또한 전통 유학 교육을 받았던 사람

---

3) 宋維紅, 1992,「馬相伯敎育思想述評」,『蘇州大學學報』, 第3期 ; 黃書光, 2003,
  「論馬相伯在中國近代高等敎育思想的地位」,『高等敎育硏究』, 第6期 ; 黃書光,
  2004,「馬相伯中西匯合的文化敎育觀」,『華東師範大學學報』, 第1期 ; 劉正偉·
  薛玉琴, 2006,「敎育救國: 科學與人文幷重-馬相伯大學理念與實踐考察」,『高
  等敎育硏究』, 第7期 ; 陳才俊, 2010,「文化會通與中國敎育現代化的嘗試 -
  以馬相伯敎育哲學理念爲中心」,『暨南學報』, 第6期 ; 蔣純焦·杜保源, 2012,
  「馬相伯大學敎育思想探析」,『大學敎育科學』, 第4期 등.
4) 黃書光, 2004,「馬相伯宗敎價値觀與天主敎中國化探索」,『學術界』, 第1期 ;
  孫邦華, 2004,「試論北京輔仁大學的創建」,『世界宗敎硏究』, 第4期 ; 劉義,
  2005,「基督徒與民初憲法上的信敎自由」,『東岳論從』, 第1期 ; 謝麗莎, 2010,
  「馬相伯宗敎觀述評」,『華夏文化』, 第4期 ; 金燕, 2012,「馬相伯與基督敎會」,
  『檔案與建設』, 第2期 ; 李天綱, 1995,「馬相伯晩年宗敎生活與思想」,『史林』,
  第3期 등.

이다. 아편전쟁 이후의 근대 중국 사회라는 시대 흐름 속에서 그가 유
전인자로 지녔던 유가와 그리스도교의 두 문화에 대한 내적 선택 및
그가 교회와 세속 세계와의 모순된 심리상태를 경험한 심적 노정을 밝
힌 연구를 찾기는 어렵다. 이러한 모습을 함께 살펴보아야만 근대 중
국 사회에서의 진실한 마상백의 모습을 볼 수 있을 것이다. 이 글에서
는 예수회 신부로서의 마상백과 민족주의자로서의 마상백의 심리적
'충돌'의 과정을 살펴보고, 그러한 충돌의 과정을 거친 후에 동서 문화
의 '화합'의 모습인 중국 천주교 토착화에 대해 서술하도록 하겠다.

2. 예수회 신부와 민족주의자로서의 '충돌'

마상백은 1840년 강소성(江蘇省) 단도(丹徒)에서 태어났다. 원적은
단양(丹陽) 마가촌(馬家村)이다. 단양 마가촌은 청대에 비교적 잘 발
전된 천주교 촌락으로 아편전쟁 이후 다시 중국에 온 예수회 선교사가
이곳의 신앙이 잘 유지되었음을 발견했다.5) 마상백의 얘기에 의하면
"마태오 리치가 중국에 온 이후 우리들의 조상이 가장 먼저 교도가 되
었다. 나의 외조부모도 천주교를 신봉했다"6)고 한 것으로 보아 마상
백은 이미 역사가 오래된 천주교 가정에서 출생하였다. 또한 마씨가보
(馬氏家譜)에 의하면 원대 대유학자 마단림(馬端臨)이 마상백의 선조

---

5) 1850년 이 지역을 방문했던 선교사는 무석(無錫)에서 장강(長江) 일대에
   600~700명의 단양 교우들이 4곳의 천주당 주위에 모여 살았는데, 다른 3백
   명 정도는 성내 혹은 성 밖에 있었다고 하였다. 또한 마상백이 태어난 진강
   (鎭江)은 37명의 교우들이 살고 있고, 외부와의 접촉도 적다고 하였다. 史式
   徽(J. de la Servière), 1983, 『江南傳敎史』1卷, 上海譯文出版社, 253~254쪽.
   이로 보아 당시 마상백 집안 역시 천주교인으로서 활동이 매우 소극적이었을
   것으로 보인다.

6) 馬相伯, 「我的兒童時代與宇宙觀與家敎」, 朱維錚 主編, 1996, 『馬相伯集』,
   上海: 復旦大學出版社, 1135쪽. 이하 저자로서의 馬相伯은 생략함.

이며, 마상백의 부친은 유의(儒醫)로서 자연스럽게 유가의 정신도 그에게 전해졌을 것이다.7) 이러한 환경에서 마상백은 출생 1개월 후 세례를 받았고, 세례명은 요셉이었다. 유학자가 그리스도인이 되는 것은 후대 사람이 보기에는 모순되는 것이지만, 예수회가 유가 문화를 존중하는 시기에 이러한 문화상의 결합은 매우 자연스러운 현상이었다.

마상백의 어머니 심씨(沈氏) 역시 천주교 집안에서 출생한 독실한 신자였다.8) 어머니의 경건한 신앙심과 엄한 교육은 마상백의 세계관에도 큰 영향을 미쳤다. 그의 구술에 의하면, "어렸을 때, 모친이 매우 엄하게 가르쳐 나의 언행 하나하나에도 소홀히 하시는 법이 없으셨다. … 모친의 독실한 신앙심과 엄한 교육의 영향 아래 자랐고, 이 때문에 후에 사람을 대할 때 야박하게 하지 않고 무례하지 않게 되었다"9)고 하여 어머니 심씨는 엄격히 유년의 마상백에게 올바른 언행을 요구했다.

또한 덕행 교육 이외에 지식 교육도 천주교를 준수했다. 마상백은 "나는 가정의 영향을 받아 인생관과 세계관 모두 당시 중국 사회 전통의 견해와 풍속에 구애받지 않았다. 중국인은 항상 아이들에게 귀신 관념을 심어주고, 평소에도 종종 기괴한 말로 아이들을 무서움에 떨게 한다. 또한 그들은 길흉화복을 막론하고 모든 것을 사당에 가서 기도하고, 미신을 맹종한다. … 나는 종교의 계몽으로 천자(天子)도 우리들과 같다는 것을 알고 있으며, 모든 것을 조물주가 창조하고, 삶과 죽음이 모두 같으며, 상제 앞에서는 모두 평등하다는 것을 안다"10)고 하며

---

7) 李天綱, 1996, 「信仰與傳統 : 馬相伯的宗教生涯」, 『馬相伯集』, 1228쪽.
8) 당시 천주교를 매개로 집안 간 혼인관계가 이루어진 것으로 보이는데, 마씨 집안의 장녀이자 마상백의 큰누나 마건숙(馬建淑)이 시집간 곳이 천주교 세가 주씨(朱氏)였다. 주씨는 상해 동가도(董家渡)에 모여 살았다. 마건숙의 아들 중 하나는 1926년 처음으로 임명된 6명의 중국 주교 중의 한명인 해문주교(海門主敎) 주개민(朱開敏)이다. 또한 주개민의 형 주지요(朱志堯)는 상해 총상회(總商會) 회장을 역임한 실업가이며, 그의 아들 주안생(朱安生) 역시 신부이다. 李天綱, 1996, 1233~1234쪽.
9) 「我的兒童時代與宇宙觀與家敎」, 『馬相伯集』, 1135쪽.

그의 인생관과 우주관이 유년시절에서 비롯되었다고 하였다.

마상백은 이러한 자신의 세계관이 천주교 가정에서 비롯되었음을 자랑스럽게 생각했다. 확실히 천주교가 매개가 되어 그는 성년 후에 서학을 배운 많은 다른 유생들에 비해 서양 근대 문화를 보다 쉽게 접근할 수 있었다. 그러나 마상백의 유년시절 환경은 천주교 이외에 항상 다른 전통이 있었다. 그것은 전통 유학 교육이다. 마상백의 부친은 유생으로서 젊은 시절 학당을 열어 제자들을 가르쳤고, 의술을 펼치거나 상업을 경영하기도 했다. 마상백은 5세 때에 사숙에 들어가 사서오경을 배웠고, 부친의 영향을 받아 현시(縣試)를 통과하여 수재(秀才)가 되었다.11)

이 시기 마상백은 중국 전통사회와 천주교 사이에서 1차 문화적 충돌을 경험했다. 과거시험 규정에 의하면 학정(學政)이 주관한 원시(院試)에 통과하면 현(縣) 학교의 생원으로 들어갈 수 있었다. 단양은 마상백의 원적으로, 규정에 따르면 이곳에 입학해야 한다. 그러나 마씨 형제가 매우 뛰어났고, 현 생원의 정원을 그들이 차지할 것을 알고 있었던 단양 사람들이 마씨가 천주교인이라는 이유로 시험에 참가하는 것을 거부했다. 따라서 마상백의 부친은 인근 현 단도에서 상업에 종사하면서 의료행위를 하고 있었는데, 부친의 비교적 좋은 사회관계에 의지하여 마씨 형제는 단도에서 시험에 참가하여 생원의 자격을 취득하였다. 유년 시절의 마상백은 아마도 이러한 사실에 대해서 분명히 알지 못했을 수도 있지만, 그의 천주교 집안 출신 내력과 중국 전통 사회와의 모순적 충돌이 그에게 다가온 것만은 확실하다.

마상백의 회고에 의하면, 그는 천성이 활달하고 자기주장이 강해 소년시절 경학 위주의 전통교육을 한 사숙의 스승을 비판하기도 했다.12)

---

10) 「我的兒童時代與宇宙觀與家敎」, 『馬相伯集』, 1136쪽.

11) 李天綱, 1996, 1235쪽. 그러나 마상백의 회고에 의하면 8세 때에 정식으로 사숙에서 전통교육을 받았다고 한 것으로 보아(「我的幼年」, 『馬相伯集』, 1083쪽) 5세부터 8세까지는 정식 교육이 아니었던 것으로 보인다.

하지만 그가 전통교육을 통해 획득한 고전지식이 그에게 중국문화의 가치를 느끼게 해 주었던 것은 부인할 수 없는 사실이다. 그의 중국고전에 대한 깊은 조예는 13세 때 과거시험에 참가하게 된 바탕이 되었고, 이후 상해 서회공학에서 공부할 적에 서양인 교장 조톨리(Angelo Zottoli) 신부가 그에게 조교 일을 담당하게 하여 학교의 국문과 경학을 가르치게 한 계기가 되었다.13)

마상백은 11세 때인 1851년 겨울에 진강(鎭江)에서 상해로 왔고, 친구의 소개로 서가회의 예수회에서 운영하는 서회공학(徐匯公學, Collège Saint Ignace)에 들어갔다.14) 당시 학교를 주도적으로 운영하던 예수회는 여전히 명말 청초의 옛 예수회 선교방침을 따르고 있어 선교사들에게 중국 언어와 문학을 공부하도록 하였다. 초기 서회공학의 교과과정에는 중국의 전통교육도 있었으며, 신학의 교재도 마태오 리치의『천주실의』였다. 마상백은 마태오 리치가 서양 선교사로서 중국문화에 조예가 깊은 것에 감복했을 뿐만 아니라 그리스도교 진리를 유가 윤리에 녹여내어 화합하는 것에 매우 기뻐했다.15)

서회공학은 우연히 건립되었는데, 1850년 강남지역에 가뭄이 들어 백성들이 살기 어려워지자 서가회 천주당이 12명의 농민 자제들을 받아들인 것이 시초가 되었다. 당시 서가회 천주당에서 이 학생들을 가르칠 학교를 세우게 되었고, 학생들의 배경도 천차만별이라 상당히 자유로운 분위기에서 기본적인 읽기, 쓰기, 계산하기 교육을 하였다. 또한 자격이 되는 학생은 과거시험에 참가를 권하기도 하고, 학생들에게 서양 언어와 과학을 가르치기도 하였다.16)

---

12) 「經學與‘月亮’」,『馬相伯集』, 1124쪽.
13) 마상백은 14세 때 이미 학생이자 선생으로서 모든 학생의 국문과 경학은 자신이 가르쳤다고 했다. 「我的幼年」,『馬相伯集』, 1084쪽.
14) 「我的幼年」,『馬相伯集』, 1083~1084쪽.
15) 陸永玲, 1996, 「站在兩個世界之間 : 馬相伯的敎育思想和實踐」,『馬相伯集』, 1285쪽.

서회공학 안에서 중국문화 분위기가 농후하게 된 또 다른 이유는 학교의 사무를 주관하고 있던 조톨리 신부가 열렬한 한학자였기 때문이었다. 그는 이탈리아 사람으로 1843년 예수회에 입회하였고, 5년 후 중국에 와서 1852년 서회공학 교장에 임명되었다. 조톨리 교장이 마상백에게 경학 공부를 계속 시켰던 것은 아마도 자기의 저술과도 관련이 있었을 것이다. 그의 라틴문·중문 저서 『중국문학교정(中國文學敎程)』(Cursus Litteraturae Sinicae)은 초기 서양인이 중국문화를 이해하는 본보기였다. 조톨리 신부의 영향도 있었겠지만, 이러한 교과과정은 확실히 서회공학 초기의 학교 운영 방침이었다.17) 이로보아 중국학문의 흥미에 대한 서가회의 역사가 매우 오래되었음을 알 수 있다. 동치 연간(1861~1874) 이전의 선교사는 개신교 선교사를 포함하여 모두 중국의 사회, 문화와 조화롭게 지내는 것이 비교적 보편적인 현상이었다.

서회공학은 1852년에 정상 궤도에 올라 학생이 44명에 달했다. 공학 측에서는 로마와 연락한 후에 교과과정을 예수회 수준으로 맞추기 위해 노력했다. 마상백은 여기에서 4년의 중문 과정과 2년의 라틴어 과정, 1년의 인문 과정과 1년의 철학 과정을 마쳤다. 그 후 1862년 예수회가 상해에 신학교(Seminary)를 건립하였고, 마상백은 신학교 제1기 11명 신학생 중의 한명이 되었다. 신학교의 최초 2년은 예수회 특유의 '정신훈련'을 받았고, 견습으로 교구 일에 종사하였다. 조톨리 신부가 그의 지도교수이자 신학교 교장이었다.18) 마상백은 신학교에서 일련의 과정을 거쳐 1870년 예수회 시험을 통과하여 신학박사학위를 획득했고, 사제로 서품되었다.

---

16) J. de la Servière, 1983(第1卷), p.179.

17) 서회공학은 국문(國文)을 중요하게 생각했고, 과거에 응시하여 수재(秀才)가 된 자도 여럿 있었다. 『馬相伯先生年譜』, 86쪽.

18) 陸永玲, 1996, 1285쪽. 11명 중 9명이 서회공학 출신이고, 두 명은 수도원 출신이었다(J. de la Servière, 1983(第2卷), p.97).

중국인으로서 마상백처럼 사대부이면서 성직자인 경우가 물론 처음은 아니다. 명(明) 이후 예수회 선교사는 대부분이 외국인 선교사이지만, 오력(吳歷. 문인화가로 유명하였고, 중년에 예수회 입회)과 같은 중국인 사대부도 있었다. 그러나 이전의 중국인 선교사는 중년에 개종했거나 본래 학식이 부족하거나 혹은 단지 한 곳에서 보조 역할을 했던 경우이다. 마상백과 같이 예수회의 엄격한 훈련과 체계적인 학위과정으로 성직자로 양성된 예는 중국에서 첫 번째이다. 또한 교회 역사를 떠나 중국 근대 역사에서 보면, 마상백은 비록 그 핵심이 서양 신학일지라도 변혁의 시대에 사대부로서 가장 먼저 앞서 전면적으로 서학교육을 받아들인 인물이었다는 점에서 역사적 의의가 있다.

상해 예수회에서 마상백의 생활은 비교적 평온했다. 당시 중국의 강남 선교지를 관활하던 예수회는 예수회 파리성(省)에 예속되어 있었으나 전통적으로 비프랑스 국적 선교사가 가입되어 있었다. 그러나 다양한 국적의 선교사가 함께 모여 있어 마찰이 일어났는데, 모순은 1870년대에 폭발되었다. 당시 프랑스는 선교 보호권을 가지고 있었기 때문에 중국 천주교에서 막강한 영향력을 행사하고 있었다. 예수회 소장 자료에 의하면, 1875년 프랑스인 교구회장 푸코(Foucault)가 총회 이후 다시는 이탈리아 국적 선교사가 중국에 오지 말아야 한다고 요구했다. 그는 프랑스에 반감을 가진 서가회의 젊은 중국인은 모두 이탈리아인들이 교사한 것이라고 했다.[19] 이 얘기는 아마도 마상백과 조톨리 신부와의 관계를 문제 삼은 것으로 보인다.

결국 1876년, 마상백과 예수회와의 사이에 심각한 충돌이 발생했고, 그로 인해 예수회를 탈퇴하게 되었다. 이러한 일이 발생하기 전 이미 여러 차례의 징조가 발생했다. 18세가 되던 해 상해 프랑스 조계 당국에서 정식으로 그에게 번역과 비서 일을 하도록 요청했는데, 마상백은 한마디로 거절했다. 구체적 원인은 알 수 없지만, "내가 프랑스어를

---

19) 李天綱, 1996, 1275쪽, 각주 53.

배우는 것은 프랑스를 위해 사용하려는 것이 아니라 중국을 위해 사용
하려고 하는 것이다"[20]라는 그의 말을 통해 청년시절 마상백의 애국
주의적 면모를 확인할 수 있다. 비록 그는 서회공학 내에 머물러 있었
지만, 태평천국운동과 2차 아편전쟁의 시대적 상황이 상해에 있던 그
에게 전달되어 중요한 영향을 발생시켰던 것이다.

이홍장을 도와 양무운동의 선봉장이었던 그의 동생 마건충(馬建忠)
은 당시 예수회 수사였지만, 외국 수사와의 불평등하고 불공정한 대우
에 불만을 품고 교회를 떠났다. 1870년대 초, 마상백 형제에게 일어난
한 사건은 이후 마상백이 교회를 떠나게 되는데 상당한 영향을 미쳤
다. 당시 마상백, 마건충 형제는 서회공학의 한 남향 방에 거주했는데,
이미 이곳에서 몇 년 동안 거주하고 있었다. 그해 파리에서 프랑스인
수사가 왔을 때 예수회는 마상백 형제를 북향의 방으로 옮기게 하고
프랑스인 수사를 그들의 방으로 배치했다. 평상시 기숙사 조정이라면
그리 큰일도 아니지만, 한 외국인 수사를 위해 중국 수사가 원래 거주
지에서 쫓겨난 것이었기 때문에 이들 형제는 수도원에서 중국인과 외
국인 수사를 차별한다고 보았던 것이다. 이 일로 마건충은 굴욕을 느
끼고 교회를 떠났다. 당시 마상백은 전체 교육과정을 마치고 신학박사
학위 시험을 준비 중이었기 때문에 남았다. 하지만 이 일은 그에게 큰
자극을 주었다.[21]

1871년에서 1873년까지 그는 서회공학 교장을 맡았고, 1874년 신
학교 교장 겸 서회공학 교장에 다시 임명되었다. 그는 이 기간에 공학
의 학생들에게 과거시험에 응시하게 하였고, 학생들이 천주교 신자가
되기 위해서는 경사자집(經史子集)에 대한 강습(講習)을 해야 한다고
했다. 이로 인해 서양인 선교사들은 마상백의 교육방법을 탐탁지 않게
생각했고, 학생들이 공교(孔敎)를 믿는 이교도가 될 것을 두려워하였

---

20) 『馬相伯先生年譜』, 264쪽.
21) 薛玉琴·劉正偉 著, 2003, 『馬相伯』, 石家庄: 河北敎育出版社, 63~64쪽.

다. 마침내 그들은 1875년, 마상백에게 공학 사무를 보지 못하게 하고 천문 연구 책임을 맡게 하였다.

마상백의 회고에 의하면, "당시 서가회는 천문을 연구하는 현대적 관측기기가 없었고, 단지 마태오 리치가 이전에 사용했던 구식 천문 관측기기만 있을 뿐이었다. 이리하여 나는 연구방향을 수학으로 돌렸지만, 그들은 또 나에게 마음을 놓지 못하고 남경(南京)으로 발령을 내 수리관련 책을 번역하게 했다. 그런데 참지 못하는 것은 서가회에서 내가 번역한 수리 책이 이미 수백 권이 있는데 모두 서재에만 있고, 인쇄를 하지 않고 있으니 번역과 저술을 많이 한들 무슨 소용이 있겠는가? 더불어 당시 남경 교회의 요리사가 매우 비열한 외국인이었는데, 그가 한 요리는 먹을 수가 없었고, 매우 비위생적이었다. 그리하여 나는 말도 없이 상해로 돌아왔다"[22]고 하였다. 이때가 1876년 이었다.

그가 예수회를 떠나려고 결정했을 때 그의 형 마건훈(馬建勳)이 편지를 써 이미 산동(山東)에 있는 한 친구의 양무 활동을 도와주라는 얘기가 있었다. 결국 그는 예수회를 떠났다. 로마에 있는 예수회 문서에 보면, "마상백은 매우 총명하고, 외적인 풍모도 결점이 없는 사람이다. 12년의 종교생활 중 그는 사람들을 불편하게 하는 일도 없었다. 그러나 근래에 몇몇 사건이 그의 평범한 품격과 과도한 오만을 드러내었다. 그의 형이 그에게 좋지 않은 영향을 미쳤다. 그의 형은 아주 나쁜 사람이며, 주교들이 싫어하는 사람 중의 하나이다. 그가 마상백 신부에게 편지를 썼고, 정식으로 예수회를 탈퇴하도록 했다"[23]고 하여 당시 마상백의 결정에 대한 예수회의 반응을 볼 수 있다.

마건훈은 당시 상해에서 회군(淮軍) 양대(糧臺)를 맡아 이홍장의 신임을 얻고 있었다.[24] 마상백이 서주(徐州)에서 천주당 관리업무를 하

---

22) 「獲得神學博士學位以後」, 『馬相伯集』, 1085쪽.
23) 薛玉琴·劉正偉, 2003, 66쪽에서 재인용.

고 있을 때 수재(水災)로 인해 마건훈에게 은 2천량을 부탁하여 수재
민을 구제하였다. 이 일을 프랑스 예수회 선교사들이 알게 되었고, 그
들은 마상백이 교회의 동의를 받지 않고 독단으로 자금을 사용하여 교
규를 어겼다고 생각해 그를 상해 예수회 내에 있는 '성찰실'에 유폐시
켰다. 이 일로 마건훈이 크게 화를 내며 몇 십 명의 병졸을 데리고 와
교회에 성토하였다.25)

예수회를 떠나도 천주교 신자로서 신앙을 유지할 수는 있다. 그러나
예수회와의 불화로 교회를 떠난 마상백에게 상해의 예수회 교회가 우
호적일 수는 없었다. 처음에는 신앙 활동을 위해 천주당에 들어가는
것이 허락되지 않아 1876년 11월 루이 쇼뱅(Louis Chauvin) 신부를
통해 성체를 영하는 것을 요구하였고, 1877년 1월 교회는 그의 성당
생활을 회복시켰다. 예수회는 그에게 직예(直隸)로 가서 교무 일을 맡
거나 재가 신부를 맡을 것을 명령했지만 결국 거절했고, 그는 예수회
에서 제명되었다.26) 이처럼 마상백과 상해 천주교회와의 관계는 계속
긴장과 충돌의 관계였다.

이 일로 보아 당시 마상백은 매우 복잡한 심경이었음을 알 수 있다.
마상백은 어려서부터 중국 전통교육과 서양교육을 받았고, 양자는 이
미 유전인자로 고정화되었다. 그러나 현실은 오히려 양자를 찢어놓았
다. 결국 예수회를 떠났지만, 종교적 신앙은 여전히 그에게 반복적으
로 그치지 않고 몸부림치게 했다. 이때의 마상백은 의심할 여지없이
매우 고통스러웠을 것이다.

마상백은 예수회를 탈퇴한 후에 형 마건훈의 친구가 있는 산동으로
갔다.27) 이로부터 마상백은 세속 정치 속으로 들어갔다. 이후 20여년

---

24) 「獲得神學博士學位以後」, 『馬相伯集』, 1085쪽.
25) 馬玉章, 「懷念先祖父相伯公」, 朱維錚 等著, 2005, 『馬相伯傳略』, 上海: 復
　　旦大學出版社, 294~296쪽.
26) 李天綱, 1996, 1247쪽.
27) 「獲得神學博士學位以後」, 『馬相伯集』, 1085쪽.

의 청나라 관료사회의 부침 속에서 비록 성공했다고 할 수 없지만 외교가로서는 몇 가지 활동도 하였다. 이미 그의 동생 마건충은 예수회에서 나온 이후 이홍장의 추천으로 프랑스로 유학 갔다가 법학석사학위를 받고 1880년에 귀국한 터였다. 동생 마건충과의 관계로 1881년 여서창(黎庶昌)이 일본 공사로 파견되었을 때 마상백은 공사관 참찬(參贊)에 임명되어 일본으로 갔다가 고베 주재 영사가 되었다. 그 해 가을 병중에 있던 마건훈을 보기 위해 귀국했고, 이후 마건충을 대신해 이홍장에 의해 조선에 파견되었다. 그리고 조선에서 국왕의 정치 고문을 담당하게 된다.28)

  1887년 이홍장은 부족한 해군 건설 경비를 해결하고 각 항목의 부족한 경비를 제공하기 위해 미국과 합작 은행을 설립하고자 했다. 이홍장은 마상백을 미국으로 파견하여 차관 문제를 협의하고자 했다. 이 일 역시 청조 측 기록에는 보이지 않는다. 마상백의 회고에 의하면, 그는 미국에서 국빈대접을 받았으며 미국 은행가로부터 많은 투자금 지원을 약속받고 이홍장에게 전보를 보냈지만, 조정에서 반대 여론이 심해 승인할 수가 없다고 하여 황급히 미국을 떠날 수밖에 없었다.29) 그는 런던, 파리를 거쳐 로마로 갔다. 그리고 교황청에서 교황 레오 13

---

 28) 朱維錚, 1996,「近代中國的歷史見證－百歲政治家馬相伯」,『馬相伯集』, 1177~
     1178쪽. 특이한 것은 조선에서 마상백의 활동에 대해서는 그의 말년 회고록
     인『일일일담(一日一談)』과 그가 직접 쓴 두 개의 문건 정도에 불과하다(『일
     일일담』과 그의 문건은 모두『마상백집』에 실려 있다). 당시 중국을 대표하여
     조선에 파견된 고위관료이며 조선에서의 신분 또한 국왕 고문인데, 청조의 문
     서에는 그의 이름이 나와 있지 않다. 당시 이홍장이 조선 문제 처리 과정의
     상주문에서도 마건충만 나올 뿐이며, 마상백은 언급되지 않고 있다. 그 이유
     는 이홍장이 청 정부를 대표하여 조선에 파견한 정식고문은 바로 마건충이라
     는 것이며, 이홍장이 마상백을 지정하여 조선으로 보낸 것은 확실히 마건충
     대신이었기 때문이다. 마상백은 마건충 대신에 조선 국왕의 고문 역할을 담당
     하다 임오군란의 정변 기간에 귀국한 것으로 보인다.「我與高麗」,『馬相伯集』,
     1089~1091쪽.
 29)「借款」,『馬相伯集』, 1101~1102쪽.

세를 알현했다. 이를 계기로 그가 다시 교회에 흥미를 가졌는지에 대해서는 확실치 않지만 마상백은 성(聖)과 속(俗), 어느 한 쪽을 버리지 않고 반복적으로 투쟁하고 있었음을 알 수 있다.

결국 그는 다시 교회로 돌아왔다. 몇 가지 원인을 들 수 있는데, 1893년과 1895년에 아내와 큰 아들이 항해 중에 재난을 만나 사망하고, 어머니가 세상을 떠나 그 영성의 자극을 야기했으며,30) 청나라가 청일전쟁에서 패배하여 마상백의 정치적 열정이 감퇴했다고 한다. 물론 이러한 원인이 당연하겠지만 이것 이외에 아마도 더욱 중요한 원인이 있을 것이다. 마상백은 인생의 전반기에 민족주의자로서 또한 천주교도로서 내적 갈등이 표출되었고, 중국 사회의 세속 사업을 위해 부득불 예수회와 결렬했다. 그러나 당시 중국 사회가 그에게 실망을 안겨주었을 때 그는 자연적으로 내적 생활로 돌아왔던 것이다. 그리고 그 이후는 충돌의 과정이 아니라 화합의 모습으로 나타나고 있다. 이러한 화합 과정의 촉매제는 바로 명말 청초 예수회 선교사들의 방침을 따라 천주교의 토착화를 이루는 것이다. 마상백의 문집 중에 1897년에 교회로 돌아와서 연속적으로 남긴 4편의 글이 있는데, 그것은 「마태오 리치 유상제사(遺像題詞)」, 「서광계 유상제사」, 「아담 샬 유상제사」, 「페르비스트 유상제사」이다. 이것은 마상백의 천주교 토착화의 서막을 알리는 것이라고 할 수 있다.

3. 동서 문화의 '화합' : 중국 천주교의 토착화

마상백이 다시 교회로 돌아온 해는 1897년이었다. 그 해 유년의 동

---

30) 1895년 마상백의 모친이 임종 때, 마상백에게 한 말인 "나의 아들은 신부이다. 너는 이미 신부가 아니다. 나 역시 너를 내 아들로 인정하지 않는다"라는 말이 마상백이 교회로 돌아가게 하는 하나의 원인이 되었을 것이다. 李天綱, 1996, 1250쪽.

학(同學) 예수회 신부 심측공(沈則恭)의 도움 아래 마상백은 교회와 비교적 좋은 관계를 유지하였고, 1개월간의 피정을 마치고, 서가회로 돌아와 은거생활에 들어갔다. 그러나 이제 60세에 가까운 그에게 40년의 짧지 않은 후반 인생이 남아 있고, 개혁과 혁명의 소용돌이 속에서 정치가들에 의해 다시 이용될 수 있을 것이라고는 그 역시 예상하지 못했을 것이다. 서가회는 상해 조계지역과 얼마 떨어져 있지 않은 곳이어서 비록 마상백이 정치적 중심에서 떠나 은거하고 있었지만, 이후의 정치적 상황이 그를 정치적 방관자로 내버려두지 않았다. 강유위(康有爲)가 마상백에게 자문을 구하기도 하였고, 양계초(梁啓超)는 역학관(譯學館) 설립에 대한 주관을 마상백에게 요청하기도 했다.[31)]

  인생 후반기에서 마상백은 교회 이외의 영역에서 많은 일을 담당하였다. 그러나 그의 정치적 자산은 교회에 있었다. 이것이 그의 전반기 단계에서 예수회에서 일탈한 것과는 차이가 있다. 1897년 다시 서가회에 돌아왔을 때 그는 이미 그의 명의 하에 있던 대부분의 재산을 예수회에 헌납하여 교육 부흥의 용도로 사용하였다. 1903년에 그는 선교사들의 도움 하에 진단학원을 설립하였다. 1905년에는 유럽 선교사들이 강압적으로 교칙을 준수하는 것에 반대하여 진단학원 학생들을 데리고 나와 복단공학을 창립하여 교장을 담임했다.[32)] 이것이 이후의 복단대학이다.

  이후 그의 사회적 주장은 명확히 중국 천주교회 및 그리스도 신학의 바탕에서 나왔다고 볼 수 있다. 1908년 그는 '신아헌정설'(神我憲政說)을 제기하여 헌법 중에서 그리스도교 신학을 사용할 것을 주장했다.[33)] 1916년에 그는 북경정부의 공교(孔敎) 설립 계획에 대해 중국

---

31) 『馬相伯先生年譜』, 197~198쪽. 당시 마상백은 동의를 표시했고, 역학관을 상해에 설치해 줄 것을 청 정부에게 요구했다. 아울러 서가회 예수회 선교사를 초청해 역학관의 사무를 관리하도록 요청했지만, 무술개혁의 실패로 뜻을 이루지 못했다(『馬相伯先生年譜』, 198쪽).

32) 寥梅, 「馬相伯生平簡表」, 『馬相伯傳略』, 200~201쪽.

천주교 각 교구 천주교 신자를 대신하여 반대하는 글을 연이어 발표했
다.34) 5·4운동 시기에 신청년들이 반그리스도교 운동을 궐기할 때, 그
는 글을 써서 과격론에 대해 반박했다.35) 그는 적극적으로 북경교회의
영렴지(英斂之)에게 도움을 주어 보인대학 창립 계획을 수립하도록 했
고, 진원(陳垣)에게 자금을 도와주어 천주교 역사 연구에 종사하도록
했다.36) 중국 천주교회, 그리고 그리스도 신학과의 긴밀한 관계는 마
상백의 후반기 인생에서 중요한 내용이었다.

그러나 그리스도교를 바라보는 중국의 정치·사회적 환경은 크게 변
하지 않았다. 마상백이 무술개혁 이후 '서학(西學)'의 스승으로 추대되
기도 했지만, 그가 신봉하는 '서교(西敎)'는 여전히 지식인의 배척을
받았다. 신해혁명 후 각계에서 그를 초대했지만, 젊은 지식인들의 반
종교운동에 대처해야 했다. 반면, 교회 내부에서 그는 여전히 젊은 시
절의 주장을 견지하였고, 교회가 중국문화에 적응해야 함을 요구했다.
즉, 천주교의 토착화를 주장한 것이다.

마상백이 교회로 돌아온 이후의 최대 희망은 바로 중국 천주교회를

---

33) 「政黨之必要及其責任」, 『馬相伯集』, 70~76쪽.
34) 마상백은 공교를 만들려는 북경정부의 헌법 초안 즉 '천단초안'(天壇草案)에
　　반대하는 일련의 반박문을 발표했다. 공통된 주제는 인민은 신앙 자유의 권리
　　를 누려야 한다는 것이다. 대표적인 글로 「≪憲法草案≫大二毛子問答錄」, 「書
　　≪'天壇草案'第十九條問答錄≫後」, 「書≪請定儒敎爲國敎≫後」, 「保持≪約
　　法≫上人民自由權」 (모두 『馬相伯集』 수록) 등이 있다. 이러한 글은 모두
　　1906년에 발표되었는데, 그 해는 마상백의 일생에서 가장 정론(政論)을 많이
　　쓰면서 활약한 한 해라고 할 수 있다.
35) 「≪尤其反對基督敎理由≫書後」, 『馬相伯集』, 451~455쪽.
36) 영렴지는 만주인으로서 1888년에 천주교 신자가 되었고, 1902년 천진에서
　　<대공보(大公報)>를 창간하여 사회 개량을 주장하였다. 또한 보인사(輔仁社)
　　를 설립하여 마상백 등과 함께 인재들을 영입하여 국학과 교회사를 연구했는
　　데, 이를 바탕으로 후에 보인대학이 설립되었다. 영렴지 역시 마상백처럼 경
　　건한 천주교 신자이자 강렬한 민족의식을 지닌 지식인으로서 중국 천주교의
　　토착화를 주장했던 인물 중의 한 사람이다.

위해 『성경』을 중국어로 번역하는 것이었다. 당시 교황청이 아직 전체 『성경』의 번역에 동의하지 않았기 때문에 중국 천주교회는 300년이 지난 이후에도 여전히 해석식의 소책자와 『성경』 이야기만이 있었을 뿐이었다. 마상백은 아직 성경 전권을 번역할 권한이 없었지만 가장 중요한 『4복음서』의 번역에 도전하여 경문을 강해하는 방식으로 중국 신도에게 전면적인 『성경』 내용을 이해시키고자 하였다.[37]

당시 중국 사람들은 천주교를 서양인의 종교 즉, '양교(洋敎)'로 간주했다. 마상백은 천주교를 '공교(公敎)'라고 했다. 공교는 보편성을 가진 종교이며 모두를 위한 종교라고 하였다. 그는 모든 사람들은 조물주에 의해 만들어진 똑같은 사람으로 보았다. 남녀노소, 부귀빈천, 동양과 서양을 구분하지 않는 것이 공교라고 했다.[38] 그는 천주교가 '양교'로 불리는 까닭은 사람들이 여전히 천주교를 중국에 뿌리내리지 못한 '객교'(客敎)로 보고 있기 때문이며, 많은 원인이 '양관'(洋官)에 있다고 보았다.[39] '양관'은 서양 선교사를 말한다. 천주교 및 외국 선교사의 '양'의 이미지를 바꾸기 위해서 가장 유효한 방식은 바로 천주교의 중국화이다.

---

37) 李天綱, 1996, 1252쪽. 그는 말년에 여전히 두 건의 작업으로 천주교 토착화에 공헌했다. 하나는 『성경』 전권을 번역하는 것이었고, 둘째는 명·청대 예수회 선교사의 중문저술을 정리하는 것이었다. 그러나 성경 번역은 계속해서 교회의 지지를 받지 못했다. 서가회에 들어온 10여 년 동안의 간헐적인 개인적 작업은 1913년에 복음서를 강해한 『신사합편직강』(新史合編直講)의 출판으로 결실을 맺었다. 이어서 그는 직접 『신약』을 번역하기 시작했다. 이 부분의 수기 원고는 1937년에 우빈(于斌) 주교의 비준을 얻어 『복음경』(福音經) 간행을 준비했지만, 1949년에 와서야 상무인서관에서 정식으로 출판하였다. 마상백이 『복음경』에서 보여준 중국 고전 언어의 능력은 후배들보다 높았고, 후에 오경웅(吳經熊) 등의 『성경』 번역보다 더 뛰어난 것으로 평가된다(李天綱, 1996, 1268~1269쪽).

38) 「宗敎在良心」, 『馬相伯集』, 153쪽.

39) 「錄北京一九一九年十一月十八日巡閱使光主敎致天津華鐸書幷按」, 『馬相伯集』, 357쪽.

중국 천주교의 토착화에 대한 마상백의 구체적인 생각은 1919년 교황 베네딕도 15세가 게브리앙 주교(Mgr. Guébriant)를 교황청 순시자로 임명하여 중국의 천주교 상황을 파악하고자 왔을 때 주교의 질문에 답변하는 형식으로 작성한 교황 상서에서 요약할 수 있다.

마상백은 여기에서 외국인 선교사의 행위가 중국인의 그리스도교 반대 환경을 조성하는 주요 원인임을 비판하였다. 서양인이 언제나 본국 관원에게 의지하여 교무를 통제하고 있는데 어찌 중국인이 반감을 갖지 않겠느냐고 비판했다. 중국인 성직자는 교회 내에서 선거권과 피선거권이 없으며, 외국인 선교사는 그들의 서신 왕래에서 중국인이나 중국 관리들을 조롱하는 것이 유행일 정도로 중국을 무시하고 있다고 했다.

마상백은 각국의 선교사들이 중국 국적으로 바뀌야 한다고 했다. 왜냐하면 불교나 이슬람교도 외래종교이지만, 양교로 생각하지 않는 것은 선교사가 모두 중국인이기 때문이라고 했다. 그는 학교를 설립하여 과학적 인재를 양성해야 한다고 했다. 현재 중국 천주교인들이 중국 문헌과 서양문헌을 이해하는 수준이 높지 않아 천주교회의 문화적 지위를 제고하는 인재를 양성해야 한다고 하였다. 또한 그는 중국인과 외국인 성직자 모두 동등한 권리가 있음을 주장했고, 교회 내부에서 중국 보통 언어의 사용을 제창했다.40)

교황청 순시자로서 게브리앙 주교의 중국 방문은 중국 천주교 역사상 중국 천주교회의 자주 독립의 서막을 연 것으로 간주될 수 있다.41)

---

40) 「代擬≪北京敎友上敎宗書≫」, 『馬相伯集』, 360~363쪽.
41) 1920년 6월 1일, 게브리앙 주교는 다음과 같은 요지의 중국 방문 보고서를 포교성성에 제출했다. 1) 좀 더 중국적인 교회가 필요하다. 일부 감목 대리구를 중국인 사제단에 위임하고, 외국 공사관의 지원은 최소화해야 한다. 중국인 사제단을 외국인과 동등하게 대우하며, 중국인 주교 선발에 발언권을 주어야 한다. 2) 사도직 방법, 교리서와 기도양식, 성경 구절 등을 통일해야 한다. 3) 소규모 감목 대리구를 더 많이 설정하는 것이 시급하다. 결론적으로 그는 이러한 문제를 풀기 위한 전국 시노드 개최와 교황 사절 임명이 절박하다고

당시 이미 80세였던 마상백은 게브리앙 주교의 방문을 매우 기쁘게 생각했고, 중국의 천주교 상황을 게브리앙 주교를 통해 교황에게 전달함으로써 중국 천주교 토착화 운동의 서막을 열게 하였다. 예수회 신부였던 젊은 시절의 경력에서도 확인되기도 하지만, 1897년 교회로 돌아온 후 마상백의 활동은 직접적으로 그가 중국 천주교 토착화 운동에 뛰어들었음을 알 수 있다.

1) 서양인 선교사의 중국 국적으로의 변경

마상백은 천주교의 '양교' 이미지를 바꾸기 위해서는 먼저 외국 선교사들이 중국 국적을 취득해야 한다고 주장했다.[42] 당시 중국 사람들이 천주교를 반대한 것은 실제로 외국의 식민정책을 반대하는 것이기 때문에 선교사가 중국인이 된다면 본국 정부와의 연계가 없어 중국인들에게 의심을 받지 않게 될 것이라고 했다.[43] 반대로 일단 전쟁이 일어나면 중국 급진파 인사들이 주장하는 "교인이 앞잡이며 서양 선교사는 첩자"[44]라는 인식을 피하기 어려울 것이다. 그는 이슬람교와 불교가 중국에서 성행하는 이유는 바로 그 종교의 관리인이 중국 국적이기 때문이며, 따라서 중국에 온 서양 천주교 선교사가 국적법에 따라 중국 국적으로 변경하면 된다고 하였다.[45]

또한 마상백은 천주교회 중국인 책임자의 적극적 양성을 요구했다. 통계에 의하면 1919년에서 1920년까지 선교사들은 외국 국적이 1,417명, 중국 국적이 963명이었다.[46] 그러나 천명에 가까운 중국인

강조했다. 클로드 쇠텐스 지음, 김정옥 옮김, 2008, 『20세기 중국 가톨릭 교회사』, 분도출판사, 118쪽.
42) 「代擬≪北京敎友上敎宗書≫」, 『馬相伯集』, 360쪽.
43) 「致英華」, 『馬相伯集』, 339쪽.
44) 「代擬≪北京敎友上敎宗書≫」, 『馬相伯集』, 360쪽.
45) 「答問中國敎務」(殘稿), 『馬相伯集』, 352쪽.
46) 徐宗澤, 1990, 『中國天主敎傳敎史槪論』, 上海書店, 281쪽.

성직자 중에 단 1명의 주교도 없었다. 1918년 그는 영렴지에게 보낸 서신에서 중국 천주교회가 기생물이나 식민지가 되지 않기 위해서는 중국인 성직자를 배양하여 중국 교회를 주도적으로 이끌어야 한다고 했다.47)

마상백의 주장은 이미 1901년부터 중국에서 선교하고 있었던 벨기에 출신의 선교수도회 선교사인 뱅상 레브(Vincent Lebbe) 신부가 그의 동지인 코타(Cotta) 신부와 함께 교황청에 중국인 주교 임명에 대한 탄원서를 제출한 것과 궤를 같이 한다. 이와 더불어 게브리앙 주교의 동아시아 선교 지역의 순시 활동 등 중국 천주교 선교 활동의 새로운 흐름이 한 군데로 결집하면서 새로운 선교 정책을 제시하는 교황 회칙이 출현하였다. 1919년 11월에 교황 베네딕도 15세는 모든 선교 구역을 관리하는 자의 주요임무는 당연히 그 지역의 국민에게서 성직자를 배양하고 건설해야 한다는 회칙을 선포했다.48) 그것은 바로 선교 회칙 <막시뭄 일룻>(Maximun illud, 온 세상에 전파된 가톨릭 신앙에 관하여)이다. 이 회칙은 세계 교회에 반포한 것이지만, 얘기하고 있는 핵심은 주로 중국 교회에 관한 것이었다.

2) 선교사의 중국어 학습과 선교

마상백은 외국인 선교사가 중국어를 배워 중국어로 선교할 것을 주장했다. 서로 간의 언어가 통하지 않으면 이적시하고 이단시하게 마련이다. 그는 천주교의 양교 이미지를 바꾸기 위해서는 반드시 외국인 선교사가 중국의 언어와 문화를 배워야 한다고 주장했다.49) 마상백은 서양 선교사 10명 중에 한 두 명은 중국말을 하지 못하고, 문자도 알지 못한다고 개탄했다. 중국 문화를 멸시하는 서양 선교사에게 배운

---

47) 「致英華」, 『馬相伯集』, 345쪽.
48) 「≪敎宗本篤十五世通牒≫譯文」, 『馬相伯集』, 388쪽.
49) 「序‘利先生行蹟’後」, 『馬相伯集』, 224쪽.

중국인 사제들은 중문 수준도 높지 않고, 라틴어 수준도 낮은 상태인데, 그들이 어떻게 중국인을 계도하고 중국 천주교 업무를 할 수 있겠냐며 비판하였다.[50] 영렴지 역시 이를 비판하여 말하기를, "현지인 사제가 그곳 문자를 모르는데, 어찌 현지인을 대할 수 있는가? 또한 어떻게 일을 할 수 있는가? 스스로 현지 사회와 단절하고 우수한 집단과 벽을 쌓을 따름이다"[51]라고 하였다. 당시 중국의 한 수도원 상황을 살펴보자.

> 수도원은 중국어 학습을 허락하지 않았다. 만약 그렇지 않다면 당신에게 사상이 불량하다는 죄명을 씌울 것이다. 기괴한 것은 당신이 만약 영어나 프랑스어 배우기를 원한다면 원장은 허락할 것이다. 어떤 교구의 수도원은 중국말을 하는 것조차도 불허하였다. 그 이유는 프랑스어 혹은 영어를 학습시키려고 했기 때문이다. 이로 인해 수사들의 서양어 실력은 훌륭했지만 중문은 어떠했겠는가! 기껏해야 소학교 수준이었다. 나는 1935년 북경의 중앙의원에서 치료를 받고 있을 때에 우연히 영평부(永平府)에서 온 두 명의 젊은 중국인 수사를 보았다. 그들은 유창한 프랑스어를 쓰면서 서로 얘기를 했는데, 나는 당시 매우 놀라웠다! 후에서야 이것이 그들 수도원의 규정이라는 것을 알았다.[52]

이것으로 보아 당시 중국 천주교의 중국인 학생이 받은 사제 양성 교육이 어떠했는가를 추측할 수 있다.

프랑스 선교사들이 장악한 상해 서가회 예수회는 장기간 프랑스어를 사용하여 선교했고, 중국 선교사가 중국어로 선교하는 것을 반대했고, 심지어 중국어를 '마언'(魔言)이라고 멸시했다.[53] 여러 언어에 정통한 마상백은, 한 국가의 언어는 한 국가의 의지를 소통하게 하는 것

---

50) 「代擬北京教友上教宗書≫」, 『馬相伯集』, 362쪽.
51) 方豪, 2007, 『中國天主教史人物傳』, 北京: 宗教文化出版社, 668쪽.
52) 趙賓實, 1965, 「讀≪雷鳴遠神父傳≫後的我感與回憶」, 『恒毅』 第14卷 第11 期, 臺北: 天主教主徒會 恒毅學社, 21~22쪽.
53) 「致英華」, 『馬相伯集』, 294쪽.

이며, 한 국가의 문자는 한 국가의 이상(理想)이 나타내 보이게 하는
것이라고 하여 민족국가에서 언어의 중요성에 대해 강조하였다.54)

마상백은 외국 언어와 마찬가지로 중국 언어도 선교로 충분히 활용
할 수 있다고 했다. 그는 사도 바울의 얘기를 들어 "선교를 귀로 들어
야 하는데 서로 알아듣지 못하면 남만북이(南蠻北夷)일 뿐이다. 그래
서 본고장 사람이 본고장에서 선교해야 한다. … 성신강림축일에 사도
가 설교하는데, 청중이 비록 각국의 사람들이었지만, 사람들이 듣는
말은 모두 본고장 방언이었다. 첫째 날 세례자가 2천명, 둘째 날에도
2천명이었다. 이것은 모두 본고장 방언으로 선교를 한 결과이다. …
이렇게 보면, 중국어도 초월성 진리를 설교할 수 있다"55)고 하였다.

천주교 신자로서 마상백은 당연히 맹목적인 그리스도교 반대를 찬
성하지 않았다. 그러나 중국인의 그리스도교 반대의 진의는 바로 외국
식민정책의 반대에 있다고 보았다. 그는 서양인 선교사들이 중국문자
와 중국어를 쓰는 것을 반대하는 것이 식민정책이 아니고 무엇이겠느
냐고 반박하였다.56) 그렇다고 해서 마상백이 단순히 '그들 문자, 그들
언어' 자체를 반대한 것은 아니다. 마상백 자신도 여러 외국 언어에 정
통하였다. 그는 전반적인 서양화와 '우리글, 우리말'을 버리는 것을 반
대하였다. 단지 서양 책만 읽는 중국 선교사에 대해 마상백은 진심으로
그들이 자기의 민족문화정신을 상실하게 되는 것에 대해 걱정했다. 그
는 말하기를, "만약 십 여 년 동안 서양 책을 읽으면 서양으로 동화된
다. 중국의 예의 풍속 습관을 모두 망각하게 된다. 이러한 중국인이 서
양인과 다를 게 무엇인가? 그래서 수도회의 수사는 중국책을 많이 읽어
야 하며 중국의 예의와 풍속을 잘 알아야 한다"57)고 하였다. 그는 날로
개방되고 있는 현대사회에서 외국어 학습과 이용은 매우 중요하다고

---

54) 「'古文拾級'序」, 『馬相伯集』, 101쪽.
55) 「學術傳教」, 『馬相伯集』, 599쪽.
56) 「致英華」, 『馬相伯集』, 339쪽.
57) 「學術傳教」, 『馬相伯集』, 600쪽.

보았다. 그러나 어느 한쪽으로의 완전한 '치우침'은, 심지어 '국어 숭상'은 중국 교육의 민족정신과 문화적 사명에 저해가 된다고 보았다.

3) 학문 선교의 주장

마상백은 학문 선교를 주장하면서 천주교 대학 창립에 앞장섰다. 명말 청초의 예수회 선교사들은 학문을 앞세워 선교를 하였다. 그들은 충분한 지혜와 도량을 지니고 '천주'(天主)를 중국 문화·사회와 대립시키지 않았다. 그들은 선교를 할 때, 종교적 교의와 유학의 소통을 이끌었고, 선교의 수단으로 활용했던 근대 과학과 인문지식으로 보완하였다. 하지만 의례논쟁 이후 서양 선교사들 중에는 새로운 지식으로서 동서 문화 사이의 소통을 끌어낸 자가 매우 적었고, 중국 천주교 신자 중에 지식인 계층도 크게 감소했다. 이것은 결국 20세기에 들어서서 천주교의 문화 사업이 개신교에 크게 뒤지게 된 결과로 나타났다.

마상백이 교회로 돌아왔을 때 중국 천주교 신자의 학문적 자질에 대해 깊이 고민했다. 그는 명말 청초 유럽 선교사의 성공은 그들이 오로지 학문에 의지했고, 학문을 이용하여 선교했기 때문이라고 했다. 그는 현재 중국에 온 선교사로 학문을 이용하여 선교하는 자가 거의 없으며, 수도생이 로마로 유학 가서 공부하고자 하는 자가 없음을 한탄하였다. 또한 현재 중국이 민주제로 정체가 바뀌었지만, 천주교 신자 중에 국회의원으로 선출된 자가 아무도 없고, 부현(府縣) 의원이 된 자가 아무도 없으며, 향(鄉)이나 시(市) 의원도 전혀 없다고 하면서 천주교가 중국 사회에 뿌리 내리기 위한 작업이 미약함을 지적하고 있다.58) 이러한 인식에 기반 하여 마상백은 염렴지와 함께 중국에서 천주교 대학의 창립을 위해 노력했다.

중국 천주교와 선교사에 대한 마상백의 우려는 많은 인사들의 동정

---

58) 「上敎宗求爲中國興學書」, 『馬相伯集』, 116쪽.

과 지지를 얻었다. 1919년 그는 북경의 천주교인들을 대표해 교황에게 선교사의 자질을 비판한 상서를 올렸다. 선교사가 언어 문자의 기본적 소질이 결여되어 있는 것 이외에 역사, 과학 등 지식 소양도 매우 빈약하며, 수도원 내에 중문 수준은 본래 높지 않았으며, 라틴문 수준도 매우 낮다고 하였다. 또한 천주교 역사도 강해하지 않으며, 과학은 더욱 논하지 않는다고 하였다. 그는 "현재 교회 밖 사람들이 종교 반대를 선언하고 있는 것 이외에 유럽과 미국에서 유학한 교육가, 역사가, 과학자 등이 번역한 유명한 서적이 천주교를 비판하고 있다. 그런데 선교사는 학문 수준이 높지 못해 이에 대처하지 못하고 있으니 어떻게 중국인을 계도하고 교회 일을 하겠는가?"59)라고 하였다.

중국 천주교 대학 설립의 주장과 동시에 마상백은 적극적으로 중국 신학생의 로마 유학 파견을 주장했다. 그는 중국 선교가 효과적으로 되려면 중국의 밖에서 재능을 빌려오는 것은 힘들고, 스스로 라틴문과 한문의 재능을 키우고 과학의 재능, 교회법의 재능을 키우기 위해 로마로 학생을 파견해 공부시켜야 한다고 주장했다.60)

마상백은 중국 천주교 인사와 연명하여 교황에게 서신을 보내어 중국 천주교 대학 설립을 요청하였다. 이후 이러한 서신은 교황청의 중국 천주교 토착화 추진에 큰 영향을 주었다. 마상백은 교회에 대한 호소 이외에도 직접 재산을 헌납하여 진단학원과 복단대학을 세우고 후에 천주교 대학인 보인대학의 창립에도 도움을 주었다.

4) 마태오 리치적 방법의 주장

마상백은 마태오 리치의 적응주의적 방법으로 중국에서 천주교가 뿌리내릴 것을 주장했다. 그는 중국인에게 쉽게 다가가기 위해 유가 경전을 이용한 천주교 교리의 설명을 주장했다. 그는 중국과 서양의

---

59) 「代擬≪北京教友上教宗書≫」, 『馬相伯集』, 362쪽.
60) 「致英華」, 『馬相伯集』, 343쪽.

언어 사이에 일종의 자연스럽고 이상적인 부합을 찾을 수 있다고 생각했고, 마태오 리치의 번역이 그 이상에 가장 근접해 있다고 보았다.

서양에서 전래된 종교는 중문 가운데서 그 상응하는 개념과 술어를 찾아야 하며, 논리적인 하나의 전제는 중국 고적 중에서 '상제'(上帝) 혹은 '천주'(天主)가 있다는 것이다. 설사 마태오 리치와 서광계가 고적 중에서 '제', '상제', '천', '주'를 찾았더라도 『천주실의』 내에서의 마태오 리치의 번역은 반대론자들의 지지를 받지 못했다. 반대론자들은 유서(儒書) 중의 '상제'와 그리스도교의 'Christ'가 반드시 구별되어야 한다고 생각했다. 1920년대 프랑스 『교무월지(敎務月志)』는 마태오 리치가 'Christ'를 직역 혹은 음역한 '아열화인'(阿悅華人)이라고 하지 않은 것을 질책했다. 마상백은 이에 대해 '상제'라는 한 단어로 그리스도교를 이단으로 몰아서는 안 된다고 했다. 사실 '천주'라는 단어도 유서에서 나왔기 때문이다.[61]

마상백은 중국인이 알아들을 수 있는 언어를 사용하여 진리를 설명해야 한다고 주장했다. 그는 '두찬(杜撰)의 신어(新語)'[62] 즉 새로이 단어를 만들어 내는 것은 무익하다 하여 반대하고 명·청 시대 유학화된 언어의 회복을 주장하였다. 그는 명·청 시기의 '보유역불'(補儒易佛)의 전통을 회복하여 유가문화를 근본으로 하여 천주교를 전파해야 한다고 주장했다.

마상백은 유가를 중국문화의 주체로 간주했다. 유가로 대표되는 중국문화가 보편적으로 인정되는 천주교의 진리를 해석할 수 있을까에 대해서 그는 "중국 언어도 초월성 진리를 설명할 수 있다"[63]고 대변하였다. 이를 위해 중국의 선교사들은 중국책을 더 많이 읽어야 하고, 중국의 풍속을 더욱 이해해야 한다고 하였다.[64]

---

61) 「書≪利先生行蹟≫後」, 『馬相伯集』, 222~225쪽.
62) 「致英華」, 『馬相伯集』, 339쪽.
63) 「學術傳敎」, 『馬相伯集』, 599쪽.
64) 「學術傳敎」, 『馬相伯集』, 600쪽.

또한 선교사는 최대한 중국의 풍속을 따라야 한다고 했다. 전통문화로 교의를 해석하는 것 이외에 선교 과정 중에도 전통 풍습에 대한 존중에도 주의를 기울여야 한다고 했다. 어떤 선교사는 중국인이 예의상 교제를 중요시하는 것도 모두 없애야 한다고 하는데, 마상백은 이러한 것은 절대로 천주교 선교의 도리가 아니라고 하였다. 해당 지역의 풍속을 고려해야만 선교 과정에서 장애를 덜 받으며 지역 사람들에게 쉽게 접근할 수 있을 것이라고 했다.65)

이상의 서술을 통해 마상백의 중국 천주교 토착화에 대해 살펴보았다. 마상백의 논리에 따르면 천주교가 이러한 토착화를 거치면 다시는 서양의 종교가 되지 않으며, 중국 사회로 융합되어 중국 고유의 것이 된다는 것이다.

마상백이 인생의 전반기에 예수회 신부이자 민족주의자로서의 내적 충돌을 겪었다면 그의 인생의 후반기는 정치, 교육, 종교 등 다양한 방면에서 동서 문화의 화합의 결과로 나타났다. 종교적 방면에서 보면, 그것은 중국 천주교의 토착화 운동으로 나타났다고 볼 수 있다. 비록 마상백은 여전히 서양의 선교정책 및 선교사의 잘못된 행동에 대해 끊임없이 질책했지만, 그는 교회를 떠나지 않았고, 이전과 같은 긴장과 모순도 존재하지 않았다.

4. 토착화 노력의 결실

마상백은 역사가 오래된 천주교 가정에서 1840년에 태어나 천주교 교육을 받고 자랐지만, 전통 유학 교육도 함께 받았다. 그가 태어났을 때에는 아편전쟁이 발발한 시기였다. 이제 천주교는 이전과는 달리 서구 열강의 힘을 업고 들어온 종교가 되었다. 서양 열강, 특히 프랑스의

---

65) 「致英貞淑」, 『馬相伯集』, 364쪽.

선교 보호권을 바탕으로 천주교 선교 정책에 변화가 발생하면서 마상백은 내면에서 문화적 충돌이 발생하게 되었고, 예수회를 탈퇴하게 되었다. 마상백은 어려서부터 동서 문화의 교육을 받았고, 양자는 이미 유전인자로 고정화되었다. 그러나 현실은 오히려 양자를 찢어놓았다.

서양 문화를 수입하여 낙후된 중국을 변화시키는 것은 청나라 말기 마상백의 시대가 명나라 말기 서광계의 시대보다 더욱 절실했다고 볼 수 있다. 마상백은 서광계와 마찬가지로 중국의 정치와 학계에 참여했을 뿐만 아니라 시대의 움직임에 많이 참여했다. 청말 사회가 점차 병들어가는 것이 명나라 말기의 상황과 매우 비슷한 측면에서 마상백은 서광계와 마찬가지로 매우 근심걱정으로 애를 태웠고, 세상의 모든 불합리한 현상에 대하여 분개했다. 그것이 마상백의 생애 전반기 '충돌'의 형태로 나타났던 것이다. 마상백이 인생의 전반기에 예수회 신부이자 민족주의자로서의 내적 충돌을 겪었다면 그의 인생의 후반기는 동서 문화의 '화합'을 천주교의 중국화로 이루고자 하였다. 1897년 그가 교회로 돌아온 후 그의 내면에 종교와 세속, 동서 문화는 충돌하지 않고 화합의 형태로 나타났다.

당시 중국 사람들은 천주교를 서양인의 종교 즉, '양교'로 간주했다. 천주교 및 외국 선교사의 '양(洋)'의 이미지를 바꾸기 위해서 가장 유효한 방식은 바로 천주교의 중국화이다. 마상백은 천주교의 '양교' 이미지를 바꾸기 위해서는 먼저 외국 선교사들이 중국의 국적을 취득해야 하고 중국어를 배워 중국어로 선교할 것을 주장했다. 또한 학문 선교를 주장하면서 천주교 대학 창립에 앞장섰으며, 마태오 리치의 적응주의적 방법으로 중국에서 천주교가 뿌리내릴 것을 주장했다. 마상백은 '양교'의 천주교가 토착화의 과정을 거치면 서양의 종교가 아니라 중국 사회에 융합되어 중국 고유의 종교가 될 것을 의심하지 않았다.

이후 마상백의 중국 천주교의 토착화에 대한 노력은 사회의 광범위한 동의를 얻었고, 교황청은 1922년 코스탄티니를 첫 교황 사절로 중국에 파견하여 중국 천주교 토착화 사업을 진행하였다. 1926년에는 교황 비오 11세가 로마에서 친히 6명의 중국인 주교를 축성하였다. 1930년대에 이르면 중국인 주교는 이미 23명에 달하고 중국인 신부는 1,600여명에 이르렀으며, 수녀는 3,600명에 달했고, 중국의 천주교 신자는 300만 명에 달했다. 1946년에는 전경신(田耕莘) 주교가 아시아인 최초로 추기경으로 임명되었고, 그 해에 마침내 중국에 교계제도가 설립되었다. 이후 중국이 공산화되면서 교황청과 외교 관계가 단절되었지만, 마상백은 중국 대륙과 대만에서 모두 중국 천주교 토착화 운동의 선구자로 평가받고 있다.

제2장 중국의 반그리스도교 치유에 앞장선 뱅상 레브 신부

1. 19~20세기 중국의 반그리스도교

중국은 19세기 말에서 20세기 초에 그리스도교의 강압적인 전래로 말미암은 반그리스도교 운동으로 큰 정치적·사회적 혼란을 겪었다. 아편전쟁 이래 서양 각국은 중국과 불평등조약을 체결하면서 정치·경제·사회·문화 각 방면에서 유교적 이념에 기반을 둔 중국의 전통질서를 와해시켜 나갔다. 특히 서양 각국과 체결한 조약에 그리스도교와 관련된 내용들이 삽입되어, 그리스도교 선교 활동은 불평등조약의 법률적 보호 아래 합법적 행위가 되었고, 조약체제 아래의 정교관계(政敎關係)는 몇천 년 동안 종교를 황제권력 아래 두었던 전통을 파괴시켰다.

그리스도교는 유교와는 전혀 다른 이질적인 종교이다. 그리스도교는 제도·교의와 의례 등에서 중국문화와 민족심리 그리고 사회전통과 현격한 차이가 있었다. 당시 중국인에게 이단종교는 사회불안을 조장하여 정치적으로 위험한 성격을 지닌다는 유교적 정통관념이 강하게 존재하고 있어서 그리스도교는 어느 방면보다 서양의 도전에서 가장 배척해야 할 대상이었다. 따라서 19세기 후반과 20세기 초까지 중국 전역에서 서양 그리스도교에 대한 반대 운동이 일어났다.1) 반그리스도

---

1) 1842년에서 1911년 사이 그리스도교를 둘러싼 각종 분쟁 즉, 교안(敎案)은

교 운동은 중국 사회 내에서 그리스도교 신자와 비신자 사이의 불신의 골을 깊게 만들었고, 향촌 지역사회 내에서 그리스도교 집단은 중국인들에게 제국주의의 '참호'와 같은 것으로 인식하게 만들어 중국 사회에 새로운 '중국 종교'로 뿌리내릴 수 없었고, 그들은 단지 서양 종교, 즉 '양교(洋敎)'일 뿐이었다. 당시 중국 내의 서양 선교사들은 제국주의 열강의 선교 보호를 받고 있었고, 열강의 보호 아래 그들은 중국 지역사회에서 새로운 기득권으로 등장하였다.

반그리스도교 운동은 1900년의 의화단 사건으로 대폭발하였고, 열강의 압력과 이에 굴복한 청 왕조는 그리스도교 반대 운동을 금지시켰고, 반그리스도교 운동은 점차 수그러들었다. 그런 반면, 그리스도교 내부에서는 점차 서양 제국주의의 보호 아래에서 벗어나 참된 그리스도교 선교와 운동을 펴고자 하는 사람들이 나타났다. 그것은 개신교 내부에서 시작되었고, 중국 사회를 그리스도교 신앙만이 아니라 문화·교육 등의 방법으로 중국을 변화시키며, 중국 문화와의 대화와 소통을 진행하며 그리스도교 신앙을 전파하기 시작했다. 천주교 내부에서도 선교 방법 등에서 변화가 나타나기 시작하며, '양교'가 아니라 '중국 천주교'로 변화시키는 작업들이 조금씩 나타나기 시작했다.

근대 이후 제국주의와 함께한 그리스도교는 중국인들에게 '타자'의 종교라는 인식으로 '기억'되었고, 신문화운동 이후 '타자'의 종교로 '기억'된 그리스도교에 대해 또 다른 형태의 반그리스도교 운동이 민족주의 사조의 고양과 함께 부활하여 1920년대를 휩쓸었다. 이 시기 중국인의 '기억' 속에 있는 '타자'를 중국 사회 속에 뿌리내리려는 많은 노력과 치유적 방법들을 선교사들과 중국 천주교 인사들이 진행하였다. 그 중에 대표적인 선교사가 벨기에 출신 뱅상 레브(Vincent Lebbe, 雷鳴遠) 신부이다.[2]

1998건에 달했다(趙樹好, 2001, 『教案與晚晴社會』, 北京: 中國文聯出版社, 247쪽의 부록3 晚晴教案簡表(1842-1911)에 자세히 수록되어 있다).

2. '타자'로서의 그리스도교

19세기 중엽을 경계로 그리스도교 선교 자유를 논한다면, 이전에는 선교사의 과학기술 지식을 바탕으로 황제 권력에 의탁하여 그리스도 교 선교를 허용받기도 했지만, 이후는 열강이 중국에게 강요한 불평등

---

2) 벨기에 출신 선교수도회 소속의 뱅상 레브의 중국 활동과 선교관에 대해서는 중국 천주교사 연구에서 의외로 주목받지 못한 면이 있다. 중국 대륙에서 보 자면, 그의 철저한 반공(反共)과 장개석(蔣介石) 정권과의 밀접한 관련성 때 문에 그런 것인지는 몰라도, 사실 그가 천진(天津)에서 주도하여 창간한 『익 세보(益世報)』 역시 『신보(申報)』 『대공보(大公報)』 『민국일보(民國日報)』 와 함께 중국 근현대에 광범위한 영향력을 가진 주요 전국적 신문임에도 불 구하고 가장 익숙하게 불리지 않는 것도 『익세보』가 자유주의 지식인들과 관 련이 되어 있으며, 종교적 인사가 창간했다는 것도 어느 정도 작용했을 가능성 이 크다(『익세보』과 관련하여 그에 대해 간단히 소개한 楊愛芹, 2009, 「<益世 報>創辦人雷鳴遠其人其事」, 『縱橫』, 第7期가 있으며, 보인대학의 설립과 관 련하여 레브 신부에 대해 다룬 것으로는 孫邦華, 2004, 「試論北京輔仁大學 的創建」, 『世界宗教研究』, 第4期가 있다). 대만에서는 일찍이 천주교 방면에 서 줄곧 그를 연구하였다(趙雅博 編著, 1990, 『雷鳴遠神父傳』, 台中: 天主教 耀漢小兄弟會 ; 曾麗達, 2004, 『雷鳴遠神父: 中國教會本地化的前驅－劃時 代的福傳方法』, 台中: 天主教耀漢小兄弟會 등). 국내에서는 뱅상 레브에 대 한 번역서가 제일 먼저 출판되었다. 이에 대해서는 고파르·소이에 편, 김정옥 역, 1990, 『뱅상 레브 신부 서간집』, 수원 가톨릭대학 출판부가 있으며, 선교 배경에 대한 평가와 내용 자체에는 정확성과 섬세함이 다소 부족하지만 여전 히 뱅상 레브 연구에는 가치 있는 저서로 평가받는 자크 르클레르 지음, 전경 자 옮김, 1994, 『멀리 울리는 뇌성: 뱅상 레브 신부의 생애』, 성바오로출판사 가 있다. 뱅상 레브 신부의 연구로는 필자의 논문이자 이 글의 모본인 최병 욱, 2010, 「20세기 초 중국의 反基督教에 대한 소통과 치유」, 『중앙사론』 32 와 최병욱, 2011, 「사회적 실천과 치유－뱅상 레브 신부의 예」, 『인문과학연 구』 30이 있다. 또한 신태갑의 일련의 연구논문과 이를 바탕으로 한 연구서 신태갑, 2017, 『중국을 사랑한 선교사 뱅상 레브 신부』, 선인이 있다. 최근에 는 뱅상 레브 신부의 증언록 자료들을 모아 한국어로 편역한 샤우완 겔루이 (Ch. Robert Guelluy) 편집, 김정옥 편역, 2018, 『뱅상 레브 신부의 중국 선 교 이야기』, 불휘미디어가 출판되었다.

조약의 산물로 얻은 특권이었다. 아편전쟁의 결과, 선교사는 치외법권을 향유할 뿐만 아니라 중국인에 대한 자유로운 선교 활동도 국제법적으로 보증받았다. 지리적 공간에서 보자면, 남경조약 체결 이후 선교사는 광주·복주·하문·영파 그리고 상해 등의 통상항구에 머물렀지만, 천진조약(1858)·북경조약(1860) 체결 이후 그리스도교, 특히 천주교는 중국의 광활한 내지로의 선교를 보장받았다. 내지 선교의 자유와 부동산조매권의 획득으로 천주교회는 중국에서 막대한 선교 이익을 얻었고, 이로 인해 지역사회의 강렬한 저항을 불러일으켰다.

유교문화의 영향으로 중국인은 일반적으로 자신의 토지와 건물을 유교적 가치와 전혀 다른 이단 종교를 설파하는 교회에 빌려주거나 팔려고 하지 않았다. 그러나 선교사는 선교 활동을 전개하기 위해서는 토지나 건물이 없으면 불가능하기 때문에 종종 몰래 구입하거나 강제로 임차하는 방식으로 자기의 목적을 얻으려 했다. 그러나 어떤 교회는 교통이나 풍수에 영향을 준다고 생각해 중국인들과 큰 충돌을 일으켰으며, 그리스도교 선교사가 내지에 들어가 토지를 조매(租買)하여 건물을 세운다는 사실만으로도 중국 지방 관리나 신사, 지방민에게는 큰 충격이었다. 특히 중국 내지에서 교회를 세워 정학(正學)이 아닌 그리스도교 이단을 유포하고, 고아원을 세워 보육 사업을 하며, 학교를 세워 그리스도교 교육 사업을 하는 것은 지방에서 그러한 자신들만의 특권을 유지했던 신사층에게는 큰 위협이었을 뿐 아니라 지방의 전통질서를 크게 뒤흔드는 일이었다.

천진·북경조약의 체결로 천주교의 내지 선교가 확대되는 과정에서 내지 선교의 기반이 되는 옛 천주당 및 관련된 건물이 프랑스 공사에게 반환됨으로써 프랑스가 선교의 주도권을 잡게 되었다. 이로써 프랑스는 사실상 중국에서의 천주교 선교에 대한 보호권을 얻게 되었다. 당시 중국 내지에서 선교하던 선교사는 대부분 천주교 선교사였고, 이들 중 다수는 프랑스 선교사였다. 옛 천주당의 반환 권리와 내지 부동산조매권은 대부분 천주교 선교사들이 가졌고, 당시 천주교 선교사들을 보호했던 국가는 프랑스였다. 이에 따라 근대 조약체제 아래 프랑스는 중국에서 그들의 선교 보호권을 확대해 나갔고, 이로 인해 많은 분쟁이 발생하였다.

그리스도교 선교가 내지로 확대됨에 따라 이제 프랑스를 비롯한 서양 열강의 보호 아래 서로 다른 신앙을 가진 중국인이 간단하게 '교인'과 '비교인'으로 구분되었고, 그리스도교 선교사가 항상 교인의 이익을 보호하고 지방 관리와 대등한 지위를 누리며, 그리스도 교회와 중국 사회의 관계가 항상 그리스도 교회와 청조 통치자 사이의 정치적 대립관계로 확대되었다. 따라서 당시 중국인들이 지칭했던 '양교'라는 칭호의 광범위한 사용은 바로 그리스도교가 '타자'로서의 정치·문화적 신분을 나타내는 것임을 상징한다고 볼 수 있다.

19세기 당시 사용했던 '양교'라는 칭호는 일반적으로 천주교에 많이 적용되면서 부정적 의미를 담고 있다. 당시 중국에서는 일반 민중들뿐만 아니라 신사층 사이에도 천주교가 고아원을 운영하면서 아이들의 눈과 심장을 도려낸다는 유언비어가 널리 퍼졌는데, 실제로 이러한 이유로 천주교에 반대하는 사건이 많이 발생했다. 청말 지식인 설복성(薛福成)은 "서양에 외교 사절로 나가보니 천주교인은 예수를 믿는데, 예수는 사랑을 중요하게 생각합니다. 천주교는 흑인노예를 금지하고, 아편을 금지하고, 사람을 학대하고 해를 끼치는 것을 금지하는데, 어찌 잔혹하게 눈을 파고 심장을 들어내는 짓을 벌이겠습니까. 이것은 잘못 알려진 사실입니다"[3]라며 천주교에 대한 중국인의 잘못된 인식을 비판했지만, 동시에 그는 "양교가 중국에 손해가 없음을 말한 것은 아니다"라고 하면서 천주교의 폐해에 대해 자세히 설명하고 있다. 여기에서 설복성은 '양교'를 주로 천주교로 표현하고 있으며, 천주

---

3) 「光祿寺卿薛福成奏陳處理敎案治本治標之計摺」(光緒17年8月6日), 『淸末敎案』 第2册, 490~491쪽.

교 비판의 의미가 담겨있다고 볼 수 있다. 또한 19세기 중엽 서계여 (徐繼畬)의 『영환지략(瀛寰志略)』에 보면 양교(洋敎)는 천주교, 서교 (西敎)는 개신교라고 지칭하고 있음을 알 수 있다.4)

19세기 불평등조약의 보호 아래 저돌적인 선교로 임했던 그리스도 교(특히 천주교)는 지역사회에서 교회를 짓고, 보육원을 운영하며, 지 역민을 교인화시켜 교인들이 지역사회의 의례적 행위에의 참여를 금 지시키고, 각종 소송문제에 개입하여 '교인'과 '비교인' 사이의 감정의 골을 깊게 만들었다. 그것은 중국인, 특히 지역사회의 유교 지식인들 이 보기에는 제국주의의 '참호'와 같은 것이었다. 당시 천주교는 이전 예수회 선교사들의 선교방법과 달리 사회 지배계층인 신사층에 대한 대화와 소통을 진행하기 보다는 하층민들에 대한 선교방법을 꾀하여 유교 지식인들과의 소통이 부재하였다. 게다가 유교사회인 중국에서 서양 선교사들이 주장했던 조상숭배 금지는 그리스도교와 중국 사회, 특히 유교 지식인과의 소통을 막는데 결정적인 역할을 하였다.

19세기 중엽 이래 유교 지식인은 그리스도교에 대해 멸시와 적대, 그리고 공포를 느꼈는데,5) 유교 지식인이 얘기한 그리스도교의 문제 중에서 지식인이 가장 증오하는 것은 교회가 중국인의 조상숭배를 반 대하는 것이다. 조상숭배 문제는 이미 청나라 초기에 의례논쟁의 핵심 이었다. 조상이나 공자에 대한 제사 문제는 천주교뿐만 아니라 개신교

---

4) 徐繼畬, 2001, 『瀛寰志略』 卷7, 「英吉利國」, 上海書籍出版社, 231·234쪽.
5) 만약 그리스도교에 대한 유교 지식인의 공포가 단순히 부풀려진 것이라고 한 다면 그들이 직접적으로 느끼는 그리스도교 충격은 무시할 수 없을 것이다. 왜냐하면 아편전쟁의 결과, 5개 항구를 개항한지 얼마 되지 않아 서양 그리 스도교의 영향을 받아 과거에 여러 차례 낙방한 농민 출신 지식인 홍수전(洪 秀全)이 남중국에서 태평천국운동을 일으켰기 때문이다. 조상의 위패, 민간 신앙생활 중의 신불(神佛)이 태평군의 회오리가 칠 때 모두 파괴되었다. 당시 청 왕조는 태평천국과 그리스도교(특히 천주교)를 동일시하고 있어서(『籌辦 夷務始末(咸豊朝)』, 卷11, 臺北: 國風出版社, 1963, 222쪽) 그들이 느끼는 그리스도교에 대한 공포는 상당히 위협적이었던 것이다.

선교사도 중국의 의례적 행위인지 아닌지에 대한 논쟁이 있었다. 청말, 마틴(Martin)을 대표로 하는 개신교 선교사는 각 선교회에 중국인의 조상이나 공자 제사에 대해 용인할 것을 호소했다. 1890년 상해 개신교 선교사 대회에서 이 문제가 의제로 토론되었는데, 마틴의 호소에 응한 사람은 극소수였다.6)

사실 천주교가 금하는 제사 의례는 중국의 지식인층, 즉 신사층과 천주교와의 소통을 막고 중국 사회 속에 천주교가 뿌리 내리는 데에 큰 장애가 된 것은 틀림없는 사실이다. 이러한 문제로 19세기 이후 중국 천주교는 아주 촌스러워지기 시작했다. 1851년 상해 주교회의가 중국 사제단 양성에 관해 결정을 내릴 때 선교사들은 "교회가 금하는 제사 의례에 관한 한, 학자에게는 유혹과 교만이 우려되므로 현지 출신 젊은 중국 사제들은 학위를 취득하지 않는 것이 좋다"7)는 다소 황당한 태도를 취할 수밖에 없었다.

당시 천주교는 중국 지식인층과의 교류보다는 중국 사회의 하층이나 빈궁한 백성에게 선교하는 정책을 진행하였다. 청말 중국에 온 개신교 선교사는 중국 그리스도교 고등교육의 발전을 중시하였다. 사실 이러한 것은 명말 청초 중국에 온 예수회 선교사 마태오 리치 등이 시도한 중국 상층 관료와 지식인에게 선교하는 책략의 직접적 계승과 발전이라고 할 수 있는데, 오히려 청나라 말기 서양 천주교 선교사들은 이러한 선교책략을 받아들이지 않았다. 따라서 중국에 고등교육기관을 설립하여 고급 지식인을 배양하는 중요성에 대해 인식하지 못하고 소학교와 교리학교를 그들의 학교운동방향으로 삼았다. 그리하여 천주교

---

6) W. A. P. Martin, The Worship of Ancestors – A Pea for Toleration, *Records of the General Conference of Protestant Missionaries in China*, Shanghai: American Presbyterian Mission Press, 1890, pp.619-631. "The Attitude of Christianity Toward Ancestral Worship", *Ibid.*, pp.631-654.

7) 클로드 쇠텐스, 김정옥 옮김, 2008, 『20세기 중국 가톨릭 교회사』, 왜관: 분도출판사, 35쪽.

도는 개신교도보다 많지만 '흘교자(吃敎者, rice christian)'과 불법적
교인만을 양산할 뿐이었다. 이러한 현상은 1920년대에 와서도 여전히
개선되지 않고 있었다.

중국의 첫 교황 사절이었던 코스탄티니(Celso Costantini) 주교도
이러한 문제에 대해 자신의 기억록에 적고 있다. 한 수도회의 원장이
코스탄티니 주교에게 말하기를, 천주교인은 소수의 예외적 상황을 제
외하면 그들의 교회 밖 중국 동포에 대해 어떠한 영향력도 없다고 볼
수 있다. 그들은 매우 가난하며, 인원수도 많지 않고, 그들의 언행도
불량하여 사람들은 천주교인들을 경시하고 있다고 했다. 더욱이 몇몇
하등의 사람들이 입교한 목적은 본래 프랑스 선교 보호권의 비호를 구
하려는 데 있고, 그 인품은 세상 사람들에게 좋지 않다고 하였다.[8] 또
한 산해관(山海關)의 본당 신부가 코스탄티니에게 얘기하기를, "저의
일은 성내(城內)에 한정되어 있으며, 저는 그곳 신사와는 왕래가 없습
니다. 나의 신자는 모두 빈궁계층에 속합니다. 저는 신자들을 훈련시
켜 교회 밖의 사람의 모범이 되기를 희망합니다. 실제로 신자는 기타
사람들보다 못합니다. 또한 산촌의 몇몇 신자는 폭력을 일삼고 감히
경찰을 공격합니다. 이로 인해 그들은 경찰이 부과한 세금을 거부하고
있습니다"[9]라고 하였다.

당시 대다수 서양 선교사들은 제국주의자들과 마찬가지로 중국을
반식민지로 보았다. 일단 중국에 온 후에는 중국의 명승고적을 관광하
지도 않고, 또한 중국의 문물제도를 공부하지도 않았다. 게다가 원로
선교사들의 전통적 편견과 더불어 선교사들이 직접적으로 접촉한 인
물과 환경이 단지 궁벽한 향촌의 우매한 촌부와 각종 비위생적인 환경
만을 보았다. 그들은 이미 복잡한 색안경을 쓰고 중국에 대해 어떠한

---

8) 剛恒毅(Celso Costantini), 1980,『零落孤葉:剛恒毅樞機回憶錄』, 臺北: 天主
   敎主徒會, 56쪽.
9) 剛恒毅(Celso Costantini), 1978,『在中國耕耘(下):剛恒毅樞機回憶錄』, 臺北:
   天主敎主徒會, 118~119쪽.

호감을 가지지 못했다. 선교사들은 스스로 우수민족이라 여기고 높은 자존감을 가지고 있었다. 사정이 이러한데, 어떻게 천주교를 중국에 전파하겠는가? 단지 천주교를 지킬 수 있을 뿐이며, 본당에 앉아 있을 뿐이고, 몇몇 가난한 사람들이 교인으로 증가할 수 있을 뿐이다.

근현대 중국의 서양 그리스도교는 중국인, 특히 중국의 지배층에게 거대한 트로이 목마와도 같았다. 그들 눈에는 그리스도교가 정복 말고는 다른 것이 없어 보였다. 명·청 시기의 예수회 선교사와는 달리 19세기 중엽 이래 들어온 그리스도교, 특히 천주교는 열강의 선교 보호권의 보호 아래 유교 지식인들과의 대화와 소통을 하지 못한 채 단순히 가난한 이의 종교를 표방하면서 시골 공동체의 모델만을 추구해 왔기 때문에 지역사회에서 '교인'과 '비교인'의 단절을 꾀하고, 중국 사회에서 타자로서 고립되어 왔다. 중국 문화에 대한 선교사들의 무지와 제국주의적 모습은 교회 내 중국인들에게도 생경하고 수용하기 어려운 문제로 다가왔다. 20세기에 와서도 선교사들은 중국어 하나 제대로 해결하지 못하고, 경직된 선교 조직은 20세기 민족주의와 반제국주의의 상징인 새로운 엘리트와 전혀 만날 준비가 되어 있지 않았던 것이다.

3. 레브 신부의 치유적 활동

20세기 벽두에 일어난 의화단 사건이라는 엄청난 국가·사회적 희생을 치른 다음에야 천주교 내부에서도 자기성찰이 나오게 되었지만, 당시까지만 하더라도 이러한 반그리스도교 정서와 사회적 폐해를 치유하고자 했던 천주교 내부 인사는 극히 한정적이었다. 천주교 내부에서는 중국인 천주교 신자가 먼저 19세기 말부터 천주교 내부 개혁에 앞장 선 사람들이 있었다. 바로 마상백(馬相伯)과 영렴지(英斂之) 등이다. 그들은 먼저, 중국 천주교회의 정책을 적극적으로 비판하였다. 그들은 천주교회가 중국 고등교육의 발전에 관심을 기울이지 않는다면서 교황에게 천주교 대학의 설립을 요청하였다. 영렴지와 마상백은 1912년에 "북경의 상황을 보면, 우리 천주교만이 오로지 대학과 중등 교육기관이 없으며, 단지 프랑스어 학교가 있으며 학업을 마친 후에는 프랑스인에 의지하여 생계를 도모할 수 있을 뿐이다. 청 왕조가 경사 대학당(京師大學堂)을 우리 선교사에게 위탁했는데, 이를 거절하여 개신교가 대체하였다"10)라며 통탄하였다.

영렴지·마상백 등 중국 천주교 인사가 천주교회의 정책에 대해 강렬히 비판하고 있을 때, 중국에 온 절대 다수의 서양 천주교 선교사는 그렇지 않았다. 그래도 개별적으로 서양 선교사가 천주교회의 행태에 대해 비판을 하고 반성을 하였다. 벨기에 국적의 선교수도회 소속 선교사 뱅상 레브가 전형적인 인물이다. 1877년 벨기에 강(Gand)에서 태어나 1940년 중국 중경(重慶)에서 사망한 레브 신부는 새로운 선교 방법을 늘 열린 마음으로 실천하고자 했다. 그는 중국 교회가 참으로 중국적인 교회가 되어야 함을 교회 장상(長上)들보다 먼저 알고 그것을 위한 투쟁에 온 삶을 바쳤다.

독실한 천주교 집안에서 자란 뱅상 레브는 18세가 되던 해에 파리의 선교수도회에 입회하여 정식으로 수도 생활을 시작했으며, 마음은 줄곧 중국 선교에 있었다. 수도 과정 중 지적 탐구에 몰두한 그는 건강이 쇠약해져 잠시 로마로 휴양을 가게 되었다. 그곳에서 그는 북경에서 선교하다 교황청에 온 선교수도회 선교사 파비에(Favier) 주교를 우연히 만났고, 파비에 주교에게 중국 선교를 가도록 요청해 수도회 장상들의 동의를 얻은 후 1901년에 파비에 주교를 따라 중국에 왔다.11)

레브 신부가 1901년 3월 천진(天津)에 도착했을 때, 그가 목격한 것

---

10) 「上敎宗求爲中國興學書」, 方豪 編, 1972, 『馬相伯先生文集』(上智編譯館, 1947 影印本), 臺北: 文海出版社, 22쪽.

11) 뱅상 레브 신부의 전반적 생애에 대해서는 자크 르클레르, 1994와 클로드 쇠텐스의 「뱅상 레브 신부의 생애」(『뱅상 레브 신부 서간집』, 7~19쪽에 번역 수록)를 참고함.

은 의화단을 진압하기 위해 파견
된 8개국 연합군이 휩쓸고 간 후
의 참상이었고, 그는 서양 열강의
이러한 행위에 대해 "우리 군대는
피 방울과 부도덕한 악으로 얼룩
진 긴 자국을 남기고 있다. 그들은
교회 밖의 사람들로 하여금 경악
케 했고, 교회 밖의 사람들도 그런
일은 차마 저지르지 못할 일이라
고 신자들에게 항의할 정도로 행
동했다"12)고 불만을 표시했다.

뱅상 레브 신부(1877~1940)
(출처 : 국제가톨릭형제회
[AFI-김정옥 선생님] 제공)

당시 중국 천주교는 프랑스의
천주교 보호권을 누리고 있었다.
그뿐만 아니라 의화단 사건 당시
자행된 수많은 선교사와 신자들의 학살에 대한 거액의 보상금을 신청,
이를 청 왕조로부터 받아냄으로써 물질적으로도 많은 혜택을 받아 같
은 기간에 중국의 많은 지역에서 집단세례의 결과도 나타났다. 보통
자기를 별로 표면에 드러내지 않는 중국인들 눈에는, 특히 신사층과
같은 사회지도층 인사들이 보기에 이러한 선교 보호권 제도는 그리스
도교의 이국적 성격을 부각시킬 뿐 아니라 이를 추종하는 신도들까지
자기 모국 사회에서 소외시키고 있는 것으로 느껴졌다. 중국에 온 뱅
상 레브는 의화단 사건의 잘못은 대부분이 유럽 사람들 때문이라고 생
각했고, 잘못 인식된 교회의 제도는 중국 신자들로 하여금 '자국 내에
서 이방인'이 되게 하고 있다는 사실을 깨달았다.13)

레브 신부는 1901년 10월 28일 사제로 서품되었다. 그는 사제 서품

---

12) 『뱅상 레브 신부 서간집』, 53쪽.
13) 『뱅상 레브 신부 서간집』, 194~195쪽.

전날 쟈를랭(Jarlin) 주교를 찾아가 다음과 같이 직언하였다.

> 솔직히 말씀드리고 싶은 것은 제가 보고 듣는 것 모두가 저를 불쾌하게
> 만들고 놀라게 하며, 분개케 하고 있습니다. …… 복음에 대한 초석이 빠
> 져 있는 것 같고, 방법도 근본적으로 잘못되어 있어 실패하기 좋게 되어
> 있는 듯합니다. …… 우리 교구들은 마치 반(半)식민지와 같습니다. 우리
> 는 이 국민들 밖에 있고, 또 그 안에 '들어갈 수도' 없습니다. 일단 들어가
> 고 나면 다시는 빠져 나올 수 없는, 자신도 모르는 사이 전체를 부풀게 해
> 주는 밀반죽의 효소가 되는 대신에 우리는 가구에 붙은 겉 장식처럼 돼
> 버린 것입니다. …… 저의 견해를 명백히 해 드리기 위해 며칠 전 제가 목
> 격한 것을 주교님께 말씀드리겠습니다. 매산(煤山) 공원에 산책을 갔을 때
> 황제의 정자에 올라 북경 시가지를 내려다보니 조화되지 않은 채 풍경을
> 망치고 있는 건물이 보였습니다. 그것은 북당(北堂)이었습니다. 집의 건축
> 양식이나 색상, 배치, 특히 '대성당' 등 모든 것은 중국과 어울리지 않는
> 낯선 것들이었습니다. …… 북당을 향하고 있었을 황후의 시선은 불신과
> 고통의 시선이요, 무기력에 대한 분노의 시선입니다. 저기 대포의 힘을 빌
> 려 외국인들이 이 나라에 와서 차지한 소굴이 내 눈앞에 보이고 있구나라
> 고 말이죠. …… 영국이나 이탈리아 사람들이 들어와 있는데 그들이 우리
> 주택을 차지하고 있고, 교회들을 건축하고 있으면서 먹고 입는 것은 그들
> 식으로 하고 있다, 게다가 말은 10명중 9명은 할 줄 모르거나 서툴거나,
> 아니면 읽을 줄도 쓸 줄도 모른다고 할 때, 주교님께서는 그들이 만일 그
> 때 그들 본국에서 무력으로 그걸 강요한다고 할 때 그것은 정부와 모든
> 백성들의 원한과 반항의 요소가 되리라는 걸 상상하실 수 있으실 것입니
> 다. ……14)

그는 쟈를랭 주교에게 사제 서품을 앞둔 시점에서 이처럼 미묘한
얘기를 하여 주교의 심기를 건드렸지만, 그는 이때에 중국 내에서의

---

14) 『뱅상 레브 신부 서간집』, 60~62쪽. 이 서간은 근신 명령을 받고 중국 남부에
　　가 있던 레브 신부가 그의 친구인 코타(Cotta) 신부를 위해 중국에 도착했을
　　당시 초기 생활에 대한 추억을 기록한 것으로 1917년 9월 8일에 소흥(紹興)
　　에서 기록한 것이다. 인용한 편지의 내용 중 일부는 필자가 요약하였다.

이러한 잘못된 점을 단순히 받아들이는 것이 아니라 다른 사람들의 잘못을 자신이 고쳐줄 수 없다고 한다면 적어도 그들 뒤를 따를지는 않을 것이라고 다짐하였다.15) 그의 신념은 바로 행동에 옮겨졌다. 1905년 탁주(涿州)에 지구장으로 부임되어 첫 번째 한 일은 천주당에 걸려 있는 프랑스 국기를 내리고 중국의 용 깃발을 바꿔 달은 일이다. 다음 해 그는 천진에 와서도 마찬가지로 천주당의 프랑스 국기를 내렸는데, 이것은 중국의 천주교회임을 보이기 위한 것이다. 뱅상 레브는 1902년 9월 그의 아우 로베르에게 보내는 서신에서 다음과 같이 말하고 있다.

> 네가 만일 여기로 오겠다면, 제일 먼저 네 마음과 머리에 준비해 둘 것은 네가 이곳에 오는 것이 오직 그리스도와 교회를 위해 오는 것이라는 것, 그 외의 다른 목적이 있을 수 없다는 점을 명심해 두어라. 특히 많은 애국 선교사들처럼 십자가와 국기(國旗)를 꽂으려고 오겠다는 생각은 아예 하지도 말라. …… 만일 네가 프랑스 이방인들에게 선교한다면 어떻게 할 것인지 생각해 보라. 그들에게 자기 나라에 대한 반란이나 배반을 가르치겠느냐? 복음과 더불어 벨기에에 대해 복종하라고 가르치겠느냐? 그렇게 된다면 프랑스 정부는 그리스도교를 박해할 것이고, 벨기에 정부는 그것을 보호하려 할 것이 분명하겠지. 여기 와 있는 모든 유럽 국가들은 종파심 때문에 천주교를 적대하는 경향이 있는 반면 중국 정부는 단지 정치적인 이유 때문에 우리를 적대시하고 있다.16)

당시 대다수의 천주당에는 프랑스 깃발이 걸려있고, 중국 깃발을 불허하였다. 이것은 무형 중에 사람들에게 천주교는 프랑스 국가의 종교라는 것을 알려주고 있다. 레브 신부는 당시 이러한 사실을 알고 이를 개선하기 위해 많은 노력을 했지만, 오히려 당시 천주교 장상들은 이를 받아들이지 않았다. 당시 중국의 서양 선교사는 자신들의 조국을

---

15) 『뱅상 레브 신부 서간집』, 63쪽.
16) 『뱅상 레브 신부 서간집』, 77~78쪽.

사랑했지만, 중국인이 애국하는 것을 허락하지 않았다. 한 중국인 신부의 경험담을 통해 이를 확인해 보자.

> 내가 기억하기에, 민국 17년 노안(潞安) 교구 묘기수(苗其秀) 주교가 주교 서품을 받을 때에 특별히 분양(汾陽) 교구의 진국지(陳國砥) 주교[중국인 주교] 및 정정(正定) 교구의 문(文) 주교[네덜란드인 주교]를 초청하여 주교 서품식에 참가하게 했다. 그런데 당시 두 주교의 환영 행사에 서로 다른 결정이 내려졌다. 진국지 주교는 로마에서 교황 비오 11세가 친히 주교 축성을 한 첫 번째 중국인 주교 6명 중의 한 사람으로[교회법에 따르면 당연히 우선 지위가 있다] 우리 수사(修士)들은 모두 기뻐하며 밖으로 나가 환영할 것을 요구하였다.[교우 신부들이 모두 도시로 나가 환영했기 때문이다] 그러나 주교는 허락하지 않았고, 심지어 진국지 주교의 사진을 거는 것조차 용납하지 않았다. 반대로 문 주교의 왕림 시에는 주교는 우리들에게 도시로 나가 환영하도록 했다. 왜 이러한 일이 발생했는가. 서양 선교사는 자기 국가의 주교를 사랑하는 것을 허락하고 우리들이 중국인 주교를 사랑하는 것은 불허하는가. 이렇게 하면 사람들을 어떻게 따르게 하겠는가. 하물며 진 주교는 원래 노안 교구 사람으로 이번의 방문은 소위 금위환향인데, 어찌 기뻐하지 않을 일인가?[17]

뱅상 레브는 중국인 천주교 신자 역시 유럽과 아메리카 교인들과 '똑같은 양상'의 애국자가 될 권리와 의무를 가지고 있으며, 서양 선교사들은 유럽과 아메리카 사제들과 똑같이 행동하고 말해야 한다고 주장했다. 뱅상 레브는 진정한 애국심이 여러 유럽 교회에서 환영받을 수 있고 또 환영받고 있는 것이라면 그 또한 중국 교회에도 필요한 것이라고 보았다. 그것이야말로 천주교가 중국인 안에서 뿌리를 내리고 대중들을 교회의 품안으로 이끌어 들이기 위한 필수적인 인간 조건의 하나라고 주장했다.[18] 레브 신부는 중국인 사제단 양성에 많은 관심을

---

17) 趙賓實, 1965, 「讀「雷鳴遠神父傳」後的我感與回憶」, 『恒毅』第14卷 第11期, 臺北: 天主敎主徒會 恒毅學社, 22쪽.
18) 『뱅상 레브 신부 서간집』, 178·184쪽.

기울였다. 그는 모든 선교사가 어느 국가에 가던지 그 나라 사람이 되어 동서를 나누지 않고, 종족을 나누지 않고, 각처에 복음을 전해야 하며, 모두 현지인이 현지 교회를 관리하도록 해야 한다고 하였다.[19]

레브 신부는 1906년 천진에 지구장으로 임명되었다. 새로 부임한 북경의 샤를랭 주교는 그에게 순수한 종교 활동만 하도록 종용했지만, 그는 처음부터 중국인 관리들과 접촉하였고, 동시에 중국의 풍습 등을 익히고 중국의 고전 연구에 매진하였다. 중국화에 도달하기 위해 그는 일단 자신을 중국화하기 시작했다. 천진에서의 선교 시기에 그는 중국어를 쓰며 현지인과 소통하였고, 항상 중국 전통문화를 익히고자 노력했다. 심지어 철저한 중국화를 위해 복식과 의례 방면에서도 중국인을 모방했다. 예를 들어 물담뱃대를 이용하여 흡연하고, 손톱을 길게 기르고, 변발을 하고, 외출할 때 가마를 타고 가고, 중국 복장을 입고, 젓가락을 이용하여 밥을 먹는 등등의 행동을 하였다. 그의 방은 선장본과 서화, 그리고 자기가 장식된 중국식으로 배치되었다. 한마디로 그는 중국화된 양인이었다.[20]

그는 또한 외형적으로만 중국인과 중국 사회에 융합하려고 한 것이 아니라 진정성을 가지고 다른 천주교 선교사와는 달리 중국인을 대하고, 동등한 자격으로서 교인들을 대하고자 했다. 천진 천주교 주교 축성의 어느 날, 레브 신부는 술자리를 준비해 교회의 지도자를 초청하였다. 모두가 모였는데, 누구도 감히 앉지를 못했다. 지금까지의 규정에 의하면 외국 신부가 식사할 때 일반 신자는 곁에 서 있었기 때문이었다. 뱅상 레브는 간곡히 모두에게 착석하기를 청했다. 후에 레브 신부의 기억에 의하면, 연회석상에서 영렴지가 울면서 말하기를, 이제 중국 교회는 새로운 기원을 열었고, 우리들은 오늘에서야 중국 천주교회가 어떻게 될 지를 알았다. 진실로 다른 시대라고 하였다.[21]

---

19) 『뱅상 레브 신부 서간집』, 184~192쪽.
20) 楊愛芹, 2009, 43쪽.

1918년, 천진에서 『익세보』를
들고 있는 레브 신부
(출처 : 국제가톨릭형제회
[AFI- 김정옥 선생님] 제공)

레브 신부는 종교적인 활동 이외에도 사회적 실천으로 중국 사회와 융합하려고 시도했다. 그는 문화 사업에 열중했고, 영렴지가 창간한 『대공보(大公報)』에도 참여했고, 천진에서 교회학교, 법정연구소, 신문의 창간에도 참여했다. 1915년 중국과 일본이 21개조 조항을 체결했다는 소식이 전파되자 뱅상 레브는 5월 23일에 구국 저금대회를 발기하여 신도들에게 구국을 호소하고, 21개조 조항에 반대하였다. 레브 신부는 사회개량을 선전하고 중국인의 민족의식을 증진시키기 위해 1915년 10월 1일에 『익세보』를 창간하였다. 당시 천진의 다른 큰 신문이 조계에 신문사를 설치한 것과 다르게 신문의 민간성과 독립성을 강조하고, 『익세보』가 외국 지배의 신문사라는 오해를 방지하기 위해 조계지 밖에 신문사를 설립했다.22) 신문·잡지 등의 출판문화 사업을 통해 중국 사회와 소통하려고 했던 것이 레브 신부의 선교 특징이었다.

레브 신부는 천주교의 사회적 소외를 타파하기 위해 천진의 상류 사회와 접촉했다. 그는 열렬한 전교 권유로 마음을 비운 상태에서 사회적 진보와 민족적 일치를 목적으로 협력할 모든 기회를 이용했다. 그러는 사이에 사회·자선·학술 단체 등에서 발언권을 가지게 되었고, 바

---

21) 顧衛民·楊國强, 1995, 「二十世紀初期在華天主敎會的中國化」, 『檔案與史學』, 第5期, 51쪽.

22) 楊愛芹, 2009, 43~44쪽.

로 그 단체들에 천주교를 소개했다. 1911년부터는 강의 프로그램도 개설하여 다른 협력자들과 함께 교리를 가르치며 다양한 계층과 대화를 나누었다. 그 지역 선교사와 중국 사제들이 그를 따랐다. 그 결과, 전에는 이국적이고 위험한 이단종교로 여겨지던 천주교가 사회 현실 안에 공존하기 시작했고, 교회가 엘리트들을 통해 더욱 인정받게 되었다.[23]

천진에서의 선교 활동 중 사람들에게 가장 깊은 인상을 준 것은 레브 신부가 '노서개(老西開)' 사건 중에 프랑스인에게 공개 대항한 것이었다. 노서개는 천진시 외곽에 위치한 중국인 소유지로, 1912년 부임한 천진 감목 대리가 대성당과 주교관을 짓기로 한 곳이자 프랑스가 거류지 확장에 탐내던 곳이기도 하다. 프랑스 경찰이 그 땅의 단계적 유용을 허가했다는 언질이 프랑스 영사와 선교수도회 재정 담당자 간에 오갔다. 그런 상황은 결국 중국인 소유주들과 도시 고위 당국자들의 항의를 유발시켰다. 교구장 뒤몽 주교(Mgr. Dumond)는 선교사들의 중립을 지시했다. 뱅상 레브는 프랑스 공사에게 다음과 같은 서신을 보냈다.

> 천진에서 프랑스 영사께서 프랑스 조계를 확대시키려고 하십니다. …… 중국 정부의 반대에도 불구하고 대립해 가며 실현해서는 안 된다고 봅니다. 중국 측의 혐오와 고통을 이해하려면 우리가 수년전 독일에게 콩고를 양도했을 때에 느낀 바를 생각해 보면 될 것입니다. …… 프랑스가 여기서 얻을 이득이 안 보입니다. 만일 모든 나라들이, 그리고 프랑스가 다른 나라들과 더불어 교육사업이나 출판사업, 자선사업 등에 필요한 자금을 후원해 준다면, 오로지 이들 자국과의 친화를 도모하기 위해 정신적인 기여를 해 준다면, 그 얼마나 좋고 정당한 일이 되겠습니까! 공사님, 이 작은 땅덩이에 대한 권세가 후일 프랑스에 초래될 저주를 야기시킨다는걸 아시겠습니까? 그 영향은 막대한 실추를 낳게 될 것입니다.[24]

프랑스 공사는 이 말에 크게 화를 내었고, 뒤몽 주교를 위협했다.

---

23) 클로드 쇠텐스, 2008, 103쪽.
24) 『뱅상 레브 신부 서간집』, 129~130쪽.

프랑스에 대한 저항의 상징이었던 레브 신부는 이로 인해 강제로 천진
을 떠나게 되었다. 그러나 사건은 결코 끝나지 않았다. 1916년 10월
프랑스 군대는 갑자기 노서개에 진주하였고, 동시에 프랑스 정부는 중
국 정부에 외교각서를 보내 노서개 30여무 토지를 프랑스 조계로 한
다고 통보했다. 천진교구의 고위 성직자들은 프랑스의 행동을 지지하
는 성명을 내었다. 뱅상 레브는 그의 친구 코타(Antoine Cotta) 신부
에게 편지를 보내어, "내가 만약 평민이라면 내가 가진 모든 걸 팔아
당장이라도 대포와 총알을 사고 싶다. 그리고 노서개에 가서 죽고만
싶다. 하지만 나는 사제, 우리는 한 형제니 악(惡) 앞에 입을 다물고
있느니 보다는 로마에 가서 죽기로 또 한 번 맹세하자. 문제는 승리에
있지 않고 투쟁하는데 있다. 우리의 심장이 뛰고 있는 한 투쟁은 계속
될 것이다"25)라며 분노를 감추지 않았다.

1918년, 레브 신부(오른쪽)와 그의 평생 동지인 코타 신부
(출처: 국제가톨릭형제회[AFI- 김정옥 선생님] 제공)

---

25) 『뱅상 레브 신부 서간집』, 150쪽.

그의 건의 하에 천진의 애국 인사들이 조직하여 프랑스 조계의 전면적 노동자 파업과 파시(罷市)를 하였고, 경제적으로는 프랑스 화폐를 통제시켰다. 공공기관, 전기 공장에서 근무하는 중국 직원은 모두 출근을 거부했고, 상인은 장사를 하지 않았고, 노동자는 일을 하지 않고, 경찰은 순시를 하지 않았으며, 프랑스 가정의 고용인은 전부 사직하여 조계는 재앙에 빠졌다. 강대한 사회적 압력 하에 프랑스 공사는 프랑스에 소환되어 귀국했고, 대리공사가 노서개의 토지 반환을 허락했다.26) 불안전한 6개월이 지난 후, 선교수도회 장상들은 뱅상 레브 신부를 중국 남부로 보냈다. 천진의 다른 선교사와 사제들도 모두 전출되었다. 교회 당국으로 보자면 이것은 일종의 징벌이었다. 결국 그는 이 사건 때문에 천진을 떠나게 되었고, 교회 장상들은 그의 천진 귀환을 일생동안 거절했으니, 이는 1927년 레브 신부가 중국 국적으로 귀화하여 천진 시민권을 얻을 때까지 계속되었다.

노서개 사건은 결코 종교 사무에 속하는 것이 아니지만 이로 인해 촉발된 것은 오히려 천주교 내부의 불일치였다. 천진을 떠난 레브 신부는 코타 신부와 지속적으로 중국 교회 내의 서양 선교사들의 잘못된 인식과 행태에 대해 서신을 주고받았으며, 코타 신부는 중국 교회 내의 불공정에 대해 교황청에 진정서를 제출함으로써 진정한 중국적인 교회 설립에 관한 보다 광범위하고 신중한 문제를 이끌어냈다. 후에 그것은 1919년에 발표된 선교사에 관한 유명한 회칙인 <막시뭄 일룻>(Maximum Illud)의 초고에 결정적인 원천을 제공해 주었다.27) <막시뭄 일룻>에서 지적하기를, 외국 국적 선교사는 현지의 신부, 인민과 연계하여 소통을 강화해야 한다고 했으며, 선교 중에 현지의 문화와 사회에 적응해야 한다고 했다. 동시에 회칙은 이국에서 하느님을

---

26) 顧衛民·楊國强, 1995, 51~52쪽.

27) 교황청에 전해진 코타 신부의 비망록과 <막시뭄 일룻>의 회칙을 비교해 보면 비망록이 <막시뭄 일룻>에 근본적인 원천을 제공했다는 것이 분명하게 확인된다. 내용도 아주 유사하고, 때로는 표현까지 동일하다(클로드 쇠텐스, 2008, 111쪽).

위해 복음을 전파하는 사람은 부모 나라의 이익과 영광을 교회의 아래
에 두어야 한다고 하여 당시 교회 중의 식민주의 경향을 반대했다.28)

1925년, 유럽에서의 레브 신부와 중국 유학생들
(출처 : 국제가톨릭형제회[AFI- 김정옥 선생님] 제공)

　노서개 사건으로 사실상의 유배형에 처해진 레브 신부는 1917년 중
국 남부로 보내졌고, 영파(寧波)의 레노(Reynaud) 주교로부터 『교구
사상 비망록』을 받았는데, 엄격한 어조로 기록된 이 비망록은 레브 신
부의 기본적 입장을 단죄하는 것이었다. 이에 뱅상 레브는 레노 주교
에게 보내는 서신에서 중요한 세 가지 견해를 밝혔다. 첫째, 중국인의
애국적 행동을 지지한다. 둘째, 중국 국적의 성직자를 주교로 승진시
킨다. 셋째, 프랑스 선교 보호권을 폐지한다. 아울러 중국과 교황청과
의 직접적 외교 관계를 주장했다.29) 레브 신부의 이러한 주장은 여러
경로로 교황청에 전달되었고, 코타 신부의 진정서와 함께 1918년 7~8

────────────

28) 「敎宗本篤十五世通牒」, 『馬相伯先生文集』, 225~241쪽.
29) 『뱅상 레브 신부 서간집』, 176~202쪽.

월 북경 주재 교황 공사관의 설치 계획이 프랑스의 거부로 실패로 돌아간 후 교황청의 결정적인 중재를 가능케 해 주었다. 1919년에서 1920년까지 교황청 당국자의 중국 선교지 사목방문, 현대 선교의 자유 헌장 <막시뭄 일룻>의 반포, 3년 후 교황 사절 코스탄티니 파견 등이 실현되었다.

1920년부터 1927년 2월까지 유럽에 나가 있던 레브 신부는 수백 명의 중국 유학생들을 위해 자신을 아끼지 않았다. 학생들의 요구에 따라 유럽 곳곳에 학교와 숙소를 알선해 주고 학비까지 조달해 주는 등 광범위한 활동을 하였다. 당시 레브 신부가 내건 슬로건은 '중국은 중국인들에게' 스스로 발전시키도록 맡기고, '중국인들은 그리스도께' 로 이끌어야 한다는 것이었다. 그는 1921년 로마에서 포교성성 장관을 접견하여 중국인 주교단의 적격자로서 중국인 신부들의 명단을 건네주었고, 이어서 교황 베네딕도 15세를 알현하여 격려를 받았다. 그가 포교성성 장관에게 추천했던 4명의 중국 신부 중 3명이 1926년 주교 서품을 받게 되었다.[30]

중국 주교의 성성은 중국에서도 대단히 영광스러운 일이었다. 서양 세력들에 관계되는 한, 아직도 '불평등조약'의 시대는 끝나지 않았는데, 중국인들에게 서양인들과 동등한 수준의 공적 지위를 부여한 최초의 세력은 교회였기 때문이다. 많은 중국인들은 중국인 주교 예정자들이 로마로 떠나기 전에 배를 타기로 한 상해에 이르는 도로를 따라 길게 늘어서서 열렬한 박수를 보냈고, 중국 식민지가 존재했던 항구에서마다 엄청난 환대가 그들을 맞이했다. 중국인 주교 서품식은 중국의 그리스도교 역사뿐만 아니라 세계 그리스도교 역사에서도 큰 의미있는 사건이었다. 그것은 성 바오로가 유대교의 배타주의를 분쇄하고 이방인들에게 교회의 문을 열어주었던 그날 이래 이것이 가장 중요한 사건으로 판명된다고 하여도 놀라운 일은 아닐 것이다.[31]

---

30) 『뱅상 레브 신부 서간집』, 236~246쪽.

1927년 중국으로 귀화한 뱅상 레브 신부의 귀환은 일부 서양 선교사들 사이에 오랫동안 거부 운동을 일으키게 했다. 이러한 반대 기운은 교황 사절 코스탄티니도 이미 감지하고 있었다. 코스탄티니는 중국에 온 이후 레브 신부와 코타 신부에 대해 중국 천주교 내에서 반대하는 기운을 느꼈으며, 그들이 로마에 청원서를 써서 몇몇 선교방법을 보고하였고, 중국인 현지 주교의 서품을 희망했다는 것을 잘 알고 있었다.32) 코스탄티니는 1924년 교황의 지시에 따라 상해에서 중국 첫 지역 공의회를 개최한 후에 뱅상 레브를 아는 천진의 한 교회 밖 인사를 만났다. 그 인사는 뱅상 레브가 중국을 매우 사랑하는데 외국에 나가 있어 안타깝다고 하며 그가 하루 빨리 돌아오기를 희망하였다. 또한 다음 날 한 선교사가 코스탄티니를 찾아와 뱅상 레브는 외국 선교사의 정치적 태도와는 반대로 '중국은 중국인에게'라고 얘기하고 있다는 얘기를 들으면서 코스탄티니 역시 다음과 같은 생각을 하였다.

> 이것이 왜 나쁘다는 것인가? 중국이 다른 사람에게 속하는 것인가? 명확하게 보이는 이러한 공식이 서양 국가의 정치에 대해 하나의 타격이며, 또한 간접적으로 선교사의 지위를 동요하는 것이라고 한다면 선교사가 중국에 대해 정의공평과 공정의 심령이 없단 말인가? 우리들은 정치를 하는 것이 아니다. …… 신중국이 우리에게 두 가지 난제를 주었다. 중국과 함께 하느냐, 아니면 중국에 반대하느냐. 내가 보기에 의심할 여지없이 우리들은 당연히 중국의 편에 서야 하고, 신중하고 지혜롭게 행동해야 한다.33)

---

31) 자크 르클레르, 1994, 342-346쪽.
32) 警雷 譯, 1960, 「剛樞機筆下的雷鳴遠」, 『恒毅』, 第9卷, 第1期, 30쪽. 교황 사절 코스탄티니는 "그들의 보고가 어떠한 가를 막론하고 <막시뭄 일룻>은 교황의 회칙이며, 그 자체로 그것의 가치는 하나의 완전한 가치이다. 그것은 어떤 개인의 관점이나 소신에서 나온 것도 아니다"라며 교황의 권위를 강조하고 있지만, 그것은 역설적으로 <막시뭄 일룻>이 뱅상 레브나 코타 신부 등의 의견을 받아들였음을 암시하고 있다.
33) 『在中國耕耘(上)』, 168~169쪽.

코스탄티니는 교황이 직접 파견한 사절로 프랑스 선교 보호권의 대리 아래에 있는 중국 천주교를 직접적으로 관할하고자 했고, 그동안의 잘못된 폐해를 바로 잡고자 노력하였다. 교황 사절로서 코스탄티니가 중국에 파견된 최종 목적은 천주교 전파이다. 그러나 중국 천주교에 대해 말하자면, 프랑스 선교 보호권의 부정을 의미하고 있다. 이로 인해 코스탄티니의 생각은 더욱 중국 사회에 접근하는 것이었다. 선교 보호권의 비호 아래 교회는 많은 특권을 가졌을 뿐만 아니라 대부분의 외국 선교사는 기득권을 위해 토착화된 교회 설립을 원하지 않았다.

당시 중국 천주교회에는 단 한명의 중국인 주교도 없었다. 코스탄티니는 "사도들이 그리스도 교회를 건립하고 현지 주교를 세웠다. 그러면 이 교회는 외국 교회가 아니라는 것은 명백하다. 중국에서 우리들은 이미 3세기가 지났지만, 전체 교회의 조직은 모두 외국인이 맡고 있다. 내가 알기로는 50명의 주교가 중국 각지에 있는데, 모두 외국인이며, 모두 수도회 수사이다. 그리스도의 뜻이 이러한 교회인가? 천주교회는 중국인 눈에 수입물품이고 항상 외국정치의 이익과 관계되어 있다. 이것이 설마 중국인의 착오란 말인가?"[34]라면서 당시 중국 천주교가 각종 수도회에 의해 외국 교회로 군림하고 있는 현실에 대해 비판하였다.

당시 중국 선교구는 아직 교계제가 확립되어 있지 않아 대목이라 불리는 주교가 교황을 대신하여 교무를 관리하였다. 이러한 대목의 인선은 수도회의 수사에서 선출한다. 이로 인해 교회는 편리를 위해 모모(某某) 교구를 모모 수도회에게 위탁하는 대목 관리를 하는데, 이것은 단지 과도기의 임시적 현상이지 영구적인 것이 아니다. 수도회는 교구가 있으면, 수사가 증가하고 수도회 업무가 발전하기 위해 매우 도움을 준다. 그래서 하나의 수도회가 교구를 대신 관리하는 것이 많아지면 수도회의 실력이 증가하고, 사람이나 재물이 늘게 된다. 그들

---

34) 『在中國耕耘(上)』, 47쪽.

의 마음에는 단지 수도회만 있고 교회는 잊어버리게 되어 단지 자기의 수도회 발전만 원하고, 교회의 발전을 원하지 않는다. 이로 인해 자기 수도회의 이익을 위해 설사 교회가 손해를 받더라도 애석해 하지 않는다. 그래서 교구를 자기 수도회의 소유로 생각한다. 이러한 상황 아래 수도회는 바로 교구이고, 교구는 수도회가 되어 계속 임명된 주교 또한 반드시 수도회의 사람이 되었다. 그들은 이러한 것을 유지하기 위해 영구적으로 중국에 군림하고자 식민지 교육을 시행하고 중국인 신부로 하여금 보조적 지위에 머물게 하여 영원히 본당 신부가 될 자격을 주지 않았고, 주교가 될 자격도 주지 않았다. 레브 신부는 이러한 잘못된 제도를 개혁하기 위해 '중국은 중국인에게', '중국인은 그리스도에게'라는 것을 쟁취하기 위해 어떠한 희생도 아까워하지 않아 중국에서 세 차례나 유배 처분을 받았고, 최후에는 유럽에 보내져 영원히 그가 중국으로 돌아오지 못하게 하는 조치를 받았던 것이다.[35]

중국인이 되어 중국에 온 레브 신부에 대해 중국 내 외국 선교사들의 거부가 있었다. 하지만 중국 천주교의 토착화에 많은 관심을 가지고 있던 교황 사절 코스탄티니 주교는 중국 내의 대학생들을 위한 '천주교 대학 연합회'를 발족하여 레브 신부를 주임신부로 임명함으로써 그가 중국 활동을 전국적으로 확장하는 것을 공식적으로 승인해 주었다. 이후 그는 화북(華北) 지역의 안국(安國)이라는 작은 소도시를 중심으로 그의 조그마한 자전거를 타고 1백리, 2백리, 4백리 되는 마을을 일일이 찾아다니며 새로운 그리스도교 공동체를 창설하고, 교인들과 비교인들에게 설교하는 등 지역사회에서의 가톨릭 운동을 전개하고자 하였다.[36]

1928년에는 사도직 수도회 조직인 '성 요한 작은 형제회'(耀漢小兄弟會)와 '데레사 작은 자매회'(德來小姉妹會)를 창설하여 이 공동체를

---

35) 趙賓實, 1965, 22~23쪽.
36) 자크 르클레르, 1994, 357-358쪽.

중심으로 지역사회에서 가톨릭 운동을 하였다. 이들 수도회 공동체는 수도회 안에만 머무르지 않고 농촌 어린이들을 교육하고, 농업 협동조합과 위생 문제에 대한 현대적인 방법을 도입하고, 일반적으로 생활을 향상시키는 데 도움을 줄 수 있는 모든 것을 사람들에게 소개하는 역할을 하고자 하였다. 이와 더불어 중국 민족의 해방과 혁신에도 큰 역할을 담당하고자 노력했다.[37]

레브 신부는 이미 중일전쟁이 발발하기 전에 작은 형제회 수사들을 이끌고 전선으로 갈 계획을 세우고 있었다. 그의 친구 코타 신부에게 1933년에 보낸 서신에 보면 110명의 작은 형제회 수사들과 신자들이 전선에 갈 준비를 하고 있음을 밝혔다.[38] 마침내 그는 1937년 중일전쟁이 발발하자 수사들과 신자들을 데리고 중국군 위생부대에 자원하였다. 수사들과 함께 일선에서 수도생활을 계속하는 동시에 전투지역의 주민들로 하여금 항일투쟁에 참여케 하고 중국군에 협력케 하였고, 난민 구호를 위해 구호대를 조직하는 등 중일전쟁에서 중국의 '정신적 지주' 역할을 하였다.

레브 신부와 수도회 수사들의 이러한 구호 활동은 많은 중국인들의 심금을 울렸다. 중일전쟁 시기 태원(太原)의 한 마을에 이르렀을 때, 레브 신부와 작은 형제회 수사들은 비로 흠뻑 젖었으나 신자들로부터 따뜻한 환대를 받았다. 마을의 신자들은 일행을 위하여 불을 피웠고 옷을 말려주었으며, 모두들 레브 신부에게로 가서, 완전히 지쳐 있는 그를 보면서도 고해성사를 받고 싶어 했다. 그들은 모두 레브 신부를 성인으로 생각하고 그에게 고해성사를 받으면 특별한 은총을 얻게 된다고 생각했다.[39] 레브 신부는 자신의 수도원 속에서 그리스도의 말씀

---

37) 뱅상 레브가 설립한 공동체들 내부에서 감도는 분위기는 전세계 교회의 분위기였다. 작은 형제회 수사들의 대부분은 소도시를 벗어나 본 적이 없는 중국 농부들이었으나 그들은 멕시코에서 박해받는 사람들을 위하여 기도했다. 자르 르클레르, 1994, 377쪽.
38) 『뱅상 레브 신부 서간집』, 351쪽.

을 실천하며 사제들 교육에 전념하려 했지만, 결국 중일전쟁이 발발함에 따라 다시금 대중적인 인물이 되었고, 중국인들의 대변인으로 나서게 된 것이다. 이제는 교회를 외국 세력의 앞잡이로 의심하는 사람은 아무도 없었다.40)

중일전쟁이 중국의 정당방위임을 확신하며 투신했던 레브 신부는 교황청이 일본의 압력으로 중국 교회의 중립 인정에 서명한 것과 일부 선교사들과 주교들이 침략국인 일본에 호의를 보이고 있는데 대해 많은 심적 고통을 겪어야 했다. 그럼에도 불구하고 그는 전쟁 기간 동안 그의 부대를 이끌고 여러 마을의 도움을 받아 학교교육, 위생, 문화 및 구제활동 등 다양한 봉사활동을 전개하였다. 당시 독자적으로 중국 북부 지역에서 민중투쟁을 전개하고 있던 공산군의 태도에 불만을 갖고 있던 레브 신부는 강론을 통해 격렬히 비난했고, 결국 중국 공산군에 의해 감금되었다. 그 후 국민당 측의 협조로 석방되기 했지만 건강이 악화되어 1940년 중경(重慶)에서 사망하였다.

4. 소통, 그리고 치유

19세기 그리스도교에 대한 유교 지식인의 태도를 보여주는 유명한 말이 있다. "나는 예수를 따라 천당에 가는 것보다 공자와 함께 지옥에 가는 것이 더 좋다."41) 이러한 말에서 보듯이 그리스도교에 대한 근대 중국 사회의 태도는 자타의 감정 구별이 분명했다. 그러나 유교 이념을 정통으로 하는 중국 사회와의 불일치가 반그리스도교의 내면

---

39) 자크 르클레르, 1994, 407쪽.

40) 자크 르클레르, 1994, 387쪽.

41) Paul A. Cohen, *China and Christianity: The Missionary Movement and the Growth of Chinese Antiforeignism, 1860-1870*, Cambridge, Massachusetts: Harvard University Press, 1963, p.80.

에 자리 잡고 있었다고 하더라도, 19세기 이래 중국 반그리스도교 운동의 어두운 장막을 드리우고 있었던 것은 사실 중국 천주교회가 직접적으로 교황청에 의해 관리되는 것이 아니라 프랑스 선교 보호권에 의해 관리를 받고 있는 종속적 체제에 있다는 것과 프랑스 선교사를 비롯한 천주교 선교사들의 제국주의적 태도가 주된 것이라고 볼 수 있다. 결국, 이러한 문제는 천주교 내부의 자기성찰이 먼저 진행되어야만 중국 사회에서의 맹목적인 배외주의와 반그리스도교, 심지어 반종교에 대한 중국인의 감정이 치유될 수 있는 것이다.

사실 그리스도교가 중국 사회와 접촉하는 데는 장애물이 많았다. 그것은 정치·문화·신학·조직적 장애에서 비롯되는 복합적인 문제였다. 전통 중국 사회는 그리스도교를 파괴적 이단종교로 규정했고, 교회의 메시지는 엄격한 교의적 구조 속에서 제시되고 있었다. 선교사들은 그리스도교가 공공질서를 위협한다고 느끼는 중국인의 시각을 교정할 방법조차 생각해 내지 않았다. '근대질서'로서의 그리스도교는 타자로서의 '양교(洋敎)' 신분으로 부적과 주문처럼 청말 중국에서의 그리스도교의 운명을 지배해 왔으며, 의화단 사건의 매서운 폭풍이 지나간 후에야 중국에서의 그리스도교는 명확히 '양교'의 '탈타자화'를 추진할 필요가 있음을 인식하였다.

뱅상 레브 신부는 프랑스의 선교 보호권 하에 있는 중국 천주교의 제국주의적 행태에 대해 비판하였고, 이에 대항하여 중국 천주교를 개선하고자 하였다. 그는 중국 교회의 자립화를 위해 중국인 주교 임명을 교황청에 요구하여 첫 번째 중국인 주교 임명을 이끌어내었다. 또한 중국 고등교육의 발전을 위해 천주교 재단의 대학 설립을 교황청에 요청하여 보인대학 설립에 크게 기여했다. 중국 천주교의 토착화를 위해 중국인 남녀 수도회인 '성 요한 작은 형제회'와 '데레사 작은 자매회'를 설립하였고, 이는 오늘날 대만 천주교의 중요한 역할을 담당하고 있다. 그는 중국 천주교회의 변화를 요구했을 뿐만 아니라 스스로 중국인, 중국 사회와 끊임없이 소통하고자 노력했다. 신문·잡지 등의 창간을 통해 천주교 문제뿐만 아니라 중국의 사회개량에도 적극적으로 관심을 가졌다.

레브 신부는 천주교의 사회적 소외를 타파하기 위해 상류 사회와 접촉하였다. 그는 지역 사회에서 그에 동조한 지역 인사들과 함께 교리를 가르치며 다양한 계층과 대화를 나누고자 하였다. 이러한 노력의 결과, 이전에 이단종교로 여겨지던 천주교가 사회 현실 안에서 공존하기 시작했고, 교회가 엘리트들을 통해 더욱 인정받게 되었다. 이는 그의 사회적 실천이 점차 중국 사회 내에서의 반그리스도교 감정의 치유적 기능으로 다가왔던 것을 의미한다.

종교인으로서 사목활동만 전념한 것이 아니라 항일전쟁에는 스스로 중국군에 자원하여 부상병들을 치료하였다. 그는 중국에 와서 평생 종교인으로서 뿐만 아니라, 한 사람의 중국인으로서 중국 사회와 끊임없이 대화하고자 했다. 결국 레브 신부는 당시 천주교가 중국 사회와 소통하지 못하고 있던 사회적 원인을 진단하고, 이를 치유하기 위해 먼저 자기 주위의 환경을 변화시켜 나갔다. 나아가 적극적인 사회적 실천을 행하여 중국 사회와 소통함으로써 중국인들의 반그리스도교 감정을 치유하는데 큰 역할을 하였다.

레브 신부는 천주교 선교사로서 그의 궁극적인 목표인 '중국을 중국인에게', '중국인을 그리스도께'라는 사도적 명제를 안고 한평생 중국에 자신을 바쳤다. 그러나 그는 단순히 신앙적 차원에서 중국인들에게 그리스도교를 전파한 것은 아니었다. 천주교 신부로서 그리스도교라는 매개체를 가지고 중국을 변화시키고, 중국인이 중국을 주도적으로 이끌어나갈 수 있도록 도와주었다. 또한 천주교 내부에서의 구조적인 문제를 비판, 시정하면서 '중국 천주교는 중국인에게' 갈 수 있도록 하는 큰 디딤돌 역할을 하였다.

중국 어린이들과 함께 하고 있는 레브 신부
(출처 : 국제가톨릭형제회[AFI- 김정옥 선생님] 제공)

　레브 신부가 중국에서 일생동안 표현하고자 했던 사도적 삶은 그가 3단계로 그리스도 복음을 표현했던 데로 전(全), 진(眞), 상(常)이다. 즉 '온전한'[全] 희생으로 자신을 하느님께 봉헌함으로써 '진정으로'[眞] 이웃을 사랑하라, 그러면 언제 어디서나 '항상'[常] 기쁨의 생활을 누릴 수 있다는 복음적 권고를 집약한 영성이다. 레브 신부의 중국 선교 활동과 전·진·상으로 집약되는 그의 영성은 평신도를 중심으로 한 국제적 사도직 단체의 설립을 이끌어내었다. 레브 신부가 '요한 작은 형제회' 회원들을 이끌고 중일전쟁에 뛰어들던 시기에 그의 고국 벨기에에서 전·진·상의 정신에 따라 신앙과 인간해방을 위한 창조적인 삶을 사는 아피공동체, 즉 국제가톨릭형제회(AFI ; Association Fraternelle Internationale, 이하 아피)가 창설되었다. 아피는 그리스도를 증거하고 복음적 삶을 사는데 일생을 봉헌하기로 서약한 평신도들의 사도직 단체이다.

1937년, 벨기에 여성 이본 퐁슬레(Yvonne Poncelet)는 레브 신부의 선교사상에 기반하여 미혼 여성들로 구성된 '평신자 선교회'(ALM, Auxiliaries Laics Missionnaires)를 창설했는데, 직접 선교보다는 평신자 여성으로 할 수 있는 교육과 의료, 사회사업 등 지역 개발에 필요한 분야, 즉 후진국 여성들의 모자 보건, 양육법, 양재나 가사 등 여성들의 기초교육과 의식 계발을 비롯하여 고등교육을 통한 인재 양성에 이르기까지 그 지방 교회가 발전하는 데 필요한 기초 작업을 주로 맡아왔다. 후에 남자회원들도 받아들이면서 아피(AFI)로 개정된 국제 가톨릭형제회는 제2차 바티칸 공의회 이후 새로운 교회관의 조명 아래 현대사회의 급변한 사회 구조와 질서 문제, 기계문명이 빚어낸 선진국들의 정신적 타락과 사회적 혼란 등 다원화된 현대사회의 문제에 대해 깊이 성찰하여 사회적 참여와 실천에 주안점을 두게 되었다. 또한 모든 국가와 민족이 지닌 문화와 종교를 인정하고 존중하며, 그 지역 사회가 스스로 성장하고 발전하는데 협력한다는 단체의 봉사정신은 각 국가별로 개별적으로 활동하는 계기가 되었다.

1956년에 한국에 진출한 아피는 주로 여성교육에 주안점을 두었으며, 가톨릭 운동 단체 활성화를 위해 노력했고, 군사독재 시절에도 다양한 사회교육 운동을 전개했다. 사회 투신, 억압된 사람들의 해방과 자유를 돕고, 국경·민족·언어·문화를 초월한 우주적 형제애로 개방과 연대의 삶을 지향하는 이들은 1990년대 이후 외국인 노동자, 남북통일문제, 에이즈 환자 문제, 호스피스 활동, 각종 사회문제에 따른 상담, 여성교육, 환경보존운동에 역점을 두고 활동해 오고 있다. 아피(AFI)는 21세기에 들어서서 '그 시대를 살아야 한다'는 아피의 고유한 시대적 카리스마에 따라 새로운 시대, 새로운 세계 사조에 부응하는 활동 방향을 모색하고 있다. 현재 한국 아피는 서울 합정동에 숙소와 교육프로그램을 담당하고 있는 전진상 AFI센터, 각종 교육 및 기도 모임과 영성심리상담 및 기숙사 등이 있는 명동의 전진상 교육관-영성

센터, 서울 시흥동의 전진상 의원-복지관, 의정부 동두천의 다문화가정 어린이 보호소인 전진상 우리집 등의 기관을 운영하고 있다. 이외에 기타 아피 회원들은 각자 다양한 전문직 활동에 종사하고 있다.

20세기 초 중국에서 선교사로 활동했던 뱅상 레브의 선교 활동과 그리스도 신앙에 바탕을 둔 실천적 삶의 영향은 그가 활동했던 당대에 끝난 것은 아니다. 비록 소수이지만 전세계에서 인간의 해방을 위한 일에 참여하는 것이 종교인의 기본적인 의무이며 그러한 실천적 삶이 신앙을 성장시켜 준다고 믿고 실천하는 사람들이 있다. 그들은 사회적 불평등을 줄이기 위해 억압받는 자들과 연대감을 이루며 보다 인간다운 세상을 만들어 나가려는 일에 깊이 참여하며, 사회의 치유자 역할을 담당하고 있다.

제3장 교황 사절 코스탄티니의 중국 파견과
동서 문화의 소통

1. 타문화와의 대화와 소통

21세기에 세계는 여전히 종교 사이의 충돌, 문화 사이의 충돌로 점철되어 있다. 인류는 타자를 이해하며 공존할 수 있는 방법을 모색할수 없는 것인가. 타문화와 자문화에 대한 대화와 소통은 오늘날 바로 '여기'에서 끊임없이 진행되어야 하는 과제이다. 특히 다문화사회가급속히 진행되는 우리에게 시급한 과제는 바로 '나'와 '타자'와의 끊임없는 대화와 소통이다. 이 글에서는 중국에 파견된 교황 사절 코스탄티니(Celso Costantini, 剛恒毅)의 중국 활동을 살펴봄으로써 그가중국에서 여전히 '타자'이며, '양교'로 간주되고 있던 천주교를 중국사회와 어떻게 소통하며 대화할 수 있는 방법을 모색하고 실천했는가에 대해 살펴볼 것이다.

일반적으로 잘 알려지지 않았지만, 중국 천주교사와 문화교류사에서코스탄티니는 매우 중요한 인물이다. 그는 1922년 중국의 첫 교황 사절로서 파견되었는데, 이것은 중국 교회에 대한 프랑스 선교 보호권의종결에 대한 상징이었고, 20세기 중국 천주교 토착화의 서막을 알리는것이었다. 코스탄티니는 중국에 주재하던 기간에 중국 천주교와 제국주의와의 관계 개선을 위해 노력하였다. 또한 중국 천주교의 토착화를제창했고, 서양 천주교 문화와 중국 전통문화의 소통을 촉진하였다.

현재까지 코스탄티니에 대한 연구는 중국과 교황청과의 외교 관계의 역사에서 몇몇 다루고 있으며, 교황청을 대표하는 신분으로서 중국에 파견된 초대 교황 사절이라는 의미에 중점을 두고 있다.1) 또한 프랑스 선교 보호권을 배제시키고, 중국 천주교의 토착화를 위해 활동한 코스탄티니 개인에 대한 연구에 치중되어 있다.2)

이렇게 코스탄티니에 대한 기존의 연구는 개인 인물에 치중한 면이 있으며, 교황청과의 외교 관계의 역사 속에서의 초대 교황 사절의 의미에 중점을 두고 있다. 따라서 그의 개인적인 활동도 당연히 중요하겠지만, 의화단 사건 이후의 천주교회 내부의 자성론, 5·4운동 이래 대두된 민족주의와 반그리스도교 운동, 교황 베네딕도 15세와 비오 11세 시기 교황청의 선교정책 변화 등을 고려하지 않을 수 없다. 따라서 필자는 코스탄티니의 회고록 및 교회 내부 인사의 기록과 천주교 관련 잡지 등의 자료를 활용하여 그의 개인적인 측면을 심도 있게 고찰하면서 당시의 시대적 상황이 그에게 미쳤던 영향 등 좀 더 거시적인 측면에서 그가 진행했던 중국 천주교의 토착화 노력, 그리고 서양 천주교 문화와 중국 전통문화의 소통의 방법과 실천에 대해 살펴보고자 한다. 이를 위해 여기에서는 크게 세 가지 주제로 서술하고자 한다.3)

---

1) 羅光, 1984, 『教廷與中國使節史』, 臺北: 傳記文學出版社 ; 顧衛民, 2000, 『中國與羅馬教廷關係史略』, 北京: 東方出版社 ; 顧衛民, 2003, 『中國天主教編年史』, 上海書籍出版社.

2) 顧衛民, 2005, 「剛恒毅與1924年第1屆中國教務會議」, 『上海大學學報』, 第3期 ; 顧衛民·楊國强, 1995, 「二十世紀初期在華天主教會的中國化」, 『檔案與史學』, 第5期 ; 顧衛民, 1996, 「剛恒毅與近代中西文化交流」, 『世界宗教研究』, 第4期.

3) 이 글에서 이용하는 1차 자료는 주로 코스탄티니의 회고록(『在中國耕耘(上, 下): 剛恒毅樞機回憶錄』, 『零落孤葉: 剛恒毅樞機回憶錄』, 『殘葉: 剛恒毅樞機回憶錄』)과 코스탄티니와 동시대에 교류한 인사들의 기록 및 관련 천주교 잡지 등을 이용하였다.

첫째, 코스탄티니의 간단한 이력과 함께 그가 중국에 파견될 당시 교황청의 중국 천주교에 대한 정책적 변화 등에 대해 살펴볼 것이다. 또한 당시 중국 천주교가 처한 상황과 코스탄티니가 이를 어떻게 인지하고, 앞으로 어떻게 변화시킬 것인가에 대해 다루고자 한다.

둘째, 코스탄티니가 파견될 당시 중국의 정치·사회적 상황과 더불어 중국 천주교 내부의 변화에 대해서 살펴보고자 한다. 당시 중국은 5·4 운동의 발발과 더불어 국민혁명 이래 중국 내 민족주의가 대두되던 시기였다. 특히 1920년대에 발생한 반그리스도교 운동과 이로 인해 고양된 민족주의는 중국 천주교에도 많은 영향을 미쳤음을 살펴보고자 한다. 또한 교회 내부 인사들의 중국 천주교의 개혁과 토착화 운동에 대해 살펴볼 것이다.

셋째, 코스탄티니의 중국 천주교 토착화 방법과 실천에 대해 살펴보고자 한다. 코스탄티니는 명·청 시대 예수회 선교사들의 보유론적(補儒論的) 선교방식을 모델로 삼아 이를 승계하고자 했다. 그는 '과학'을 맹신했던 1920년대에 오히려 유가로 대표되는 중국 전통문화의 유교적 가치가 중국의 천주교 전파에 도움이 될 것이라고 생각했다. 또한 그는 어떤 민족의 예술이라도 천주교의 사상을 표현할 수 있으며, 더욱이 동방예술은 천주교의 이념을 표현하는데 아주 적합하다고 주장했다. 여기에서는 중국 천주교회의 토착화 방법의 하나로서의 중국 예술과 건축이 어떻게 천주교에 도입되었는지 몇몇 예를 들어 설명하고자 한다.

2. 초대 중국 교황 사절의 파견

1919년 11월 30일, 교황 베네딕도 15세는 선교 회칙 <막시뭄 일룻>(Maximun illud, 온 세상에 전파된 가톨릭 신앙에 관하여)을 선포했다. <막시뭄 일룻>에서 지적하기를, 외국인 선교사는 현지인 사제, 인민과 연계하여 소통을 강화해야 한다고 했으며, 선교 중에 현지의 문화와 사회에 적응해야 한다고 했다. 동시에 회칙은 이국에서 하느님을 위해 복음을 전파하는 사람은 부모 나라의 이익과 영광을 교회의 아래에 두어야 한다고 하여 당시 교회 중의 식민주의 경향을 반대했다.4) 이 회칙은 세계 교회에 반포한 것이지만, 얘기하고 있는 문제의 핵심은 주로 중국 교회에 관한 것이다.

<막시뭄 일룻>은 이미 교황청에서 일련의 경험을 겪은 후에 나온 것이라 할 수 있다. 중국 천주교 내부의 개혁적 신자인 영렴지와 마상백 등이 중국 천주교회의 정책에 대한 비판과 고등교육의 필요에 따른 천주교 대학 설립을 요청한 건의문,5) 그리고 중국 천주교회의 제국주의적 행태를 비판하였던 중국 내의 외국인 선교사 뱅상 레브(Vincent Lebbe)와 코타(A. Cotta) 신부의 일련의 보고서6), 또한 1917년과 1918년에 교황청이 중국과 직접적 외교 관계를 맺고자 교황 사절을 파견하고자 했지만, 프랑스의 방해로 실패한 경험7) 등이 그것이라 할 것이다. 이러한 것은 선교단체가 선교지를 기반으로 한다는 문제, 현지인 사제의 배양 문제, 선교사와 제국주의의 관계 문제로 요약할 수 있는데, 이는 <막시뭄 일룻>에서 그대로 나타내고 있다. 이 같은 중국

---

4) 「教宗本篤十五世通牒」, 方豪 編, 1972, 『馬相伯先生文集』(上智編譯館, 1947 影印本), 臺北: 文海出版社, 225~241쪽.
5) 「上教宗求爲中國興學書」, 『馬相伯先生文集』, 22쪽.
6) 클로드 쇠텐스, 김정옥 옮김, 2008, 『20세기 중국 가톨릭 교회사』, 분도출판사, 105~111쪽.
7) 교황청은 이미 1885~1886년에 교황 레오 13세 시기에 중국에서의 프랑스 선교 보호권을 폐지하려고 직접 청 정부와 외교 관계의 수립을 시도하였다. 당시에도 프랑스의 방해로 교황청은 교황 사절을 파견하지 못했다. 1917~1918년에도 중국과 교황청은 외교 관계를 수립하고자 상호 외교 사절 파견을 약속했으나, 프랑스의 압력으로 외교 관계 수립을 연기했던 바 있다. 羅光, 1984, 206~214쪽. 베네딕도 15세 시기 교황청과 중국의 외교 관계에 대해서는 Agostino Giovagnoli 著, 顧衛民 譯, 1996, 「本篤十五任教宗時期羅馬教廷與中國的外交關係」, 『近代中國』, 第1期 참조.

천주교의 당면 과제를 해결할 첫 번째 순서는 바로 교황 사절을 중국에 파견하는 것이다.

코스탄티니는 1876년 이탈리아 프리울리(Friuli) 태생으로 1922년 교황 비오 11세가 그를 중국 교황 사절로 임명했는데, 그는 교황 사절 신분으로 중국에 파견되어 주재한 최초의 인물이다. 당시 포교성성에 전혀 알려지지 않았던 그는 16세에 수도원에 입회하였고, 1897년 로마로 가서 1899년까지 대학에서 공부했다. 1899년 12월 3일에 사제 서품을 받았다. 그는 젊은 시절부터 가톨릭 예술에 많은 관심을 기울였다. 그의 저서 『가톨릭 예술 강의』가 이탈리아 수도원의 교과과정으로 채택될 만큼 그는 가톨릭 예술 방면에서 매우 뛰어났다.[8]

그는 청년기에 교회 개혁과 관련하여 로스미니(A. Rosmini)의 자유사상에 영향을 받았다. 그것은 권위에 대한 자유, 정·교(政·敎) 관계에 대한 자유사상이었다. 그는 교회와 이탈리아 국가의 화해가 가능하며, 신앙과 현대문화가 대면해야 한다고 믿었다. 훗날 '근대주의'라는 명목으로 단죄된 사조에 한때는 관심을 기울이기도 했고, 신앙과 예술의 접점에도 조예가 깊었다. 제1차 세계대전 중에는 조국 이탈리아에 봉사했다. 1920년 피우마(Fiuma) 교구 보좌주교로 임명된 그는 이탈리아가 영향권을 주장하던 이스트리아(Istria)에서 화해를 주선했는데, 이때 교황청 국무원장이 그를 눈여겨보았던 것이다.[9]

사실 그가 중국 교황 사절로 임명되기 전에, 이미 교황청 내부에서 다른 사람들이 교황 사절로 물망에 올랐지만, 그들은 교황청의 전문적 외교관으로 알려진 사람들로서 프랑스 정부가 각각 친독일, 친오스트리아 성향이 있다는 빌미로 그들이 중국 교황 사절로 가는 것을 반대하고 나섰다.[10] 당시 명목상으로는 프랑스 선교 보호권이 폐지되었다

---

8) 顧衛民, 1996, 92쪽 ; 化一, 1959, 「剛樞機恒毅生平」, 『恒毅』, 第8卷 第4期, 21쪽.
9) 클로스 쇠텐스, 2008, 144~145쪽.
10) 陳方中·汪國維, 2003, 『中梵外交關係史』, 臺北: 商務印書館, 112~113쪽.

고는 하지만, 실질적으로 프랑스는 계속해서 중국에서 천주교 선교 보
호권을 유지하고 있었다. 따라서 교황 사절의 파견은 프랑스 선교 보
호권의 폐지를 의미하기 때문에 프랑스가 반대했던 것이다. 이것으로
인해 이탈리아 사람이면서 외교가에서 잘 알려지지 않았던 코스탄티
니가 교황 사절로 선정된 요인이기도 하다. 또한 이탈리아 학자(R.
Simonato)에 의하면 그의 임명 배경이 예술 분야에 대한 예술평론가
우고 오제티(Ugo Ojetti)의 조언과 가스파리(Pietro Gasparri) 추기경
이 코스탄티니가 피우마 보좌주교로 있었을 때의 외교력에 대한 호평,
그리고 코스탄티니의 과단성 있는 성격 등이 선발에 고려되었을 것으
로 보았다.11)

　프랑스의 반대에 직면했던 교황청은 코스탄티니의 중국 교황 사절
파견을 비밀스럽게 추진할 수밖에 없었다. 교황청은 <막시뭄 일룻>
회칙에 의거하여 코스탄티니에게 교황 사절 부임 후 집행할 방침에 대
해 정해주었는데, 그는 이러한 방침을 5가지로 기록하였다.

> ① 교황 사절은 순수한 종교적 성질의 것이다. 이로 인해 어떠한 정치적
> 　색채를 띠어서는 안 된다.
> ② 중국 관리나 외교 사절을 막론하고 모든 사람과 우호를 표시하고, 반드
> 　시 자주적이고, 열강의 정치이익을 보호하지 않을 것이며, 단지 교황에
> 　속하며 교황을 대표할 뿐이다.
> ③ 교황 사절은 정치에 간섭하지 않으며, 간혹 정치가 종교의 범위로 들어
> 　올 때는 우연적이거나 잠시 잠깐이어야 한다.
> ④ 교황 사절은 중국에 대해 조금도 제국주의적 야심이 없으며, 열강의 정
> 　책과는 관련이 없다. 교황은 중국에 매우 관심이 많으며 중국이 굳건히
> 　흥기하기를 바라며 중국은 중국인의 것이라는 것을 주장한다.
> ⑤ 선교 사업은 단지 복무하는 것이다. 그래서 교회는 지극히 공적이어야
> 　한다. 일반적으로 보면, 교회의 현지인이 주교가 되는 것이 원칙이다.
> 　그러나 선교의 초기에는 외국인 선교사가 많을 수밖에 없지만, 일단

---

11) 클로드 쇠텐스, 2008, 145쪽.

현지에 교계제가 건립되면 외국인 선교사는 자기 목적이 이미 달성된 것을 알고, 즉시 여장을 꾸릴 준비를 하고 다른 곳으로 가서 주님의 신 천지를 새롭게 개척해야 한다.12)

이러한 방침은 코스탄티니가 교황 사절을 맡을 때의 원칙이 되었다. 코스탄티니는 1922년 11월 홍콩에 도착, 상해를 경유하여 북경에 도 착했다.13) 코스탄티니는 중국에 도착한 후 외국 공사관 구역 밖에 자 신의 공관을 세워 그곳에서 생활했다. 그 이유는 공사관 지역이 치외 법권을 향유하는 외국 참호이기 때문이며, 이 지역은 중국인에게 치욕 의 장소이며, 원한을 야기하는 곳이기 때문에 하루빨리 없어져야 하는 곳이라고 생각했기 때문이다. 그는 중국인의 지역에 거주할 것이며, 중국인들도 자신의 관점을 지지할 것이라고 생각했다.14) 코스탄티니 는 이전의 중국에서 선교사업이 강권으로 이루어진 것이며, 이것은 초 기 교회 사도들의 선교 방식에 위배되는 것이라고 했다. 그는 중국인 사제들이 이미 성장했기 때문에 외국인 선교사들이 뒤로 물러날 시기 가 되었다고 주장했다. 외국인 선교사들은 중국에서 손님이지 주인이 아니라고 하였다.

---

12) 剛恒毅(Celso Costantini), 1978, 『在中國耕耘(上): 剛恒毅樞機回憶錄』, 臺 北: 天主敎主徒會, 5쪽.

13) 코스탄티니가 교황 사절로 중국에 파견되었을 때에도 프랑스와의 관계 문제 를 상당히 신경 썼던 것으로 보인다. 그는 익명으로 그해 11월 홍콩에 도착했 고, 프랑스를 비롯한 외교가를 안심시키기 위해 처음 몇 달 동안 북경이 아니 라 한구(漢口)에 자리를 잡았다. 클로드 쇠텐스, 2008, 44~149쪽.

14) 『在中國耕耘(上)』, 107~108쪽. 당시 코스탄티니는 다음과 같이 말했다. "대 사관 지역은 치외법권을 향유하는 외국의 참호와 같은 곳이다. 그곳의 유래는 1901년 의화단 사건 후에 체결한 조약으로 생겨난 곳이다. 주요 대사관은 모 두 이곳에 있으며, 사방이 높은 담벼락으로 둘러싸여 있다. 담에는 기관총이 놓여 있다. 이 지역은 치욕스러운 기념품을 구성하고 있어 중국 사람들의 원 한을 불러일으키고 있다. 내가 중국에 온 것은 서양 국가의 정책에 부합하기 위해서가 아니라 예수 그리스도를 전파하기 위해서다. 당연히 나는 중국인의 거주지에서 머물러야 하며, 중국인도 나의 이러한 관점에 찬성한다."

당시 중국 천주교는 프랑스 선교 보호권의 비호 아래 많은 특권을 가졌을 뿐만 아니라 대부분의 외국인 선교사는 기득 권익을 위해 현지인으로 이루어진 교회 설립을 원하지 않았다. 당시 교회에는 단 한명의 중국인 주교도 없었다. 코스탄티니는 말하기를, "사도들이 그리스도 교회를 건립하고 현지인 주교를 세웠다. 그러면 이 교회는 외국 교회가 아니라는 것이 명백하다. 중국에서 우리들은 이미 3세기가 지났지만, 전체 교회의 조직은 모두 외국인이 맡고 있다. 내가 알기로는 50명의 주교가 중국 각지에 있는데, 모두 외국인이며, 모두 수도회 수사이다. 그리스도의 뜻이 이러한 교회인가? 중국인은 천주교회가 수입품이고 항상 외국 정치의 이익과 관계되어 있다고 생각한다. 이것이 설마 중국인의 착오란 말인가?"[15]라면서 당시 중국 천주교가 각종 수도회에 의해 외국 교회로 군림하고 있는 현실에 대해 비판하였다.

코스탄티니가 중국에 온 주요 임무 중의 하나는 중국 첫 지역 공의회를 개최하는 것이다. 1924년 5월 15일에 상해에서 회의가 개최되었는데, 회의에 참가한 사람은 42명의 주교, 5명의 감목, 13명의 선교구 대표 등을 포함하여 108명이었다. 그 중에 두 명의 중국인 감목이 포함되어 있었다.[16] 이 회의는 개최 자체로 상징적인 의의가 있으며, 교황 사절이 중국 천주교 관리의 권리가 있음을 나타낸다. 코스탄티니는 "지금까지의 회의가 외부의 압력과 간섭을 받아 종교 업무를 관장하는 수장이 진정으로 토론을 하지 못했다. 나는 중국 정부와 각국 공사에게 경의를 표하며, 그들이 절대적으로 회의의 자유를 존중해 준 것에 경의를 표한다. 지금껏 아직 외부의 영향을 받지 않았다"[17]고 하였다. 그는 회의를 진행하는 중에 어떠한 요청도 모두 거절했으며, 교회 병

---

15) 『在中國耕耘(上)』, 47쪽.

16) 『在中國耕耘(上)』, 162쪽. 중국인 감목은 코스탄티니가 이미 1923년 12월 12일과 1924년 4월 15일에 임명하여 1924년 5~6월 전국 시노드에 참석시켰던 것이다. 클로드 쇠텐스, 2008, 150~151쪽.

17) 『在中國耕耘(上)』, 163쪽.

원에서 거행된 신자들이 주관한 연회에 전체 주교와 선교사들과 함께
참석했을 뿐이었다. 이리하여 공의회 이후 교황 사절의 중국 천주교회
관리는 확정되었다.[18]

코스탄티니가 중국에 온 또 다른 임무는 중국 천주교의 토착화이다.
중국인 사제에서 주교를 선정하는 것은 어렵지 않다. 그러나 외국인
선교사가 중국인 주교의 권한 아래 복종한다는 것은 그리 쉽지 않은
일이다. 해결 방안은 중국인 사제가 관리하는 대목구를 설립한 후에
주교를 임명하여 관리하게 하는 것이다. 물론 이러한 일 역시 쉬운 일
이 아니었다. 코스탄티니는 비교적 개방적인 서양인 주교와 이 문제를
협의하기도 했으며, 그들은 원칙적으로 교황청의 정책을 찬성했다. 그
러나 중국인 사제가 관할하는 대목구를 설정하는 것은 원하지 않았다.
따라서 코스탄티니는 새로운 중국인 사제가 관할하는 독립 관할구를
만들기 위해 동분서주했다.[19]

1926년 3월 30일, 교황청에서는 코스탄티니에게 로마에서 중국 주
교의 축성을 할 것이라고 통지했다.[20]

---

18) 1924년 시노드에 대한 자세한 설명은 클로드 쇠텐스, 2008, 153~166쪽 참조.

19) 吳宗文, 1976, 「由剛樞機的回憶錄看中國第一批主教的選擇與敎區成立的經
過」, 『恒毅』, 第6卷 第3期, 18~19쪽.

20) 당시 포교성성 장관 반 로쑴(G. van Rossum) 추기경은 중국 선화(宣化) 감목
대리구 설립과 중국인 감목 대리 임명을 준비하고 있었다. 그는 교황에게 상
황을 알리는 동시에 교황이 직접 첫 중국인 주교를 축성해 주도록 건의했고,
이에 교황은 동의했다. 또한 포기(蒲圻)와 여현(蠡縣) 보좌주교도 동시에 축
성할 생각이었다. 코스탄티니는 이러한 소식을 듣자마자 태주(台州) 지역과
분양(汾陽) 지역 장상도 주교로 임명하여 함께 축성하는 계획을 추진했다.
7~8월에 중국인 사제를 해당 감목 대리로 임명하였다. 첫 중국인 주교로 임
명된 6명은 다음과 같다. 1) 선화 감목 대리구 조회의(趙懷義, 필립보) 주교.
1904년 사제 서품, 선교수도회 회원. 코스탄티니 중국 파견 이후 교황 사절
비서에 임명. 2) 분양 감목 대리구 진국지(陳國砥, 알로이시오) 주교. 1903년
사제 서품, 프란치스코 회원. 3) 태주 감목 대리구 호약산(胡若山, 요셉) 주교.
조상 대대로 12대 천주교 신자, 1909년 사제 서품, 선교수도회 회원. 4) 해문
(海門) 감목 대리구 주개민(朱開敏, 시메온) 주교. 1898년 신부 서품, 예수회

주교 서품을 받은 6명의 중국인 주교(좌우 3명)
사진 가운데가 포교성성 장관 반 로쑴 추기경이며 그 오른쪽이 중국 교황 사절 코스탄티니
추기경, 왼쪽이 포교성성 비서관 마르케티 주교이다. (1926년 10월 28일)
(출처 : 국제가톨릭형제회[AFI- 김정옥 선생님] 제공)

1926년 9월 10일, 코스탄티니는 6명의 중국 주교를 데리고 상해를
떠나 10월 16일 이탈리아 나폴리에 도착했고, 이탈리아 정부가 마련
해 준 전용열차를 타고 로마에 도착했다. 중국 주교의 서품식은 10월
28일에 진행되었다. 주교 서품식에는 로마에서 공부하고 있는 중국 학
생들도 참여했으며, 당시 중국에서 사실상 추방되었던 뱅상 레브도 참
가하였다. 교황 비오 11세가 이 예식을 집전했고 직접 강론까지 했으
며, 코스탄티니는 이 예식의 공동집전자 중의 한명이었다. 중국인 주
교의 서품은 그리스도교 역사에서도 획기적인 일로 평가받고 있다.21)

회원. 5) 여현 감목 대리구 손덕정(孫德楨) 주교. 1897년 신부 서품, 교구 사
제. 6) 포기 감목 대리구 성화덕(成和德, 베드로) 주교. 프란치스코회 회원(교
구 사제 1명, 선교수도회 회원 2명, 프란치스코회 회원 2명, 예수회 회원 1명).
顧衛民, 1996, 95쪽 ; 吳宗文, 1976, 18~19쪽 ; 클로드 쇠텐스, 2008, 175쪽.

중국인 주교의 서품이외에 코스탄티니는 중국인 수도회(주님제자회)를 창설하기로 결정하였다. 창설 목적은 천주교회의 중국 토착화를 위해 지식인들에게 신앙 전파의 자질을 갖춘 중국인 사제단을 양성하는 데 있었다.[22]

코스탄티니가 중국에 온 또 다른 임무는 북경에 천주교 대학을 설립하는 것이었다. 교황 비오 11세는 북경 천주교 대학에 대한 창립 경비의 원조를 선포하고, 베네딕도회 수사를 중국에 파견해 학교를 창립하게 했다. 베네딕도회를 요청한 것은 베네딕도회가 학문을 중시하는 전통이 있으며 청렴의 특징을 가지고 있어서이다. 그리고 이전에 중국에 선교구를 가지고 있지 않아 북경 선교수도회의 저항을 감소하기 위해서이다. 코스탄티니는 비록 직접적으로 천주교 대학의 설립 준비 일에 가담하지 않았지만, 그는 이 일에서 가장 중요한 지지자였다. 천주교 대학의 설립은 조심스럽게 실시되었는데, 그것은 북경에 선교구를 가지고 있던 선교수도회와 프랑스의 감시를 피하기 위해서였다. 천주교 대학의 설립 준비가 끝난 즈음에야 비로소 선교수도회 주교와 프랑스 공사에게 사실을 알렸다.[23]

1925년 7월, 북경 천주교 대학이 설립 절차에 따라 먼저 예과를 설립하여 이름을 보인사(輔仁社)로 했으며, 1927년 7월 29일에 교육부

---

21) 첫 중국인 주교 축성은 온 천주교계에 깊은 반향을 일으켰다. 그것은 교회사 초유의 유색인 주교 임명이었다. 그 사건은 특별한 상징적 의미가 있다. 뱅상 레브 신부는 그때 "교회사의 중요한 순간"을 체험했고, "감동과 우주적 기쁨의 날"을 체험했다고 말했다. 클로드 쇠텐스, 2008, 177쪽.

22) 주님제자회를 중국어로 주도회(主徒會)라고 한다. 1927년 1월 4일, 교황청은 주도회 성립을 비준하였다. 주도회 창립 후 불행히도 중일전쟁 및 국공내전이 발발하여, 많은 젊은 신부와 수사들을 잃었다. 이후 대만에 항의(恒毅) 중학을 창립하는 등 교육 사업을 하고 있으며, 동남아시아의 인도네시아, 말레이시아에 사제를 파견하여 학교를 세우고 성당을 건립하고 화교들에게 선교 사업을 진행하고 있다. 張振東, 2002, 「剛恒毅樞機與中梵關係」, 『中梵外交關係史國際學術硏討會論文集』, 臺北: 天主教輔仁大學歷史學系, 193쪽.

23) 『在中國耕耘(上)』, 434~435쪽.

가 정식으로 인가하여 교명을 보인대학으로 개명했다. 9월 26일 대학
이 개학했는데, 당시는 단지 문학원(文學院)에 4개 과가 있었다. 당시
코스탄티니는 천주교 대학의 설립을 맞이하여 치사(致詞)를 요청받아
연설을 했다. 그는 "우리들은 진지한 마음으로 중국 인민을 존중하며
그들을 상처 내는 어떠한 행동도 원하지 않는다. …… 중국은 다른 국
가와 마찬가지로 능력 있고 청렴한 사람이 절실히 필요하며, 당면한
위기를 극복하고 새로운 목표를 향해 달려 나가기를 희망한다. 여러분
중에는 정말 애국적인 사람들이 있으며, … 학식과 재능이 뛰어난 사람
들이 국가에 복무하고, 국가에 공헌할 수 있다. 대학의 학생들 중에는
서로 다른 신앙이 있으며, 이들은 서로 다른 신앙을 존중해주며, 우애
있게 지내기를 희망한다"24)라고 하였다. 당시는 국민혁명 시기였고, 민
족주의가 대두되던 중국을 그는 이해하고 있었다. 따라서 그의 강연은
그리스도 신앙이 애국에 배척되지 않는다는 태도를 표명하였다.

보인대학의 설립에 대한 다른 수도회의 대항적 행동은 설립 과정에서
이미 나타나고 있었다. 선교수도회 소속 프랑스인 파브레그(Fabrègues)
는 프랑스 정부의 지원을 이끌어내고, 프랑스 국적의 도미니크회 선교
사들에게 일명 '도미니크' 대학을 세워 프랑스 정부에 소속되어 관리
하는 학교를 세우고자 했다. 이 '도미니크' 학교는 1928년 9월에 순수
프랑스 예식에 따라 개막되었고 프랑스 공사관에서 대표가 파견되어
개학식을 주도하였다. 그러나 이 학교는 반그리스도교 운동의 물결 속
에서 학생들의 퇴학운동으로 얼마 지나지 않아 폐교되었다. 천주교 대
학이 제국주의 침략의 어용적 도구로 여겨져 보인대학 역시 이러한 학
생운동의 표적이 되었다. 그러나, 보인대학은 1928년에 교황이 발표한
8·1 통전(通電)25)의 내용을 대학에 걸어놓고 국민정부를 지지하며 국

---

24) 『在中國耕耘(上)』, 436~437쪽.

25) 8·1 통전은 1928년 8월 1일, 교황청 가스파리 추기경이 코스탄티니에게 전보
를 보내 교황 비오 11세를 대표하여 발표하게 한 것이다. 이 전보는 두 가지
중요한 사실을 담고 있다. 그 전보는 교황이 중국의 평화를 기원하며, 새로운

민정부에 의한 중국통일을 축하하고, 보인대학이 문화침략과 제국주의의 도구가 결코 아님을 역설하였다.26)

1928년 12월, 동북군벌 장학량(張學良)이 장개석(蔣介石)의 국민정부에 복종할 것을 선언하였고, 사태의 추이를 관망하던 영국과 미국 등의 열강도 사실상 국민정부를 승인하였다. 1929년 1월에 와서 이미 12개 국가가 국민정부와 새로운 조약을 체결하였다. 코스탄티니는 1월에 장개석을 접견하고 외교부장 왕정정(王正廷)과 정교협약에 대해 논의하였다. 이번에 협의할 조약은 바로 프랑스 선교 보호권의 폐지에 대한 조약이며, 교황청과 중국이 직접 체결하는 것이다.27) 코스탄티니와 왕정정은 아래와 같은 기본적인 회담의 기초를 세웠다.

> 첫째, 신앙의 자유를 보증한다. 둘째, 천주교회가 재산의 권리를 가질 것을 승인한다. 새로운 규정에 따라 교회재산을 처리할 것이며, 새로운 규정은 반드시 기왕으로 소급하지 않는다. 셋째, 천주교회가 학교 창립의 권리가 있음을 승인한다. 그러나 정부의 관련된 법령을 준수해야 한다. 각각의 신학원, 철학원 혹은 크고 작은 수도원의 교과 과정은 정부가 간섭하지 않는다. 그러나 공공질서와 위생에 관련된 문제는 예외이다.28)

이 회담은 교황청이 파견한 교황 사절과 중국 국민정부가 서로 프

국민정부에 대한 합법적 지위를 지지한다는 내용이다(『在中國耕耘(下)』, 26~27쪽).

26) 『在中國耕耘(下)』, 44~51쪽.

27) 『在中國耕耘(下)』, 83~85쪽.

28) 『在中國耕耘(下)』, 86~87쪽. 후일 공포된 외교문서를 보면 쌍방은 당일 더욱 진전된 외교적 업무에 대해 회담하여 <중·바티칸 교약 초안>을 마련했는데, 그 중 제2항에는 "중국 정부와 교황청은 상호 정식으로 외교 사절을 파견한다. 사후 모든 천주교 업무는 쌍방이 직접 협의하여 처리한다"는 내용으로 외교 관계 수립에 대한 논의가 있었던 것으로 보인다. 陳聰銘, 2009, 「1920年代末 梵·法在華保教權之爭－以敎宗駐華代表剛恆毅爲中心的討論」, 『中央研究院 近代史研究所集刊』 第65期, 70쪽.

랑스 선교 보호권을 폐지하려는 목적이 있었지만, 큰 진척은 없었다.
이 또한 프랑스가 국민정부 외교부에 강력히 반대했기 때문이다.29) 따
라서 외교 관계의 수립과 상호 외교 사절의 파견 계획은 또 다시 보류
되고 말았다. 중국과 교황청의 조약 체결과 외교 관계의 수립에 대한
코스탄티니의 의지는 이후에도 계속되었지만 그가 건강상의 이유로
중국 교황 사절직을 그만둘 때까지 성사되지 못했다. 중국과 교황청과
의 외교 관계는 1942년에 가서야 비로소 수립되었다.

교황 사절로서의 코스탄티니의 중국 활동은 크게 두 가지로 말할
수 있는데, 첫째 중국 천주교를 프랑스 선교 보호권에서 배제시켜 직
접적으로 교황청 관할 아래 두려고 하였으며, 둘째 중국 천주교의 토
착화 사업을 진행시키는 것이었다. 물론 이것은 그의 개인적인 활동의
결과이기도 하지만, 보다 넓게는 당시 교황청의 선교정책의 변화에 따
른 결과라 하겠다. 그리고 그의 이러한 활동은 당시 중국의 정치적 상
황과 천주교 내부의 변화 속에서 진전된 것이라 할 수 있다.

3. 중국 천주교 내부의 변화

코스탄티니가 중국에 파견되었을 때는 5·4운동이 지나고, 1922년에
발생한 반그리스도교 운동이 시작되었을 무렵이었다. 당시의 반그리스

---

29) 프랑스는 코스탄티니와 왕정정의 회담에 앞서 교황청에도 항의하였다. 프랑
   스는 주교황청 대사에게 명령하여 친히 교황청 국무원장 가스파리를 예방하
   여 프랑스의 입장을 표현하였다. 코스탄티니가 중국 정부와 공식적으로 접촉
   하기 전부터 교황청은 프랑스로부터 거대한 압력을 받고 있었던 것이다. 당시
   가스파리는 코스탄티니가 중국 정부와 접촉한 것은 교회재산의 일 때문이지
   다른 사항은 없다고 했으나, 프랑스는 사전에 프랑스의 동의가 없는 상황에서
   중국과 교황청이 절대로 '정교협약'을 체결할 수 없다는 승낙을 받아내고야
   말았다(陳聰銘, 2009, 67~69쪽). 이후 프랑스 정부의 압력으로 인해 교황청은
   1858년의 청불 천진조약 조항의 국제조약 혹은 계약을 위반하는 어떠한 것도
   체결할 수 없다고 승인할 수밖에 없었다.

도교 운동이란 1922년에서 1927년까지 발생한 전국적 범위의 애국민족운동으로 종교를 이용하여 문화침략을 진행하는 제국주의에 대한 반대라는 목표로 진행된 운동이다. 이 운동의 정치적 배경에는 민족주의의 대두가 있다.

20세기에 이르러 민족주의 조류가 중국 천주교회에 미칠 때에도 천주교의 서양 선교사들은 여전히 이전 시대의 제국주의적 태도를 벗어나지 못했다. 그러나 교회 내부의 신자들 사이에서 점차 민족주의의 태도가 나타나기 시작했다. 1919년 5·4운동 시기 천진의 천주교 신자들이 '천주교 구국단'을 성립하여 교회 내부의 중국 신자들이 나라를 지키기 위해 일조하자고 호소했다. 아울러 프랑스가 선교 보호권을 이용하여 중국을 침해하는 사실을 지적하기 까지 했다. 이에 상해의 천주교 출판 잡지에서 천진의 천주교 신자들의 애국적 행위에 지지를 표명하였다. 그러나 당시 천주교 고위 인사의 압력으로 해당 천주교 잡지는 노동자 파업과 학생운동을 반대하는 입장으로 돌아섰고, 천주교 신자들이 이에 가담하면 처벌받을 것이라는 글을 발표하여 당시 교회 스스로 중국의 시대적 조류에 역행하는 모습을 보였다. 이후에 출현한 반그리스도교 운동은 바로 그에 대한 상대편의 대답이라고 할 수 있다.[30]

반그리스도교 운동이 발생하게 된 직접적 도화선은 세계기독교학생동맹이 1922년 4월 4일에 북경 청화대학(淸華大學)에서 개최한 제11회 대회였다. 중국 내에 반그리스도교 운동이 널리 알려진 것은 그 해 2월 YMCA의 기관지인 『청년진보(靑年進步)』가 특별호를 내어 선전하고 3월말에는 기독교 잡지 『생명월간(生命月刊)』이 역시 특별호를 내어 선전한 것에서 비롯된다.[31] 이러한 소식은 우선 상해와 북경 여론의 관심을 불러일으켰고, 곧이어 몇몇 그리스도교 반대 조직이 잇따

---

30) 顧衛民·楊國强, 1995,「二十世紀初期在華天主教會的中國化」,『檔案與史學』, 第5期, 47~48쪽.

31) 閔斗基, 1990,「國民革命運動과 反基督教運動」, 閔斗基 編,『中國國民革命運動의 構造分析』, 지식산업사, 142쪽.

라 성립되어 반그리스도교 운동이 발발하였다.

반그리스도교 운동은 광범위한 사회적 반향을 불러일으켰고, 각지에서 반종교동맹이 조직되었다. 통계에 의하면, 3월 하순에서 4월 하순까지 단지 20여 일 동안 전국에서 반그리스도교 및 반종교동맹이 50여개가 성립되었고, 지식계뿐만 아니라 다양한 사회단체, 예를 들어 중화심리학회(中華心理學會), 공인주간사(工人周刊社), 공진사(共進社), 당산공학계(唐山工學界) 등도 잇따라 반종교단체를 성립하였다. 세계기독교학생동맹의 개최와 함께 전국적으로 발생했던 반그리스도교 운동은 기독교학생동맹이 폐막된 지 얼마 되지 않아 5월에 들어서면서 정체되었고, 각지의 간행물에서도 점차 반그리스도교 운동에 대한 비판 논쟁은 줄어들었다.

1924년 국공합작의 성립 이후 국민혁명이 고조되자 반그리스도교 운동이 재차 발생하였다. 1924년에 와서는 운동의 목적이 교회교육의 문제에 집중되었다. 각지 학생들은 적극적인 행동을 조직하여 교육권 회수를 요구하였다. 중화교육개진사(中華敎育改進社)와 전국교육연합회 등은 잇따라 결의안을 통과시켜 교회학교 회수를 요구하였다. 이른바 반그리스도교 운동이 이론적 비판에서 정치적 행동으로 발전했던 것이다.

1925년 5·30운동 이후 국내 민족주의 정서는 더욱 고조되어 전국 청년의 그리스도교 반대 운동이 일어났고, 반그리스도교 운동은 전민족의 제국주의 침략의 투쟁으로 융합되어 반제 투쟁의 주요한 부분이 되었다. 반그리스도교 운동은 점차 교육권 회수 투쟁으로 전개되었고, 전국 각지 교회학교 학생들을 중심으로 보편적인 퇴학 풍조가 폭발하였다. 운동의 추진 아래 북경정부는 '북경정부 교육부 포고 제16호령'을 반포하여 외국인이 중국에서 설립한 학교는 반드시 중국 정부에 허가를 받도록 하는 안건을 규정하고, 교육과 관련된 중국 법령의 준수를 규정하였다. 1926년 북벌 전쟁은 반그리스도교 운동의 발전을 촉진시켰다. 그러나 1927년 장개석의 '4·12정변'이후 국민당 정부의 내외정책이 변화되어 반그리스도교 운동은 점차 소멸되었다.

1920년대의 반그리스도교 운동은 단순한 그리스도교 반대 운동이라기보다는 당시 고조되어 있던 반제·반군벌 그리고 민족주의 대두의 한 형태로 보이는 전형적인 운동이었다. 이러한 반그리스도교 운동은 중국의 그리스도교도로 하여금 충격을 받게 하였고, 중국의 그리스도교 역시 반그리스도교 운동의 충격을 통해 중국에서의 선교 활동 방식을 변화시키고 그리스도교의 토착화 운동으로 나아갔다고 볼 수 있다.

5·4운동과 반그리스도교 운동이 발발하기 이전에 이미 천주교 내부에서 몇몇 중국인 신자들을 중심으로 천주교 내부 개혁의 필요성에 대해 심도 있게 논의를 했던 이들이 있다. 바로 영렴지와 마상백 등이다. 그들은 먼저, 중국 천주교회의 정책을 적극적으로 비판하였다. 그들은 중국 천주교회가 중국 고등교육의 발전에 관심을 기울이지 않는다면서 교황에게 천주교 대학의 설립을 요청하였다.

20세기 들어서서 중국의 신청년들은 지적 열망에 사로잡혀 있었다. 그러나 천주교 선교사들은 중국 젊은이들을 매료시킨 지적 발전에 대한 강한 열망을 감지했는가? 한마디로 답할 수는 없다. 북경의 일부 교회 책임자들은 대중적 개종이 기대되던 그 시기에도 누구에게나 개방되는 근대 교육 기관의 중요성을 인정하지 않았다. 또 다른 교회 책임자들은 교육 사업에 헌신할 방법들을 찾을 생각조차 하지 않았다. 중국 정부가 학교 조직에 구체적으로 관여하기 시작하고 교황 비오 11세가 엘리트 양성을 위해 학교 설립을 장려한 다음, 선교지들이 움직임을 보이기 시작한 것은 제1차 세계대전이 끝나고 나서였다.[32)]

이러한 상황을 개선하기 위해 중국 천주교 내부 인사들이 교황청에 천주교 대학의 설립을 요청했지만, 당시 교황청에서 직접적인 반응이 나오지는 않았다. 영렴지를 비롯한 교회 인사들은 이와는 별도로 그 해

---

32) 클로드 쇠텐스, 2008, 89쪽.

에 '보인사'를 설립하여 교회 자제 20여명을 모집하여 국학을 연구하게
하였다. 마상백, 진원 등이 북경에 와서 함께 학생들을 지도했다. 보인
사의 규모는 크지 않았지만 교회 내부 인사가 국학과 교회사를 연구하
는 서막을 열었다. 이를 바탕으로 후에 보인대학이 설립했던 것이다.33)

영렴지는 경건한 천주교인이며, 강렬한 민족의식을 지닌 지식인이었
다. 1888년에 천주교 신자가 된 그는 1902년 천진에서『대공보』를 창
간하여 사회 개량을 주창하였다. 그가 당시 중국 천주교에 대해 가장
불만을 느낀 것은 하느님의 신민으로서 외국인 선교사는 자신의 국가
에 대해 애국을 애기할 수 있고, 중국 신부와 신자는 오히려 애국을
애기할 수 없는 상황이었다. 영렴지는 1917년『권학죄언(勸學罪言)』
에서, 이전에 벨기에가 독일에 의해 파괴된 후 벨기에의 추기경 주교
가 조국을 사랑하는 글을 발표하여 국민을 독려하게 했는데도 불구하
고 중국의 선교사는 애국을 제기하는 것을 들어보지 못했으며, 오히려
천주교의 도리는 중국인 신자가 외국을 사랑하는 것이라고 하는데, 왜
이렇게 되었는지 진실로 해답을 구하려는 자는 없다고 통탄했다.34) 영
렴지와 마상백 등 중국 천주교 인사가 중국 천주교의 상황에 대해 비
판하고 있을 때, 중국에 온 대부분의 서양인 선교사는 그렇지 않았다.
그래도 개별적으로 천주교회의 행태에 대해 비판을 하고 반성을 하는
서양 선교사가 있었으니, 바로 벨기에 국적의 선교수도회 소속 선교사
뱅상 레브였다.

---

33) 보인대학의 설립과정에 대해서는 孫邦華, 2004,「試論北京輔仁大學的創建」,
『世界宗敎硏究』, 第4期 참조. 1920년대 반그리스도교 운동 이후 중국 각 교
회대학은 1927년을 전후로 그리스도교의 중국화 운동의 추세에 적응하기 시
작했다. 남경 국민정부 교육부가 반포한 <사립대학 및 전문학교 설립안 조
례>의 법률을 준수하여 중국인을 이사장과 교장으로 추천하도록 하여 보인대
학 역시 이를 받아들였다. 1929년 7월에 보인대학은 새로이 27명의 이사회를
정비했는데, 그 중에는 마상백과 코스탄티니가 포함되어 있었다(孫邦華,
2004, 104~105쪽).
34) 顧衛民·楊國强, 1995, 49쪽.

코스탄티니는 1920년대에 발발한 반그리스도교 운동의 과정에 교황청을 대표하는 신분으로 중국에 있었다. 그는 중국에서 일어나고 있는 그리스도교 반대운동에 대해 직접적인 비판이나 지지를 표하지는 않았다. 물론 그것은 교황 사절이 정치적 색채를 띠어서는 안 된다는 <막시뭄 일룻> 회칙 이후 교황청의 정책적 입장이 있었기 때문이었다. 그럼에도 불구하고 그는 중국에서 발생한 민족주의의 흐름을 거부하지 않았다. 그는 중국의 대목구장들에게 서신을 보내 사제들이 어떠한 정치적 색채를 띠어서는 안 되며, 신문에 정치적 글을 써서도 안 되고, 중국인의 애국심을 존중해 주고, 그들의 합법적 정부를 존중해 줄 것을 요청했다.[35] 코스탄티니는 반그리스도교 운동의 과격함에 대해서도 알고 있었지만, 그 흐름 속에 나타난 중국 민족주의의 조류를 읽어내었다. 또한 영렴지나 마상백과 같은 중국 천주교인 및 뱅상 레브 등의 개혁적 외국인 선교사들의 당시 중국 천주교에 대한 비판과 중국 천주교 토착화 운동의 흐름을 함께 읽어내며 교황 사절로서의 그의 임무를 수행하고자 하였다.

4. 중국 천주교의 토착화 방법과 실천

마태오 리치로 대표되는 예수회 선교사는 천주교를 매개로 중국의 사회, 문화와 서로 대화하고 소통하고자 하였다. 그들은 결코 천주교를 중국 사회와 대립시키려 하지 않았고, 유학과 그리스도 교의의 소통을 꾀하려고 하였다. 아울러 근대 과학의 인문지식을 활용하고자 했다. 그러나 의례논쟁 이후 중국 문화와 서양 문화 사이의 소통이 단절되었고, 마태오 리치의 적응주의 선교 방식은 더 이상 유지될 수 없었다.

코스탄티니는 각기 다른 문화를 가진 국가에서 선교할 때에는 그

---

35) 『在中國耕耘(上)』, 277~293쪽.

지역의 문화를 존중해 주어야 한다고 주장했다. 그는 말하기를, "어떤 사람은 아프리카에 가서 선교하는 것이 중국·일본·인도에 가서 선교하는 것과 동일하다고 생각하는데 이것은 매우 큰 잘못이다. 중국, 일본 그리고 인도에서 선교사는 문명국의 민족들 틈에 있는 사람이다. 이들은 높은 문화적 수준과 사상을 가진 민족이다. 선교사는 당연히 해당 지역의 문화를 존중해야 하며, 깊이 연구해야 한다. 더욱이 자기의 민족 우월감을 나타내서는 안 되며, 해당 지역 거주민을 모욕해서는 안 된다"36)고 하였다.

또한 코스탄티니는 '신앙'과 '신앙을 표현하는 방식'은 구별되어야 한다고 했다. 각 민족의 전통문화는 모두 천주교 신앙의 기본정신을 표현할 수 있다고 했다. 선교 방식에서 코스탄티니의 견해는 마태오 리치로 회귀하는 경향을 보였다. 그는 그리스도교가 원래 셈 족에서 기원했는데, 후에 그리스 철학 언어를 흡수하고 자신의 신학사상을 표현하게 되었다고 주장했다. 그리스도교가 중국, 일본 그리고 인도에 온 이후 마찬가지의 상황이 발생할 수 있다고 하였다. 이로 인해, 천주교 사상과 중국 전통의 유가사상에는 소통의 가능성이 존재하고 있다고 했다. 천주교가 중국인을 대면할 때, 서양의 이론과 형식을 적용해서는 안 되며, 중국 철학의 형식을 사용해야 한다고 했다. 그는 결코 중국 사상을 '유럽화'하려는 생각을 하지 말고, 중국 사상을 '그리스도화'하려고 해야 한다고 주장했다.37) 코스탄티니의 입장에서 볼 때, 단지 종교는 인류의 관심과 박애의 가장 기본적인 정신을 구현하면 되지 종교적 교의와 규율에 얽매어서는 안 된다는 것이다.

또한 코스탄티니가 동서 문화의 소통에서 큰 공헌을 한 것은 중국 예술과 건축을 천주교회 내로 끌어들이려고 한 것이다. 그는 어려서부

---

36) 剛恒毅(Celso Costantini), 1980, 『零落孤葉 : 剛恒毅樞機回憶錄』, 臺北: 天主教主徒會, 35~36쪽.
37) 顧衛民, 1996, 96~97쪽.

터 학문 탐구에 힘썼으며, 예술에 많은 관심을 가졌다. 이후 조각에 대해서도 관심을 가졌으며, 천주교 예술에 대해서는 뛰어난 연구 성과가 있다. 그의 저서 『가톨릭 예술 강의』는 이탈리아 각 수도원에 의해 교과과정으로 채택되었으며, 그가 펴낸 『예술연구』라는 저서는 가톨릭 예술의 기원 역사를 상세히 기술했으며, 출판된 후에 각처에서 유행하여 사람들이 앞 다투어 구매하였다. 1910년 『십자가와 예술』이 완성된 후에 인구에 회자되어 유럽에서 예술 대가의 칭호를 얻었다.[38]

코스탄티니가 중국에 왔을 때 중국 주교가 한 명도 없었는데, 마찬가지로 당시 교회에는 중국 예술과 건축물이 없었다. 오늘날 사람들은 성당에서 중국식의 성상, 중국식의 제사 무대, 중국식의 성체, 심지어 중국 건축의 성당을 볼 수 있다. 이것은 모두 당연한 것으로 생각하는데, 당시에는 그렇지 않았다. 사람들은 심지어 감히 중국식의 성상을 성당 안에 거는 것을 상상하지도 못했다. 코스탄티니가 중국에 와서 느낀 것은 교회가 중국 예술을 받아들이지 않았다는 것이다. 그것은 아주 큰 착오라고 생각했다. 그는 교회가 중국 예술을 받아들일 것을 주장했다.

코스탄티니는 진정한 예술적 가치를 구비한 국가 안에서 천주교 예술도 선교의 새로운 경향을 가져야 한다고 생각하였다. 그리하여 코스탄티니는 1925년에 벨기에 국적 베네딕도회 예술가 그레스니트(D. Adelbert Gresnigt) 신부를 중국에 오도록 요청했다. 이후 그레스니트 신부는 중국에 와서 중국 예술의 정신을 연구하여 북경 보인대학, 홍콩과 개봉(開封)의 신학교, 선화(宣化) 주도회(主徒會) 성당 및 기타 몇몇 작은 건축의 설계도를 제작하고, 공사를 감독하였다. 그레스니트 신부는 중국 전통 예술의 요소를 응용했지만, 동시에 일종의 새로운 정신-가톨릭 정신-을 그것에 넣으려고 하였다. 그야말로 그가 건축하는 것은 손을 대면 환자가 살아나는 것과 같을 정도로 활력으로 충만했다.

---

38) 化一, 1959, 21쪽.

그레스니트 신부에 의해 설계되어 1931년에 건설된 당시의
홍콩 성신 신학교(Holy Spirit Seminary)(상)와 현재 모습(하)
(출처: 홍콩교구 성신 신학교 홈페이지http://www.hss.org.hk 건축편)

옛것을 끄집어내거나 모방하는 것이 아니라 '예술의 부흥운동'으로
부를만하고 예술의 생명을 비등하게 하였다. 또한 코스탄티니는 교회
내부에서 중국 회화 도입을 추진하기 위해 중국화가 진연독(陳緣督)의
협조를 요청했다. 코스탄티니는 진연독의 그림에서 중국 예술의 전통
정신을 발견하고 그에게 성모상을 그리도록 요청했고, 이를 계기로 진

연독 또한 천주교 신앙을 연구하기 위해 천주교 신자가 되었으며, 후
에 보인대학의 예술학 교수로 초빙되었다.39)

　교회 내에서 중국 예술의 표현은 마치 중국 주교의 출현과도 같은
것이다. 그것은 교회의 기초를 튼튼하게 할 뿐만 아니라 동서 문화의
교류를 촉진하게 하는 데에도 큰 영향을 미쳤다. 중국 천주교회의 회
화는 중국에서 신속히 발전해 나갔고, 동시에 유럽에 전파되었다. 후
에 코스탄티니가 포교성성에서 근무할 때, 많은 수의 중국 천주교회
회화를 인쇄하였다. 동시에 코스탄티니는 예술과 관련된 그의 저작에
서 여러 차례 중국 예술을 소개하여 서양 사람들에게 중국 예술의 이
해를 돕게 하였다. 현재 밀라노 박물관에는 중국식의 천주교 회화가
많이 전시되어 있다.40)

---

39) Celso Costantini, 孫茂學 譯, 1965, 「天主教藝術在中國(1)」, 『恒毅』 第14卷
第10期, 27~28쪽. 1937년 진연독이 북경 보인대학에서 거행된 천주교 미술전
람회 개막식에서 다음과 같이 말했다. "중국 회화의 가치는 결코 그것의 외재
적 형식에 있는 것이 아니라 그것을 표현하는 예술가의 사상에 있다. 중국 예
술은 상징적이고 주관적이다. 이것은 조형 혹은 사실파와는 완전히 다르다.
그래서 중국화는 회심적(會心的)이다. …… 중국 화가는 종교 소재에 대해 흥
미가 그렇게 많지 않다. 이로 인해 화가의 대다수는 중국 역사와 소설에서 소
재를 찾는다. 그러나 과거 불교와 도교는 거출한 화가와 화파가 있었다. 이로
인해 우리들 천주교 화가는 실로 이러한 대선배들을 거울삼을 수 있다"고 하
였다. 보인대학의 예술학과는 매우 빠르게 신사조와 신활동의 중심으로 편성
되었다. 상해와 북경에서 수차례 천주교 미술전람회가 개최되었다. 보인대학
예술학과의 작품은 각 선교 잡지에서 발표되었고, 심지어 개신교에서도 그들
의 간행물에 게재하기도 하였다.

40) 회화와 건축의 동서 문화의 교류적 측면에서 보자면, 이미 청나라 시기 예수
회 선교사들의 활동을 예로 들 수 있겠다. 특히 이탈리아의 예수회 선교사이
자 화가인 카스틸리오네(1688~1766)는 건륭제 시기 선교사보다는 궁정 화가
로서 50여 년간 활동하면서 청대 회화사에 큰 족적을 남겼다. 또한 원명원에
베르사유 궁전을 모방한 건물들을 설계하고 시공하는데 참여하였다. 카스틸
리오네가 남긴 다량의 유화 작품과 서양식 투시법을 중국 전통 안료와 융합
한 선법화(線法畵) 등은 당시 궁정을 중심으로 이루어졌던 중국과 서양의 회
화 교류에 큰 영향을 끼쳤다. 중국의 전통화풍과 혼합된 서양화법은 궁정 화

이러한 중국 천주교의 새로운 예술 경향에 대해 교황은 적극적으로 찬성했다. 교황은 중국에서의 종교 예술의 영역에서 이미 천주교의 참된 정신을 찾았으며, 그것으로 인해 큰 발전을 하게 되었고, 일방적인 서양 취향을 버린 것에 대해 매우 기뻐했다. 천주교에 중국 예술을 도입하자는 코스탄티니의 주장을 요약하면 다음과 같다.

① 서양 예술을 중국에 사용하는 것은 형식의 착오이다. 각 민족은 모두 특수하고 정형적인 특징이 있다. 아울러 이러한 특징은 그들이 가진 역사적 건축과 민간과 사회의 예술품으로 충분히 표현해 낼 수 있다.

② 외국 건축 양식을 그대로 중국에 가져오면, 매우 적절하지 않다. 우리들이 중국에서 선교할 때 가장 곤란한 점은 많은 중국인이 천주교를 수입품이라고 생각한다는 것이다. 각 교구 장상 및 신부들은 존경받는 그리스도 정신을 가지고 진력하여 이런 불행한 오해를 없애야 한다. …… 중국인이 성당 안에 있을 때 서양 가옥에 있다는 것을 느껴서는 안 된다. 반대로 그들에게 자기의 집에서와 같은 느낌이 들도록 해야 한다.

③ 우리는 가톨릭이 토굴에서 나온 이후 로마인의 가옥 궁정 양식에 따라 천주교의 성당 혹은 대전을 건축하기 시작했다는 것을 알고 있다. …… 서양에서 유행한 로마식에 대해 얘기하자면 비록 그것이 매우 오랫동안 전형적인 기본요소를 보존했지만 이후 시대와 지리적 영향을 받아 점점 변화, 진전되어 본래의 형태에서 바뀌었다.

④ 우리는 중국 건축술의 정수를 연구하여 천주교에 맞게 새로운 면모를 갖추어야 한다. 절대로 묘우(廟宇)의 형식을 답습하는 것은 아니며, 이도 저도 아니게 중국적 요소를 짜 맞춰서도 안 된다. 중국 건축과 미술

단을 중심으로 마진(馬晉)과 황족 출신 화가 부설재(溥雪齋) 등에게 계승되었고, 북경을 중심으로 중국 근대 화단에까지 영향을 주었다. 물론 당시 건륭제의 서학에 대한 관심은 서양문물 자체보다는 그 기능적 측면에 대한 것으로, 건륭제는 이를 정치적으로 활용하고자 하였고 서양화법 역시 마찬가지의 기능을 행하였던 한계가 있음을 지적하지 않을 수 없다. 이에 대해서는 李周玹, 2009, 「乾隆帝의 書畵 인식과 郎世寧 화풍의 형성」, 『미술사연구』 23 ; 조지뢰어, 김리나 옮김, 1993, 「淸 皇室의 서양화가들」, 『미술사연구』 7 참조.

의 정수를 학습하여 천주교의 사상을 잘 표현해 내어야 한다.[41]

한편, 코스탄티니는 의례논쟁 이후 중국 의례 금령에 대해 교황 사절로서 처음 중국 의례를 인정하는 모습을 보였다. 당시 국민정부 시기에 국민혁명의 기초는 손문(孫文)의 삼민주의(三民主義)였다. 새로이 성립된 국가교육 체계 중, 교회 학교는 즉각 국부 손문에 대한 경례 및 삼민주의를 가르치는 문제에 직면하게 되었다. 당시 외국인 주교들은 교회 학교에서 국부의 상에 예를 표하는 것은 미신의 혐의가 있다고 생각하였다. 이리하여 코스탄티니는 교황청에 서신을 보내어 삼민주의가 천주교의 사회적 원칙에 부합되며, 중화민국의 창립자 손문에 대한 경의 표시는 사회적 행위임을 강조하였다.[42]

또한 1929년 5월 남경 중산릉에 손문을 봉안할 때 코스탄티니는 교황청 특사의 신분으로 교황의 허락을 받아 사회적 행사인 봉안식에 참가하여 각국 공사 모두 손문의 영구 앞에서 세 번 허리를 굽혀 인사를 할 때, 코스탄티니는 바로 결단하여 그 역시 손문의 영구 앞에서 세 차례 허리를 굽혀 절하는 의례를 표시했다.[43] 이러한 행동은 중국 의례 금지령과 상반되는 행동이었지만, 이후 교황청이 조상과 공자 제사 금령을 폐지하는 첫 번째 시도였다고 볼 수 있다.

코스탄티니는 당시 로마 교황청의 변화된 중국 선교정책 아래 중국의 천주교 토착화를 위해 중국 문화와 천주교 문화의 소통을 꾀하고자 하였다. 이와 더불어 그는 천주교가 가지고 있는 인류에 대한 봉사와 '보편성'을 중국에 실천하고자 했다. 코스탄티니는 선교사에게 온전한 희생을 봉사 정신으로 삼아야 한다고 했다. 그는 더욱이 자신의 이해를 위해 목적을 달성하지 않았다. 그는 사도 바오로의 선교 정신을 사

---

41) Celso Costantini, 孫茂學 譯, 1965, 「天主敎藝術在中國(2)」, 『恒毅』 第14卷 第11期, 37~41쪽.
42) 『在中國耕耘(下)』, 70쪽.
43) 『在中國耕耘(下)』, 116쪽.

랑하여 자기의 마음속에 있는 포부를 드러냈다. 코스탄티니는 아래와
같은 사도 바오로의 두 말을 항상 인용하여 선교사의 선교 정신을 고
무했을 뿐만 아니라 실천으로 삼고자 했다.44)

　　나는 아무에게도 매이지 않은 자유인이지만, 되도록 많은 사람을 얻으
　려고 스스로 모든 사람의 종이 되었습니다. 유다인들을 얻으려고 유다인
　들에게는 유다인처럼 되었습니다. 율법 아래 있는 이들을 얻으려고, 율법
　아래 있는 이들에게는 율법 아래 있지 않으면서도 율법 아래 있는 사람처
　럼 되었습니다. 나는 하느님의 율법 밖에 있지 않고 오히려 그리스도의 율
　법 안에 있으면서도, 율법 밖에 있는 이들을 얻으려고 율법 밖에 있는 이
　들에게는 율법 밖에 있는 사람처럼 되었습니다. 약한 이들을 얻으려고 약
　한 이들에게는 약한 사람처럼 되었습니다. 나는 어떻게 해서든지 몇 사람
　이라도 구원하려고, 모든 이에게 모든 것이 되었습니다.45)

　　여러분은 모든 이에게 자기가 해야 할 의무를 다하십시오. 조세를 내야
　할 사람에게는 조세를 내고 관세를 내야 할 사람에게는 관세를 내며, 두려
　워해야 할 사람은 두려워하고 존경해야 할 사람은 존경하십시오. 아무에
　게도 빚을 지지 마십시오. 그러나 서로 사랑하는 것은 예외입니다. 남을
　사랑하는 사람은 율법을 완성한 것입니다.46)

　이전의 중국 천주교 신자가 선교사들을 접견하는 예의는 남녀노소
를 막론하고, 심지어 백발의 노인조차도 모두 두 무릎을 꿇고 땅에 머
리를 조아리며 경의를 표하는 것이었다. 그러나 코스탄티니는 이러한
의례에 변화를 꾀하고자 하였다. 코스탄티니가 북경 대표공관에 있을
때였다. 신자들이 찾아와서 함께 얘기를 하고 식사를 할 때 항상 동등한
자격으로 대했다. 엄숙할 때도 존비를 나타내지 않았고, 친절할 때는 부
자형제와 같았다. 그가 선화(宣化)에 갔을 때 주교 식당에서 신자 대표

44) 德雷, 1969,「宗座使華首任代表－剛恒毅樞機－」,『恒毅』19卷 2期, 10쪽.
45) 1코린 9, 19~22.
46) 로마 13, 7~8.

와 함께 식사를 하였다. 그의 이같이 자신을 낮추는 태도는 좌우에 있는 사람들의 불만을 불러일으켰는데, 그는 오히려 이것을 태연하게 처리했으며, 사람들의 불평에도 그것을 바꾸려고 하지 않았다.47)

교황 사절로서 코스탄티니의 행동은 1930년에 들어 프랑스 측의 계속된 비난과 더불어 외국인 선교사들의 반대에도 직면했다. 또한 그를 지원해 주었던 교황청의 가스파리 국무원장이 물러나 코스탄티니는 1930년 말에 이탈리아로 돌아와 다시금 교황청의 중국 선교정책에 대해 지지를 받고자 하였다. 교황 비오 11세를 접견하고 그의 지지를 확인한 후 코스탄티니는 1931년 8월 북경에 도착했다. 1932년 12월에 다리 부종이 심해져 교황청에 귀국 휴가 신청을 하고 1933년 2월에 유럽으로 가는 배에 올랐다. 그는 잠시 떠난다고 생각했으나, 그것으로 교황 사절의 임무는 끝나고 말았다.48)

5. 제2차 바티칸 공의회의 선구자

코스탄티니는 교황 사절 신분으로 중국에 파견되어 주재한 최초의 인물이다. 교황 사절로서의 코스탄티니의 중국 활동은 크게 두 가지로 말할 수 있다. 첫째, 중국 천주교를 프랑스 선교 보호권에서 배제시켜 직접적으로 교황청 관할 하에 두려고 하였다. 둘째, 중국 천주교의 토착화 사업을 진행시키는 것이었다. 물론 이것은 그의 개인적인 활동의 결과이기도 하지만, 보다 넓게는 당시 교황청의 선교정책의 변화에 따른 결과라 하겠다. 그리고 그의 이러한 활동은 당시 중국의 정치적 상황과 천주교 내부의 변화 속에서 진전된 것이라 할 수 있다. 19세기 동안 천주교는 중국에서 여러 가지 폐단을 낳기도 했는데, 20세기에 들어서서 교회 내부에서도 자성론이 대두되었고, 그러한 과정에서 영

---

47) 德雷, 1969, 11쪽.
48) 陳方中·汪國維, 2003, 139~142쪽.

렴지와 마상백 등과 같은 인물이 등장하기도 했다. 또한 외국인 신부인 뱅상 레브는 중국 교회의 토착화를 주장했고, 사회의 개량과 항일 투쟁을 강조했다. 이러한 중국 천주교회 인사들의 끊임없는 개혁요구가 교황청의 관심을 불러일으켰고, 중국에서의 천주교회의 토착화를 추진시키는 원동력이 되었다.

코스탄티니는 비록 외교적 권한이 없는 순수 교황 사절이었지만, 중국 교회가 프랑스 선교 보호권의 비호 아래 큰 특권을 누리고 있고, 외국인 선교사가 자신들의 권익을 누리기 위해 토착화된 교회 건립을 원하지 않는다는 것을 알고 이를 시정하기 위해 노력하였다. 코스탄티니는 중국인 사제를 추천하여 주교 직무를 담당시키고, 새로 임명된 중국인 주교를 데리고 로마에 가서 주교 서품을 받게 했을 정도로 중국 천주교의 토착화 운동에 앞장섰다. 또한 개신교의 문화·교육 사업보다 상당히 뒤쳐져있던 천주교 교육 사업에 적극적으로 관심을 가지며, 천주교 대학 설립에 앞장서기도 했다. 특히 그는 예술과 조각에도 조예가 깊던 인물로서 중국의 철학적 언어와 예술 양식으로 천주교 신앙을 표현할 것을 주장했다. 그는 각 나라와 민족의 전통문화는 모두 천주교 신앙의 기본정신을 표현할 수 있다고 생각했다. 또한 그는 중국의 예술을 천주교에 도입하고, 중국 천주교 회화를 유럽에 소개했으며, 중국의 건축예술을 천주교에 도입하고자 하는 등 동서 종교 문화 간에 소통의 새로운 길을 개척하였다.

중국 교황 사절로서의 임무가 끝난 후 코스탄티니가 포교성성에서 차관으로 재직할 때 교황이 그에게 추기경 직함을 주려고 했으나 선교 사업에 매진하기 위해 받아들이지 않다가 이후 연로하고 병약해지자 추기경 직함을 받았다. 1958년 비오 12세가 선종했을 때 코스탄티니는 병원에서 요양 중이었다. 그 때 그의 친구 베네치아의 대주교 안젤로 추기경이 병원에 문안하러 왔고, 그들은 새로이 선출될 교황에 대해 의견을 나누었다. 그런데 뜻하지 않게 코스탄티니는 심장병으로 갑자기 세상을 떠나게 되어 새로운 교황의 선출에 참가하지 못했다. 또한 그의 친구 안젤로 추기경의 교황(요한 23세) 등극을 보지 못했다.[49] 그러나 우리들은 새로운 교황의 활약과 재위시절 가톨릭교회에 대한 개혁을 보았다.

제2차 바티칸 공의회 개회식에 참석한 교황 요한 23세
(출처: 한국교회사연구소)

---

49) 德雷, 1969, 11쪽.

요한 23세가 개최한 제2차 바티칸 공의회는 예전의 공의회들과 달리 교회의 교리를 공격하거나 교회 일치를 저해하는 것을 다루기 위해 소집되지 않았다. 그것은 요한 23세가 천명했듯이 "교회 생활의 모든 분야가 현대 세계에 '적응'하는 차원을 넘어 완전히 의식 변화를 해야 한다"는 것이었다. 이러한 요한 23세의 대담한 행동은 '아조르나멘토 (aggiornamento)'란 말로 잘 표현되었다. '쇄신과 개혁'이라는 공의회의 주제에 따라 이제까지의 폐쇄적인 교회의 모습을 바꾸고 새로운 세상과 소통의 문을 여는 교회의 모습을 보이고자 했다. 가톨릭과 제1세계 중심 논리에서 벗어나 타종교와의 관계에서도 차이점보다는 공통점에 유의할 것과 비종교인까지도 포용해야 할 필요성을 지적하였다. 또한 선교 방법에서 각국의 문화와 전통을 존중하고 그것에 적응해야 하는 토착화를 주장하였다. 천주교는 이제 타자의 존재를 인식하면서 세상 안에서 살아가는 교회의 모습을 갖추려고 한 것이다. 교황 사절로서 코스탄티니의 중국에서의 활동은 이미 그것의 선구적 활동을 대변해 준다고 하겠다.

코스탄티니의 중국 교황 사절의 활동의 결과 중국 천주교 토착화의 많은 결실이 나타났지만 이후 중국이 공산화되면서 교황청과 외교 관계가 단절되었다. 하지만 제2차 바티칸 공의회의 쇄신을 미리 보여 주고 토착화와 지역 교회의 성장과 현지인 사제의 양성을 촉진하면서 광범한 활동을 펼친 그는 제2차 바티칸 공의회의 선구자들 가운데 한 명이 되었다.

제3편

중국과 교황청의 외교 관계

제1장 청조·교황청의 외교 관계 수립 교섭

1. 『천이잠지구교당함고』의 검토

1860년 청불 북경조약은 중국이 프랑스에게 천주교 보호의 권리를 부여한 국제적 협약이었다. 북경조약의 체결로 인해 프랑스는 중국에서 확실한 천주교 보호국가로서의 지위를 얻었다. 이후 청 정부는 적어도 1888년 독일과 이탈리아가 자국 선교사에 대한 여권 부여 협정을 청조와 체결할 때까지 천주교와 관련된 대부분의 사건을 프랑스와 처리해야만 했다.

1870년 천진교안(天津敎案) 이후 청조는 그리스도교에 대한 구체적인 대책을 마련하기 시작했고, 그리스도교 반대 운동, 즉 교안의 큰 원인이라고 할 수 있는 프랑스의 선교 보호권에 관심을 갖게 되었다. 1870년대 말부터 외국에 공관을 개설하면서 대표부를 유지할 만큼 국제관계가 개선되기 시작했고, 국제법을 익혀 외국과의 관계에 이용하기 시작하면서 청조는 점차 교안 문제의 해결로써 교황청과의 외교 관계 수립을 계획하였다. 이와 더불어 재위기간 교회와 개별 국가 사이의 장애물 제거에 노력했던 교황 레오 13세(Leo XIII, 1878~1903) 시기 교황청은 프랑스의 간섭 배제와 중국 천주교의 직접적인 감독을 위해 청조와 외교 관계 수립에 노력하였다. 이러한 요인으로 점차 청조와 교황청 사이의 외교 관계 수립에 대한 공감대가 형성되었다. 하지만 외교 관계 수립을 통해 당시 심각했던 교안 문제를 해결하려 했딘 청조와 프랑스의 간섭을 배제하고 중국과 직접적 외교 관계를 맺으려 했던 교황청 사이의 가장 큰 걸림돌은 바로 프랑스의 선교 보호권이었다.

중국과 교황청의 관계사에 대한 연구는 주로 명 중기 이후 유럽의 대항해시대 중국에 온 예수회 선교사들과 관련된 것이며, 청조의 강희 시대에 시작된 의례논쟁으로 파견된 교황 사절과 강희제와의 관계에 대한 연구가 대부분이며, 특히 의례논쟁에 대한 연구가 주류를 이루었다.1) 한편, 중국과 교황청과의 관계사에 대한 통사적인 연구가 있다.2) 그러

---

1) 의례논쟁에 대해서는 李天綱, 1998, 『中國禮儀之爭: 歷史·文獻和意義』, 上海古籍出版社 ; 張國剛, 2003, 『從中西初識到禮儀之爭: 明淸傳敎士與中西文化交流』, 北京: 人民出版社 ; 朱靜, 1997, 「羅馬天主敎會與中國禮儀之爭」, 『復旦學報』, 第3期 ; 陳瑋, 2005, 「基督敎第三次入華與康熙末年的禁敎」, 『歷史敎學』, 第6期 ; 吳莉葦, 2004, 「文化爭議後的權力交鋒-"禮儀之爭"中的宗敎修會衝突」, 『世界歷史』, 第3期 ; 白新良, 2003, 「康熙朝奏折和來華西方傳敎士」, 『南開學報』, 第1期 ; 吳伯婭, 2002, 「禮儀之爭爆發後康熙對傳敎士的態度」, 『歷史檔案』, 第3期 ; 矢澤利彦, 1972, 『中國とキリスト敎 – 典禮問題 –』, 東京: 近藤出版社 등이 있다. 의례논쟁에 대한 서양 자료는 蘇爾(S.J. Donald F. St. Sure)·諾爾(Ray R. Noll) 編, 沈保義·顧衛民·朱靜 譯, 2001, 『中國禮儀之爭: 西文文獻一百篇(1645-1941)』, 上海古籍出版社를 보면 유용하며, 강희제와 교황 사절과의 관계에 대한 문서는 陳垣 識, 1974, 『康熙與羅馬使節關係文書』, 臺北: 文海出版社에 잘 정리되어 있다. 이와 별도로 원대(元代) 중국과 교황청과의 관계에 대해서는 伯希和(P. Pelliot) 撰, 馮承鈞 譯, 2008, 『蒙古與敎廷』, 北京: 中華書局이 있다.

2) 이에 대해서는 羅光, 1984, 『敎廷與中國使節史』, 臺北: 傳記文學出版社가 거의 독보적인 저작이다. 나광(羅光)은 교황청에 재임했던 기간에 수집한 자료를 바탕으로 원대부터 민국 시기까지 교황청과 중국과의 외교 사절에 대한 역사를 저술했다. 이 연구서는 이 시기를 연구하는 많은 연구자들의 지침서이기도 하며, 교황청 자료가 다량 포함되어 있는 간접 사료이기도 하다. 또한 그의 연구서를 바탕으로 중국과 교황청의 외교사를 재정리한 것으로는 顧衛民, 2000, 『中國與羅馬敎廷關係史略』, 北京: 東方出版社이 있으며, 고위민은 그의 다른 저서 『中國天主敎編年史』(2003, 上海書籍出版社)에서 교황청과 관련된 많은 자료를 소개하고 있다. 대만에서는 陳方中·汪國維, 2003, 『中梵外交關係史』, 臺北: 商務印書館의 연구서가 있다.

나 청말 시기 교황청과의 외교사에 대한 연구는 그리 많지 않다.

이 글은 1885년에서 1886년 사이에 잠지구(蠶池口) 천주당3)의 이전과 관련된 청조와 교황청 사이의 외교문서인『천이잠지구교당함고(遷移蠶池口教堂函稿)』를 중심으로 청조와 교황청의 외교 관계 수립 교섭과 프랑스 선교 보호권 문제에 대해 검토해 볼 것이다. 이 시기 청조와 교황청의 외교 관계에 대한 연구는 주로 원나라부터 민국 시기까지의 전체적인 교황 사절의 역사 속에서 다루어져 왔다. 청조와 교황청의 외교 사절 파견 교섭에 대한 개별 연구가 몇몇 있지만,4) 이들 연구는 잠지구 천주당 이전의 배경 시기에 대한 구체적 고찰과 천주교회와의 계약 결과 등에 초점을 맞추고 있거나 주로 1886년 이후 청조와 교황청과의 관계에서 외교 관계 수립에 대한 청조 관리의 인식과 실천에 대해 간략히 다루었다.

이 시기 교황 사절의 중국 파견에 대한 연구는 근대 중국의 외교사에서 중요한 부분이라고 할 수 있다.5) 왜냐하면 당시 중국에 파견되는

---

3) 오늘날 북경의 서십고(西什庫) 천주당을 말하며, 흔히 북당(北堂)이라고 한다.

4) 翁飛, 1994,「李鴻章與蠶池口教堂遷移案」,『學術界』, 第1期 ; 楊大春, 2001,「晚淸政府與羅馬教廷的外交歷程」,『史學月刊』, 第1期 ; 曹增友, 2001,「羅馬教廷與中國教案」,『北京社會科學』, 第3期 등이 있다.

5) 교황 사절(Legatus)은 지역 교회와 국가 권력과의 관계를 원만하게 유지하고 복음 선포를 원활히 하기 위해 교황이 파견한 사절을 말한다. 교황 사절의 역사는 4세기부터 시작되지만, 16세기에 와서야 교황 대사 제도가 공식적으로 교회 내에 도입되었고, 1815년 빈(Wien) 회의에서 인정되어 외교 특권을 가진 사절로서 국제적 공인을 받게 되었다. 일반적으로 교황 사절은 외교관의 신분을 갖는 '교황 대사(nuntius, pro-nuntius)'와 '교황 공사(inter-nuntius)', 그리고 외교관 신분이 아닌 상태에서 순수하게 교황청과 개별 교회와의 관례를 위한 역할을 수행하는 '교황 사절(delegatus apostolicus)'로 구분된다. 19~20세기 국제사회에서의 교황 사절은 자동적으로 주재국의 외교 사절단의 단장이 되는 특권을 가졌는데, 이 특권은 1961년에 빈 협약에서 폐지되었다 (『한국가톨릭대사전』1, 674~676쪽 ; 도밍고 안드레스 지음, 한영만 옮김, 2003,『교계 제도-교회법 제330~572조에 관한 해설-』, 가톨릭대학교출판부, 60~68쪽).

사절은 이전 시기 교황이 파견한 특사와는 달리 공사와 같은 외교 사
절의 임무를 가지고 파견되는 사절로서 교황청을 대표하여 천주교와
관련된 중국의 교회 사무를 청조와 협의하는 자리이므로 기존에 이러
한 특권을 누려왔던 프랑스와 충돌할 수밖에 없기 때문이다. 따라서
청조와 교황청의 상호 외교 사절 파견에 대한 교섭과 관련하여 프랑스
선교 보호권에 대해 살펴보는 것은 근대 중국의 외교사 및 천주교사
연구에서 의미 있는 작업이 될 것이다.

2. 외교 관계 수립의 교섭 배경

중국과 교황청의 외교 관계의 역사는 원나라까지 거슬러 올라가는데,
1294년 교황청에서 파견된 첫 번째 교황 사절 몬테코르비노(Giovanni
da Montecorvino) 대주교가 원의 대도(大都) 즉 북경에 도착한 것이
그 출발점이었다. 몬테코르비노 대주교는 중국에서 30여년 봉직하다
가 1328년 북경에서 사망하였다. 교황청은 그의 후임으로 파리대학
신학교수였던 니콜라스(Nicolas)를 임명했지만, 그가 중국에 도착했는
지의 여부는 사료에 기재되어 있지 않다. 여하튼 원대에는 천주교 선
교가 허용되었고, 토곤 테무르인 원 순제(順帝) 시기에는 교황청과의
상호 외교 사절의 파견도 이루어졌다.6) 그러나 원이 멸망한 후에는 천
주교가 중국에서 세력을 잃으면서 교황청과의 관계도 단절되고 말았
다.7)

---

6) 方豪, 2007, 『中國天主敎史人物傳』, 北京: 宗敎文化出版社, 21~26쪽 ; 羅光,
   1984, 41~43쪽 ; 顧衛民, 2000, 14~19쪽.
7) 명대 초·중기에 들어서도 교황청과의 외교적 관계가 있었다는 연구가 최근
   발표되었는데, 『명사(明史)』에 기록된 '일락국(日落國)'이 영락(永樂) 시기에
   내공(來貢)했으며 홍치(弘治) 6년(1493)에 교황 알렉산데르 6세(Alexander
   Ⅵ)가 사신을 파견하여 입공(入貢)했다는 것이다. '일락국'은 아랍인들이 말
   한 'Djabulsa'('일락(日落)의 성(城)'이라는 뜻)로 명대 이전까지 유럽을 지칭

유럽의 대항해시대가 시작되던 명·청 교체기에 남명(南明) 조정이 교황청에 외교 사절을 파견하여 외교적 관계를 맺고자 한 일도 있었다. 남명에서는 영력제(永曆帝) 시기 왕태후(王太后)의 주도로 교황청과 외교 관계를 맺기 위해 당시 궁정에서 봉사하고 있던 폴란드인 예수회 선교사 보임(Michael Boym)을 외교 사절로 교황청에 파견하였다. 보임은 교황 알렉산데르 7세(Alexander Ⅶ)가 태후에게 보내는 서신을 가지고 돌아왔지만, 명·청 교체기의 혼란 속에서 베트남과 광서(廣西)의 교계지(交界地)에서 사망했고, 얼마 후에 남명 역시 멸망하였다.[8]

아편전쟁 이후인 1850년에 중국의 서양 선교사들은 100명을 넘었고, 중국 천주교인의 수는 32만 명 정도였지만,[9] 중국에 교황 사절은 없었다. 이 때문에 교황청은 중국의 선교 상황을 정확히 파악하기도 어려웠고, 선교사들의 행위를 감독할 수도 없었다. 이에 따라 교황청은 중국에 교계제도를 설정하려는 계획을 세웠다. 당시 중국은 정식적인 교구가 설립되어 있지 않은 상태인 대목구 제도가 운영되고 있었다. 중국에 대목구가 설치된 것은 교황청이 포교성성을 설립한 17세기부터였다. 교황청은 1659년부터 중국에 대목구를 설치하여 포르투갈의 선교 보호권에서 벗어나 직접 중국 교무를 관할하고자 하였다. 물

하는 용어로 쓰였는데, 명대에 입공한 '일락국'은 교황청이라는 것이 이 연구의 견해이다(廖大珂, 2005 「"日落國"考證 – 兼論明代中國與羅馬教廷的交往」, 『厦門大學學報』, 第4期).

8) 顧衛民, 2000, 31~34쪽. 영력왕황태후(永曆王皇太后)가 교황 인노첸시오 10세(Innocentius Ⅹ)와 예수회 총회장에게 보낸 서신과 교황 알렉산데르 7세와 예수회 총회장이 태후에게 보낸 답신에 대해서는 顧衛民, 2000, 35~40쪽 참조. 외교 사절로서 보임의 구체적인 활동에 대해서는 沙不烈(Robert Chabrie) 撰, 馮承鈞 譯, 1941, 『明末奉使羅馬教廷耶蘇會士卜彌格傳』, 北京: 商務印書館 참조.

9) 德禮賢(Paschal M. D'Elia), 1940, 『中國天主教傳教史』, 長沙: 商務印書館, 150쪽.

론 포르투갈의 요구에 따라 1690년에 마카오를 포함하여 북경·남경의
세 교구를 설치하고, 1696년에 나머지 9개 지역(복건·강서·절강·호
광·사천·귀주·운남·섬서·산서)에 대목구가 설치되어, 1696년부터
1856년까지 교구와 대목구가 함께 존재했지만, 마카오를 제외한 남경
과 북경 교구는 제대로 관할되지 못하였다.10) 따라서 중국은 포르투갈
의 선교 보호권 아래에서 형식적으로나마 대목구 제도를 유지해 왔다
고 볼 수 있다.

1857년에 중국에서의 포르투갈 선교 보호권이 폐지되고, 교황청은
단지 마카오 교구만 포르투갈이 보호하도록 하는 협약을 맺었다.11) 이
에 교황 비오 9세(Pius Ⅸ)는 당시 호광(湖廣) 대목구장을 맡고 있던
스펠타(Luigi Celestino Spelta, 徐伯達 혹은 徐類思)를 1860년 1월에
중국 천주교회 순시관으로 임명했고, 중국에 파견될 교황 사절이 선교
사를 보호하는 권한이 있도록 승인해 달라는 요청을 동치제(同治帝)에
게 전하라는 훈령을 보냈다.12) 이는 사실상 교황이 이 기회를 빌려 청
정부와 접촉하여 상호 사절 파견을 시도하려는 것이었다. 그러나 스펠
타가 북경에 오기도 전인 1862년 무창(武昌)에서 병으로 사망함으로
써 교황청의 외교 관계 수립 시도는 이루어지지 못했다.

교황청의 이러한 시도와는 달리 프랑스 국적의 선교사들은 프랑스가
강력한 외교정책을 통해 중국 천주교의 보호를 원했다. 1860년 강서
(江西) 대목구장 다니쿠르(Danicourt)가 선교수도회 총회장에 의해 파
리로 소환된 이후 중국으로 가는 프랑스 외교관에게 중국에서의 천주
교 보호를 위해 군사적인 간섭이 필요하며, 청조에 외교적 압력을 넣을
것을 부탁했다. 또한 그는 북경 주재 프랑스 공사가 중국 천주교의 보

---

10) 羅光,「中國天主敎歷代分區沿革史」, 羅光 主編, 1967,『天主敎在華傳敎士
集』, 臺南·臺中·香港: 光啓出版社·徵祥出版社·香港眞理學會, 300~304쪽.

11) 羅光, 1984, 176쪽.

12) 衛靑心(Louis Wei Tsing-Sing) 著, 黃慶華 譯, 1991,『法國對華傳敎政策』
(下), 北京: 中國社會科學出版社, 696~697쪽.

호자임을 주장했다. 사천 천동(川東)의 대목구장 데플레슈(Dèsfleches) 역시 이와 유사한 견해를 가지고 있었다. 1859년 5월 프랑스로 가는 길에 데플레슈는 교황청 포교성성에 서신을 보내어, 프랑스 대표를 북경에 주재시켜 중국의 천주교인을 보호해야 한다고 하면서 나폴레옹 3세에게 이를 요청할 것이라고 했다.[13]

1869~70년의 제1차 바티칸 공의회 시기에 포교성성은 회의에 참가한 중국의 주교들에게 중국 교계제도 건립에 대한 의견과 1명의 교황 사절을 북경에 상주시키는 문제에 대해 의견을 타진했다. 그러나 당시 공의회에 참가한 대부분의 중국 주교들이 교계제도의 건립은 시기상조이며, 교황 사절을 북경에 상주시키는 것에 대해서도 반대했다.[14] 그들은 모두 중국 교계제도 건립에 반대했으며, 교황청이 중국에 사절을 파견하는 것과 중국 천주교회의 토착화 운동의 하나인 현지 중국인 신부 양성에 반대했다.[15] 이로써 바티칸 공의회를 계기로 교황청이 중국 천주교를 직접 관리하고자 했던 논의 및 중국에 1명의 교황 사절을 파견하려는 의견이 부결되었다. 게다가 1870년 보불전쟁(프로이센-프랑스 전쟁)이 폭발하여 제1차 바티칸 공의회는 무기한 연기되었고, 회의에 참가한 주교들은 중국으로 돌아가 교황청의 중국 사절 파견 논의 또한 연기되고 말았다.

1884년에 청불전쟁이 발발하자 교황 레오 13세는 전쟁 때문에 프랑스의 보호를 받는 선교사에게 화가 미칠까 우려하여 1885년 2월 1일에 광서제(光緒帝)에게 서신을 보냈다.[16] 교황은 이 서신에서 중국 황제가 선교사를 보호해 주어 감사하며, 아울러 중국의 각국 선교사들은

---

13) Louis Wei, 1991(下), pp.697-698.

14) 顧衛民, 2000, 100쪽.

15) 羅光, 1984, 182쪽. 중국 주교들의 반대 이유는 공회의에 참가한 주교 가운데 프랑스 국적의 주교가 대부분을 차지했기 때문인 것으로 보인다. 당시 중국의 주교는 모두 31명이었는데, 그중 16명이 프랑스인이었다.

16) Louis Wei, 1991(下), pp.721-722.

어느 국가 사람임을 막론하고 모두 교황청에서 파견한 사람들로서 그
들의 선교 사명은 교황청에서 위임한 것임을 천명했다. 교황의 서신
안에는 비록 프랑스 선교 보호권을 명확히 부인하지는 않았지만, 청조
에게 선교사는 로마 교황이 파견한 것이며, 교황이 그들에게 선교 사
명을 부여했음을 강조했다. 동시에 교황은 광서제에게 선교사가 중국
의 법률에 복종하며, 황제에 대해 존중해야 함을 표시했다. 레오 13세
가 광서제에게 보낸 편지는 이탈리아 선교사 지우리아넬리(Francesco
Giulianelli, 瑞神父)가 중국에 가지고 왔다. 지우리아넬리는 북경에 온
이후에 북당의 프랑스 주교 달랴부에(François Ferdinand Tagliabue,
戴濟世)를 만나 총리아문에 그를 추천해 달라고 부탁했지만, 달랴부에
는 이를 거절하고 받아들이지 않았다.17) 이는 달랴부에 역시 프랑스
국적의 주교로서 교황청과 청조의 외교 관계 수립에 반대한 것으로 보
인다.

교황청의 외교 관계 수립 노력과 더불어 청조는 천진교안 이후인
1870년대부터 구체적인 교안 대처 방안을 내놓았다. 1871년 총리아문
은 각국 주중 공사관에 '선교 8조 장정'을 제출하여, 천주교 보육원을
폐지하고, 부녀자들이 교회에 들어가는 것을 허용하지 말며, 선교사들
이 소송에 관여하지 말며, 선교사가 여권을 지니고 고정된 지역에서
선교를 해야 하며, 선교사가 악행을 행하는 자들을 입교시키지 말 것
등을 요구하였다.

선교 8조 장정은 형식적으로는 청조에서 입안해 각국 공사에게 통
고한 것이다. 그러나 열강의 입장에서는 국가 간 협의하여 체결한 것
이 아니기 때문에 굳이 이를 받아들일 필요가 없었다. 이에 따라 선교
8조 장정이 발표된 후 각국 정부는 이 장정에 대해 상대도 하지 않았
다. 유럽 각국은 선교장정에서 지목한 선교사의 악행도 근거가 없고
진실이 아니라고 했으며, 오히려 총리아문이 지나친 편견을 가지고 있

---

17) 羅光, 1984, 181~182쪽.

다고 비판했다. 또한 미국은 이 장정이 천주교 선교사와 관련이 있고
개신교 선교사는 관련돼 있지 않기 때문에 대응할 필요가 없다고 하여
이를 무시했다. 선교장정은 사실상 천주교의 보호자임을 자처하는 프
랑스에 대한 대응책이었으나 프랑스는 이 장정에 대해 별다른 반응을
보이지 않았다.

프랑스의 적극적인 천주교 보호정책은 다른 서양 국가의 불만을 야
기하기도 했다. 주중 영국 공사를 지냈던 올콕(Rutherford Alcock)은
이미 1857년 '그리스도교의 용인에 대하여'라는 글을 써서 선교사들
특히 천주교 선교사들의 과도한 종교적 열정을 비난하였다. 그는 천주
교 신자 보호를 위한 선교사들의 일방적 소송 관여가 신사층의 분노를
유발할 것이고, 열강이 청조와 선교사를 보호·우대하는 조약을 체결하
는 것에 대해 공개적으로 질책했다. 그는 중국에서 그리스도교의 최대
의 적은 바로 선교사 자신과 보호자를 자청하는 서양 열강이라고 하여
프랑스를 비판했다.[18]

아편전쟁 이후 서양 열강은 중국에 일련의 불평등조약을 강요했고,
이러한 조약 중의 불평등 규정은 선교사를 특수한 지위로 만들어 버렸
다. 선교사는 외국인이어서 치외법권의 보호를 받기 때문에 중국 법률
을 적용받지 않았다. 설령 그들이 중국에서 큰 범죄를 저질렀더라도
가장 엄한 처벌은 그들을 해당 국가의 영사관에 인계하는 것이었다.
또한 선교사들은 세속권력의 통치에서 벗어나 교황청과 각 교단에 예
속돼 있기 때문에 각국 공사는 단지 보호의 의무만 있지 제약의 권한
이 없었다.

1869년에 발생한 유양교안(酉陽敎案)을 조사하기 위해 사천에 파견
되었던 프랑스 공사관의 참사관 로쿠에트(Georges-Emile Roquette)는
프랑스 외무부에 사천 천동(川東)의 대목구장 데플레슈가 순순히 무기

---

18) 史式徽(J. de la Servière), 天主敎上海敎區史料譯寫組 譯, 1983, 『江南傳敎
史』 第2卷, 上海譯文出版社, 200쪽.

를 내려놓아야만 사천의 교안이 끝날 수 있을 것이라고 하면서, 이러한 견해는 프랑스 공사관의 견해일 뿐만 아니라 다른 지역 선교사들의 견해라고 했다. 그는 심지어 데플레슈 주교가 프랑스로 돌아가거나 사망해야만 그날이 올 것이라는 직언까지 했다.[19] 이것으로 보아 선교사에 대한 공사관의 제재가 쉽지 않았음을 알 수 있다.

당시 교황청은 아직 청조와 외교 관계를 수립하지 않아 직접적으로 선교사를 지도하거나 단속할 수 없었다. 중국 각 교구는 독립되었고, 다른 교단에 소속돼 있어 외국 선교사는 모두 징계를 받을 걱정 없이 마음대로 일을 할 수 있었다. 이 같은 그들의 지위는 선교사 자신뿐만 아니라 선교 활동이나 교회의 발전에 대해서도 모두 감점 요인이 되었다. 그리고 이러한 선교사(특히 국적과 관계없는 모든 천주교 선교사)를 보호하는 국가가 바로 프랑스였다. 따라서 천주교 선교사 및 천주교인과 관련된 중국 내 대부분의 교안은 프랑스가 도맡아 처리했다.

프랑스 공사와 외교관들은 거의 선교 문제로 일을 소모하고 있었다. 프랑스는 선교사와 천주교인들이 피살되고, 교회가 약탈되거나 파괴되면 청조에 항의하고, 범죄자의 처벌과 배상을 요구했다. 1860년대 이래 프랑스 외교관은 프랑스 해군 함대와 함께 장강(長江) 연안 지역을 숨차게 뛰어 다니며 천주교회를 위해 분쟁을 해결해 주었고, 천진(天津)·한구(漢口)·광주(廣州) 등 프랑스 영사관은 종교 이익을 보호해 주도록 설치돼 있는 기관일 뿐이었다.[20]

---

19) Louis Wei, 1991(下), p.710. 1869년에 발생했던 유양교안은 단련(團練)과 천주교인 측의 대규모 유혈 충돌로 수백 명의 사상자가 발생했던 사건으로 프랑스의 파병 문제까지 대두되었고, 이홍장(李鴻章)이 직접 나서 합의를 보았던 사건이다. 당시 천동지역의 대목구장으로 있던 데플레슈는 프랑스 공사를 압박하여 중국 측에 무리한 요구를 하여 합의를 이끌어 냈지만, 정작 단련 측과 무장으로 맞섰던 중국인 신부 담보신(覃輔臣)을 몰래 자신의 귀국길에 동행시킨 혐의를 받고 있었다(최병욱, 2002, 「1860년대 重慶·酉陽의 反基督敎運動」, 『강원사학』 17·18, 351~360쪽).

20) 張天護, 1936, 「法國之護敎政策」, 『外交月報』, 第9卷 第6期, 北平: 外交月

이러한 상황에서 프랑스 선교 보호권의 보호 아래 있는 선교사의 부당 행위를 제약하고, 선교사의 활동을 규범화시키기 위해서는 교황 청과의 외교 관계를 통해서 그것이 어느 정도 가능하다는 사실이 입증 된 사건이 있었다. 광서(光緒) 초, 정보정(丁寶楨)이 산동순무에서 사 천총독으로 승진해 산동을 떠날 때 사천의 천동 대목구장 데플레슈의 악행을 듣고 있던 터라, 천주교 산동 대목구장에게 데플레슈가 사천을 떠날 수 있도록 교황청에 요청하기를 부탁했다.21) 청조의 요구에 근거 해서 교황청은 프랑스 정부와 상의해 데플레슈의 직무를 취소하고 프 랑스로 불러들였다. 이번의 교섭은 교황청과의 외교 관계가 어느 정도 선교사의 활동을 단속하고 규범화시킨다는 것을 증명했다.

청조는 1873년 곽숭도(郭嵩燾)를 영국 주재 공사로 파견한 것을 시 작으로 프랑스, 독일과 미국 그리고 일본에 공관을 개설하였고, 1880 년까지 청조의 대표부를 유지할 만큼 국제관계가 개선되었다. 때마침 1881년에 이홍장은 전임 홍콩총독 헤네시(John Pope Hennessey)와 만나 날로 심각해지고 있는 중국의 교안에 대해 대화를 나누었다. 이 홍장은 각지에서 교안이 끊임없이 발생하고 있는 원인 중의 하나가 프 랑스 보호 아래 천주교가 있기 때문이라고 생각했다. 그는 프랑스가 천주교를 보호하려는 것을 '보호'라는 명목상의 이유로 중국을 간섭하 려는 책략으로 보았다. 이 때문에 이홍장은 교안을 종식시키기 위해서 는 반드시 교황청과 외교 관계를 맺어야 한다는 의견을 피력했다. 이 홍장은 헤네시가 나서서 교황청과 연락해 주기를 요청했고, 헤네시는 즉시 교황청 국무원장 야코비니(Card. Jacobini)에게 서신을 보내 이 홍장의 의향을 전달했다. 그 서신 내용 중에 청조는 각국 공사의 예에 따라 교황 사절을 대우할 것이라는 내용이 들어 있었다.22) 이때 비록

報社, 80쪽.

21) 「四川總督丁寶楨等函」(光緒 3年 5月 29日), 中央研究院近代史研究所 編, 1975, 『敎務敎案檔』 第3輯(1), 臺北: 中央研究院近代史研究所, 1218쪽.

22) 楊大春, 2001, 68쪽.

청조와 교황청의 외교 관계 수립에 대한 논의가 서로 오가지는 않았으나, 양측의 입장이 충분히 표명된 것으로 볼 수 있다.

이상의 여러 가지 요인 때문에 청조와 교황청의 외교 관계 수립의 분위기가 충분히 조성되었다. 그리고 1885년 2월 1일에 교황 레오 13세는 광서제에게 직접 서신을 보내 청조와 직접적인 외교 관계 수립을 희망하여 교황 사절 파견의 계획을 가속화 시켰다. 마침내 잠지구 교당 이전 협의를 계기로 청조는 교황청과 외교 관계를 수립하기로 결정했다.

3. 잠지구 천주당 이전 문제와
외교 사절 파견에 대한 교섭

흔히 서안문(西安門) 잠지구 부근의 천주당을 북당(北堂)이라고 한다. 1693년에 강희제가 학질에 걸렸을 때, 당시 루이 14세가 파견한 프랑스 예수회 선교사들이 바친 약으로 완쾌되었다. 강희제는 그에 대한 보답으로 선교사들에게 천주당을 지어 주었는데, 이것이 바로 잠지구 천주당으로 1703년에 준공되었다.23) 이후 예수회 해산으로 프랑스 예수회 소속의 북당은 프랑스 선교수도회 소속으로 넘어 갔다. 건륭·가경·도광 시기 엄격한 천주교 금지 정책 때문에 북당은 오랫동안 선교사들이 거주하지 않은 채 방치돼 있다가 1827년 청조에 귀속되었으며, 1838년에는 천주당을 완전히 철거했다. 그러나 1860년에 청불 북경조약이 체결됨에 따라 프랑스가 북경 천주당의 반환을 요구함으로써 청조는 북당을 프랑스 공사에게 반환했고, 프랑스 공사는 이를 다

---

23) 「摘譯康熙年間建造北堂事實」, 『遷移蠶池口敎堂函稿』(『李鴻章全集』第5册, 海南出版社, 1997), 2817~2818쪽 ; 「耶穌會傳敎士洪若翰神父致國王忏悔師, 本會可敬的拉雪玆神父的信」(1703年 2月 15日), 『耶穌會士中國書簡集』Ⅰ, 287~294쪽 .

시 선교수도회 선교사에게 교부했다. 1866년에 프랑스 천주교회는 잠
지구 옛터에 화려하고 웅장한 천주당을 세웠다. 이때부터 북당은 천주
교 북경교구 주교좌 성당이 되었다.[24]

흔히 북당으로 알려진 북경의 서십고(西什庫) 천주당. 조선의 첫
세례자 이승훈이 이곳에서 그라몽 신부로부터 세례를 받았다.
(출처 : 한국교회사연구소)

---

24) 佟洵 主編, 1999, 『基督教與北京教堂文化』, 北京: 中央民族大學出版社, 270~
271쪽.

북당 이전에 대해 공식적으로 논의된 것은 1885년 6~7월에 천진 해관 영국인 직원 존 G. 던(John George Dunn)이 북경에 와서 북당 이전에 관한 진술서를 총리아문에 올렸을 때부터이다.25) 이미 청불전쟁 기간 북당 이전에 대한 논의가 시작됐지만, 광서제의 혼인날짜가 다가오자 북당이 황궁과 가까운 곳에 있기 때문에 본격적으로 천주당 이전에 대한 논의가 진행되었다.26) 그러나 중국 천주교와 프랑스와의 특수한 관계 때문에 총리아문은 매우 난처했다. 이에 던은 직접 천주교 프랑스 선교수도회 총회 및 교황청과 북당 이전을 교섭해야 프랑스 정부의 간섭을 피할 수 있다고 총리아문에 건의했다. 그는 중국을 대표하여 파리와 로마로 가기를 원했다. 아울러 던은 북당 이전을 계기로 중국에서 만연되고 있는 교안을 해결하기 위한 해법의 하나로 교황청과의 외교 관계 수립에 대해 건의했다. 또한 그는 교안을 빌미로 한 프랑스의 군사적 개입을 없애기 위해 북당 이전을 계기로 교회와 관련된 안건들이 해결되기를 원했다.27) 이에 이홍장은 1885년 11월 3일에 던을 불러 북당 이전에 대한 담화를 나누었다. 그들이 나눈 대화의 주요내용을 정리하면 다음과 같다.

> 이홍장: 북당은 어떠한 사람이 관리를 하고, 어느 교회에 속하는가.
> 존 G. 던: 북당은 프랑스 교회에 속하며, 프랑스인 달랴부에(Tagliabue)

---

25) 翁飛, 1994, 39쪽. 이 논문에 의하면, 청불전쟁의 기간에 서태후가 이홍장에게 시간을 재촉해 천주당을 옮기는 문제에 대해 협의하라고 했고, 이홍장은 총리아문과 막료에게 보낸 편지 중에 이 문제에 대해 일찍부터 얘기했는데, 대략 광서 10년 정도였던 것 같다고 했다.

26) 북당이 새로 수리됐을 때, 천주당의 종루와 십자가를 높게 세워 매일 오후가 되면 그림자가 황궁을 비칠 정도이고, 예배를 보는 날이면 피아노와 찬송 소리, 기도 소리가 황궁에 크게 들려 서태후의 신경을 거슬리게 하여 마침내 북당을 이전하기로 마음먹었다고 알려지기도 한다(蕭若瑟, 『天主教傳行中國考』卷8, 民國叢書編輯委員會 編, 1989, 『中國學術叢書』 第1編 11: 哲學·宗教類, 上海書店(河北省 獻縣 天主堂 1931年版 影印), 454~455쪽).

27) 「譯敦約翰在京條陳」(光緖 11年 6月 17日), 『遷移蠶池口教堂函稿』, 2811쪽.

주교가 책임자 입니다.

　……

　이홍장: 북당 이전에 대해 프랑스 공사와 상의하면 되는가.

　존 G. 던: 불가능합니다. 프랑스는 반드시 이번 일을 방해할 것입니다.

　……

　이홍장: 당신이 교황청과 (외교 관계 수립에 대해) 협의를 한 후, 뒷날 교안이 발생하면 중국은 교황청과 협의하여 처리하고, 프랑스와는 상의하지 않아도 되는가. [괄호 필자]

　존 G. 던: 중국이 과연 그러한 의도가 있다면 교황은 기뻐할 것입니다. 요즘 각처 천주교 선교사의 말을 듣건대, 중국이 선교사를 우대하고 있다고 합니다. 그러나 교안이 발생하면, 프랑스 공사가 총리아문과 상의하고, 이것을 빌미로 많은 것을 요구하고 있습니다. 이것은 실제로 교회가 원하는 것이 아닙니다. 만약 중국이 교황청에 사절을 파견하고, 교황이 사절을 북경에 파견하게 되면 교안이 일어날 때 쉽게 상의해 처리할 수 있으니 프랑스가 천주교를 보호할 필요가 없습니다. …… 앞으로 교안이 일어나면 교황이 파견한 사절이 사건을 처리하게 하고, 프랑스는 간섭하게 해서는 안 됩니다. 제가 북당의 일에 대해 상의하러 로마로 가는 길에 이 일에 대해서 협의하면 일거양득입니다.

　이홍장: 이번에 당신을 이 일의 대리자로 위임하는 것에 대해 반드시 비밀로 해야 하며 조금도 퍼뜨리지 말아야 하고 일을 조심히 해야 하고 시종 신중해야 한다.[28]

　　이홍장과 던과의 대화 속에는 북당 이전의 중요성 보다는 던을 교황청에 사절로 파견해 외교 관계를 맺어 프랑스의 선교 보호권을 배제하려는 것이 보인다. 또한 이홍장은 이번의 교섭에 대해 던에게 함구령을 내리고 있다. 그것은 프랑스의 개입에 대한 우려를 나타냈던 것이었다. 던과 담화를 나눈 이홍장은 교황청과의 외교 관계 수립에 대해 총리아문에 건의했다.

---

28) 「與敦約翰問答節略」(光緒 11年 9月 27日), 『遷移蠶池口教堂函稿』, 2812쪽.

어느 국가에서나 교회와 관련된 사건이 발생할 때에 교황청이 사절을 파견해 협의하는 것은 유럽에서 통상적으로 행해지고 있는 일례입니다. 서양 각국은 모두 교황청 주재 공사가 있다고 합니다. …… 교황은 군량(軍糧)과 군비(軍費)가 모두 없으니 교안 때문에 군대를 일으킬 수는 없을 겁니다. 근자에 양무과 인사 대부분이 명백히 이러한 의견을 가지고 있습니다.[29]

이홍장은 이때 처음으로 교황청과의 사절 파견 문제를 총리아문에 정식적으로 제기했다. 교황청과 외교 관계를 맺게 되면, 교안에 대해 프랑스를 거치지 않고 직접 교황 사절과 협의할 수 있으며, 만약 사후에 협상이 결렬되더라도 군사적인 행동을 할 수 없을 것이라는 포석이 전제돼 있는 것이다. 이렇게 해서 청조는 북당 이전 논의를 계기로 프랑스 선교 보호권을 배제시키고 교안 문제를 해결하기 위해 교황청과의 외교 관계 수립이라는 협상카드를 꺼내게 되었다.

존 G. 던은 1885년 겨울에 상해를 떠나 다음해 2월 로마에 도착했다. 로마에 도착한 던은 교황청 국무원장에게 교황 사절 파견 문제를 정식으로 제기했다. 외교 사절 파견의 제안은 청조가 스스로 건의한 것이지 어떤 외부 정치세력의 영향에 의한 것이 아니라고 던은 설명했다. 던을 접견한 교황청은 국무원 추기경 위원회를 열어 교황 사절 파견 문제에 대해 토론했다. 당시 제기된 의견은 첫째, 중국에 파견하는 교황 사절은 외교 사절의 신분이 아니다. 둘째, 교황 사절을 중국에 파견하고, 필요할 때에는 프랑스에 선교 보호권 집행을 요청한다. 셋째, 중국이 먼저 프랑스와 조약 내의 종교 보호 조항을 수정한 후에 교황청은 중국과 사절 파견을 결정한다. 넷째, 교황청은 사절을 파견하는 동시에 프랑스에게 그 선교 보호권을 폐기하지 않는다고 성명을 낸다. 위원회 회의 결과 네 번째 교황 사절 파견 방식을 채택하기로 하고 교황

---

29) 「致譯署遣英士敦約翰赴羅馬」(光緖 11年 10月 1日), 『遷移蠡池口敎堂函稿』, 2810~2811쪽.

에게 보고했다.30) 교황청이 네 번째 방식을 채택한 것은 프랑스가 이미 보유하고 있는 선교 보호권을 지키기 위해 전력을 다할 것이고, 사절 파견의 문제 또한 비밀스럽게 진행할 수가 없었기 때문이었다. 그리고 회의를 진행할 시기에 이미 교황청 주재 프랑스 공사가 중국과의 외교 관계 수립에 반대하고 있다는 소식이 들리고 있었기 때문이었다.31)

2월 26일에 교황 레오 13세는 프랑스 공사를 접견하는 자리에서 이홍장이 교황청에 보낸 문서를 프랑스 공사에게 보여주었고, 교황청은 프랑스의 중국 선교 보호권을 폐지할 마음이 없다고 말했다. 교황청은 프랑스 선교 보호권을 보류한다고 발표함에 따라 교황 사절 파견에 대한 프랑스의 반대가 점차 완화되기를 기대했다. 또한 교황청은 프랑스가 반대하더라도 실제로는 보복의 수단을 취하지 않을 것이라고 생각했다. 이 때문에 교황은 정식으로 청조와 외교 관계를 맺기로 결정하고, 북경에 교황 사절을 파견하기로 했다.32)

교황청에서 중국과 외교 관계의 수립을 추진하고, 이에 대한 주중 공사의 인선작업이 시작되자, 이홍장은 교황청 국무원장 야코비니에게 서신을 보내 공사가 중국에 부임하면 이후 중국의 모든 선교 업무를 교섭할 때 그와 상의하면 잘 처리될 것이기 때문에 외교 관계 수립은 중국과 서양 각국에 모두 이익이 될 것이라고 했다.33) 청조의 의향과 프

교황 레오 13세(재위, 1878~1903)
(출처: 한국교회사연구소)

---

30) 羅光, 1984, 186~187쪽.

31) 「德璀琳譯羅馬往來電報(附)」, 『遷移蠶池口教堂函稿』, 2816쪽.

32) 羅光, 1984, 189쪽.

33) 「致羅馬外部大臣雅各比尼」(光緒 12年 4月 26日 附), 『遷移蠶池口教堂函稿』, 2820쪽.

랑스의 선교 보호권 사이에서 절충적인 방법을 택했던 교황청은 다음
과 같은 야코비니의 서신을 이홍장에게 보냈다.

> 교황은 귀 대신의 중국과 로마와의 교섭에 대한 계획을 듣고 매우 기뻐
> 하셨고, 사절을 중국에 파견하는 일에 대해 허락을 했기에 이후 중국과 교
> 황청이 왕래하여 교무(敎務)에 대한 일에 대해 직접 교섭하면 됩니다.
> …… 중국에 파견되는 사절은 단지 교무를 담당하며, 청불 교섭에 대해서
> 는 조금도 관여해서는 안 된다는 것이 교황의 뜻입니다.34)

  위의 서신을 보면, 중국에 파견될 사절은 단지 교회와 관련된 업무
만 처리할 뿐이지 선교사와 관련된 외교문제에 대해서는 전혀 관여할
수 없다는 뜻이 내포돼 있음을 알 수 있다. 왜냐하면 천주교 선교사의
여권에는 국적이 프랑스로 돼 있어 선교사와 관련된 사건은 프랑스 정
부가 교섭 담당자로 나설 수밖에 없기 때문이다. 교황 사절의 직책을
둘러싼 이러한 문제는 후에 프랑스와 교황청, 그리고 중국 사이에 미
묘한 문제로 대두되었다. 그러나 교황청은 프랑스와의 불편한 관계를
고려하면서도 교황 사절의 파견 결정을 하게 되었다. 그리고 던에게는
사절이 교황의 전권을 가지고 타인의 통제를 받지 않는다고 통보했다.

> 교황은 프랑스와 요즘 매우 난처한 관계이지만, 공사 파견에 대한 교황
> 의 의지는 확고했습니다. 공사의 중국 파견 시기는 올해 여름이나 가을 즈
> 음이고, 공사의 직은 '전권'의 문구가 있어, 타인의 제약을 받지 않고 오로
> 지 교황의 말만 따릅니다. 프랑스가 교황 사절 파견에 대해 허가할지의 여
> 부를 떠나 사절은 반드시 파견되며, 타인의 통제를 받지 않게 하겠다고 합
> 니다. 중국에 파견하는 공사는 대주교이고, 이름은 아그리알디(Antonio
> Agliardi)입니다.35)

---

34) 「譯羅馬紅衣大主教雅各比尼來函」(光緒12年 5月 24日到), 『遷移蠶池口敎堂
    函稿』, 2821쪽.
35) 「譯敎約翰倫敦來函」(光緒 12年 5月 9日 附), 『遷移蠶池口敎堂函稿』, 2825쪽.

이렇게 외교 관계 수립이 진척되자 이홍장은 프랑스가 중국에서 선교 보호권을 이용하는 상황에 대해 총리아문에 보고하고 이를 교황청과의 외교 관계로 타개해 나가야 한다고 보고했다.

> 로마가 교황 사절을 파견하여 중국에 머물며 교무를 전담하는 것에 대해, 근년에 여러 번 이것에 대해 논의를 했습니다. 이것은 원래 프랑스인이 종교를 구실로 협박하는 권리입니다. 서양 각국은 천주교를 믿지 않는 나라가 없는데, 로마에서 파견한 교황 사절 없이 프랑스가 관할하는 나라는 아직 들어본 적이 없습니다. 단지 터키에 교황청 소공사(小公使)가 있지만 여전히 프랑스 공사가 통솔하고 있어 각국으로부터 웃음거리가 되고 있습니다. 프랑스와 체결한 조약을 조사해 보면, 단지 선교에 대한 허가증을 내줄 뿐이지 결코 천주교를 프랑스가 보호한다는 말은 기재돼 있지 않습니다. 그 후 교안이 일어나면, 프랑스 공사는 걸핏하면 흥분하여 논쟁을 하고, 심지어는 군함을 파견해 협박을 하여 일을 더 크게 만들고 있습니다. 모두 주중 교황 사절이 없어서 프랑스인이 그 권리를 도둑질 했고, 중국이 그 본의를 예측하지 못하고, 올가미에 걸려 깨닫지 못했습니다. 이번에 교황청의 사절 파견에 대해 프랑스 측이 여러모로 가로막고 방해를 하고 있고, 중국도 터키의 사례처럼 하려고 합니다. …… 장래에 프랑스 공사가 항의한다면 마땅히 조약본에 선교사 보호 규정이 없다는 것을 알려주어야 합니다.[36]

이홍장은 청불 북경조약에는 프랑스에게 선교에 대한 허가증을 내줄 뿐이지 결코 천주교를 프랑스가 보호한다는 말은 기재돼 있지 않다고 지적하면서 교안이 일어나면 프랑스 공사가 모든 교무를 처리하려고 하는 것은 주중 교황 사절이 없기 때문이라고 하였다. 따라서 이홍장은 교무를 교황청에서 전담하면 프랑스 선교 보호권을 배제시킬 것이고 교안이 점차 수그러질 것이라고 생각했다. 그러나 중국과 교황청이 외교 관계를 맺고자 하는 데 가장 큰 걸림돌은 역시 프랑스가 중국

---

36)「致譯署論羅馬派使管教」(光緒 12年 6月 28日),『遷移鼉池口敎堂函稿』, 2823쪽.

선교 보호권을 유지하려는 것이었다.

교황청은 1886년 4월 15일에 주중 공사 파견에 대한 명확한 대답과 재가를 얻기 위해 정식으로 프랑스 외무부에 공문을 보냈다. 이 공문에는, 교황청은 자주국가로서 중국 측의 외교 관계 수립의 건의를 받아들일 권리가 있으며, 장차 주중 공사를 임명할 때 서양 각국이 중국과 체결한 조약상의 권리를 침해하지 않을 것임을 천명하였다. 그러나 프랑스 정부는 교황청에게 중국에서의 프랑스 선교 보호권은 청불 북경조약으로부터 획득한 것으로 제3국에게 허용할 수 없으며, 교황은 중국에 사절을 파견할 권리가 있으나 외교 사절이어서는 안 된다고 했다.[37] 이와 같이 주장한 것은 교황 사절이 외교 사절의 신분이라면 프랑스 선교 보호권과 충돌을 일으킬 수 있기 때문이었다. 던의 보고에 의하면, 프랑스는 "첫째, 중국 천주교회의 보호자이어야 한다. 둘째, 중국 선교의 보호자이어야 한다. 셋째, 중국 교회의 모든 교무를 감독해야 한다. 넷째, 천주교 선교사가 지방 관청의 관리와 교섭할 때 프랑스가 모두 관할해야 한다"[38]는 것을 계속 견지하고 있었다.

이는 프랑스가 선교 보호권을 통해 중국의 모든 천주교 감독권을 행사하려 했고, 그들의 정치적 입지를 중국에서 확립하려 하고 있음을 알 수 있다. 교황청의 사절 파견에 대한 프랑스의 거부 입장에 대해 던은 청조의 반대 의사를 교황청 국무원에 보냈다.

> 중국에 교황 사절을 파견하는 일에 대해서 프랑스는 현재 터키의 소공사와 같은 방식을 택하려고 합니다. 소공사는 오로지 교회 내의 일만 전문적으로 다루기 때문에 교무에 대한 교섭은 프랑스 공사에게 보고하여 중국과 사건을 처리한다고 합니다.
> 저는 프랑스의 방법에 대해 중국 정부가 결단코 허락하지 않을 것이라고 생각합니다. 중국이 의도하고 있는 것은 교황이 한 명의 공사를 파견해

---

37) 羅光, 1984, 191~192쪽.
38) 「譯敎約翰羅馬來函」(光緒 12年 6月 16日到 附),『遷移蠶池口敎堂函稿』, 2824쪽.

각국의 공사와 마찬가지로 작위와 권력을 지니고 교안이 일어나면 즉시 상의해 처리할 수 있으며, 중국 또한 교황청이 파견한 사절의 예에 따라 로마에 공사를 파견할 것입니다. ……

프랑스가 입안한 방법대로 한다면 공사는 무엇을 하러 중국에 오는 것입니까? 하물며 프랑스인이 중국 천주교를 보호한다는 것은 조약에 명기돼 있지도 않습니다. …… 중국은 결코 프랑스인에게 보호할 수 있는 권리를 부여하지 않았으며, 앞으로도 그 권리를 승인하지 않을 것입니다. 프랑스인이 얘기하는 것은 조금도 근거가 없는 것입니다. 교황청은 이를 단호히 단절하여 우를 범하지 말아야 합니다.[39]

이로 보아 청조가 교황청과 외교 관계를 수립하고자 한 것은 교황이 각국의 공사와 같은 작위와 권력을 가진 공사를 파견해 교안이 일어나면 즉시 상의하여 처리하기 위한 것으로 프랑스의 선교 보호권에 제한을 가하려는 것이었다고 할 수 있다. 이 점은 중국 측이 공사 파견의 구체적인 조건을 제시하는 문건에 더 잘 나타난다.

첫째, 중국은 어떠한 때를 막론하고 중국에서의 천주교회 및 천주교 신자를 프랑스가 보호한다는 것을 승인하지 않았다. 또한 때를 기다려 그 보호의 의지를 끊을 것이다. 둘째, 교황이 주중 공사를 파견하려는 것은 각국의 공사와 같은 전권 형식이어야 한다. 만약 다른 나라가 관할하면 중국은 이 일을 추진하지 않을 것이다. 셋째, 중국은 결코 교황 공사가 터키의 그 사절처럼 프랑스가 통제 관리하는 것을 허락하지 않는다. 이상의 세 조건은 교황청이 준수해야 한다. 그렇지 않으면 사절 파견이 불필요하다.[40]

이 문건을 보면, 중국은 프랑스 선교 보호권을 절대로 승인하지 않았음을 강조하고 있다. 실제로 북경조약에는 프랑스가 천주교와 중국 교인을 보호한다는 규정이 없다. 따라서 중국 측은 바로 조약 속의 이러한 맹점을 이용한 것으로 보인다. 그렇기 때문에 교황청은 프랑스의

---

39) 「譯敎約翰致羅馬外部總辦加林貝爾氏函(附)」, 『遷移鼉池口敎堂函稿』, 2823쪽.
40) 「譯敎約翰羅馬來函」(光緒 12年 6月 16日到 附), 『遷移鼉池口敎堂函稿』, 2824쪽.

선교 보호권과 상관없이 중국과 외교 관계를 수립할 어떠한 걸림돌도 없다는 것이었다.

프랑스와 교황청 그리고 중국 사이의 미묘한 대립에도 불구하고 8월 14일에 교황은 프랑스 공사를 접견하여, 주중 공사를 정식으로 임명한 일에 대해 알리고, 공사가 언제 출발할지는 아직 정하지 않았다고 전해주었다. 이에 대하여 8월 17일 프랑스 정부는 다시 교황청 국무원에게 교황청이 주중 공사 파견을 계속 추진한다면 외교 사절 신분이 없는 교황 사절이어야 한다고 주장했다.[41] 만약 교황이 프랑스의 건의를 받아들이지 않는다면, 즉시 교황청 주재 프랑스 공사를 소환할 것이라고 통고하였다.

교황 레오 13세는 프랑스의 압력을 받아들이지 않고 주중 사절의 공사 신분을 유지시키기로 하고, 공사를 9월 26일에 중국으로 파견키로 했다. 이에 대하여 프랑스 정부는 교황청에 최후통첩을 보내어 만약 교황청이 주중 공사를 파견한다면 주교황청 프랑스 공사를 불러들일 것임을 거듭 밝혔다. 또한 프랑스는 교황청과 체결한 조약을 모두 폐기할 것이며, 프랑스 정부가 매년 프랑스 교회에 발급하는 보조금과 성직자의 봉급을 정지할 것이라고 협박했다. 이에 교황청은 어쩔 수 없이 교황 사절 파견을 유보하기로 결정했다.[42] 이로써 청조와 교황청의 외교 관계 수립에 대한 쌍방의 협의는 중국에서 선교 보호권을 유지하려는 프랑스의 간섭에 의해 실패로 끝나고 말았다.

4. 다자간 '선교 보호'로의 전환

프랑스의 중국 내 모든 천주교 선교사 보호에 대해 처음 제동을 걸었던 국가는 스페인이었다. 스페인 국왕으로부터 중국의 스페인 천주

---

41) 羅光, 1984, 192쪽.
42) 「譯敦約翰來電(光緒 12年 8月 19日 附)」, 『遷移鼊池口敎堂函稿』, 2828쪽.

교 총책임자로 위임을 받은 퀘베도(Don Garcia de Quevedo)는 1868
년에 스페인 관할 교회에 통보하기를, 스페인 정부가 본국 선교사의
보호자이니 스페인 국적의 선교사는 프랑스 여권을 반환하고, 중국에
서의 선교 사업은 스페인 영사관에서 직접 관할한다고 했다. 이러한
통보에 대해 스페인 국적의 선교사들은 반대했고, 또한 청조는 조약에
없다는 근거로 법률상의 효력을 얻을 수 없다고 했다.43) 스페인 선교
사들은 당시 프랑스가 중국 내에서 스페인보다 더 큰 영향력을 발휘하
고 있었기 때문에 그들의 안전을 위해서는 굳이 스페인 여권을 받을
필요가 없었던 것이다. 청조 역시 조약을 근거로 스페인 정부가 스페
인 선교사에게 여권을 부여할 수 없다고 보았다.

　스페인 등의 반대에도 불구하고 프랑스는 북경조약 체결 이후에 줄곧
중국 내 서양 천주교 선교사와 천주교인의 보호자 역할을 하고자 했다.
프랑스가 1880년대 까지 모든 천주교 국가의 선교사에 대한 보호자 역
할을 할 수 있었던 것은 다른 천주교 국가들의 국내적 상황 때문이기도
했다. 이탈리아는 19세기 중반까지도 통일되어 있지 않다가 1848년에
유럽 혁명운동의 고조 아래 사르데냐 왕국(Regno di Sardegna)을 중심
으로 이탈리아를 통일해 나갔다. 1861년에 이탈리아 왕국이 성립되고,
1870년에야 로마를 점령하고 수도로 삼았다. 연방 국가로 분열되어
있던 독일은 프로이센을 중심으로 비스마르크(Bismarck)의 철혈정책
아래 1871년에 통일했다. 특히 비스마르크는 그의 정책에 반대하던
남독일 중심의 가톨릭교도를 억압하기 위해 1872년 이후부터 문화투
쟁(Kulturkampf)을 벌여 교황청과 외교 관계를 단절하기까지 했다.44)
이 같은 국내적 상황 때문에 이탈리아와 독일은 1880년대에 들어와서
야 동아시아에 관심을 갖게 되었던 것이다.

---

43) H. Cordier, *Historie des Relations de la chine avec les puissances
　　occidentales 1860-1900*, vol.Ⅱ, Paris: Félix Alcan, 1902, pp.638-641.
44) 독일 문화투쟁은 1872년 이래 독일 가톨릭교회와 국가 사이의 투쟁을 말한다.

1884년에 청불전쟁이 일어나자, 이탈리아는 이 기회를 이용해 본국 선교사의 보호자로 나서고자 했다. 이탈리아 상해 총영사 루카 (Ferdinando de Luca)는 호북에 있는 이탈리아 선교사의 요구가 있자 친히 한구(漢口)로 와서 이탈리아 국적 증명서를 이탈리아 선교사에게 발급해 주었다. 루카는 상해로 돌아와서 다시 1884년 11월 5일 총리 아문에 서신을 보냈다. 내용인 즉, 그가 이탈리아 국적 증명서를 이탈리아 선교사에게 발급했는데, 그 이유는 이탈리아 선교사가 청불전쟁 시기 프랑스인으로 오인 받게 되면 매우 큰 위험이 있기 때문이라는 것이었다. 그가 발급한 이탈리아 국적 증명서는 38장인데, 26장이 선교사에게 발급됐고, 12장은 교회 관련 인사들에게 배부했다. 루카는 총리아문이 양광총독에게 명령을 내려 그 발급 증명서에 관인(官印)을 찍어 효력을 발휘할 수 있도록 요구했다.45)

청조와 교황청의 외교 관계 수립 문제가 논의되자 독일과 이탈리아도 이 기회를 이용하여 중국에서 자국의 선교 보호권을 획득하려고 시도했다. 교황청과 청조의 외교 사절 파견 협의에 관심을 갖던 이탈리아 정부는 존 G. 던을 만나 이홍장에게 다음과 같은 이탈리아 정부의 뜻을 전해달라고 했다.

> 첫째, 이탈리아는 이전에 사람이 없어서 교무의 일을 프랑스가 보호했는데, 이후 프랑스가 보호하는 것을 승인할 수 없다. 둘째, 이탈리아는 중국이 교황청과 직접 교섭하기를 원한다. 셋째, 교황 사절은 절대로 다른 나라 공사 아래 두어서는 안 된다. 더욱이 프랑스 아래 두어서는 안 된다. 이탈리아 주중 공사나 영사는 어떠한 때를 막론하고 이탈리아 선교사를 위해 내지로 가는 여권을 발급할 수 있다. 넷째, 이탈리아 공사·영사는 선교사가 여권을 신청하면 발급할 수 있는데, 이것은 그들이 이탈리아인이기 때문이지 선교사 신분 때문에 그런 것은 아니다. 만약 이탈리아 선교사가 프랑스의 보호를 받고자 한다면, 이탈리아 정부는 간섭할 수 없다. 그

---

45) H. Cordier, 1902, vol. Ⅱ, pp.641-642.

렇지만 그를 위해 보호를 제공할 수는 없다. 다섯째, 만약 중국 정부가 각
국 선교사에게 본국에 요청하여 여권 수령을 명령한다면 이탈리아는 협조
할 수 있다.46)

위의 문건을 보면, 이탈리아도 프랑스의 선교 보호권에 대하여 반발
하며 적극적으로 교황청과 청조의 외교 관계 수립에 찬성하고 나섰던
것으로 보인다. 또한 이탈리아는 자국 선교사에게 여권을 부여할 수
있도록 청조에 요청하였다. 독일 역시 자국 선교사를 자신들이 보호하
려고 했다. 1886년 6월에 독일 공사 브란트(Max August Scipio Von
Brandt)는 천진에 가서 이홍장을 만나, 장차 중국에서의 독일 국적 선
교사는 독일이 보호할 수 있도록 요구했다.47) 이처럼 여권 부여 문제
는 선교 보호권 문제에서 아주 큰 위치를 점하고 있었다. 이홍장도 이
문제를 해결하는 것이 프랑스의 선교 보호권을 배제하는 큰 해결책으
로 보고, 다음과 같이 총리아문에 건의했다.

> 선교사가 프랑스인이라면 프랑스 관리에게 여권 발급을 요청하면 됩니
> 다. 선교사가 이탈리아나 스페인 사람이면 프랑스는 그들 나라를 대신해
> 여권을 발급할 필요가 없습니다. 만약 선교사가 모두 교황 공사에게 여권
> 을 청하면 중국은 이 역시 허락하지 않을 수 없습니다. 천주교 선교사는
> 프랑스·이탈리아·스페인 사람들이 가장 많은데, 종전에는 프랑스인뿐만
> 아니라 모든 선교사에게 프랑스 공사가 여권을 발급했으니, 본래는 오해
> 였습니다. 이처럼 국적에 따라 각자 처리하면, 프랑스인이 교무를 구실로
> 우리의 장단점을 장악할 수 없습니다. 교무를 로마에서 전담하면 불화를

---

46) 「譯敦約翰羅馬來函」(光緒 12年 6月 16日到 附), 『遷移蠶池口敎堂函稿』,
2824쪽. 1886년 8월에 프랑스 정부가 계속해서 교황에게 압력을 넣었을 때,
교황은 날짜까지 9월 26일로 잡으면서 공사 파견을 군히고 있었는데, 이때 배
후에서 다른 국가가 교황을 도와주고 있었다고 한다(「譯敦約翰來電」(光緒
12年 8月 19日), 『遷移蠶池口敎堂函稿』, 2828쪽). 여기서 딘이 얘기한 다른
국가는 이탈리아였던 것으로 보인다.

47) H. Cordier, 1902, vol.Ⅲ, p.75.

종식시키는 책략일 것입니다.[48]

이홍장은 그 동안 프랑스가 모든 가톨릭 국가의 선교사에게 여권을 발급해 주었던 것은 오해에서 비롯된 것이며, 국적에 따라 여권을 발급해 주면 프랑스의 선교 보호권을 축소시키고, 교황청과 외교 관계를 맺어 중국 교무를 전담시키면 선교 보호권 문제를 해결할 수 있을 것으로 보았던 것이다. 마침내 이탈리아 공사 루카는 1888년 9월에 중국과 이탈리아 국적의 선교사를 보호하는 문제에 대해 협상하였다. 1888년 9월 29일에 루카는 총리아문에 다음과 같이 조회(照會)했다.

> 이탈리아 선교사는 이탈리아 공사관이 발급한 여권을 지니고, 내지로 갈 수 있으며, 프랑스가 발급한 여권과 동등한 보호와 이익을 받아야 한다. 조금도 구별돼서는 안 된다. 만약 이탈리아 선교사가 타국 공사관의 여권을 지니고 있으면서 여권 내에 이탈리아인이라고 언급돼 있는 자가 있다면 지방관은 날인해서는 안 된다.[49]

이 조회를 받은 총리아문은 10월 9일에 이탈리아 공사에게 거의 같은 내용의 조회를 보내면서 이탈리아가 자국의 선교사들에게 여권을 부여하는 것에 동의했다.[50] 독일 역시 11월 26일자로 총리아문에 정식으로 조회를 보내어, 구체적으로 자국 선교사들에 대한 여권 부여에 대해 청조의 공식적인 허가를 얻고자 했다.

> 산동성의 연주부(兗州府)·조주부(曹州府)·기주부(沂州府)·제녕주(濟寧州) 등을 조사해 보면 단지 독일 천주교 선교사들만 선교를 한다. 이에 귀 대신에게 청하기를, 만약 이상 얘기한 각처에 들어가 선교하는 천주교 선교사가 여권을 신청할 때, 마땅히 독일 관리가 중국 관리에게 통지해 처리하

---

48) 「致譯署論羅馬派使管敎」(光緒 12年 6月 28日), 『遷移蠶池口敎堂函稿』, 2823쪽.
49) 王鐵崖 編, 1957, 『中外舊約章彙編』 第1冊, 北京: 三聯書店, 535~536쪽.
50) 『中外舊約章彙編』 第1冊, 536쪽.

고, 날인한 후에 발급해야 한다. 그러나 만약 독일 천주교 선교사가 아닌 사람이 이상 언급한 곳에 가서 선교를 하는 자는, 비록 그러한 상황이 항상 있을 수 없지만, 과연 그러한 일이 있다면 독일 공사관은 또한 타국 공사관이 그 선교사에게 발급한 여권이 준행되기를 원한다. 그러나 이렇게 되면, 타국 공사관에서 발급받은 여권에는 그 여권을 지니고 있는 선교사가 실제로 어느 나라 사람인지 명기해야 하며, 그렇지 않으면 선교사가 독일인이 아니라는 것을 명기해야 한다. 이것은 쟁론을 피하기 위해서이다. 이상 언급한 각처에서 선교하는 천주교 선교사가 피해를 당해 배상을 청구하는 일이 생기면 독일 공사관이 귀 대신에게 조회하여 처리할 것을 요청한다. 독일 사람의 일은 오로지 독일 공사가 귀국과 협상하여 처리한다.[51]

　독일 공사의 조회를 보면, 좀 더 구체적으로 지역까지 제시하면서, 산동성의 연주부·조주부·기주부·제녕주 등으로 선교하러 가는 자들은 대부분 독일 국적의 선교사들이기 때문에 독일 공사는 그들에 대한 여권 부여를 할 것이며, 또한 이곳으로 가는 선교사들을 중국 정부에 통지한 후에 확인하여 여권에 날인해 줄 것을 요구하고 있다. 독일 국적이 아닌 선교사들이 이곳에 들어가서 선교하는 것에 대해서는 상관할 바는 아니지만, 반드시 선교사 여권의 국적 확인을 요청했다. 이것은 독일이 프랑스의 선교 보호권에 제한을 가하려는 시도라고 볼 수 있다. 이에 대하여 총리아문은 1888년 12월 22일에 조회에 답하는 형식으로 이를 승낙했다.[52]

　이로써 독일과 이탈리아는 자국 선교사들에게 여권을 부여할 수 있는 권리를 청조로부터 획득했다. 당시 독일과 이탈리아는 청조와의 협의에서 여권 부여에 대해 두 나라가 함께 논의한 것으로 보인다. 그것은 이탈리아 역시 독일과 같은 11월 26일에 독일이 총리아문에 보낸 조회와 똑같은 조회를 다시 보냈고, 총리아문이 독일 공사에게 12월 22일에 답했던 조회와 똑같은 조회로 답하고 있었기 때문이었다.[53]

51) 『中外舊約章彙編』 第1冊, 537쪽.
52) 『中外舊約章彙編』 第1冊, 537~538쪽.

이렇게 독일과 이탈리아가 자국 선교사들에 대한 여권 부여에 대한
협정을 맺자 프랑스는 청조에 항의서를 제출했다. 이에 총리아문은 프
랑스 정부에 대해 답하기를, 중국 정부는 프랑스 정부가 선교사에게 발
급한 여권에 대해 그 여권을 지니고 있는 사람이 프랑스 국적인지 아닌
지를 막론하고 모두 서명할 것을 보장했다.54) 이러한 결과로 중국의
외국 선교사는 프랑스 혹은 본국의 보호를 받을 것인지에 대해 자유롭
게 선택할 수 있었다. 그럼에도 불구하고 프랑스는 중국에서 발생한 교
안에 대해 이전의 관례대로 자신들이 협상 테이블에 나서려고 했다.

1887년 8월에 독일 신언회(神言會, 말씀의 선교 수도회) 선교사 안
쩌(J. B. Anzer) 주교가 민가를 매입해 천주당을 세우려는데 연주의
지역민들이 반발해 집을 파괴하고 교인을 내쫓은 사건이 일어났다. 당
시 안쩌는 프랑스의 보호를 받고 있었기 때문에 총리아문은 이 사건의
해결을 위해 프랑스 공사 르메르(V. G. Lemaire)와 협상을 했다. 독일
이 1888년 12월에 청조와 자국 선교사들에 대한 여권 부여 협정을 맺
었지만, 프랑스 공사는 1889년까지도 연주 교안에 대해 총리아문과
협상을 벌이고 있었다.55)

여하튼 청조는 독일과 이탈리아와 맺은 여권 협정을 근거로 프랑스

---

53) 이탈리아가 11월 26일에 총리아문에 보낸 조회에는 "섬서·산서·하남·호북 4
   성을 조사해 보니, 단지 이탈리아 천주교 선교사들이 선교를 하고 있다. 산동
   성은 연주부·조주부·기주부·제녕주 등을 제외하고, 호남성은 원강(沅江) 동
   남(東南)의 현(縣)에서, 원강(沅江) 북쪽의 부성(府城)은 제외하고, 그 나머지
   는 이탈리아 천주교 선교사들이 있다"라고 하는 부분만 독일 공사의 조회와
   다를 뿐이다(『中外舊約章彙編』 第1册, 539쪽).

54) H. Cordier, 1902, vol Ⅲ, pp.80-81.

55) 中央硏究院近代史硏究所 編, 1977, 『教務教案檔』 第5輯(1), 臺北: 中央硏究
   院近代史硏究所, 413~450쪽. 1888년 1월에 안쩌 주교가 북경에서 독일 공사
   브란트를 만났는데, 브란트는 베르테미 협정을 독일 선교사들에게도 적용할
   것을 청조에게서 얻어낼 수 있을 것이라고 했는데, 당시 안쩌는 프랑스의 보
   호를 받고 있었기 때문에 프랑스 공사에게 자신들의 요구를 부탁했다(H.
   Cordier, 1902, vol.Ⅲ, pp.76-77).

의 중국 내 '모든' 천주교 선교사에 대한 보호를 분산시키고자 했다. 실제로 이탈리아 선교사가 프랑스로부터 여권을 받는 것에 대해 청조는 이탈리아와 공조하여 이를 대처해 나가기도 했다. 1889년 초에 이탈리아 선교사 약망매니나적(若望梅尼薷的)이 하남(河南)으로 선교하려고 매약망(梅若望)이란 이름으로 프랑스 공사관으로부터 여권 1장을 수령했지만 총리아문에 가서 날인할 때에 거절당했다. 그는 다시 약망매니나적이란 이름으로 천진의 프랑스 영사관에서 다시 한 장의 선교사 여권을 수령 받아 천진 해관으로부터 날인을 받았다.56)

이 일이 알려진 후에 총리아문은 5월 1일에 하남 순무 예문위(倪文蔚)에게 자문을 보내어, "하남성에서 선교하는 자들은 모두 이탈리아인인데, 지금껏 모두 프랑스가 여권을 발급해 왔다. 근래 독일과 이탈리아 등이 모두 자신들이 발급하기를 원하고 프랑스가 관여하지 못하도록 하여, 본 아문이 이 요청을 이미 허락했다"57)고 했다. 이 때문에 "매(梅) 선교사가 하남의 창덕(彰德) 등지에 왔을 때, 이탈리아 공사가 발급한 여권이 있다면 조약에 따라 보호를 한다. 만약 다른 국가가 발급한 여권을 가지고 있다면, 즉시 폐지(廢紙)로 여기고 보호의 근거로 삼아서는 안 된다"58)고 했다. 이탈리아 공사관에서는 5월 23일에 총리아문에 조회를 하여 "중국과 이탈리아 양국의 조약 제9조의 처벌 방식에 따라 즉시 선교사를 체포해 관할 영사로 압송하여 처리하도록 한다"59)는 것을 요구했다. 이렇게 선교 보호권을 둘러싸고 청조는 각국 간의 갈등을 이용한 측면도 있지만, 이후 자국 선교사의 보호를 둘

56) 「總署給義國公使盧嘉德照會」(光緒 15年 4月 2日), 『敎務敎案檔』 第5輯(1), 50~51쪽.

57) 「總署行河南巡撫倪文蔚文」(光緒 15年 4月 2日), 『敎務敎案檔』 第5輯(1), 49쪽.

58) 「總署行河南巡撫倪文蔚文」(光緒 15年 4月 2日), 『敎務敎案檔』 第5輯(1), 49~50쪽.

59) 「總署收義國參贊賈照會」(光緒 15年 4月 24日), 『敎務敎案檔』 第5輯(1), 52쪽.

러싸고 벌어지는 악순환의 고리는 프랑스·독일·이탈리아 등의 국가와
얽혀 풀리지 않는 해법으로 자리 잡게 되었다.

같은 시기에 교황청은 여전히 중국 교무를 총괄하려는 노력을 버리
지 않았다. 1891년 7월 5일에 유럽에서 중국으로 돌아온 안쩌가 천진
에 도착했을 때, 그는 교황청 국무원장 람폴라(Rampolla) 추기경이 이
홍장에게 보내는 편지를 가지고 왔다. 이 서신에는 교황청이 중국에
교계제를 세운다면, 청조는 동의할 것인가라는 내용이 있었다. 후에
이홍장은 이에 대해 파비에 주교에게 의견을 물었다. 파비에는 가톨릭
교회의 교황, 대주교와 주교의 직권을 상세히 설명했다. 그러나 이홍
장은 교계제 건립이 순수한 종교적 업무이지 정치적인 업무로서 대답
할 필요가 없다고 했다. 사실상 이홍장은 당시에 교황청이 프랑스 선
교 보호권을 배제하고 직접적으로 중국 천주교회를 관할하기 위해 중
국에 교계제도를 건립하려는 진의를 깨닫지 못했다.60)

1890년대에 들어 장강 유역을 중심으로 교안이 크게 발생했다.
1891년 9월 19일에 영국 등 4개국 공사를 맡고 있던 설복성(薛福成)
이 교안에 대해 성실하게 대처하지 않는다면, 양국 사이의 우의를 고
려하기 어렵다는 프랑스 외무부의 성명을 보내왔다.61) 1892년 5월에
천진 해관 세무사 데트링(Gustav von Detring)은 이홍장에게 다시 한
번 교황청과 협의하여 총영사와 직분이 동등한 대주교를 중국에 파견
해 중국 교무를 전담시킬 것을 건의했다. 그리고 프랑스의 간섭을 피
하기 위해 '프랑스가 천주교를 보호하는 것은 그대로 둔다'는 점을 분
명히 했다. 이에 교황청과의 외교 관계 수립에 대한 문제를 타진해 본
설복성은 교황청의 확실한 답변을 듣지 못하고 있었다. 10월 1일에 이
홍장은 직접 교황청 국무원장에게 서신을 보내, 이후의 선교는 교황청
과 중국이 협상하고, 먼저 대주교 한 사람을 파견해 직예 지방에 머물

---

60) 顧衛民, 2000, 118~119쪽.
61) 郭廷以 編著, 1987, 『近代中國史事日誌』 下, 北京: 中華書局, 846쪽.

며 교무를 주관하도록 건의했다.62) 그러나 이미 교황청은 1891년 11
월에 중국에 어떠한 교황 사절도 파견할 계획을 포기했고, 주교황청
프랑스 공사 베엔느(Lefebvre de Béhaine)에게 교황이 이미 프랑스와
협력해서만 행동하기로 했다고 알렸기 때문에63) 중국 측의 건의에 회
답이 없었으며, 결국 이번의 연락도 실패로 돌아가고 말았다. 교황청
과의 외교 관계 수립에 대해서는 이후 청조 내부에서 몇몇 관리에 의
해 지속적으로 제기되지만, 이에 대한 관심은 점차 멀어져만 갔다.

　이렇게 청조는 1890년대 들어 프랑스 선교 보호권을 분산시키며 열
강 사이의 갈등 측면을 이용하려 했지만, 계속해서 교황청과의 외교
관계는 시도하지 못했다. 이러한 점으로 볼 때, 1885~1886년에 교황
청과 시도했던 외교 관계의 수립 협의에 대한 경험을 적극적으로 이용
하지 못한 청조의 외교적 한계를 지적하지 않을 수 없다. 결과적으로
중국에서 자국 선교사들에 대한 여권 부여를 승인받은 독일과 이탈리
아는 그들의 선교 보호권을 발판으로 삼아 중국에 적극 진출하게 되었
다. 특히 독일은 자국의 선교사 보호에 대한 법적 근거를 들며 적극적
으로 산동(山東)으로 진출하게 되었고, 이로 인한 교안의 발생은 의화
단 사건의 원인을 제공하였다.

---

62) 『近代中國史事日誌』 下, 850·852쪽.
63) H. Cordier, 1902, vol Ⅲ, p.89.

제2장 외교 관계 수립에 대한 청조 관리의
인식과 실천

1. 중국과 교황청, 외교 관계의 현재

2005년 교황 요한 바오로 2세(Joannes Paulus Ⅱ)가 서거하자 유럽 국가 중 하나인 교황청과 유일하게 외교 관계를 맺고 있던 대만의 총통은 직접 교황의 장례식에 참가하려 했고, 이에 대만을 중국 영토의 일부라고 주장하는 중국 정부는 대만 총통의 교황청 방문에 강력히 반발하였다. 그러나 교황청은 대만과 외교 관계를 맺고 있었지만, 중국과는 외교 관계를 맺고 있지 않았기 때문에 교황청에 대한 비자발급을 책임지고 있었던 이탈리아는 대만 총통에게 비자를 발급해 줄 수밖에 없었다. 이렇게 중국과 교황청과의 외교 관계는 현재 단절되어 있지만, 현실적으로 교황청 역시 중국 천주교에 대한 지배권을 얻기 위해서라도 대만과 단교하고 중국과 외교 관계를 수립할 개연성도 높다. 그럼에도 불구하고 중국 입장에서는 교황청과의 외교 관계로 인한 자국 천주교에 대한 지배는 내정간섭이라고 생각하기 때문에 쉽게 외교 관계를 맺기는 여전히 어려운 실정이다. 중국은 1951년 외국인 성직자들을 추방하고 교황청과 관계를 단절한 후 천주교애국회만 허용하며 천주교 신자들의 교황청 인정을 금지하고 있다.[1]

---

1) 1950년 말 중국 정부는 외세의 영향으로부터 철저히 독립할 것을 요구하면서

이에 따라 중국이나 교황청 모두 자국의 현재 상황에 따라 상호 외교 관계에 대한 실익을 모색하고 있는 상황이다. 중국 정부의 입장에서도 세계 11억 이상의 천주교 신자를 대변하고 있는 교황청과의 관계 개선을 위해서라도 외교 관계 수립에 대해 부정적인 입장만 있는 것은 아니다. 특히 최근 들어 교황청은 중국 정부가 교황의 승인을 받지 않고 임명한 주교들을 승인하였고, 중국과 공동으로 승인한 주교들을 임명하기도 했기 때문이다. 또한 중국은 유럽에서 유일하게 대만을 국가로 인정하고 있는 교황청과 국교를 맺고, 대만을 단교시켜야만 대만을 좀 더 국제사회에서 고립시켜 하나의 중국으로 편입할 수 있기 때문이다. 그럼에도 불구하고, 상호간 입장 차이가 쉽게 좁혀 지지가 않아 앞으로 중국과 교황청의 외교 관계 수립이 어떻게 진행될 것인지는 장담할 수 없는 상황이다.

중국과 교황청의 외교 관계 수립에 대한 문제는 비단 오늘날만의 현상은 아니었다. 19세기 말과 20세기 초에도 교황청과 외교 관계를 맺기 위한 청조의 직접적인 시도와 청조 관리들의 많은 논의가 있었다. 그렇다면 당시에는 어떠한 문제로 인해 교황청과의 외교 관계 수립에 대한 논의가 활발히 일어났던 것이며, 어떤 실천들이 있었는가. 과거 청나라 말기에 진행되었던 교황청과의 외교 관계 수립에 대한 청조 관리들의 인식과 실천에 대해 다루어 봄으로써 현재의 중국 정부와 교황청 사이의 외교 관계에 대해 반추해 보는 것도 유의미한 작업이라

삼자운동(三自運動) 즉, 자치(自治)·자전(自傳)·자양(自養)을 전개하였다. 이에 반응하여 1951년 2월에 북부 지역 천주교 대표들이 모여 자주 독립을 수락하되 이는 교황의 '교의적' 권위 아래에서만 행사된다고 선언했고, 당시 중국 주재 교황 대리대사 리베리(Antonio Riberi) 주교는 자주 독립운동을 강력히 금지하고 추종자를 파문으로 다스렸다. 결국 1951년 말, 주교 14명과 선교사 1,136명이 국외로 추방되기 시작했고, 리베리 주교는 그해 9월 5일 추방되었다(클로드 쇠텐스 지음, 김정옥 옮김, 2008, 『20세기 중국 가톨릭 교회사』, 분도출판사, 207~212쪽).

생각한다.

2. 최초 외교 관계 수립의 시도와 실패

대항해시대 이후 천주교는 포르투갈의 선교 보호권 아래 아시아에서 선교 활동을 하였다. 교황청은 포르투갈의 중국 선교 보호권을 허가했지만, 점차 포르투갈의 독점적 선교 보호를 견제하고자 했다. 교황청이 포르투갈의 선교 보호권을 배제하기 위해 직접 아시아의 선교구를 관리하기 시작함과 더불어 프랑스는 아시아에서 자국의 영향력을 확대하기 위해 루이 14세 이래 선교사를 직접 파견하면서 스스로 중국의 천주교 보호자로 자임하고자 했다. 아편전쟁 이후 프랑스는 중국과 조약을 체결하면서 천주교 보호 조항의 삽입을 집요하게 요구했고, 결국 그들의 요구는 1858년 천진조약과 1860년 북경조약에서 이루어졌다.

1860년 이래 교안이 전국에서 동시다발적으로 발생하자 청조는 그리스도교에 대한 구체적인 대책을 마련하기 시작했고, 교안의 큰 원인이라고 할 수 있는 프랑스의 선교 보호권에 관심을 갖게 되었다. 1870년대 말부터 외국에 공관을 개설하면서 대표부를 유지할 만큼 국제관계가 개선되기 시작했고, 국제법을 익혀 외국과의 관계에 이용하기 시작하면서 청조는 점차 교안 문제의 해결로써 교황청과의 외교 관계 수립을 계획하였다.

당시(1884~1887) 청 정부 주독일 대신에 임명되어 프랑스·이탈리아·오스트리아 3개국 대사를 겸임한 허경징(許景澄)은 1884년 성탄절에 친히 교황청을 방문했고, 오스트리아에서 교황 사절과 만났다. 허경징은 교황청에 도달한 첫 번째 중국 고위 관리였다. 그는 서양 과학기술의 수용을 주장하는 동시대인과는 달리 유럽의 힘은 그들의 군사 기술에 있는 것이 아니며, 또한 과학에 있는 것도 아니고, 종교에 있다고 생각하였다. 이후 허경징은 그가 관찰한 상황을 서신으로 중국에

보내어 교황청에 대한 국내 인사들의 이해를 촉진시켰다. 또한 청 정
부가 교황청과의 외교 관계 수립을 시도하는데 영향을 미쳤다.2) 이러
한 청조의 상황과 더불어 교황 레오 13세(Leo XIII) 시기 교황청은 프
랑스의 간섭을 배제하고 중국 천주교에 대한 직접적인 감독을 위해 청
조와 외교 관계를 수립하려고 꾸준히 노력하였다.

1885년 2월 1일, 교황 레오 13세는 광서제에게 직접 서신을 보내
청조와 직접적인 외교 관계 수립을 희망하여 교황 사절 파견의 계획을
가속화 시켰다. 마침내 북당 이전 협의를 계기로 청조는 교황청과 외
교 관계를 수립하기로 결정했다. 하지만 앞장에서 살펴보았듯이 선교
보호권을 유지하려는 프랑스의 간섭으로 인해 외교 관계의 수립은 실
패하였다.

비록 이홍장의 주도에 의한 교황청과의 외교 관계 수립은 실패했지
만, 이러한 외교적 경험은 기타 청조 관리들도 교황청에 대해 새로운
인식을 하게 되는 계기가 되었다. 교황청과의 외교 관계에 관심을 갖
은 청조 관리는 일반적으로 교회 내부의 잘못된 문제를 효과적으로 제
약할 수 있는 기구를 세워 교회활동을 정상적으로 운영하여 민교(民
敎) 사이의 모순을 해소하고 교안의 발생을 없애기 위해 교황청과 정
상적인 외교 관계를 건립하여 교회로 교회를 제약하는 방법이 효과적
이라고 생각했다.

물론 교황청과의 외교 관계에 대해 부정적인 시각이 없는 것은 아

---

2) 楊大春, 2001,「晚淸政府與羅馬敎廷的外交歷程」,『史學月刊』, 第1期, 68쪽.
    청말 외교관이자 민국 초 북경정부 외교총장을 역임했던 육징상(陸徵祥)에
    따르면, 그의 스승 허경징은 천주교에 대해 깊은 관심을 갖고 있으며, 자신의
    천주교 신앙과 베네딕도 수도회 가입이 스승의 영향이라고 회고하였다(徐一
    士, 2007,『一士譚薈』, 近代史料筆記叢刊, 北京: 中華書局, 141~145쪽). 또
    한 허경징은 임종 전에 여러 차례 육징상에게 교황청과의 외교 관계에 대한
    문제를 주지시켰고, 민국 정부 수립 이후 육징상이 두 차례 외교총장을 역임
    할 때, 교황청과의 상호 사절 파견 논의에 대해 수차례 방법을 강구했다(劉鑒
    唐, 1992,「淸代羅馬敎皇十次遣使來華」,『歷史大觀園』, 第10期, 33쪽).

니었다. 1890년 초반에 이홍장의 명령을 받아 교황청과의 외교 관계 수립을 담당했던 설복성은 교황청과 상호 외교 사절을 파견하여 중국 교안을 안정시키는 방법에 대해 회의적이었다. 그는 "교황청이 유럽에서 맹주(盟主)를 지냈고, 세력이 강대했을 때에는 각국 군주의 권한을 폐기하기도 했다. 따라서 교황청을 방패로 삼아 프랑스인의 권력을 배제하려는 방법은 만부득이한 보완일 뿐이다. 한 가지 폐해가 가면, 또 다른 한 가지 폐해가 다시 나올까 두렵다"3)고 하여 교황청과의 외교 관계 수립은 또 다른 권력을 중국에 끌어들이는 것이기 때문에 그 위해(危害)함은 예전과 다름이 없다고 주장하였다.4)

여하튼 교황청과의 외교 관계는 교안의 발생이 심각해지기 시작한 1890년대부터 중국 지식인들 사이에서 교안 문제 해결의 하나로 대두되기 시작하였다. 이 시기 민간 학자에게도 교황청과의 외교 관계는 관심을 끌었다. 1889년과 1893년 사이에 신식학교인 상해 격치서원(格致書院)5)에서 활동한 양육휘(楊毓輝)는 교황을 이용하여 천주교의

---

3) 『星軺日記類編』 卷74(敎宗), 雲間麗澤學會, 1902, 6쪽(楊大春, 2001, 69쪽 재인용).

4) 설복성이 처음 이 문제에 대해 관심을 가졌을 때에는 어느 정도 긍정적 입장을 가지고 있었다. 1890년에 그는 자신의 일기에서 과거 이홍장과 홍콩 총독 헤네시(Hennessey)와의 만남(1881년에 교황 사절에 대해 논의함)을 거론하면서 만약 교황과 직접 교섭을 하면 열강이 교회 업무에 대해 관여할 수 없으며 군대나 상업의 일이 그 사이에 끼어들지 못하게 되며, 일이 생기면 합당하게 처리하고 기탄없이 의논할 수 있으니 어느 정도 교섭에 도움이 될 것이라고 자신의 의견을 밝혔다(薛福成 著, 寶海 校註, 2007, 『出使四國日記』, 北京: 社會科學文獻出版社, 160~161쪽). 그러나 그가 교황청과의 외교 관계 수립 문제에 대해 회의를 갖기 시작한 계기는 1891년 초에 로마를 방문하면서 교황청에 대해 새롭게 인식할 때부터인 것으로 보인다(『出使四國日記』, 252~280쪽).

5) 격치서원은 영국 성공회 선교자이자 중국학자인 존 프라이어(John Fryer)와 서수(徐壽)가 개설하여 과학교육과 출판사업을 주재하며 서양지식과 보급에 많은 역할을 담당하였다. 사상가 왕도(王韜)가 프라이어와 격치서원 업무를 주관했으며, 이홍장·중국전(曾國荃)·유곤일(劉坤一) 등 양무파가 서원의 교육에

중국 활동을 제한하고, 이를 규범화시켜 청조 법제 범위 내에서 정상적인 활동을 하게 하자고 주장하였다.

> 지금 각처의 선교사, 예를 들어 영국·독일·미국 등의 사람들은 항상 예법을 준수하고 규칙을 따르고 있으며, 방자하게 굴지 않는다. 프랑스 선교사는 그러하지 아니하다. 성품이 억세고 사나우며, 더욱이 탐욕스럽고, 매번 일을 일으키기 쉽다. 교안이 일어나는 걸 보면 대부분 프랑스 천주교가 다수를 차지하고 있다. 그들이 거리낌이 없게 된 것은 통제할 사람이 없는 것이다. …… 지금의 계획으로서는 당연히 흠차대신이 각국 외교부와 협상하여 로마 교황에게 요청해 명망 있는 사신을 중국에 파견하여 교무를 전담하도록 하는 것이다. 각국 교회는 통제를 받고 아울러 선교사를 엄격히 단속한다. 경거망동하게 행동하는 자는 법에 따라 치죄(治罪)한다. …… 그렇게 되면 민교(民敎)의 분쟁이 적어진다.6)

양육휘는 교안 발생의 원인이 되고 있는 프랑스 선교 보호권의 폐해를 지적하며, 이를 해결하기 위해 교황 사절을 중국에 파견하는 문제를 제기하였다. 이는 이홍장의 인식과 같은 맥락이라고 볼 수 있다. 여하튼 당시 청조의 시각으로 보면, 교황이 천주교회를 통제하고 선교사를 관리하도록 하는 건의는 내정에 간섭하는 것이겠지만, 당시로서는 교안을 해결하는 최선의 방법 중의 하나라고 볼 수 있다. 그러나 당시 격치서원을 주관하였던 왕도(王韜)는 양육휘의 주장은 큰 오류를 범하고 있으며, 사절의 파견은 절대 불가능하다고 반대했는데,7) 이는 설복성의 주장과 같은 맥락이라고 할 수 있다.

이어 1896년에 광동도어사(廣東道御史) 진기장(陳其璋)이 청조에

참여하기도 했다. 격치서원에서의 양육휘의 활동에 대해서는 范耀登, 1998, 「近代嶺東學者楊毓輝,楊史彬的洋務思想」, 『汕頭大學學報』, 第5期 참조.

6) 「整頓中國敎務策」(光緒19年)(王明倫, 1984, 『反洋敎書文揭帖選』, 濟南: 齊魯書社, 398쪽 재인용).

7) 楊大春, 2001, 69쪽.

주청하여 중국에 총선교사의 직책을 설립하여 교회를 관리하고 선교사를 단속하도록 하는 것을 건의하였다. 이를 위해 진기장은 다음과 같이 주장하였다.

> 교무는 총선교사에게 책임을 지게 합니다. 지금껏 교무는 선교사가 담당했는데, 총선교사가 설치되어 있지 않아 들쑥날쑥하게 처리되어 왔습니다. 현재 북경에 선교사가 많이 있다고 하는데, 각 공사에게 요청해 선교사 중에서 한두 명을 북경주재 총선교사로 선출하여 모든 교무 장정은 총선교사가 책임지고 총리아문에 신청해 공정하게 의정(議定)하여 준수하도록 합니다.8)

이러한 건의에 대해 총리아문은 반대의 태도를 보였다. 진기장의 의견에 대해 총리아문은 총선교사를 설립하는 것은 실행할 수 없으며, 또 실행될 수도 없다고 했다. 왜냐하면 서양에서는 총선교사라는 말이 없으며, 로마 교황은 조약을 맺은 국가에만 사절을 파견하여 천주교인을 관할하는데, 현재 교황의 세력이 약하기 때문에 이탈리아나 프랑스 등 여러 나라가 교황 권력을 제한하고 있어 교황은 단지 허울뿐이라고 했다. 총리아문은 교황청과의 외교 관계 수립이 장단점이 있다고 하면서, 교황이 사신을 파견하면 프랑스나 독일 각국이 선교 보호권을 구실로 간섭하는 것을 막을 수 있지만 교인은 모두 천주교적(天主教籍)에 소속되어 중국 지방관은 관여할 수 없다고 했다. 또한 총리아문은 교황청과의 외교 관계가 아직 수립되지 않았을 뿐더러 서양의 개신교와 천주교가 각자 다르기 때문에 만약 총선교사가 설치되면 두 종교를 무리하게 같이 할 수도 없으며, 교안 발생 시 총선교사가 중재하기 어렵고 시비 거리만 증가해 무익하다고 하였다.9)

---

8) 「御史陳其璋奏陳辦理教案十條章程摺」(光緒22年 2月11日), 中國第一歷史檔案館·福建師範大學歷史系 合編, 1998, 『淸末教案』第2册, 北京: 中華書局, 630쪽.

9) 「恭親王奕訢等奏覆御史陳其璋所奏教案章程應毋庸議摺」(光緒22年　3月28

이로 보아 총리아문은 1885~86년에 북당 이전을 계기로 교황청과 외교 관계 수립을 시도하려고 했었기 때문에 당시 교황청의 정치적 상황을 지방관리보다 제대로 인지할 수 있었던 것으로 보인다. 그러나 총리아문은 교황 공사가 파견되어 청조와 교황청간의 외교 관계가 수립되면 중국의 교인이 교황청의 백성으로 될 것을 우려했던 것 같다. 그리고 점차 이러한 문제 때문에 교황청과의 외교 관계 문제를 소홀히 했던 것으로 보인다. 이 문제는 20세기 초에도 반복적으로 대두되면서 교황청과의 외교 관계 수립의 걸림돌이 되었다.

무술변법 시기 강유위(康有爲)는 교안에 대한 해결책으로써 교회(敎會)를 개설하여 교율(敎律)을 정할 것을 주장하였다. 그는 중국이 전문적으로 교회를 개설한 후에 중국 교회가 전면으로 나서 외국 교회와 교섭할 것을 건의했다. 그 구체적인 방법은 광서제(光緒帝)가 연성공(衍聖公)에게 공교회(孔敎會)를 개설하여 중외(中外)에 정통한 인사들을 위원으로 삼아 외국 교회 관련 인사들과 두 종교간 화약(和約)과 법률을 정하도록 하는 것이다. 또한 천주교에 대해서는 연성공이 사람을 교황청에 파견하여 직접적으로 교황과 조약을 체결하자고 주장했다.10)

강유위의 주장은 서양 교회의 교섭 상대로 공교회를 개설하자는 것이며, 이 공교회가 중국 종교를 대표하여 교황과 중국 교무에 관한 조약을 체결하자는 내용이다. 이러한 내용으로 보아 당시 강유위는 서양 천주교와 교황청에 대해 명확한 인식을 하지 못한 것으로 보인다. 강유위의 이러한 주장에 대해 그의 몇몇 제자들과 지식인들의 부화(附和)도 있었지만 조소하며 반대하는 사대부도 적지 않았다. 공교를 종교로 보지 않았던 엄복(嚴復)은 현재 공교를 자랑하는 사람이 있는데, 대개 예수·무함마드와 힘과 기량을 겨루는 것은 일시적인 감정으로 파벌을 만들 뿐이라며 공교 개설에 대해 비판했다.11)

日),『淸末敎案』第2冊, 639쪽.

10) 皮后鋒, 2006,『嚴復評傳』, 南京: 南京大學出版社, 301쪽.

다른 한편, 총리아문은 프랑스 주교 파비에(Favier)의 건의를 받아들여 외국 국적 선교사와 중국 각지 지방관원이 만나고 접대할 때의 약간의 규정을 입안했는데, 이것은 선교사와 지방 관리의 연계를 강화시키는 것이었다.12) 사실 이러한 규정은 교황청이 중국에 교계제도를 수립하려고 했던 시도와도 맞물려 있다. 1880년대 교황청과 중국의 외교 관계 수립 논의가 프랑스의 압력에 의해 실패했음에도 불구하고 교황청은 1891년에 국무원장 람폴라(Rampolla)의 명의로 독일 선교사 안쩌(Anzer)를 통해 이홍장에게 교계제에 대해 언급하였다. 이전에 외교 관계 수립 협상 때에 이홍장으로부터 교황 사절로 추천받았던 프랑스 선교사 파비에는 1892년 1월 16일에 람폴라 추기경에게 청조가 대주교와 주교의 지위를 승인하려 한다고 보고했다. 파비에는 주교가 총리아문을 거치지 않고 직접 지방 독무와 종교 문제를 토론할 수 있기 때문에 교황청이 대표를 파견한다면 본인이 직접 총리아문과 협의할 수 있다며, 교계제를 건립하려면 교황 사절을 파견해야 한다고 했다.13)

중국에 교계제를 건립하려는 교황청의 노력은 얼마 후에 실현되었다. 파비에가 1899년 3월 15일에 총리아문의 동의를 얻어 <지방관접대주교교사사의(地方官接待主敎敎士事宜)>를 입안하고, 경친왕(慶親

---

11) 皮后鋒, 2006, 302~303쪽.

12) 파비에는 북경에서 오랫동안 교회 업무를 담당했던 프랑스 선교사로 1885~86년에 교황청과 청조가 외교 관계를 맺고자 협의 할 때 이홍장이 교황청 국무원장 야코비니(Card. Jacobini)에게 서신을 보내어 주중 교황청 공사로 삼을 것을 요청한 인물이다(「致羅馬外部大臣雅各比尼」(光緒12年 4月26日 附), 『遷移蠶池口敎堂函稿』(『李鴻章全集』 第5册, 海南出版社, 1997), 2820쪽). 그러나 그는 잠지구 천주당(북당) 이전에 대한 건을 맡았을 뿐이었고, 1886년 6월 로마에 도착하여 본인이 교황 공사가 되지 않을 것이라는 것을 알고 프랑스를 개입시켜 외교 관계 수립에 대한 협의를 방해하였다(「復譯署論法阻羅馬遣使」(光緒12年 8月3日), 『遷移蠶池口敎堂函稿』, 2827쪽).

13) 顧衛民, 2003, 『中國天主敎編年史』, 上海書籍出版社, 411쪽.

王) 혁광(奕劻)이 조정에 상주하여 재가를 얻었다.14) 이 5조는 선교사의 계급을 규정했는데, 프랑스인은 이 5조를 '파비에 법령'(Décret Favier)이라 불렀다. 당시 프랑스 공사 제라르(Gérard)는 이 협약이 프랑스의 동방정책을 해치고 있다고 이를 무시했으나 제라르 이후 주중 공사에 임명된 피숑(S. Pichon)은 이를 승인했다.15) 법령의 내용을 정리하면 다음과 같다.

① 대주교 혹은 주교의 품위가 독무(督撫)와 같으면 독무에게 면회를 청해야 한다. …… 수석 신부(攝位司鐸·大司鐸)는 사도(司道)에게 면회 요청을 허락한다. 나머지 신부는 부(府)·청(廳)·주(州)·현관(縣官)의 면회를 허락한다. 독무·사도·부·청·주·현의 각 관리는 품계에 따라 선교사를 예의로써 접대한다.

② 대주교 혹은 주교는 관장(官長)과 교섭하는 각 신부의 이름·교회·거주지를 독무에게 알려 접대하기 편케 한다. 지방관에 면회를 청하거나 일을 위해 파견된 신부는 모두 서양인으로 충당해야 한다. 서양 신부가 아직 중국어가 능숙치 못할 시에는 일시 중국 신부를 대동해 통역원으로 쓸 수 있다.

---

14) 「慶親王奕劻等奏陳議定地方官與教中往來事宜並繕淸單呈覽摺」(光緖25年 2月4日), 『淸末敎案』第2册, 831~832쪽.

15) H. Cordier, *Historie des Relations de la chine avec les puissances occidentales 1860-1900*, vol Ⅲ, Paris: Félix Alcan, 1902, p.468. 파비에 선교사는 이 법령을 체결하기도 전에 이미 교안 문제에 대해 중국 현지 관료들과 직접 사건처리에 나서기도 하는 등 중재 없이 분쟁들을 직접 처리하는 계획과 관련하여 프랑스 외교관들의 신랄한 탄핵에 시달리고 있었다. 어하튼 그의 노력으로 인해 1899년 5월 20일, 교회의 일치를 위한 추기경 위원회 회의에서 교황 레오 13세는 '파비에 법령'을 이끌었던 파비에 주교를 보상하고 그의 명성을 더해 주기 위해 중국에 천주교 주교단 설정을 제의했다. 그러나 천주교 주교단 설정은 교황 대사관 설치의 전주곡으로 간주되었기 때문에 프랑스 외교단에서 반대해 이루어지지 못했다. 또한 포교성성 장관은 파비에 주교를 교황 사절로 임명할 것을 제의했고, 교황은 그 제의를 수락했다. 그러나 의화단 사건과 파비에 주교의 질병으로 인해 그 계획은 수포로 돌아갔다(클로드 쇠텐스, 2008, 39~40쪽).

③ 대주교 혹은 주교가 외부(外府)에 거주하는데, 굳이 성도(省都)로 가서
   독무에게 면회를 청할 필요는 없다. 새로운 독무가 부임할 때 혹은 대
   주교·주교가 새로 올 때, 혹은 하년절(賀年節) 때에 모두 독무에게 편
   지를 쓰거나 명함을 보낼 때 독무는 예로써 화답해야 한다.
④ 각성에서 중요한 교안이 발생했을 때 소재한 주교·신부들은 교황에게
   이 사실을 전하고, 교황이 천주교 보호 국가의 공사 혹은 영사에게 명
   령해 총리아문 혹은 지방관과 일을 처리한다.
⑤ 지방관은 평민과 교인을 동일시해야 하며, 주교·신부 등은 교인을 타
   이르고 평민을 설복해야 한다. 민교(民教) 교섭을 할 때에 지방관은 공
   평하게 심판해야 하고, 선교사는 간섭하거나 비호해서는 안 된다.[16]

이 법령의 주요 내용은 첫째, 이후의 모든 천주교 관련 사항에 대해
주교·신부 등은 중국 지방관과 직접 교섭하며, 프랑스 정부의 조정 행
위를 따르지 않아도 된다는 것과 둘째, 선교사와 지방관의 교섭이 원
만히 해결되지 않아서 정치적인 원조를 구할 때는 교황에게 요청할 수
있도록 한 것으로 프랑스의 선교 보호권을 크게 제약하는 것이었다.
지방에서 천주교 선교사의 계급을 규정하여 지방 관원과 독대하게 하
고, 선교사를 지방의 특권계급으로 규정지은 이 법령은 선교사가 각
지방관과 직접 교섭할 수 있게 하여 외국 주중 외교관의 권리를 약화
시킨 것으로 보였다.
이 법령의 목적은 천주교회와 청조 사이에 직접적인 관계를 만들어
천주교회의 활동을 청조의 허락 아래 정상적인 활동을 진행하도록 하
는 것이었다. 이는 또한 청조가 선교사 문제를 중앙이 아닌 지방에서

---

16) 「地方官接待主敎敎士事宜」, 李剛己 輯錄, 『敎務紀略』(上海書店, 1986: 光
    緒31年 南洋官報局印本影印) 卷3下 章程, 30~31쪽 ; 「總署奏擬訂地方官接
    待敎士事宜以便保護摺」, 『淸季外交史料(光緒朝)』第4冊, 臺北: 文海出版社,
    1963, 550~551쪽 ; 「慶親王奕劻等奏陳議定地方官與敎中往來事宜幷繕淸單
    呈覽摺」(光緒25年 2月4日), 附件「謹擬地方官接待主敎敎士事宜五條」, 『淸
    末敎案』第2冊, 832쪽. 이 장정으로 주교는 독무와 필적되는 권위를 가질 수
    있었다.

해결함으로써 청조가 서양 각국의 압력으로부터 완화되기를 희망한 것으로 보인다. 그러나 집행된 지 오래되지 않아서 일련의 문제가 나타났다. 선교사들이 자신이 관리 신분을 가지고 있다고 생각해 당연히 교인을 관할하는 권리가 있다고 주장했으며, 이로 인하여 지방 정사에 관여하여 많은 분쟁을 야기하였다.17) 교황청과의 외교 관계를 수립하지도 않은 상황에서 교황 사절도 없는 선교사들에게 지방관의 품계를 부여한 것은 지방에서 교회세력의 확대만 가져왔을 뿐이었고, 의화단 사건의 한 원인을 제공하였다.

3. 신정 이후 청조 관리들의 외교 관계 수립 제의

청조가 파비에와 입안한 이른바 '파비에 법령'은 앞서 살펴보듯이 많은 문제점을 안고 있었다. 결국 교황청과 정상적인 외교 관계를 수립하여 중국에서의 천주교회 내부의 불량적인 요소의 문제를 제약하려는 시도가 다시 한 번 청조 관리에 의해 제기되었다. 의화단 사건 이후 신정(新政) 시기에 청조 관리 중에 우선 교황청과 연락하여 중국의 교회 업무를 함께 관리하도록 제의한 사람은 강남도어사(江南道御史) 장식성(蔣式瑆)이었다. 1902년, 장식성은 청 정부가 출사대신(出使大臣)에게 로마 교황과 개신교회의 각 감독과 연락하게 하여 중국의 민교(民敎) 사이에 존재하는 다양한 문제들을 알려주고, 소속된 주교·목사가 신자를 신중히 받아들이고 교회를 정돈하여 정상적인 활동과 규범을 하도록 책임지게 해줄 것을 희망했다.18) 그는 더욱이 기존

---

17) 王立新, 1996, 「晚清政府對基督敎和傳敎士的政策」, 『近代史硏究』, 第2期, 238쪽. 1908년에 경친왕 혁광의 상주에 의해 이 규정은 취소되었다(「慶親王奕劻等奏爲改正地方官接待敎士章程等情片」(光緒34年 2月10日), 『淸末敎案』 第3冊, 991~992쪽).

18) 「御史蔣式瑆奏陳安籌民敎相安辦法摺」(光緒28年 3月4日), 『淸末敎案』 第3冊, 266쪽.

의 계획과는 전혀 다른 일종의 중국 교회의 자립화에 대한 문제를 제기했다.

> ······ 근세 사대부들이 완고하게 버티며 신구약 성서를 이단좌도(異端左道)로 여겨왔습니다. 평상시에는 기꺼이 보지 않다가 매번 교안을 만나면 당황하고 조치를 취하지 못했습니다. 지피지기면 백전백승이라 했습니다. 청하건대, 이 두 성서를 인쇄하여 각 지방관이 소지하게 하고 열람시켜 만일의 사태에 대비해야 합니다. ······ 중국 교인이 스스로 교회를 건설하고, 선교사를 파견하여 선교를 하게 되면, 불교와 도교처럼 관제(官制)를 정합니다. 그리고 신부와 목사 중에 품행이 단정하고 대중이 바라는 자를 국가에서 파견하여 이를 충당시킵니다. 이 모든 것은 외무부가 총괄합니다. ······ 이렇게 되면 이후 교회는 우리의 교회가 되고, 종교는 우리들의 종교가 되어 교회세력이 유지할 수 없으니, 평민의 분노가 점차 사라지게 됩니다. 서양 공법(公法)을 조사해 보니 선교사는 단지 선교의 본분만 지키지 다른 국가의 일에 관여할 수 없다고 합니다.······19)

장식성은 상주문에서 교황과의 연락, 성경의 간행, 교회의 자립 등 3가지 방법을 제기하였다. 그의 책략은 "이상의 세 가지는 교황과 연락하여 그 감독을 정탐하고, 성경을 통달하여 그 변화에 대응하고, 교회를 자립시켜 관원을 파견하여 주교의 권한을 뺏는다"20)는 것이었다. 장식성이 이번에 제기한 건의는 이전의 다른 관리들과는 많이 달랐다. 교황과 연락하는 방법을 제외하고, 성경의 간행과 교회의 자립은 이전과는 달리 새로운 의견이었다. 또한 교회의 자립은 확실히 1920년대 이후 중국 천주교회의 주요 발전 방향이었다.

장식성의 상주문은 중국의 그리스도교 토착화의 초기 실현 방법으로 높이 평가할 수 있겠지만, 전통적인 방식으로 통제했던 불교와 도

---

19) 「御史蔣式瑆奏陳安籌民教相安辦法摺」(光緖28年 3月4日), 『淸末教案』 第3册, 266~267쪽.
20) 「御史蔣式瑆奏陳安籌民教相安辦法摺」(光緖28年 3月4日), 『淸末教案』 第3册, 267쪽.

교처럼 천주교를 다루려는 한계를 지니고 있고, 또한 외무부가 이를 직접 관할하도록 하고 있다. 따라서 중국 교인이 스스로 교회를 설립하는 것을 허락하고, 중국인 선교사를 정부에서 인정하며 어느 정도 천주교의 중국 자립화를 꾀하려는 것이었지만, 이것 역시 청조의 통제 아래 교회와 교인을 감시하려는 의도 또한 내포돼 있다고 볼 수 있다.

외무부에서는 장식성의 견해에 대해 현재 파비에 선교사와 종규(宗規)에 대해 협의하고 있는데, 협의할 사안이 매우 많아 장식성의 상주를 참고하여 협상하겠지만, 교황에게 연락하고, 성경을 간행하며 스스로 교회를 건설하는 등의 세 가지 문제는 일이 많아 더욱 복잡해질 것이라 하여 이를 거절했다.[21] 이는 이 시기 서양 각국과 선교 관련 협상을 청조에게 유리한 방향으로 체결했기 때문에 교황청과 외교 관계를 맺어 프랑스 선교 보호권을 배제할 필요가 점차 없어졌기 때문인 것으로 보인다. 사실 이 시기에 청조는 이전보다 더 교황청과 외교 관계를 맺을 수 있는 여러 기회가 있었다.

청조는 이미 1899년에 교황 레오 13세의 탄신 90세를 기념하여 축하 편지를 보냈고, 이에 대해 1900년 교황은 서태후와 광서제에게 감사의 답신과 예물을 보내는 등 청조와 교황청 사이에 의례적 왕래가 진행되기 시작했다. 1903년에는 레오 13세의 서거와 비오 10세(Pius X)의 등극을 교황청이 청조에 알렸고, 청조는 비오 10세에게 축하 서신을 보내고, 중국과 교황청 사이의 우의관계를 촉진하고 발전시키기를 희망했다. 1904년에는 서태후의 70세 생일을 맞아 교황 비오 10세가 안부 서신과 예물을 보내어 축하했고, 이를 기회로 양국 간 우의를 증진시켜 나갈 것을 표시했다.[22]

이러한 상황에서 프랑스와 교황청 사이에 분열이 나타나기 시작했다.

---

21) 「外務部奏爲遵議御史蔣式瑝關于民教相安辦法片」(光緒28年 4月21日), 『淸末敎案』 第3册, 324쪽 .

22) 秦和平, 1998, 「淸季中國政府與羅馬敎廷交往史論」, 章開沅 主編, 『社會轉型與敎會大學』, 漢口: 湖北敎育出版社, 259~262쪽.

1903년 교황 비오 10세가 프랑스 대통령이 이탈리아를 방문했을 때, 로마의 도시 지위 등 민감한 문제를 언급하자 단호히 프랑스와 절교했고, 프랑스 주재 교황청 사절을 소환했다. 프랑스와 교황청의 관계 악화는 즉각 청조 관리가 교황청과의 외교 관계 수립 문제를 다시 거론하게 하는 계기를 만들어 주었다. 이러한 청조 관리의 외교 관계 수립의 제기는 당시 중국의 사회적 여론을 대표한다고 볼 수 있다.

당시 중국의 신문은 프랑스에서 정교(政敎) 문제가 발생한 후에 이에 대해 즉시 보도했고, 아울러 많은 평론과 관련된 외국 신문의 번역문을 발표했다. 평론의 주된 내용은 기본적으로 모두 프랑스 정국의 변화가 중국 교회의 상황을 개선할 수 있는 유리한 국면을 초래했으며, 청 정부가 이를 이용할 수 있는 좋은 기회라고 생각했다. 특히 상해의 상무인서관(商務印書館) 출판의 『외교보(外交報)』와 『동방잡지(東方雜誌)』는 이러한 상황을 매우 중요시하게 여겨 잇따라 여러 평론을 발표하였다.23)

이 글들은 대부분 프랑스 정교관계의 변화에 대해 논평하거나 프랑스 현지 신문의 번역을 실어 대중에게 알리려 했다. 또한 몇몇 논평을

---

23) 『외교보』는 근대 중국 최초로 국제문제 평론을 주요 내용으로 삼은 간행물로 1902년 1월 4일 상해에서 창간되었으며, 1911년 1월까지 300기(期)가 출간되었다. 채원배(蔡元培)·엄복 등이 수시로 『외교보』에 글이나 번역문을 실었다. 또한 『동방잡지』는 1904년 3월에 창간한 중국 최초의 대형 종합잡지로 1948년에 정간되었다. 양계초·채원배·엄복·노신(魯迅)·진독수(陳獨秀) 등이 이 잡지에 여러 글을 발표하였다. 『외교보』는 1902년에 「論法國宗敎之亂象」(第21期)을 발표했고, 이어 1903년에는 「法國議院辯論中國敎務」(第40期)와 「記法國禁約敎會事」(第68期) 그리고 「書本報所紀法國禁約敎會事後」(第69期) 등의 글을 발표하였다. 또 1905년 제101기에 연속으로 「法國禁閉敎會學堂新例」, 「記法相演說政見」, 「紀法總統與敎皇絶交事」의 세 편의 프랑스 신문의 번역 글을 발표하였다. 『동방잡지』는 1905년에 「法國禁閉敎會學堂新例」(第3期)와 「論中國議派專使與敎皇訂約事」(第5期)를 발표하였고, 1907년 第2期에 「法國政敎分立新律」과 「法國政敎分立新律之原因」 그리고 「法國政敎分立新律現今之結果」를 발표하였다.

써서 중국이 교회문제를 해결하는 아주 좋은 시기여서 청 정부가 이번 기회를 이용해야 한다고 주장했다. 『동방잡지』는 「교안을 없애는 기회를 논함」이라는 글에서, 프랑스 정교분리라고 하는 상황을 잘 이용하여 중국 정부가 전문 외교 사절을 로마에 파견하여 교황과 종교 조약을 체결하여 종교와 정치를 분리해야 한다고 주장했다. 논평은 이것이야 말로 교안을 소멸하는 근본적인 해결책이라고 보았다.[24] 이러한 신문 여론은 교황청과의 외교 관계 수립이 중국 교안 문제를 해결하는 보편적 해답이라고 호소하고 있다. 이로 보아 프랑스의 정치·종교의 상관관계와 중국 교회 사무 사이의 관계가 이미 사회적으로 넓은 관심을 불러일으키고 있다는 것을 설명하고 있다.

이러한 관념은 청 정부 내에서도 반영이 되어 청조 관리들도 비슷한 의견을 제기하였다. 1905년 4월에 판리상약사무대신(辦理商約事務大臣) 여해환(呂海寰)은 교무(敎務)가 외교와 관련되어 있어 각국 정부가 교무의 교섭에 연루되어 이를 해결해야 한다면서 다음과 같이 상주했다.

　　…… 중국 교무의 교섭은 마땅히 정무의 교섭과 무관합니다. 직접 교황과 연락해야 하고 각국에 이용당해서는 안 됩니다. 교무 교섭을 조사해 보니, 그것은 오로지 로마 교황에 속해 있고, 교황이 선교사를 파견하여 각국에 주재하여 선교하게 합니다. 각국과 교황은 상호 외교 사절을 파견하여 교무 교섭을 전담시키고 있습니다. …… 현재 프랑스 정부가 국력을 이용한 종교 보호를 원하지 않으며, 교황청은 이미 프랑스 정부와 단교 상태입니다. 독일 정부가 이 기회를 이용하여 프랑스 선교 보호권을 대신하려고 합니다. 즉시 사절을 로마에 파견해 교황과 조약을 맺어야 합니다. 혹은 이탈리아 주재 사신을 파견하여 상의하여 결정하도록 하고, 각 종교의 교규(敎規)와 각국의 교율(敎律)을 약장(約章)에 상세히 기술하여, 중대한 교안을 만나면 전문 사절이 근방에서 교황과 직접 의결할 수 있도록

---

24) 「論消釋敎案之機會」, 『東方雜誌』 第7期(宗敎), 上海: 商務印書館, 1907, 15~16쪽.

합니다. 이렇게 되면 선교사는 세력에 기대어 남을 협박할 수가 없으며, 각국이 일을 빌미로 사태를 일으킬 수가 없고, 교인 또한 감히 세력에 기대어 일을 일으킬 수가 없게 됩니다. 혹, 각국이 교무에 관여하면 교율(敎律)에 따라 시비를 낱낱이 밝히고 공정하게 처리하면 보호를 이유로 일이 발생하는 것을 막을 수 있습니다. 좋은 기회를 이용하면 실제로 전반적인 정세에 이익이 있습니다. 외무부에게 명령을 내려 이를 의논하여 시행하도록 청합니다.25)

　여해환은 프랑스와 교황청의 외교 관계 단절의 사실을 알고, 이 기회를 이용하여 교황청과 외교 관계 수립의 재계획을 건의했다. 그는 교황과 조약을 맺는 것만이 각국이 교무의 이유로 관여하는 것을 방지할 수 있다고 했다. 청조는 이에 대해 큰 반응을 보이지 않았다. 그날 바로 "외무부가 조사하여 처리하도록 하라"26)는 주비(硃批)만이 있을 뿐이었다. 이것은 이미 외무부에서 장식성의 상주에 대한 답변으로 교황청과의 외교 관계 수립에 대해 별 의미를 부여하지 않았기 때문이었다. 이후 교황청과의 외교 관계 수립에 대한 청조의 시도는 보이지 않는다.

　청조는 첫 번째 외교 관계 수립 실패 이후 교황청과 몇 차례 접촉을 했지만 결국 성공하지 못한 원인은 프랑스 정부의 방해도 있었지만, 청조 스스로도 당시 국제사회에서 교황청이 어떠한 역할과 위치를 가지고 있는가에 대한 인식을 하고 있었기 때문에 교황청과의 외교 관계 수립에 전력하지 않았던 것이다. 청조의 이러한 견해는 당시 중국 사회에서 교황청과의 외교 관계 수립에 대해 이미 명확한 두 가지 의견이 있음을 증명하고 있다.

　청조와 교황청의 관계에 대해 중대한 영향을 미쳤던 교황 레오 13

---

25) 「辦理商約事務大臣呂海寰奏爲請飭外務部簡專使與羅馬敎皇議訂敎約片」(光緒31年 3月8日), 『淸末敎案』 第3册, 747~748쪽.
26) 「辦理商約事務大臣呂海寰奏爲請飭外務部簡專使與羅馬敎皇議訂敎約片」(光緒31年 3月8日), 『淸末敎案』 第3册, 748쪽.

세가 1903년에 선종했다. 『외교보』는 「교황의 서거에 대한 잠언」의
평론을 발표하여 중국의 교회 사무에 대해 지적하기를, 국내 교회 문
제에 대해 몇 가지 해결 방안이 제기되고 있는데, 그 중 로마에 사절
을 파견하여 교황과 직접 교섭하는 것은 결코 좋은 방책이 아니라고
주장했다. 그 이유는 "현재 우리의 교안은 정가(政家)의 일에 속하고,
교가(敎家)에 속하지 않으니 교황과 상관이 없다. 반드시 다른 해를
기다려 치외법권을 회수해야 하며, 진정한 종교의 문제를 위해서는 로
마에 사절을 파견하여 그 일을 전담시킨다"27)라고 하였다. 『외교보』
는 교안 문제의 가장 핵심적인 부분은 바로 불평등조약 중의 치외법권
이며, 이를 해결하는 것이 가장 상책이며, 그 다음으로 순수 종교 문제
를 협의하기 위해 교황에 사절을 파견해야 한다고 주장한 것인데, 종
교적인 문제가 국제 조약에 삽입된 것을 비판하며 이를 시급히 해결해
야만 교안을 해결할 수 있다고 본 것이다.

　여하튼 당시 교황청과 외교 관계 수립의 계획에 대한 여해환의 상
주 내용이 바로 『동방잡지』를 통해 다음과 같이 공론화되었다.

> …… 외교의 일은 기회가 왔을 때 잡아야 한다. 한 순간의 시기는 다시
> 되돌리기 불가하다. 현재 교황청에 전문 사절을 파견하는 일이 바로 그것
> 이다. 본보(本報)에 들리는 전일(前日) 정계(政界)의 얘기로는, 상서(尙書)
> 여해환이 각성의 교안에 대한 해결책으로 로마에 사절을 파견하여 교황을
> 알현하여 새로운 조약에 대해 의논하는 문제에 대해 주청한 것이 들린다.
> 이것은 타당한 말이라고 생각된다. 듣건대, 이미 이 안건은 외무부로 전해
> 져 심사 중이라고 한다. 외무부 당국이 이번 일의 유익한 것에 대해 고찰
> 하지 않을까 염려가 된다. …… 로마 교황의 권력은 유럽 중세 시대에 세
> 력이 극성이었고, 열국(列國)이 모두 교황의 명령을 받들었다. 외교 정치
> 상에서 교황의 말에 의지하는데, 그 권력의 범위는 본디 종교에 국한되지
> 않았다. 그러나 이탈리아가 나폴레옹 3세에게 패배한 후에 그 세력이 쇠락
> 했다. 하지만 그 존명(尊名)은 예전과 같고, 종교 교파의 전권을 장악하는

---

27) 「敎皇病逝箴言」, 『外交報』 第51期, 上海: 商務印書館, 1903, 2~3쪽.

것이 또한 예전과 같다. 열국의 수도에는 교황이 파견하여 주재한 전문 사절이 모두 있어 이들은 모든 교무를 관할한다. 어찌 종교계에 대한 교황의 주권이 완전무결하지 않다고 하겠는가. 이에 작년에 갑자기 교황청이 프랑스 정부와 충돌하여 외교 관계를 단절하였다. …… 이번 일은 중국과 무관하며, 실로 중국을 위해 교안을 간접적으로 억제할 수 있는 일대 기회이다. 프랑스 정부가 비록 종교계와 오랫동안 사이가 좋지 않지만, 동방의 선교사에 대해서는 외교 정책의 이유로 종교 보호의 마음을 바꾸지 않고 있다. 교황은 이러한 이유로 인해 프랑스인이 스스로 관할하고 타국가가 관여하는 것을 원하지 않고 있는 것에 비통해 하고 있다. …… 전문 사절을 로마에 파견해 교황과 직접 협의하여 선교 통례(通例)를 체결해야 한다. 그런 후에 교황청은 각국에 이를 알리고 이에 따라 행한다. 그렇게 되면 종교 교섭은 국제 교섭의 문제와는 관련이 없어지게 된다. …… 생각건대 상서 여해환의 원주(原奏)에는 이러한 말이 있을 것이다.28)

『동방잡지』는 교안에 대한 해결책으로서 여해환이 제기한 로마로의 사절 파견과 교황과의 교무 조약의 체결이 현재로서는 가장 효과적인 방법이라고 평론하였다. 그리고 그 시기는 바로 프랑스와 교황청이 외교 관계를 단절한 지금이 가장 적기라고 주장했다. 따라서 『동방잡지』는 여해환이 건의한 교황청으로의 사절 파견 문제를 외무부가 적극적으로 수용하기를 요구하였다.

프랑스와 교황청의 외교 관계 단절 이후 1905년 12월 9일 프랑스 국회는 정교분리의 법안을 통과시키고, 교회재산을 몰수하였고, 매년 교회에 지급한 보조금을 정지시켰다.29) 이후 1906년 1월에 주중 프랑스 공사는 중국 정부에게 프랑스 교회와 국가와의 분리 원칙에 근거하여 주중 프랑스 공사관은 단지 프랑스 선교사와 관련된 업무를 처리할 것이며, 기타 국가의 선교사는 선교사와 관련된 국가의 공사관에서 처리할 것이라고 했다.30) 사실상 중국에서의 '모든' 천주교 선교사에 대

---

28) 「論中國議派專使與教皇訂約事」, 『東方雜誌』 第5期(宗教), 1905, 24~26쪽.
29) 羅光, 1984, 『教廷與中國使節史』, 臺北: 傳記文學出版社, 213쪽.

한 프랑스 선교 보호권은 이때에 실질적으로 폐지됐다고 볼 수 있다.

여해환은 이 기회를 이용하여 재차 교황청과의 외교 관계 수립을 건의했다. 그는 먼저 각국의 교규와 교율을 고찰하여 전문적 조약을 체결할 것을 요구했다. 본인이 독일에 사신으로 파견되었을 때 교회 사무에 대해 많은 관심을 가졌고, 몇 년 전에 체결된 영국·미국 등과의 통상조약에 교회 단속에 대한 내용을 기재했으며, 1년 전에는 로마에 사신을 파견하여 교황과 전문적인 교회 사무와 관련된 조약을 맺어야 한다는 상주를 올렸음을 밝히고 있다. 그는 현재 프랑스 정부가 이미 교회 보호의 권리를 회수하고 교회의 재산을 국가로 귀납하며, 모든 성직자는 프랑스 정부에게 보조금을 받으며, 교안과 같은 것은 프랑스가 보호하는 예에 넣지 않는다는 사실을 알렸다. 그러나 남창교안(南昌敎案)의 예를 들면서, 프랑스가 중국에서 여전히 그들의 선교 보호권을 행사하고 있는 사실을 전하고 있다.31)

그는 프랑스가 현재 정교분리를 했기 때문에 이 기회를 이용하여 프랑스 공사에게 청조가 교황청과 직접 교안에 대해 협상을 해야 하는지 물어볼 것을 얘기했고, 프랑스가 계속 조약에 따라 선교 보호권을 유지하려 한다면 선교와 관련된 조약 개정을 할 것이라는 성명을 발표하라고 했다. 그는 각국 공례(公例)를 조사해 보니, 통상조약에는 본래 선교 보호를 넣지 않는 것이라고 했다. 따라서 그는 이 기회를 잡아 조약 개정을 주청했던 것이다.32)

그는 이후에 다시 통상조약의 개정을 하게 되면, 선교 조항을 삭제하고 별도로 교무 장정을 제정해야 한다고 했다. 여해환이 비록 명확

---

30) 舍英曼(M. M. Шейнман) 著, 黑龍江大學俄語系飜譯組 譯, 1982,『梵蒂岡史: 十九世紀末和二十世紀初時期』, 哈爾濱: 黑龍江人民出版社, 598쪽 註1.

31)「辦理商約事務大臣呂海寰奏爲敎案要索日甚宜考察各國敎規敎律會訂專約摺」(光緒32年 3月4日),『淸末敎案』第3冊, 833쪽.

32)「辦理商約事務大臣呂海寰奏爲敎案要索日甚宜考察各國敎規敎律會訂專約摺」(光緒32年 3月4日),『淸末敎案』第3冊, 834쪽.

한 교무 장정을 제출하지 않았지만, 그는 계속해서 선교 업무는 기타 외교 업무와는 서로 분리해야 한다고 주장했다. 이렇게 하는 것이 바로 교회가 치외법권의 보호를 받지 않게 되며, 중국 교안을 막는 관건이라고 생각했다. 여해환은 1902년 이후 각국과 조약 수정에 대해 협상할 때도 이러한 희망을 가졌다. 그러나 영국은 단지 조약 중에 '교무를 조사할 수 있는' 조항에 동의했고,33) 미국은 단지 조약 중에 간단한 교회 단속의 방법을 넣는데 동의했을 뿐이었다.34) 또한 여해환은 교황청에서 파견된 관리가 사퇴하면 중국이 직접 교무를 관리하는 것을 준비해야 한다고 했다. 그는 일본의 예를 들면서, 메이지(明治) 초기에는 서양 각국과 교안에 관련된 교섭이 많았는데, 후에 교황이 교무를 관리하는 교무관(敎務官)을 파견해 교안을 전문적으로 처리하여 민교(民敎)가 안정되기 시작했다고 말했다. 1898년부터 치외법권을 회수했을 때 교무관이 로마로 철수했는데, 이러한 모든 방법이 효과를 거두었으니 이를 모방해도 무방하다고 했다.35) 여해환은 우선 외교 관계 수립이 불가하다면 교무 처리만 하는 교황 사절을 요청하고, 교무가 안정되면 교황 사절을 로마로 돌려보낼 계획을 생각했던 것 같다.

여해환은 설사 일본의 방법을 따르지 않는다고 하더라도 터키[당시로는 오스만 투르크 제국을 말함]의 방법을 따르면 된다고 주장했고, 아울러 그날 이를 위해 또 다른 상주를 올렸다. 그는 이 상주문에 터키와 교황청 사이의 사절 파견에 대해 진술하며, 전문 조항을 따로 체결하여 국내 교안을 해결하는 방법으로 상세히 8개의 조항으로 된

---

33) 王鐵崖 編, 1957, 『中外舊約章彙編』 第2冊, 北京: 三聯書店, 109쪽.

34) 『中外舊約章彙編』 第2冊, 187~188쪽. 1902년과 1903년에 여해환이 성선회(盛宣懷), 그리고 장지동(張之洞) 등과 책임을 맡아 영국·미국과 협상한 조약에 대한 자세한 내용은 최병욱, 2008, 「近代 中國 不平等條約 중의 基督敎 관련 조항의 의미」, 『中國近現代史硏究』 37, 18~20쪽 참조.

35) 「辦理商約事務大臣呂海寰奏爲敎案要索日甚宜考察各國敎規敎律會訂專約摺」(光緖32年 3月4日), 『淸末敎案』 第3冊, 834쪽.

<터키와 교황이 체결한 조항>을 옮겨 적었다.36) 또한 1906년 6월에 절강(浙江) 영소태도(寧紹台道) 도원(道員) 세증(世增)도 광서제에게 상주하여 사절을 파견해 교황과 직접적인 관계를 맺어 중국에서 천주교 선교 업무가 프랑스의 속박에서 벗어나 정상적인 활동을 할 수 있기를 건의했다.

　　개신교는 여러 교파로 나뉘어져 있어 권력이 약합니다. 오로지 천주교만이 프랑스가 보호를 하고 있습니다. 일단 사건이 일어나면 중국 교인은 서양 선교사를 비호로 하고, 서양 선교사는 공사나 영사를 끼어들게 하여 사건을 크게 벌입니다. 국제 공법에 의하면 공사는 외교를 다루고, 영사는 상민(商民)을 보호하고, 종교적 자유와는 전혀 관련되어 있지 않습니다. 선교를 조약문에 삽입한 것은 잘못된 것입니다. 작년에 프랑스는 교황청과 외교를 단절하여 교권(敎權)이 제한됐고, 또한 중국에게 단지 자국의 천주교 선교사만 보호할 것이라고 알렸습니다. 이 기회를 잘 이용하여 프랑스와 종교적 법률을 정하면 교권을 감소시킬 수 있습니다. 현재 프랑스에게 조약 개정 협상을 재촉하여 그들의 이익을 감소시켜 교무의 피해를

---

36) 「辦理商約事務大臣呂海寰奏陳土耳其與敎皇商訂敎務條款片」(光緒32年 3月 4日),『淸末敎案』第3冊, 835~836쪽. 터키와 교황청이 체결한 8가지 조항을 정리하면 다음과 같다. 1조: 모든 교무는 터키 주재 교황 사절이 맡아서 처리한다. 2조: 교황은 대주교 1명을 터키에 사절로 파견하여 상주시키며, 모든 예우는 서양 각국 공사와 마찬가지로 대우한다. 3조: 지방 관리와 주교, 신부가 사건을 교섭할 때에는 교황 공사와 터키 외무대신이 상의하여 정한 방법에 따른다. 4조: 모든 교무 안건은 지방관이 주교와 회동하여 상의, 처리한다. 5조: 선교는 권선(勸善)을 근본으로 한다. 교안이 발생하면 터키 관리는 공평하게 처리한다. 6조: 터키 외무대신 및 지방 관리는 교황 공사·주교·선교사를 예를 갖춰 우대한다. 7조: 프랑스는 여태껏 종교 보호의 권리가 있었는데, 조약에 기재되어 있어 아직 폐기하지 않았다. 지금 교황이 비록 사절을 파견했지만, 여전히 프랑스 보호의 권리를 폐기하지 않는다고 성명을 내었다. 교무 안건이 일어나면 외무부와 교황 사절이 협상할 수 없거나 혹은 의견이 부합되지 않으면 프랑스 공사와 회동하여 처리하도록 요청한다. 교황 사절과 외무부가 정한 장정은 그 전체의 상황을 프랑스 공사에게 알려야 한다. 8조: 해결되지 않은 각지 교안은 다시 조사하여 1년 내에 모두 처리하도록 한다.

줄어야 합니다.[37]

　아울러 그는 교무를 정돈할 첫 번째 방법으로 프랑스의 속박에서 벗어나 교황과 직접적으로 일을 처리해야 한다고 주장했다. 그는 광서 22년에 총리아문이 진기장의 상주문에 대한 반박 상주문을 근거로 들면서 교적(敎籍)에 대해서는 너무 걱정할 필요가 없다고 했다. 그는 서양과 교황이 직접적인 외교 관계를 맺고 있지만, 그 백성들은 여전히 본국에 소속돼 있으며 교적에 예속돼 있지 않으니 교황과 직접적인 외교 관계를 맺어도 문제될 것이 없으며, 현재로서 최선의 방법이라고 했다. 프랑스 사람이 이를 허락하지 않고 있지만 중국 입장에서는 끈기를 가지고 이를 견지할 것을 요구했다.[38] 이러한 주장은 그가 이전에 총리아문이 교황청과 외교 관계를 맺으면 중국 교인이 교황청 소속이 될 것을 우려했던 것에 대한 설명으로 보인다.

　1901년 이후 청조의 또 다른 관원이 장식성·여해환과 같은 상서를 올려 교황청과 연락하여 공동으로 중국의 천주교회 업무 관리를 건의하였다. 그는 바로 산서도 감찰어사(山西道 監察御使) 장서음(張瑞蔭)이었다. 그는 1906년 3월 13일, 즉 여해환이 제2차 상서를 하던 15일 전에 상주문을 올렸다. 그는 백성이 우매하여 교안이 여전히 많이 발생하고 있는데, 각국의 공례에 따라 전문적인 사절을 로마에 파견하여 교황과 직접 교섭을 담당하게 하면 분쟁이 가라앉을 것이라며 다음과 같이 자신의 의견을 피력했다.

　　…… 경자년(更子年) 이래 교안의 풍조가 적어졌지만, 근래에 또 각성에서 자주 나타나는데, 강서(江西)가 가장 심합니다. 외국의 종교가 중국

---

37)「浙江巡撫張曾敭奏道員世增條陳整頓教務繕具清單據情代奏摺」(光緒32年 4月26日),『淸末敎案』第3册, 871쪽.

38)「浙江巡撫張曾敭奏道員世增條陳整頓教務繕具清單據情代奏摺」(光緒32年 4月26日) 附件「浙江洋務局道員世增所擬整頓教務清單」,『淸末敎案』第3册, 872쪽.

에 많이 전래되었는데, 천주교와 개신교 두 종파가 가장 많습니다. 그리고 그 중 사건을 많이 일으키는 종교는 십중팔구는 천주교입니다. …… 각국은 모두 로마에 사절이 있어 교황과 직접 교섭을 하는데, 중국은 그렇지 못합니다. 한 국가의 선교사가 일이 발생하면 그 국가가 즉시 그를 도와 세력을 확장하려고 합니다. 만국이 공인한 교무 교섭이 중국에 대해서는 국제 교섭으로 갑자기 바뀌어 작은 문제가 큰 문제로 비화됩니다. 이러한 폐단을 바꾸기 위해 사절을 파견하여 로마에 상주시켜 교황과 교무 규칙에 대해 논의해야 합니다. 그러나 강서의 교안은 이미 국제 교섭이 되었고, 이로 인해 사절을 파견하면 이미 교무 교섭이 되기는 불가능합니다. 일이 진정이 된 후에 침착하게 처리하고 다음에는 교무로 처리해야 합니다. …… 근래 교황의 세력이 약해져서 역할을 제대로 할 수 없습니다. 교황이 비록 각국의 권한을 통제할 수 없지만 아직도 여전히 선교사의 권한을 단속할 수는 있습니다. 만약 교황이 조금도 권력이 없다면 각국 또한 사절을 파견하지는 않을 것입니다.[39]

장서음이 제출한 건의와 그가 진술한 이유는 장식성·여해환 등과 대체적으로 서로 같다. 장식성·여해환·장서음 등은 모두 청 정부에게 로마와 연락하여 공동으로 중국 교무를 처리하도록 상주했고, 아울러 여해환·장식성 두 사람의 상주는 거의 동시에 일어났다. 이러한 현상은 신정(新政) 이후 청 정부 내부에도 사회상의 신문 여론과 마찬가지로 프랑스 정교관계의 변화에 관심이 있었고, 확실히 중국의 교회 사무에도 관심이 있었다는 것을 설명해주고 있다.

이와 같이 청말 청조의 몇몇 관리들이 이전과는 변화된 국제 정세를 이용하면서 프랑스의 선교 보호권을 배제하고, 교안을 해결하기 위해 교황청과 직접적인 외교 관계의 수립을 다시 한 번 주문했던 것이다. 그러나 청조의 관리들이 주청한 교황청과의 외교 관계 수립 건의는 별다른 논의 없이 청조에서는 시도되지 못하고 말았다. 의화단 사

---

39) 「御史張瑞蔭奏陳敎案滋多請仿各國公例與敎皇辦理摺」(光緒32年 2月19日), 『淸末敎案』 第3册, 824쪽.

건 이후 교안에 대한 청조의 적극적인 대처와 방비, 그리고 열강과 개선된 교무처리 협상 체결, 또한 프랑스의 '모든' 천주교 선교사에 대한 선교 보호권의 폐지로 인해 교인·비교인 사이의 충돌도 점차 감소되었다. 이러한 형세 아래 청조는 교황청과 외교 관계를 수립하여 교황 사절이 파견되어 천주교 선교 업무를 지도하고 단속하는 것이 그리 절박하지 않아 보였던 것이다.

4. 교황청과의 외교 관계 수립의 의도

아편전쟁 이후 중국에서 천주교와 관련된 문제의 발생은 중국 사회뿐만 아니라 외교적 문제로 비화될 정도로 심각한 문제였다. 특히 프랑스의 선교 보호권으로 인해 많은 문제점이 발생하였다. 이에 따라 청조는 프랑스 선교 보호권 아래 있는 선교사의 부당행위를 제약하고 교안 문제의 해결 방법으로 교황청과의 외교 관계 수립을 계획하게 되었다. 교황청 역시 포르투갈의 보호권 폐지 이후 지속적으로 중국에 교계제도의 건립을 계획하며 중국 천주교를 직접 관할하고자 노력했다. 이러한 양측의 노력은 1880년대 이홍장의 주도 아래 청조와 교황청의 외교 관계 수립에 대한 직접적인 교섭으로 이어졌다. 결국 프랑스의 간섭 때문에 청조와 교황청 사이의 외교 관계 수립은 이루어지지 못했으나, 이후 이러한 교섭의 여파와 국제환경의 변화에 따라 청조 관리들은 청 정부에 적극적으로 청·교황청의 외교 관계 수립을 제기하게 되었다.

20세기에 들어서서 청조 관리들은 이전보다 더욱 구체적으로 교안 문제의 해결로서 교황청과의 외교 관계 수립을 제안하기 시작했다. 이러한 현상은 의화단 사건으로 나타난 대규모의 반그리스도교 운동이 중국 사회와 외교 관계에 미치는 심각한 영향을 고려하여 이를 적극적으로 개선하고자 신정 이후 나타난 모습이라고 할 수 있다. 교황청과의 외교 관계를 수립하여 중국 천주교를 정상적으로 발전시키고자, 이들 관리들은 프랑스의 정교분리 등 국제관계의 변화에 대응하여 이 기회를 청 정부가 적극적으로 이용할 것을 주문하였다. 또한 일부 관리는 이러한 논의를 통해 선교와 통상을 분리하여 별도의 교무장정을 제정해야 한다고 주장했고, 그것이야말로 교회가 치외법권의 보호를 받지 않게 하는 것이며, 중국 교안을 막는 관건이라고 생각했다. 이렇게 일부 청조 관리들은 당시 교안 문제 해결을 위한 교황청과의 외교 관계에 대한 모색을 통해 국제관계 속에서의 중국 천주교를 파악하고자 노력했으며, 교황청과의 외교 관계 수립의 한계점을 인식하면서 조약 개정을 통해 선교 문제를 정치와 분리하고자 노력했다. 또한 교황청과의 외교 관계 수립에 대한 논의를 통해 중국 천주교의 자립화를 꾀하려는 움직임도 있었다. 비록 청 정부에서 천주교를 감시하는 한계가 있지만, 기존의 계획과는 전혀 다른 중국 교회의 자립화에 대한 문제를 제기한 것은 중국 사회 내에서 천주교를 '양인(洋人)'의 종교가 아닌 스스로의 종교로 만들고자 했던 최초의 시도라 할 수 있다.

청조 관리들의 이러한 건의는 사회 여론을 대표하는 신문에도 소개되었고, 당시 『외교보』나 『동방잡지』와 같은 신문은 급변하는 프랑스와 교황청과의 관계를 자세히 소개하면서 청조 관리들의 주장에 적극적으로 동의하였다. 또한 이들 신문은 당시 청조와 교황청과의 외교 관계 수립에 대한 주장을 통해, 프랑스 선교 보호권에 대한 비판과 불평등조약 중의 치외법권이 교안 문제의 가장 핵심적인 부분이라며 비판하였다. 종교적인 문제가 국제 조약에 삽입된 것을 비판하며 이를 시급히 해결해야만 교안을 해결할 수 있다고 보았다. 이러한 문제를 해결한 뒤에 순수한 종교 문제를 협의하기 위해 교황에 사절을 파견해야 한다고 주장했다.

이렇게 청조 관리들의 건의와 신문의 호응에도 불구하고 청 정부는 이홍장의 시도 이후 적극적으로 교황청과 외교 관계를 수립하려는 의지를 보이지 않았다. 그렇다면 청 정부가 적극적으로 이를 시행하려고 하지 않은 이유는 무엇인가. 그 첫 번째 이유는 중국에서 선교 보호권을 계속 유지하고자 한 프랑스의 간섭 때문이었다. 20세기에 들어서서 프랑스 정교관계에 비록 변화가 발생했지만, 프랑스는 중국 천주교 사무에 대한 간섭을 버리지 않았다. 청 정부가 프랑스를 배제하고 교황청과 외교 관계를 수립했다면 프랑스는 결코 좌시하지 않았을 것이다. 사실 이러한 문제는 민국(民國) 시기에도 그러하였다. 민국 시기에 중국 정부가 교황청과 외교 관계에 대해 논의하고자 할 때 여전히 프랑스의 방해를 받았다.40) 1920년대에 들어와서야 비로소 교황청은 교황 사절 첼소 코스탄티니를 중국에 파견하여 외교 관계 수립의 첫 발걸음을 시도했다. 한편으로, 청조의 외교 사무를 주관하던 혁광(奕劻)의 정치적 안목의 부족을 또 하나의 요인으로 들 수 있겠다. 비록 청조 관리들 사이에서 교황청과의 외교 관계 수립 요구의 소리가 높았고, 입안한 방안도 우수했지만, 그는 부정적인 효과만을 부각시키며 적극적으로 이 문제를 고려하지 않았다.

청 정부가 외교 관계 수립에 적극적으로 나서지 않았던 또 다른 요인은 교인·비교인 사이의 모순이 완화되어 교황청과 외교 관계를 수립하라는 청조 관리들의 요구가 청조 입장에서는 그렇게 긴박하게 느끼지 않았기 때문이었다. 청 정부가 교황청과 외교 관계를 맺고자 한 목적은 프랑스의 간섭을 배제하고 중국 천주교의 활동을 제약하고 규

---

40) 1차 세계대전 시기 중국은 산동(山東) 문제에 대한 지지를 얻기 위해 적극적인 외교 활동을 전개했는데, 교황청과는 1917년에 사절 파견 문제를 계획했다. 교황청 역시 1918년에 중국과 외교 관계 수립 계획을 결정하고 내부적으로 주중 공사에 대한 인선을 마쳤다. 그러나 프랑스의 항의를 받아 결국 두 정부의 계획은 수포로 돌아가고 말았다(羅光, 1984, 206~214쪽). 당시 프랑스는 교황청이 독일과 오스트리아가 연관된 것에 대해 이를 반대한다고 했으나, 프랑스가 진정으로 반대한 것은 중국에서 자국의 선교 보호권을 포기하지 않으려는 것이었다.

범화하려는 것이었다. 그러나 의화단 사건 이후 교회는 스스로 선교 활동 중에 나타난 여러 가지 문제점을 검토하고 시정하기 시작했다. 중국 입장에서는, 비록 조약에서 강요하기는 했지만, 신사층이나 일반 민중들 모두 이제는 교회가 중국에 존재한다는 사실을 승인하고 무분별한 반그리스도교 행위를 자제해야만 했다. 이러한 환경 아래 청조는 교황청과 외교 관계를 수립하여 천주교 선교 업무를 지도하고 단속하는 것이 그리 절박하지 않아 보였다. 결국 교안 문제의 해결책으로써의 외교 관계의 수립이었기 때문에 그것이 점차 완화되자 굳이 교황청과의 외교 관계 수립의 필요를 느끼지 못했던 것이다. 왜냐하면 교황청과의 외교 관계를 수립하면 중국 천주교인이 교황청의 소속이 될 것이라고 생각하여 청조의 관할 아래에서 통제할 수가 없기 때문에 그럴 필요가 없었던 것이다.

청말 청조와 교황청의 외교 관계 수립에 대한 상황은 현재 중국의 경우와 유사하다. 현재 중국 정부는 공식적으로는 교황청과의 외교 관계 개선에 관심을 가지고 있다고 말하면서도 교황청이 중국 천주교회의 방침들을 존중해야 한다고 주장한다. 사실 중국 정부는 중국 천주교인들이 외부 세력에 대해 충성을 서약하도록 내버려 둘 수 없다. 왜냐하면 모든 천주교 성직자는 교황에 순종을 맹세하기 때문이고, 그것은 중국 정부에 대한 내정간섭으로 이어진다고 생각하기 때문이다. 또한 현재 중국은 '하나의 중국'(One China)을 강조하고 있다. 따라서 중국은 교황청에 대해 중국 본토와 외교 관계의 정상화를 꾀하기 전에 우선적으로 대만 정부와의 외교 관계를 단절해야 한다고 말하고 있다. 과거 19세기 말에서 20세기 초에 진행되었던 교황청과의 외교 관계 수립의 목적이 교안 문제의 해결책으로써의 한 수단이었다면 현재 중국이 교황청과의 외교 관계 수립을 고려하려는 목적은 대만을 외교적으로 고립시키려는 외교 수단으로서의 한 방책이라고 생각해 볼 수 있다.

제3장 20세기 중국과 교황청 외교 관계의 재조명

1. 대만과의 단교 vs 교황의 중국 주교 서품

2014년 8월 프란치스코 교황이 한국을 방문할 때 중국 정부는 교황을 태운 항공기가 중국 영공을 지나가도록 허락했다. 교황은 이에 대해 시진핑 주석과 중국인에게 평화와 번영을 위한 하느님의 축복을 기원하는 메시지를 보냈으며, 중국 외교부는 교황청과의 대화를 통해 외교 관계의 개선을 희망한다고 답했다. 중국과 교황청과의 해빙 무드가 현재까지도 지속되면서 양측이 외교 관계를 맺을 것이라는 소식이 매년 매스컴을 타고 있다. 최근 중국과 교황청의 직접적인 관계개선의 징후가 나타나고 있다. 양측은 2018년 9월 북경에서 '주교 임명에 관한 잠정 합의문'에 서명했다. 중국이 교황을 세계 천주교의 수장으로 인정하는 대신 교황은 중국 정부가 교황의 승인을 받지 않고 임명한 주교 7명을 승인하기로 합의했다. 이후 2019년 8월 중국과 교황청이 공동으로 승인한 첫 주교들이 임명되었다. 그러나 지난 반세기 넘게 냉랭했던 중국과 교황청의 관계가 외교 관계의 수립으로 진행될 것인지는 여전히 의문점이다.

중국은 1951년 외국인 성직자들을 추방하고 교황청과 외교 관계를 단절한 상태이다. 현재 중국은 '하나의 중국'을 강조하고 있다. 따라서 중국은 교황청에 대해 외교 관계의 정상화를 꾀하기 전에 우선적으로 대만과 외교 관계를 단절해야 한다고 말하고 있다. 또한 교황의 중국

주교 서품은 중국 정부가 내정 간섭으로 생각하기 때문에 외교 관계 수립에 걸림돌이 되고 있다. 이에 따라 중국이나 교황청 모두 자국의 현재 상황에 따라 상호 외교 관계에 대한 실익을 모색하고 있는 실정이다. 중국과 교황청의 외교 관계 수립 노력은 19세기 말부터 중국 정부와 교황청 사이에 계속적으로 진행되었던 것이지만, 중국에서 천주교 선교 보호권을 유지하려는 프랑스의 방해로 이루어지지 못하다가 1940년대 이후에야 공식적으로 중국과 교황청 사이의 외교 관계가 수립되었다. 그러나 중화인민공화국 성립 이후 쌍방은 단절의 역사를 밟아왔다.

2002년 대만에서는 중국과 교황청 외교 관계 수립 60주년을 기념하여 학술대회를 열어 양국 간 외교 관계를 조명한 바 있다.1) 이와 더불어 대만 보인대학(輔仁大學)에서 편찬된『중범외교관계육십년사료휘편(中梵外交關係六十年史料彙編)』이 발간되면서 1942년에서 2002년 시기의 중국과 교황청의 외교 관계의 사료를 중심으로 한 연구가 점차 진행되고 있다.2) 중국에서는 아직『중범외교관계육십년사료휘편』을 중심으로 나온 연구가 거의 없으며 정치적 논설 위주의 몇몇 연구가 있다.3)

여기에서는『중범외교관계육십년사료휘편』을 중심으로 중국과 교황청의 대립과 대화의 역사를 살펴볼 것이다. 특히 교황청이 대만의 천주교를 어떻게 바라보고 있는가를 살펴보면서 중국과 교황청의 외교 관계의 모습을 재조명하고자 한다. 이를 위해 먼저, 중국 교황 사절인 코스탄티니가 중국에 파견되는 1922년부터 첫 중국 교황 공사인 리베리가 추방되어 외교 관계가 단절되는 1951년까지의 중국과 교황청 사

---

1) 이에 대해서는 天主教輔仁大學歷史學係, 2002,『中梵外交關係史國際學術研討會論文集』, 臺北: 輔仁大學歷史係 참조.

2) 陳方中·吳俊德, 2002,『中梵外交關係六十年史料彙編』(이하『中梵外交史料』로 약칭), 臺北: 輔仁大學天主教史料研究中心.

3) 李存娜, 2003,「1949年以來中梵關係變化三階段」,『國際資料信息』, 第10期 ; 雷火劍, 2012,「論中梵關係正常化的障碍及其出路」,『雲南社會主義學院學報』, 第3期.

이의 외교 관계에 대해 살펴볼 것이다. 다음으로, 중화인민공화국 성립 이후부터 현재까지의 중국과 교황청 사이의 대립과 대화의 과정을 살펴보고자 한다. 마지막으로는 중국과 교황청 외교 관계의 전망을 고찰하고자 한다.

2. 교황 사절 코스탄티니의 파견에서
리베리 공사의 추방까지

1919년 교황 베네딕도 15세(Benedictus XV, 1914~1922)는 선교 회칙 <막시뭄 일룻>을 선포했다. 이 회칙은 세계 교회에 반포한 것이지만, 얘기하고 있는 문제의 핵심은 주로 중국 교회에 관한 것이다. 이 회칙에 나타난 현지인 사제의 양성 문제, 선교사와 제국주의의 관계 문제를 해결해야 할 첫 번째 단계는 바로 교황 사절을 중국에 파견하는 것이다.

교황 비오 11세(Pius XI, 1922~ 1939)는 베네딕도 15세의 회칙에 의거하여 1922년 코스탄티니(Celso Costantini)를 교황 사절로 중국에 파견하였다. 코스탄티니는 1922년에 교황 사절로 중국에 파견되었지만, 외교적 신분은 없었다. 그의 임무는 중국 공의회를 개최하여 교황 사절이 중국 천주교회를 관리하기 위함이었고, 또 다른 임무는 중국 천주교의 토착화였다. 또한 그의 파견 목적 중 가장 중요한 임무는 바로 중국 천주교를 프랑스 선교 보호권에서 배제시켜 직접적으로 교황청 관할 아래 두려고 했음이다.

교황 베네딕도 15세(재위, 1914~1922)
(출처: 한국교회사연구소)

1959년 5월, 우빈 주교(우측에서 2번째)와 노기남 주교(맨 우측)
(출처 : 한국교회사연구소)

교황 비오 11세는 중국에서 프랑스 선교 보호권을 없애고자 했으며, 그가 파견한 두 명의 교황 사절인 코스탄티니와 자닌(Mario Zanin)은 교황의 정책 집행자였다. 교황청은 이 시기에 중화민국과 준외교 관계를 건립하기 시작했고, 1926년 6명의 중국인 주교를 임명한 이후 점차 중국인 주교를 많이 임명하기 시작했다. 그 중에는 중국 교회의 중요한 인물인 우빈(于斌)4)이 포함되었다.

국민정부에 의한 중국 통일이 현실화되면서, 1928년 교황청은 코스

---

4) 우빈 주교(1901~1978)는 중일전쟁 시기 중국 천주교회의 대표적인 지도자로, 수도인 남경의 주교였다. 1924년 로마에 유학하여 1928년 사제 서품을 받았다. 1936년 남경 대목구장에 임명되었고, 1937년 중일전쟁 발발 이후 유럽과 미주 등을 방문하여 항일전쟁을 선전하고 국제적인 지원을 요청하는 일에 힘썼다. 그는 한국 독립운동에도 많은 관심과 지원을 한 대표적인 중국 지도자였다. 1969년 중국인으로는 두 번째 추기경에 임명되었으며, 한국정부는 그에게 건국훈장을 수여하여 한국독립운동을 지원한 공로를 기리기도 하였다. 이에 대해서는 최기영, 2014, 「우빈(于斌) 주교와 한국독립운동」, 『교회사연구』 44 참조.

탄티니에게 전보를 보내 교황이 중국의 평화를 기원하며, 새로운 국민
정부에 대한 합법적 지위를 지지한다고 하였다.5) 코스탄티니는 1929
년 1월에 장개석(將介石)을 접견하고 외교부장 왕정정(王正廷)과 정교
협약(政敎協約)에 대해 논의하였다. 그 내용은 바로 중국에서의 프랑
스 선교 보호권 폐지에 대한 것이며, 교황청과 중국이 직접 외교 관계
를 수립하는 것이다.6) 후일 공포된 외교문서를 보면 쌍방은 당일 더욱
진전된 외교적 업무에 대해 회담하여 <중·교황청 교약 초안>을 마련
했는데, 그 중 제2항에는 "중국 정부와 교황청은 상호 정식으로 외교
사절을 파견한다. 사후 모든 천주교 업무는 쌍방이 직접 협의하여 처
리한다"는 내용으로 외교 관계 수립에 대한 논의가 있었던 것으로 보
인다.7) 그러나 이 회담 역시 이후 큰 진척은 없었다. 왜냐하면 프랑스
가 국민정부 외교부와 교황청에 강력히 항의했기 때문이었다.

당시 중국의 입장에서 보면 교황청에 대한 외교는 기본적으로 부차
적인 것이다. 중국과 교황청의 관계는 전체 외교 관계 속에서 고려할
수밖에 없다. 당시 국민정부는 국가의 독립과 발전을 위해 중국에서의
열강의 특권을 폐지하고자 했는데, 프랑스 선교 보호권도 그 중의 하
나였다. 당시 외교부에서도 이 점은 명확히 인식하고 있었다. "프랑스
는 자신들의 영향력을 미치기 위해 교회를 앞세우고 선교사를 이용했
는데, 이러한 일은 부지기수이다. 청 왕조 때에도 교황청과 외교 관계
수립 교섭을 했는데, 지금의 국권 운동 때에야말로 교황청과 직접 교
섭에 나서야 한다"8)고 하였다. 그러나 현실적인 형세에서 당시 중국

---

5) 剛恒毅(Celso Costantini), 1978, 『在中國耕耘』(下): 剛恒毅樞機回憶錄』, 臺
   北: 天主敎主徒會, 26~27쪽.
6) 『在中國耕耘(下)』, 83~85쪽.
7) 陳聰銘, 2009, 「1920年代末梵·法在華保敎權之爭－以敎宗駐華代表剛恆毅
   爲中心的討論」, 『中央研究院近代史研究所集刊』 65, 70쪽.
8) 「天主敎會之保護權」(Le Protectorat des Missions Catholiques), 1928年 4月,
   『中梵外交史料』, 56쪽.

의 국력으로 직접 행동에 옮길 수는 없었다. 프랑스가 여전히 중국에서의 천주교 선교 보호권을 포기하지 못하는 상황에서 중국과 교황청의 외교 관계 수립은 단지 서로 얘기만 오갈 뿐이었다.

한편, 중국과 교황청의 조약 체결과 외교 관계의 수립에 대한 코스탄티니의 의지는 이후에도 계속되었지만 그가 건강상의 이유로 중국 교황 사절의 직을 그만둘 때까지 성사되지 못했다. 1933년 2월에 건강상의 이유로 잠시 중국을 떠났으나 그것으로 그의 교황 사절의 임무는 끝나고 말았다. 1933년 11월에 교황에게 사의를 표명했고, 1934년 3월에 신임 교황 사절이 홍콩에 도착할 때까지 실제로 중국에는 교황 사절이 없었다.

코스탄티니가 사직을 결정했을 때 자닌이 2대 중국 교황 사절에 추천되었다.9) 자닌은 1934년 5월 8일에 상해에 도착하여 5월 14일 국민정부 행정원장 겸 외교부장 왕정위(王精衛)와 주석 임삼(林森)을 만났고, 정식 외교 사절과 같은 의례를 받았다. 하지만 여전히 교황 사절이라는 직함을 쓴 것은 프랑스의 압력이 있었기 때문이다. 당시 자닌의 주요 임무는 평신도 사도직 운동인 '공교진행회(公敎進行會)' 조직의 정비였다. 자닌이 중국에 오기 5개월 전에 공교진행회의 총감독 우빈 주교가 이미 교황 사절 공관을 중심으로 하여 각 교구에서 공진회를 조직하였다. 공진회는 특히 애국과 반공을 주장하여 주의를 끌었는데, 이 시기 자냉과 국민정부와의 관계는 매우 양호한 것으로 보였다.10)

---

9) 羅光, 1984, 『敎廷與中國使節史』, 臺北: 傳記文學出版社, 232쪽. 자닌(중국 명; 蔡寧, 1890~1958)은 이탈리아 태생으로 코스탄티니 후임으로 1933년 중국 교황 사절로 임명되어 1934년 3월 중국에 부임하여 수년간 중국 여러 지역을 다니면서 각지의 주교들을 축성하였다. 1946년 리베리 공사가 파견되면서 교황청으로 돌아왔다. 1947년 칠레 대사, 1953년에 아르헨티나 대사에 임명되었으며, 1958년에 선종하였다.

10) 陳方中·汪國維, 2003, 150~151쪽.

그러나 중일전쟁의 시기인 1939년에 교황 사절 자닌의 중립 외교가 중국과 교황청 사이에 외교적 마찰을 불러일으켰다. 1939년 3월 14일에 자닌은 북경에서 <물좌물우(勿左勿右)>라고 하는 공개 서신을 발표하였다. 이 서신에서 자닌은 교회 사무 이외의 다른 일에 관여하지 않을 것임을 천명했는데, 국민정부는 교황 사절이 정부에 대한 지지의 입장을 바꾸었다고 생각했고, 비오 12세(Pius XII, 1939~1958)의 취임식에 프랑스 주재 대사 고유균(顧維鈞)을 파견하여 교황청에 항의하였다.[11] 교황청은 자닝에게 이에 대한 설명을 하도록 훈령을 내렸지만, 그는 매우 충실하게 자신의 정책을 집행하였다.

중국 국민정부는 우빈 주교를 전면에 앞세워 교황청과의 외교 관계를 수립하고자 하였다. 우빈은 중일전쟁 시기에 미국과 유럽으로 돌아다니며 외교 활동을 하였다. 교황청은 당시에도 프랑스의 반대를 고려하여 외교 관계에 대한 명확한 답을 내놓지 못하고 있었다. 또한 비오 11세의 사망과 비오 12세의 등장, 그리고 2차 세계대전이라는 국제질서의 동요 속에서 외교 관계를 추진하기는 사실상 어려웠다. 그럼에도 불구하고 우빈 주교의 막후 조정 속에서 국민정부의 특사 혹은 장개석의 개인 특사 자격으로 사절이 교황청에 파견되도록 노력했다.

1940년 프랑스가 독일에 투항하자 결과적으로 국민정부는 교황청과 외교 관계 수립을 적극적으로 개시하였다. 1942년 6월, 영국과 미국의 압력 하에 교황청은 전시의 국민정부가 사절을 파견하는 것에 동의했다. 그러나 교황청은 여전히 비공식의 교황 대표인 자닌의 신분을 바꾸지 않고 북경에 주재하는 것을 유지했다. 교황청의 이러한 방법은 자닌이 외교관 신분이 아니기 때문에 중경(重慶) 국민정부와 남경(南京) 친일정부 사이의 쟁탈에서 외교적 마찰을 피할 수 있음을 의미한다. 이것은 일본과 교황청의 관계에서도 마찬가지였다.[12] 국민정부는

---

11) 陳方中·汪國維, 2003, 159~161쪽.
12) 후에 교황청의 설명에 의하면, 중국의 일본 점령 지역의 천주교 신자들의 안

6월 9일에 정식으로 스위스 주재 대리공사 사수강(謝壽康)을 교황청의 첫 공사로 임명한다고 발표했다.

사실 교황청은 전시에 정식으로 중국에 사절 파견을 원하지 않았던 것으로 보인다. 사수강이 전시 중에 어렵게 로마에 도착한 때는 1943년 1월이었지만, 2월 25일에야 국서를 교황에게 전달할 수 있었다. 교황청은 중국과의 외교 관계 수립 사실을 조용히 처리하기를 원하여 이러한 일들이 <로마관찰보>(羅馬觀察報, L'Osservatore Romano)에 실리지는 않았다.[13]

이러한 일로 국민정부는 불쾌감을 느꼈을 것이다. 중국이 전후에 세계 외교의 전면에 등장했을 때 교황청과의 외교 관계 수립을 찬성했지만, 대사를 파견할 필요가 없다는 외교부 관원의 생각은 과거 중일전쟁 시기 교황청의 외교정책에 대한 반감에서 나온 것으로 볼 수 있다.[14] 당시 중국 외교부에서도 이러한 입장에는 공감했지만 교황청에서도 이미 중국에 공사관을 설치할 계획이며, 첫 번째 주중 교황 공사로 리베리(Antonio Riberi, 黎培理) 대주교를 임명하는 등 상호 외교 사절에 대한 의견에는 이견이 없다고 하였다.[15]

사실 비오 12세 시기 교황청의 외교정책은 평화 추구였다. 이는 중국과의 관계에서도 예외는 아니었다. 그렇기 때문에 어느 한쪽도 지지

전을 위해 중립을 선택했다고 한다(「對敎廷派使來華外交部官員意見」(1946年 2月 22日), 『中梵外交史料』, 120쪽). 현재 중국 정부가 비판하고 있는 과거 교황청의 만주국 승인도 당시 교황청의 입장에서는 위와 같은 연장선상에 있다고 보아야 할 것이다. 당시 교황청의 만주국 승인은 공식적 외교 관계를 맺은 것이 아니라 해당 지역의 천주교인을 위한 종교적 승인이라는 것을 강조하였다. 이에 대한 자세한 설명은 신의식, 2016, 「만주국과 천주교회」, 『교회사연구』 49 참조.

13) 「駐敎廷公使謝壽康致外交部電文」(1943年 2月 4日), 『中梵外交史料』, 88쪽.
14) 「對敎廷派使來華外交部官員意見」(1946年 2月 22日), 『中梵外交史料』, 120쪽.
15) 「外交部長王世杰呈國府主席蔣中正簽」(1946年 6月 25日), 『中梵外交史料』, 124쪽.

하지 않거나 반대하지 않는 애매모호한 태도를 지녔기 때문에 양쪽 모두의 불만을 받았다고 볼 수 있다. 이로 인해 비오 12세의 중국에 대한 태도는 시종 우호적이었지만 명확하지도 않았다. 그러나 1943년 10월에 비오 12세가 중국 공사 사수강을 접견했을 때, 중국에 대한 선의를 표시하고 전쟁의 승리 이후에 양국 관계가 더욱 밀접해 지길 바라며, 장래 중국인 성직자를 양성하고 중국인 성직자가 주교를 맡아야 한다는 의견을 전했다.16) 이후 우빈 주교가 국민정부를 대표해 미국을 방문한 후 로마를 경유하여 귀국했는데, 교황과의 접견 시에 비오 12세는 우빈 주교에게 노고를 치하하고 중국에 대한 애정을 전달해 줄 것을 얘기하였다. 또한 중국 천주교가 모든 역량을 동원해 건국 사업에 참여하도록 독려하고 장개석 주석과 면담하기를 희망하였다.17) 이에 대해 9월 3일 장개석이 교황에게 경의를 표하는 서신을 전달했다.18) 이것은 양국의 관계가 점차 진일보한 단계에 들어섰음을 의미한다.

종전 후 국제적 정세가 안정된 후 교황청이 가장 관심을 가진 것은 바로 중국 교회의 문제였다. 베네딕도 15세의 <막시뭄 일룻> 회칙 이래 중국 교회의 발전 방향에 대해 교황청은 매우 명확했다. 그것은 바로 토착화된 중국 교회의 건립이었다. 토착화와 관련된 중국 교회의 개혁은 비오 11세부터 시작되었다. 주된 내용은 중국인이 관할하는 대목구를 설립하는 것이며, 중국인 주교를 임명하는 것이었다. 그러한 현실적인 면을 고려하면 중국인 성직자의 자질이 여전히 증진되어야만 했다. 또한 외국 선교사의 반발도 있었다.

당시 중국 천주교의 우빈 주교는 이러한 문제를 해결하기 위해서는 중국인 추기경의 필요성을 주장하며 활발한 외교 활동을 하였다.19) 사

---

16) 「駐教廷公使謝壽康致外交部電文」(1943年 10月 30日), 『中梵外交史料』, 93~94쪽.

17) 「駐教廷公使謝壽康致外交部電文」(1945年 8月 11日), 『中梵外交史料』, 103~104쪽.

18) 「張主席致教皇庇護第十二函」(1945年 9月 3日), 『中梵外交史料』, 105쪽.

수강의 입장에서 보면 우빈 주교가 가장 적합한 인물이라고 보았지만,
우빈 주교는 육징상(陸徵祥)을 염두에 두었고 국민정부 역시 이에 대
해 후보로 추천하려는 움직임이 있었다.20) 그러나 추기경의 선출은 교
황 개인의 특권이며, 당시 교황청의 일반적 여론은 육징상 신부가 노
령이며, 중국에서의 활동이 없다는 이유로 반대하였다.21) 마침내
1945년 12월에 교황청은 로마에 유학하지 않고 중국에서만 활동했던
청도(靑島) 대목구장 전경신(田耕莘)을 중국 및 아시아 지역 최초의
추기경으로 임명할 것이라는 소식을 전했다.22)

전경신은 우빈이나 나광(羅光)과 같이 로마 우르바노 대학(Pontificia
Universita Urbaniana)에 유학도 하지 않은 국내파였다. 그는 성격이
착실하고 평소에는 자전거를 타거나 걸어서 선교하였다. 그는 주교 서
품을 받은 후에도 이전과 같은 생활을 하였다. 교황청에서는 전경신의
선교 성적이 가장 좋았고, 현지의 중국 주교라는 점을 들어 가장 적합
한 인선으로 보았다.23)

중국 최초의 추기경 인선과 더불어 중국 천주교회에서는 정부에게
교황청과의 관계 강화의 필요를 적극적으로 알리면서 중국 사절 역시
대사로 승격할 것을 건의하였다.24) 당시 중국 외교부의 입장은 여전히

---

19) 「駐敎廷公使謝壽康致外交部電文」(1945年 5月 22日), 『中梵外交史料』, 101쪽.
20) 「駐比利時大使金問泗致外交部電文」(1945年 8月 10日), 『中梵外交史料』,
102~103쪽.
21) 「駐敎廷公使謝壽康致外交部電文」(1945年 9月 5日), 『中梵外交史料』, 106쪽.
22) 「駐敎廷公使謝壽康致外交部電文」(1945年 12月 24日), 『中梵外交史料』, 114
쪽. 전경신은 산동(山東) 연주(兗州) 사람으로 1890년 10월 28일에 태어났다.
1929년 '신언회(神言會, Societas Verbi Divini, 말씀의 선교 수도회)'에 가입
하였고, 1932년에 사제 서품을 받았다. 1934년에 산동 양곡(陽穀) 교구 감목
이 되었고, 1939년에 로마에서 주교 서품을 받았다. 1942년에 청도 대목에 임
명되었다(「外交部簽呈」(1945年 12月 31日), 『中梵外交史料』, 114~115쪽).
23) 「駐敎廷公使謝壽康致外交部電文」(1946年 1月 10日), 『中梵外交史料』, 116쪽.
24) 「抄南京敎區司鐸,復旦大學敎授方豪對梵諦岡敎廷外敎事宜條陳」(1945年 4月
3日), 『中梵外交史料』, 98~99쪽.

보수적이었고, 교황청이 사절을 파견하여 중국에 주재하는 것은 문제가 없으며, 교황청이 먼저 정식으로 사절을 파견하면 후에 다시 사절 승격 문제를 논의할 것이라는 입장이었다.[25]

1945년 종전 이후 소련을 중심으로 공산세력이 흥기하자 서양세력과 대립하는 냉전이 시작되었다. 공산주의는 무신론으로서 일체의 종교를 반대하여 교황은 사상적으로 그것과 대항해야 했다. 중국도 국공내전이 벌어져 교황청은 자연스럽게 반공의 국민정부 편에 섰다. 1946년 교황청이 파견한 첫 번째 주중 공사 리베리는 바로 교황 비오 12세의 반공정책의 집행자였다.

국공내전 이후 중국 공산당이 사실상 중국의 패권을 차지했음에도 불구하고 교황청은 성직자가 직위를 버리고 도망가는 것을 금지했고, 초기에는 중국 공산당과의 대립은 없었다. 그러나 1950년 말, 중국 그리스도인들은 완전한 독립 의지를 천명하는 세 개의 자주독립 운동을 전개해야만 했다. 중국의 공산당 정부는 외세의 영향으로부터 철저히 독립할 것을 모든 사회 계층에 요구하면서 삼자운동(三自運動), 즉 자치(自治), 자전(自傳), 자양(自養) 운동을 전개했다. 중국 천주교회는 로마에서 독립된 본토 중국 교회의 수립에 동참해야 했다. 1951년 2월, 중국 정부는 자주독립 운동의 일환으로 모든 방법을 동원하여 외국 선교사들을 출국시킬 수 있는 국가종교사무국을 신설했다.[26] 그리고 1951년 9월에 2개월의 연금 후 리베리는 중국에서 추방되었다. 이와 동시에 중국 공산당은 외국인 선교사를 추방하기 시작했고, 교황에 충성을 맹세하는 중국인 성직자 및 수녀와 신자들을 감금하고 천주교 교계제에서 이탈하기 시작했다. 중국 정부의 이러한 조치는 교황청의 대중국 외교의 마지노선을 파괴하였고, 이후 대립의 역사가 시작되었다.

25) 「外交部致內政部張部長函稿」(1945年 10月 9日), 『中梵外交史料』, 111쪽.
26) 클로드 쇠텐스, 김정옥 옮김, 2008, 『20세기 중국 가톨릭 교회사』, 분도출판사, 206~208쪽.

3. 대립과 대화의 과정

1) 상호 대립의 시기

교황 비오 11세는 1937년 <하느님이신 구세주>(Divini Redemptoris) 회칙에서 공산주의를 강하게 비판하였다.27) 이 회칙에서 그리스도교 문명을 보호하려면 어떠한 영역에서도 공산주의와 합작해서는 안 된다고 했다. 이 회칙에서 사용한 언어는 일종의 대항이자 대립의 언어이다. 이러한 기조는 냉전이 최고조에 달했던 1950년대에 교회에서나 정치권에서도 마찬가지였고, '대화'는 용인되지 않았다.

교황 비오 12세는 중국 공산당 정권에 반대했다. 그들이 무신론과 종교 박해를 주장했기 때문이다. 1948년 국공내전이 심화되고 공산군이 파죽지세로 중국 대륙을 점령할 태세가 되자 교황은 성경 말씀의 '선한 목자는 양을 떠나지 않는다'[善牧不離羊群]의 원칙에 근거하여 각지 주교는 근무처를 결연히 지킬 것을 요구하고, 도전 및 위험에 대응할 것을 요구했다. 1952년 공산당 정권은 정세가 점차 안정되자 외국 국적 선교사를 추방하기 시작하고, 아울러 교황에 충성하고 배교를 하지 않는 중국인 성직자, 수녀, 수사 및 독실한 신자를 대량으로 감금하고 교계제도에 위반하는 삼자 교회를 추진하였다.

같은 시기 대만의 중화민국은 다수 국가의 승인을 얻어 중국을 대표하여 유엔에 참여하였다. 중화민국 정부는 민주 헌정을 실시하고 종교의 자유를 보장하며 정부가 교회 사무에 간섭하지 않을 뿐만 아니라 천주교가 교육, 의료, 사회약자 단체를 보살피는 데 공헌했음을 밝혔다. 리베리 공사가 중국 공산당에 의해 추방된 후 교황청은 심사숙고하여 1952년 리베리에게 공사관을 대만으로 옮겨 계속 중화민국과의

---

27) 이 회칙은 한국천주교주교회의·한국천주교중앙협의회 인터넷 사이트(http://www.cbck.or.kr/)에 한국어로 번역되어 있다.

외교 관계를 유지하게 하였다.28) 그러나 중국 교회의 동태 및 천주교
신자들에 대한 교황청의 관심은 감소하지 않았다. 중국 공산당 정권의
자극을 피하기 위해 교황청은 양안(兩岸) 관계에 대해 낮은 소리를 채
택했으며, 중국 천주교 지도자인 전경신 추기경 및 우빈 대주교를 미
국에 거주하게 하였다.29)

중국 공산당 정부가 중국 교회에게 교황청과의 모든 관계를 단절할
것을 요구하자 교황 비오 12세는 1952년 1월에 <중국의 가톨릭교회>
서신에서 당시 중국의 상황과 초기 교회의 박해와 유사하다는 점을 강
조하며 교회 박해에 대한 분노와 고통을 표출하면서 가톨릭이 중국을
도와 올바른 토착화의 길로 나아가고자 하는 교회의 의지를 표명했
다.30) 또한 1954년 <교회의 초월성에 관하여 중국교회에 보내는> 회
칙에서 중국 정부의 종교 탄압을 강력히 비판하였다.31) 이 회칙에서
비오 12세는 중국 천주교 신자들에게 위로의 뜻을 전하며 중국의 교
회를 방문하고자 하는 의향도 내비쳤다. 교황은 중국 교회가 토착화되
어야 한다는 뜻에는 공감하지만 교황청과 분리 독립한다는 것은 아니
라고 했다. 또한 국가가 관리하는 교회는 진정으로 가톨릭교회가 될
수 없다고 하여 삼자 애국교회에 명백한 반대를 표시했다.

중국 정부는 1952년부터 각 종교협회를 설립하여 모든 종교 사무

---

28) 당시 리베리 공사는 공사관의 대만 이전을 찬성하지 않았다. 그 이유는 중국
　　에 애정이 있으며 중국 공산당이 천주교 신자들을 박해하고 있기 때문에 교
　　황청의 훈령이 아니라면 대만에 가지 않을 것이라고 했다(「駐港官員梁賡堯
　　致外交部電文」(1951年 10月 6日), 『中梵外交史料』, 165쪽). 당시 교황청의
　　대중 정책은 리베리의 의견을 듣지 않았는데, 배후에 교황청 내의 중화민국
　　정부를 동정하는 힘이 작용한 결과라고 할 수 있다.
29) 杜筑生, 2012, 『教廷的國際地位: 兼論教廷與中國的關係』, 新北: 輔仁大學天
　　主教學術研究中心出版, 170~171쪽.
30) "Cupimus Imprimis", January 18, 1952, 『中梵外交史料』, pp.3-10. 교황 회
　　칙 등과 관련된 영문 자료는 『中梵外交史料』에 따로 쪽수가 처리되어 있다.
31) "Ad Sinarum Gentem", October 7, 1954, 『中梵外交史料』, pp.11-22.

를 관리하고자 하였다. 각 종교협회는 국무원 산하 종교사무국에서 직접 관할하며, 불교와 도교가 대외적인 관계를 유지하는 것을 제외하고는 나머지 종교는 외국 종교단체와의 대외관계를 엄격히 금지하였다. 중국 정부는 중국 천주교회에 교황청과의 관계 단절을 요구할 뿐만 아니라 천주교회가 스스로 주교를 선출하고 서품을 내릴 수 있도록 요구했다.

1957년 중국 정부는 중국 천주교 애국회를 설립하여 천주교 관제단체기구를 만들었다. 실제로 애국회는 주교 선출 등 교회의 모든 사무를 통제하였다. 오래지 않아 몇몇 주교와 신부, 신자들은 애국회의 구성원이 되었다. 그들이 이렇게 하자 모든 기타 신부와 신자들은 실망과 반감을 드러내면서 교회 내부에 분열이 나타났다. 이들은 점차 애국 혹은 지하 교회로 나뉘었다.

1958년 3월, 애국회는 공산당의 감독 하에 선출된 2명의 주교 후보 동광청(董光淸) 신부와 원문화(袁文華) 신부를 각각 한구(漢口)와 무창(武昌)의 주교로 임명하였고, 사후에 교황에게 추인을 청구했다. 교황청에서는 이러한 요구를 거절했다. 이 두 명의 주교 후보자는 1958년 4월 13일에 중국 정부의 감독 하에서 주교로 축성되었다. 비오 12세는 1958년 <공산주의와 중국 교회에 관하여>에서 직접 애국회를 단죄하고 중국 정부를 비난했다. 교황은 회칙에서 불법적 주교 축성은 모든 교회법과 법률을 어김으로써 교회의 일치가 심각한 위협을 받기 때문에 주교 불법 선출과 서품에 대해 명확한 반대를 표명했다.[32] 이에 교황청은 애국회가 주교를 선출 임명하는 합법성 승인을 거절하고, 불법적으로 서품된 주교를 교회법 1382조에 의거하여 파문하였다.[33] 이러한 쌍방의 적대적 대립은 제2차 바티칸 공의회에 가서야 변화되

---

32) "Ad Apostolorum Principis", June 29, 1958, 『中梵外交史料』, pp.27-45.
33) 교회법 제1382조: 성좌의 위임 없이 어떤 이를 주교로 축성하는 주교와, 또한 그에게서 축성을 받는 자는 사도좌에 유보된 자동 처벌의 파문 제재를 받는다.

었다.

1958년 10월, 교황 요한 23세(Johannes XXⅢ, 1958~1963)는 중국과 교황청 사이에 극도로 대립적인 분위기에서 즉위하였다. 그가 보건대 단기간 내에 이러한 관계가 수복되기는 어려웠다. 따라서 요한 23세의 중국 정책은 대만의 중화민국 중심으로 변화하였고, 적극적으로 대만 천주교의 발전을 도왔다. 사실 비오 12세 시기 우빈 주교와 전경신 추기경은 모두 교황의 명령에 따라 미국에 머물러 있었고, 대만에 올 수가 없었다. 우빈은 국민대회 참가 명의로 1954년 대만에 왔는데, 행동에 큰 제한을 받았다. 전경신도 1957년 대만에 왔는데, 이것은 단순한 관광 목적이었고, 2달 후에 미국으로 돌아갔다. 이들의 제한은 요한 23세 때에 와서야 풀렸다. 요한 23세 시기에 교황청 주재 중화민국 사절은 대사로 승격되었다.[34]

2) 교황청, 대화를 시작하다

1960년대에 들어와 세계의 형세가 변화되면서 제2차 바티칸 공의회가 개최되었다. 2차 공의회는 현대세계에서 교회의 역할을 강조하고 천주교회와 기타 종교와의 관계의 중요성을 강조했다. '쇄신과 개혁'이라는 공의회의 주제에 따라 이제까지의 폐쇄적인 교회의 모습을 바꾸고 새로운 세상과 소통의 문을 여는 교회의 모습을 보이고자 했다. 선교 방법에서 각국의 문화와 전통을 존중하고 그것에 적응해야 하는 토착화를 주장하였다. 가톨릭교회는 이제 타자의 존재를 인식하면서 세상 안에서 살아가는 교회의 모습을 갖추려고 한 것이다. 이러한 제2차 바티칸 공의회의 결과 이제 교황청은 새로운 형식의 언어를 사용했다. 즉 '대화'이다.

이러한 새로운 태도는 교황 요한 23세의 임기 내에서부터이다. 재

---

34) 陳方中·汪國維, 2003, 28쪽.

임 초기에 요한 23세는 여전히 중국 정부가 외국인 선교사를 추방하고 많은 중국 신부를 감옥에 갇혀 둔 것을 비난했다. 그리고 그는 중국 천주교 애국회를 비판했다. 아울러 공개적으로 애국회에 가입하지 않은 인사를 지지했다. 요한 23세는 심지어 중국 교회 분열의 가능성을 암시하기도 했다. 그의 이러한 훈계와 책망의 단어는 <중국과 가톨릭교회> 문건에서 점차 변화되었다.35) 사실 요한 23세의 반공정책은 주로 중국에 대해서였으며, 결코 그와 공산정권이 대립만을 한 것은 아니었다. 냉전 기간인 1962년에 발생한 쿠바 미사일 사건에 요한 23세는 미국과 소련 사이에 대화를 적극적으로 유도하여 이를 해결하려 하였다.

교황청은 조금씩 대화의 방식을 탐색했다. 교황 바오로 6세(Paul Ⅵ, 1963~1978)는 공개적으로 대화의 언어를 사용했다. 우선, 그는 중국의 유엔 가입과 세계식량농업기구(FAO) 가입을 촉구했다. 계속해서 그는 1965년 <가톨릭 신자들과 현대 카타콤바> 중에서 대화를 희망하고, 특히 중국 지도자와 대화를 원했다.36) 바오로 6세는 두 전임 교황과 마찬가지로 공산정권을 반대했다. 그는 교황에 피선되기 전에 오랫동안 외교 사무를 섭렵했고, 중국 교회에 관심이 많았다. 바오로 6세는 중국 천주교회에 대한 공산당 정권의 박해를 잘 알고 있었지만, 대화로 평화를 추구하는 교황청의 전통 입장에 기반을 두어 1964년에 공산주의자와 대화를 주장하고 아울러 중화인민공화국의 유엔 가입을 찬성했다. 또 한편으로 중화민국을 배척하지는 않았다. 그러나 교황의 '두개의 중국 정책'은 중국과 대만의 환영을 받지 못했다. 1971년 중화인민공화국이 중화민국을 대신하여 연합국의 위치를 차지하였고 다수 국가의 승인을 얻었다. 바오로 6세는 부득불 '두 개의 중국 정책'을

---

35) "China and The Catholic Church", June 29, 1961, 『中梵外交史料』, pp.83-89.

36) "The Catholics in Modern Catacombs", September 12, 『中梵外交史料』, pp. 99-100.

조정해야 했고 '하나의 중국 정책'으로 돌아와야 했다.

1978년에 교황이 된 요한 바오로 2세(Joannes Paul II, 1978~2005)는 공산주의 국가인 폴란드 출신이다. 어떻게 공산주의와 서로 대화하는지에 대해 그는 잘 알고 있었다. 그는 교황에 즉위하자마자 중국 교회의 상황에 대해 관심을 표명했다. 개혁개방 이후 중국 정부는 요한 바오로 2세의 개방적 태도에 대해 적극적이지만 계속된 신중한 반응을 보였다.

요한 바오로 2세는 1981년 필리핀을 방문할 때에 중화인민공화국을 향해 "충실한 천주교 신자는 충실한 애국적 국민이며 중국의 현대화를 위해 공헌한다"고 강조하여 천주교 신자들이 단지 교회만을 사랑하고 교황에 충성하고 국가에 애국하지 않는다는 중국 정부의 의심을 풀고자 했다. 또한 교황은 천주교회가 중국에 대해 정치 혹은 경제적 이익을 취하지 않으며 어떠한 특권도 추구하지 않고, 다른 계획도 없으며, 단지 하느님이 부여한 사명을 교회가 실천하는 것임을 주장했다. 그는 중국의 천주교회에게 기타 국가에서처럼 천국의 도리를 선전하며 그리스도가 추구한 인간 자유, 그 신앙의 공개적인 표시를 요구하였고, 양심적으로 생활할 것을 요구하였다.[37]

교황이 중국을 향해 이러한 메시지를 전하려는 목적은 중국 정부에게 교황의 사명과 이익이 일반 세속 국가와는 다르다는 것을 천명하려는 것이다. 아울러 중국 정부에게 교황청에 대한 오해를 해소시키려는 것이다. 또한 교황청이 천주교 신자들에게 고유의 문화를 버리고 단지 교황을 사랑하고 국가를 사랑하지 말라고 한 것은 오인한 것이며, 중국에 대한 정치 혹은 기타의 목적이 있지 않음을 설명하려는 것이었다.

중국 정부는 줄곧 일관된 요구를 하였다. 교황청은 반드시 대만과 외교 관계를 단절하고 중국에 대한 내정 간섭을 중지해야 한다는 것이

---

37) "True Christians and Authentic Chinese", February 18, 1981, 『中梵外交史料』, pp.132-137.

다. 그러나 중국의 개혁개방 이후 외국의 천주교 신자와 중국의 교회
가 접촉하고 교류하기 시작했고, 외국 추기경이나 주교들도 북경을 방
문하기 시작했다. 1987년 조자양(趙紫陽)이 정식으로 필리핀 추기경
의 중국 방문을 접대했고, 그가 방문했을 때 교황청과 외교 관계의 수
립을 희망한다고 했다. 당시 중국의 천주교 신자뿐만 아니라 중국 천
주교 애국회도 공개적인 지지를 표명하기도 했다.

앞서 서술했듯이 중국은 교황청과 외교 관계를 수립하는 데 있어
두 가지 전제조건을 말하고 있다. 하나는 교황청이 대만과 단교하는
것이고, 다른 하나는 교황청이 주교 인선 문제 등 종교 사무를 포함한
중국의 내정에 간섭하지 않는 것이다. 사실 대만과의 단교는 교황청
입장에서는 크게 문제가 되지 않을 수도 있다. 1999년 2월에 교황청
국무원장 안젤로 소다노(Angelo Sodano)는 중국 정부가 원한다면 당
장 대사관을 대북(臺北, 타이베이)에서 북경으로 옮길 수 있다고 했
다.38) 또 다른 문제점은 중국 천주교회의 권위에 대한 중국과 교황청
의 싸움이다. 이런 점에서 볼 때 교황청과 대만 천주교회와의 관계는
교황청과 중국과의 외교 관계 및 중국 천주교를 이해하는 데 중요한
포인트이다.

3) 교황청과 대만 천주교회

1971년 중화민국이 유엔에서 퇴출당한 후, 교황청은 대만 주재 교
황 대사 에드워드 카시디(Edward Idris Cassidy)를 소환하고, 임시 대
리대사가 대사관 업무를 대리하게 했다. 1979년 1월 미국이 중국 공
산당 정권을 유일한 '중국'으로 승인하고, 같은 해 4월에 카시디가 대
만으로 와서 공식적인 고별을 했지만, 교황청은 곧바로 사절을 파견하
지 않았다. 이후 대만의 교황청 대사관은 임시 대리대사가 업무를 한

---

38) 陳方中·汪國維, 2003, 531쪽.

것이 지금까지 이어져 오고 있다. 다른 방면으로 당시 교황청 국무원
장 카사로리(Agostino Casaroli)는 적극적으로 중국과 공개 혹은 비밀
리에 접촉을 하였다. 당시 카사로리는 교황청 주재 중화민국 대사관도
임시대리로 등급을 낮출 계획이었다.39)

 1984년은 교황청의 중국 정책의 중요한 전환점이 되는 해이다. 대
만의 주교단은 교황청이 긴박하게 중국과 대화를 하고 대사관 존폐 문
제가 나오고 있어 매우 불안해했다. 대만 주교단은 포교성성 차관 시
몬 루르드사미(Simon Lourdusamy)가 1983년 11월에 대만에 방문한
것을 기회 삼아 이에 대한 불만을 표시했다. 루르드사미는 교황청으로
돌아간 후 교황에게 대만 주교들의 의견을 전달했다.40)

 교황 요한 바오로 2세는 1984년 2월에 나광 대주교를 비롯한 대만
의 주교 7명을 교황청에 초대하였다. 교황은 대만의 주교들과 면담하
면서 대만 및 해외 화교 및 홍콩과 마카오의 교회단체의 위치에 대해
명확히 얘기하였고, 그들이 중국 교회와 보편 교회 사이의 '교량 교회
(橋梁敎會)'의 책임을 맡아줄 것을 요구하였다.41) 교황은 대만의 주
교들과 신부들 앞에서 "당신들의 아름다운 임무는 대륙 동포를 위한
'교량 교회'를 맡는 것이다. 대륙의 많은 그리스도 형제자매들이 곤란
에 처해 있어 이것은 잠시 밭에 종자를 심는 것과 같다. 이러한 노력
과 희생은 때가 되면 유형의 결과가 있을 것이다"42)라고 하였다.

 대만 주교들은 즉시 교량교회복무센터를 설립하여 대륙 교회를 위
해 봉사하고 교황의 요구에 답했다. 이리하여 다음 해인 1985년 교황

---

39) 杜筑生, 2012, 173쪽.
40) 陳方中·汪國維, 2003, 376~385쪽.
41) 「對中梵關係的努力」(1999年 4月 24日),『中梵外交史料』, 730쪽 ; 單國璽, 「我
    對中梵外交關係史所知道的點滴」, 『中梵外交關係史國際學術硏討會論文集』,
    1~7쪽.
42) "The Pope to Taiwan and the Chinese Diaspora: Be a Bridge-Church!",
    February 28, 1984, 『中梵外交史料』, pp.184-185.

청 업무보고 기간에 대만 주교들은 "중국 대륙과의 외교 관계 수립에 관해 세계 교회의 복지를 전제로 교황이 하는 결정을 따른다"고 하였다. 그 후 교황은 1995년 8월 19일 대만 주교에 대한 훈유 중에서 그들과 대륙 교회 사이에 대해 묘사하기를, 자매교회의 합작과 같다고 했다.43)

1991년 교황은 교황청 주재 대만 신임 대사 황수일(黃秀日)에게 대만이 교황청의 외교 관계에 대해 크게 마음에 두지 말 것을 희망했다. 교황은 그에게 "귀하의 외교적 사명은 양국 관계의 정치적 일보다 윤리 도덕의 원칙과 그와 관련된 일이 더욱 중요하다"44)고 하였다. 교황의 말에 담긴 뜻은 교황청과 중국의 외교 관계 수립에 대해 대만이 마음의 준비를 하라는 의미라고 할 수 있다.

실제로 교황청과 중국은 1990년대 들어 빈번히 접촉하였고, 아울러 대만 정치인들은 교황청 방문을 환영 받지 못하는 현실에 불만을 표현했다. 이에 대해 당시 대만 보인대학 총장이던 나광 대주교는 "중국 공산당은 뼛속까지 교황청과의 대화를 원하지 않고 외교 관계 수립도 원하지 않을 것이다. 중국 공산당은 단지 교황청과 대만과의 단교를 기도하고 있다. 교황청은 대륙 천주교회의 상황을 개선하기 위해 일찍부터 대화를 원했다. 교황청은 중국이 유엔에 가입한 후 중화민국이 중국을 대표하지 않기에 대사를 파견하지 않았으며, 대만 방문을 하고 있지 않다. 또한 중화민국에 추기경을 임명하지 않고 있다. 이는 모두 중국 공산당을 자극하지 않기 위해서이다. 현재 중국 공산당이 진정으로 대화를 원한다면 그들은 교황청의 가장 낮은 요구에 양보해야 하고 중국 천주교회가 교황청의 통제와 관리를 받을 수 있게 인정해야 하며 교황청과 왕래해야 한다. 그래야만 교황청은 중화민국과 단교를 원하

---

43) 韓德力, 「中國與梵蒂岡在過去五十年中的關係」, 『中梵外交關係史國際學術研討會論文集』, 35쪽.
44) 「黃秀日大使呈遞到任國書時教宗若望保祿二世致歡迎辭」(1991年 6月 17日), 『中梵外交史料』, 227쪽.

는 중국 공산당의 요구를 받아들일 수 있다. 우리들은 심리적으로 이러한 준비를 해야 한다. 그러나 중국 공산당이 대화를 하고 양보를 할 수 있을지는 의문이다"45)고 하였다.

교황청이 대만 천주교회를 대륙을 위한 단순한 교량 교회로 인식하는지는 명확하지 않다. 그러나 북경에 대사관을 설치하고자 하는 교황청의 입장은 어쩌면 명확하다고 하겠다. 하나의 중국을 강조하고 있는 중국의 입장을 정치적으로 인정하고 있는 교황청의 입장으로 인해 대만 정부는 지금까지 대만에서 교황을 환영할 수 있는 기회를 얻지 못했다. 대만 천주교회도 중국이 분노하는 것을 피하기 위해 묵묵히 이를 받아들이는 입장이다. 이러한 대만의 입장을 이해하듯이 교황청은 1998년 고웅(高雄, 가오슝) 교구장 주교 단국새(單國璽)를 추기경으로 임명하여 대만 천주교회를 다독거렸다. 그러나 1998년 10월에 교황이 아시아를 방문하게 되었을 때 사전에 나광 대주교가 교황청으로 가서 교황을 알현하면서 교황의 대만 방문에 대한 중화민국의 뜻을 전달했는데, 교황은 이를 완곡하게 거절하였다.46)

1999년 2월 11일 교황청 국무원장 안젤로 소다노는 이탈리아 주재 교황청 대사관에서 기자들에게 교황청과 중국의 관계에 대해 얘기하기를, 교황청 대사관은 단지 중국이 오전에 동의를 하면, 내일까지 기다릴 필요가 없으며, 당일 저녁 북경으로 옮겨갈 수 있다. 이것은 대만과 외교 관계를 단절하는 것이 아니고, 단지 대사관을 원래대로 옮기는 것이라고 하였다. 이 견해는 교황청이 중국과 외교 관계를 맺으려는 의도를 보인 것이었지만, 중국에서는 이에 대한 회답이 없었다.47)

교황 요한 바오로 2세는 2000년 10월 1일 성녀 데레사(Teresa) 대

---

45) 羅光, 「教廷與中共的關係 - 梵蒂岡已作出了許多讓步」, 『公教報』, 1993年 12月 17日(陳方中·汪國維, 2003, 484~485쪽 재인용)
46) 杜筑生, 2012, 174쪽.
47) 陳方中·汪國維, 2003, 530~542쪽.

축일에 로마 베드로 광장에서 120명의 중국 순교자 시성식을 열었다. 마침 당일이 중국의 국경절이었기에 중국 정부는 크게 격노했다. 중국 정부는 선전매체를 동원하여 교황청 및 교황을 크게 비판하면서 교황의 사과를 요구하였고, 교황청과의 대화를 중단하였다.48) 이로 인해 교황은 2001년 10월 24일, 마태오 리치 중국 방문 400주년 기념으로 거행된 국제학술대회에서 천주교회의 구성원이 과거와 현재 중국에서 범한 모든 착오에 대해 다음과 같이 유감의 뜻을 표했다.

> 애석하게도 역사가 우리에게 말한다. 교회의 구성원들이 중국에서 한 행위는 결코 과실이 없지 않다. …… 근대 중국 역사에서 유럽 열강에게 의지한 선교 보호권은 다소간 교회의 선교 활동에 도움을 주었지만, 결과적으로 교회의 행동 자유에 제한을 가져왔고, 중국인의 마음속에 좋지 않은 교회 이미지를 심어주었다. 이로 인해 중국에서 교회의 발전에 장애가 되었고 교회가 중국인을 위한 좋은 것이라는 생각을 못하게 하였고, 한마음 한뜻으로 예수 그리스도가 부여한 사명을 집행하지 못하게 하였다. 이러한 과거의 착오와 결함으로 인해 나는 매우 애석함을 느낀다. 이 같은 불행한 일로 사람들의 마음속에 천주교가 중국인에게 존경과 존중의 인상을 받지 못하고 그들이 천주교에 적의를 보이는 것에 대해 매우 유감스럽게 생각한다. 나는 천주교인의 이러한 행위로 상처를 입은 사람들에게 용서와 사과를 바란다.49)

교황 요한 바오로 2세는 장장 26년의 임기 중에 중국 교회와 중국인 및 천주교 신자 그리고 중국 정부에 대해 관심을 표현하기 위해 정식적인 문건, 강연, 서신 및 축복 등 여러 가지 방식으로 그 마음을 표현한 것이 60차례였지만, 모두 직접적인 답변은 얻지 못했다.50) 요한

---

48) 人民日報 評論員, 「梵蒂岡‘封聖’是向中國人民的嚴重挑釁」, 『人民日報』 2000年 10月 3日.

49) "Message of His Holiness Pope John Paul II to the Fourth Centenary of the arrival in Beijing of the great missionary and scientist Matteo Ricci S.J.", October 24, 2001, 『中梵外交史料』, pp.228-229.

바오로 2세 임기 내에 교황청과 중국의 외교 관계는 뚜렷한 개선이 나타나지는 않았다. 교황청은 여전히 대만의 중화민국과 정상적 외교 관계를 유지하였고, 2002년 대만의 주교단이 교황청에 가서 업무보고를 할 때에 중국 교회를 위주로 하고 대만 교회를 보조로 보던 교황의 기존의 틀이 바뀌고, 또한 대만교회 자체의 생활과 사명을 강조하기도 하였다.51)

4. 황제의 것과 하느님의 것

1998년 대만 천주교 '중국 주교단'이 '대만 주교단'으로 이름을 개명하려고 했을 때, 교황청 국무원에서 특별 서한을 보내어 '대만지구 주교단'으로 요구하여 '지구(地區)'라는 용어를 쓰도록 요구했다. 교황청이 '지구'라는 단어를 주교단 명칭으로 요구한 것은 국제적으로 이미 형성된 '하나의 중국'이라는 것을 인정할 수밖에 없는 현실을 반영한 것이다.

중국과 교황청 쌍방이 외교 관계 수립을 하려면 여전히 오랜 길을 가야만 할 것이다. 중국 정부로서는 외교 관계를 수립하여 대만과 교황청의 외교 관계의 단교를 희망하지만 지불해야만 하는 대가도 크다. 바로 중국 천주교의 지도권을 포기하는 것이다. 그렇게 되면 반세기 이상 유지한 관제 종교단체인 중국 천주교 애국회는 해체될 것이기 때문이다. 아마도 더욱 걱정하는 것은 중국과 교황청의 외교 관계 수립에 따라 천주교의 인본주의 사상이 중국인들에게 전파되는 일일 것이다.

---

50) Landry Vedrenne, *The diplomatic relations between the Holy See and the Republic of China from 1942 to 2012*, Master's Thesis, National Chengchi University, June 2012, p.54.
51) "Pope's Address to Taiwanese Bishops", Jam. 29, 2002, 『中梵外交史料』, pp.232-239.

현재 중국과 교황청은 매우 풀기 어려운 난제에 직면해 있다. 양측의 외교 관계 수립의 최대 걸림돌은 의심할 여지없이 주교의 선임 문제이다. 주교 임명권과 관련하여 교회법 제377조 1항은 "교황이 주교들을 임의로 임명하거나 합법적으로 선출된 자들을 추인한다"고 규정하고 있다. 그리고 같은 조 5항은 "주교들의 선출, 임명, 제청, 또는 지명의 권리와 특전은 앞으로는 국가 권위에게 전혀 허용되지 아니한다"라고 밝히고 있다. 따라서 중국 정부가 천주교 주교를 스스로 선출하여 축성하는 행위는 교회법과 정면으로 배치되는 것이다.

이러한 측면을 고려하여 중국과 교황청, 그리고 대만 사이의 미래변화는 '베트남 모델'을 따를 가능성이 있다. 베트남 모델은 베트남 정부가 교황청에 제출하는 주교 후보자 명부에 대한 동의권을 행사하고 교황청의 결정을 확인하는 과정을 거치는 방식이다. 그리고 최종적으로 교황이 주교를 임명하는 것이다. 교황 사절의 파견에 대해서는 베트남의 레오폴도 지렐리(Leopoldo Girelli) 대주교의 경우처럼 교황청이 중국 인근의 대사를 중국의 교황 대표로 임명하지만 중국에 상주하지 않고 부정기적으로 중국 교구를 방문하는 방식이다.[52] 또한 중국은 교황청에 대표부를 두지 않지만 이탈리아 대사관을 통해 계속적으로

---

52) 베트남 공산당은 1975년 4월 30일 남북을 통일한 후 베트남 주재 교황 사절 및 모든 외국 선교사를 추방하였고, 교황청과 베트남 관계는 얼어붙었다. 베트남 천주교회는 비록 박해를 받았지만, 베트남에서 중국의 천주교 애국회와 같은 유사한 단체는 성립하지 않았다. 1989년부터 교황청의 추기경이나 외교 관리들이 부정기적으로 베트남을 방문하였다. 2007년 1월 25일 교황 베네딕도 16세는 교황청에서 베트남 총리 응웬떤중(Nguyen Tan Dung)을 접견하였고, 쌍방이 협의하여 관계 정상화를 도모하고자 하였다. 2009년 12월 11일 베트남 국가주석 응웬민찌엣(Nguyen Minh Triet)이 교황청을 방문하여 교황을 예방하고 상호간 향상된 외교 관계에 동의하였다. 2011년 1월 13일에 베네딕도 16세는 싱가포르 및 말레이시아 주재 교황 대표 레오폴도 지렐리 대주교를 베트남 주재 교황청 비상주 대표(Rappresentante Pontificio)로 임명하였다. 그러나 베트남은 결코 교황청에 대표부를 두지 않았다. 「梵蒂岡代表前赴越南探望天主教徒」, 2011.06.11. 亞洲新聞社(杜筑生, 2012, 221쪽 재인용).

교황청과의 관계를 유지한다.

베트남 모델을 따른다면 교황청은 계속 대만과의 외교 관계를 유지하되, 정부에 준하는 외교 관계를 유지하면서 대만 천주교와의 관계를 유지할 필요가 있다고 본다. 또한 현재 교황청과 중국의 외교 관계의 수립에 반대하는 대만이나 홍콩 측의 목소리도 있음을 간과해서는 안된다. 특히 이들 목소리 중에는 중국과 교황청의 외교 관계 수립에 앞서 중국에서의 진정한 종교의 자유가 보장되어야 함을 강조한다.

현재로서는 중국과 교황청 모두 대(大)를 위해 소(小)를 희생할 가능성이 매우 높다. 즉 중국 입장에서는 교황청과의 수교를 통해 대만을 국제적으로 더욱 고립시키고 현재 진행되고 있는 대만의 독립노선에 제동을 걸 수 있기 때문이다. 교황청 입장에서는 교황의 중국 주교 서품의 권한을 회복하여 세계 가톨릭의 합일성을 이루고 광대한 중국 천주교 신자를 얻게 되는 것이기 때문이다. 중국과 교황청의 중요한 차이는 바로 중국의 입장에서는 정치적 통일이며, 교회의 입장에서는 신앙상의 합일이라고 볼 수 있다. 교회가 고려하는 것은 주교를 임명하고 신부의 서품을 결정하는 것이다. 이러한 활동은 순수한 종교적 행위로서 중국 내정에 간섭하는 것이 아니라는 것이 교황청의 입장이다. 『성경』에 '황제의 것은 황제에게로 돌려주고, 하느님의 것은 하느님께 돌려드러라'라는 말이 있다. 즉 정치와 종교의 구분이다. 쌍방이 이러한 방면에서 상호 이해가 된다면 외교 관계 정상화는 보편교회를 위해서도 중국 정부를 위해서도 모두 이익이 될 것이다.

참고문헌

1. 자료

고파르·소이에 편, 김정옥 역, 1990, 『뱅상 레브 신부 서간집』, 수원 가톨릭대학
　　출판부.

剛恒毅(Celso Costantini), 1976, 『殘葉: 剛恒毅樞機回憶錄』, 臺北: 天主敎主徒會.

剛恒毅(Celso Costantini), 1980, 『在中國耕耘(上·下): 剛恒毅樞機回憶錄』, 臺北: 天
　　主敎主徒會.

剛恒毅(Celso Costantini), 1980, 『零落孤葉: 剛恒毅樞機回憶錄』, 臺北: 天主敎主徒會.

耿昇 譯, 1985, 「耶穌會士書簡集中國書簡選」, 『淸史資料』 第6輯, 北京: 中華書局.

故宮博物院明淸檔案部·福建師範大學歷史系 合編, 1985, 『淸季中外使領年表』,
　　北京: 中華書局.

古洛東(Gourdon), 1981, 『聖敎入川記』(1918, 重慶: 曾家岩聖家書局), 成都: 四川
　　人民出版社.

杜文凱 編, 1983, 『淸代西人見聞錄』, 北京: 中國人民大學出版社.

杜赫德(P. du Halde) 編, 鄭德弟·呂一民·沈堅 譯, 2001-2005, 『耶穌會士中國書簡
　　集: 中國記憶錄』 Ⅰ-Ⅵ, 鄭州: 大象出版社.

馬相伯 口述, 王瑞霖 筆記, 王紅軍 校注, 2014, 『一日一談』, 桂林: 漓江出版社.

馬相伯 著, 方豪 編, 1990, 『馬相伯先生文集』, 上海書店.

馬塞北 主編, 1988, 『淸實錄穆斯林資料輯錄』, 銀川: 寧夏人民出版社.

民國, 『巴縣志』(『中國地方志集成』 四川府縣志輯 6, 成都: 巴蜀書社, 1992).

民國, 『榮經縣志』(『中國地方志集成』 四川府縣志輯 64, 成都: 巴蜀書社, 1992).

方豪 編, 1972, 『馬相伯先生文集』(上智編譯館, 1947 影印本), 臺北: 文海出版社.

樊國樑(Favier), 1905, 『燕京開敎略』, 北京: 救世堂.

薛福成 著, 寶海 校註, 2007, 『出使四國日記』, 北京: 社會科學文獻出版社.

徐一士, 2007, 『一士譚薈』, 北京: 中華書局.

徐繼畬, 2001, 『瀛寰志略』, 上海書籍出版社.

蘇爾(S.J. Donald F. St. Sure)·諾爾(Ray R. Noll) 編, 沈保義·顧衛民·朱靜 譯, 2001,
　　『中國禮儀之爭: 西文文獻一百篇(1645-1941)』, 上海古籍出版社.

王明倫 編, 1984, 『反洋敎書文揭帖選』, 濟南: 濟南書社.

王之春 著, 趙春晨 點校, 2000, 『淸朝柔遠記』(光緖 17年 廣雅書局本, 光緖 22年

湖北書局 重刊本), 北京: 中華書局.

王鐵崖 編, 1957, 『中外舊約章彙編』第1-2冊, 北京: 三聯書店.

劉錦藻 撰, 2000, 『淸朝續文獻通考』(1-4), 杭州: 浙江古籍出版社.

李剛己 輯錄, 1986, 『敎務紀略』(光緖 31年 南洋官報局印本影印), 上海書店.

李明(Louis Lecomte) 著, 郭强・龍雲・李偉 譯, 2004, 『中國近事報道(1687-1692)』, 鄭州: 大象出版社.

『李鴻章全集』(全9冊), 海南出版社, 1997.

張若谷 編著, 1939, 『馬相伯先生年譜』, 北京: 商務印書館.

朱維錚 主編, 1996, 『馬相伯集』, 上海: 復旦大學出版社.

『籌辦夷務始末』(道光朝・咸豊朝・同治朝), 臺北: 國風出版社, 1963.

中國史學會 主編, 2000, 『鴉片戰爭』第5冊, 上海人民出版社・上海書店出版社.

中國史學會 主編, 1978, 『第2次鴉片戰爭』第5冊, 上海人民出版社.

中國第1歷史檔案館 編, 1992, 『鴉片戰爭檔案史料』第7冊, 天津古籍出版社.

中國第1歷史檔案館藏 軍機處錄附奏摺, 帝國主義侵略類, 縮微膠卷 665卷

中國第一歷史檔案館・福建師範大學歷史系 合編, 1996-2006, 『淸末敎案』第1-6冊, 北京: 中華書局.

中央硏究院近代史硏究所 編, 1974-1981, 『敎務敎案檔』, 第1-7輯, 臺北: 中央硏究院近代史硏究所.

陳方中・吳俊德 主編, 2002, 『中梵外交關係六十年史料彙編』, 新北: 輔仁大學天主敎史料中心.

陳垣 識, 1974, 『康熙與羅馬使節關係文書』, 臺北: 文海出版社.

『淸季外交史料(光緖朝)』第1-6冊, 臺北: 文海出版社, 1963.

『淸實錄』, 北京: 中華書局, 1985.

黃伯祿, 1904, 『正敎奉褒』, 上海: 慈母堂.

Callery, Joseph-Marie., *Correspondance diplomatique Chinoise relative aux négociations du traité de Whampoa*, Paris: Tiré a Cent Bxemplairks, 1879.

L'expédition de Chine de 1857-58, Histoire diplomatique. Notes et documents, publiés par Henri Cordier, Paris: Félix Alcan, 1905.

L'expédition de Chine de 1860, Histoire diplomatique. Notes et documents, publiés par Henri Cordier, Paris: Félix Alcan, 1906.

The Chinese Repository, vol.11-19, Canton: printed for The Proprietors, 1842-50.

2. 저서

도밍고 안드레스 지음, 한영만 옮김, 2003,『교계제도-교회법 제330~572조에 관한 해설』, 가톨릭대학교출판부.

루돌프 피셔-볼페르트 지음, 안명옥 옮김, 2001,『교황사전』, 가톨릭대학교출판사.

신태갑, 2017,『중국을 사랑한 선교사 뱅상 레브 신부』, 선인.

李時岳 외, 이은자 옮김, 1992,『근대중국의 반기독교운동』, 고려원.

이은자, 2002,『의화단운동 전후의 산동-민간종교결사와 권회에 관한 연구』, 고려대학교 출판부.

자크 르클레르 지음, 전경자 옮김, 1994,『멀리 울리는 뇌성: 뱅상 레브 신부의 생애』, 성바오로출판사.

장정란, 1997,『그리스도교의 中國 傳來와 東西文化의 對立』, 부산교회사연구소.

정진석, 1978,『교계 제도사』, 성바오로 출판사.

정진석, 1993,『간추린 교회법 해설』, 가톨릭출판사.

천주교 용어위원회 편찬, 2000,『천주교 용어집』, 한국천주교중앙협의회.

최병욱, 2006,『프랑스 保敎權과 淸朝의 基督敎 政策』, 강원대학교 박사논문.

최소자, 1990,『東西文化交流史-明淸時代 西學受容』, 三英社.

클로드 쇠텐스 지음, 김정옥 옮김, 2008,『20세기 중국 가톨릭 교회사』, 분도출판사.

한국가톨릭대사전 편찬위원회, 1995-2004,『한국가톨릭대사전』1-11, 한국교회사연구소.

한국교회사연구소 편, 2010-2014,『한국천주교회사』1-5, 한국교회사연구소.

허원, 1994,『淸末 西洋敎會의 內地 不動産租買權과 敎案』, 연세대학교 박사논문.

顧衛民, 1996,『基督敎與近代中國社會』, 上海人民出版社.

顧衛民, 2000,『中國與羅馬敎廷關係史略』, 北京: 東方出版社.

顧衛民, 2003,『中國天主敎編年史』, 上海書籍出版社.

顧裕祿, 1989,『中國天主敎的過去和現在』, 上海社會科學院出版社.

顧裕祿, 2005,『中國天主敎述評』, 上海社會科學院出版社.

顧長聲, 2004,『傳敎士與近代中國』, 上海世紀出版集團・上海人民出版社.

郭廷以 編著, 1987,『近代中國史事日誌』, 北京: 中華書局.

德禮賢(Paschal M. D'Elia) 著, 1940,『中國天主敎傳敎史』, 長沙: 商務印書館.

杜筑生, 2012,『敎廷的國際地位:兼論敎廷與中國的關係』, 新北: 輔仁大學天主敎學術研究中心出版.

羅光 主編, 1967,『天主敎在華傳敎士集』, 臺北: 光啓出版社・徵祥出版社・香港眞

理學會 聯合出版.

羅光, 1984, 『敎廷與中國使節史』, 臺北: 傳記文學出版社.

萬明, 2001, 『中葡早期關係史』, 北京: 社會科學文獻出版社.

茅海建, 1995, 『天朝的崩潰－鴉片戰爭再研究』, 北京: 三聯書店.

方豪, 2007, 『中國天主敎史人物傳』, 北京: 宗敎文化出版社.

費賴之(S. J. LE P. Louis Pfister) 著, 馮承鈞 譯, 1995, 『在華耶穌會士列傳及書目』
　　(上·下), 北京: 中華書局.

史式徽(J. de la Servière) 著, 天主敎上海敎區史料譯寫組 譯, 1983, 『江南傳敎史』
　　(1·2), 上海譯文出版社.

舍英曼(М. М. Шейнман) 著, 黑龍江大學俄語系飜譯組 譯, 1982, 『梵蒂岡史: 十
　　九世紀末和二十世紀初時期』, 哈爾濱: 黑龍江人民出版社.

徐宗澤, 1990, 『中國天主敎傳敎史槪論』, 上海書店.

薛玉琴·劉正偉, 2003, 『馬相伯』, 石家庄: 河北敎育出版社.

蕭若瑟, 『天主敎傳行中國考』, 民國叢書編輯委員會 編, 1989, 『中國學術叢書』第
　　1編 11: 哲學·宗敎類, 上海書店(河北省 獻縣 天主堂 1931年版 影印).

蘇萍, 2001, 『謠言與近代敎案』, 上海遠東出版社.

孫尙揚·鍾鳴旦(Nicolas Standaert), 2004, 『1840年前的中國基督敎』, 北京: 學苑出
　　版社.

沈渭濱, 2001, 『困厄中的近代化』, 上海遠東出版社.

愛德華·卡伊丹斯基(Edward Kajdański) 著, 張振輝 譯, 2001, 『中國的使臣卜彌格』,
　　鄭州: 大象出版社.

楊森富, 1978, 『中國基督敎史』, 臺北: 臺灣商務印書館.

楊天宏, 1994, 『基督敎與近代中國』, 成都: 四川人民出版社.

嚴中平 等編, 1955, 『中國近代經濟史統計資料選輯』, 北京: 科學出版社.

閻宗臨 著, 閻守誠 編, 2003, 『傳敎士與法國早期漢學』, 鄭州: 大象出版社.

榮振華(S. J. Joseph Dehergne) 著, 耿昇 譯, 1995, 『在華耶穌會士列傳及書目補編』
　　(上·下), 北京: 中華書局.

吳伯婭, 2002, 『康雍乾三帝與西學東漸』, 北京: 宗敎文化出版社.

吳圳義, 1978, 『淸末上海租界社會』, 臺北: 文史哲出版社.

阮仁澤·高振農 主編, 1992, 『上海宗敎史』, 上海人民出版社.

王作安, 2005, 『中國的宗敎問題和宗敎政策』, 北京: 宗敎文化出版社.

王笛, 2001, 『跨出封閉的世界: 長江上游區域社會研究(1644-1911)』, 北京: 中華書局.

王治心, 2004, 『中國基督敎史綱』, 上海古籍出版社.

龍思泰(Anders Ljungstedt) 著, 吳義雄·郭德焱·沈正邦 譯, 章文欽 校注, 1997, 『早

期澳門史』, 北京: 東方出版社.

于本源, 1999, 『淸王朝的宗敎政策』, 北京: 中國社會科學出版社.

衛靑心(Louis Wei Tsing-Sing) 著, 黃慶華 譯, 1991, 『法國對華傳敎政策』(上·下), 北京: 中國社會科學出版社.

維吉爾·畢諾(Virgile Pinot) 著 耿昇 譯, 2000, 『中國對法國哲學思想形成的影響』, 北京: 商務印書館.

任杰, 2007, 『中國共產黨的宗敎政策』, 北京: 人民出版社.

章開沅 主編, 1998, 『社會轉型與敎會大學』, 漢口: 湖北敎育出版社.

張國剛 等著, 2001, 『明淸傳敎士與歐洲漢學』, 北京: 中國社會科學出版社.

張國剛, 2003, 『從中西初識到禮儀之爭: 明淸傳敎士與中西文化交流』, 北京: 人民 出版社.

張力·劉鑒唐, 1987, 『中國敎案史』, 成都: 四川省社會科學院出版社.

張雁深, 1950, 『中法外交關係史考』, 北京: 史哲研究社.

趙樹好, 2001, 『敎案與晚淸社會』, 北京: 中國文聯出版社.

趙雅博 編著, 1990, 『雷鳴遠神父傳』, 台中: 天主敎耀漢小兄弟會.

宗有恒·夏林根, 1996, 『馬相伯與復旦大學』, 太原: 山西敎育出版社.

朱維錚 等著, 2005, 『馬相伯傳略』, 上海: 復旦大學出版社.

曾麗達, 2004, 『雷鳴遠神父: 中國敎會本地化的前驅－劃時代的福傳方法』, 台中: 天主敎耀漢小兄弟會.

陳方中, 1999, 『法國天主敎傳敎士在華傳敎活動與影響(1860-1870)』, 國立臺灣師 範大學歷史研究所 博士論文.

陳方中·江國雄, 2003, 『中梵外交關係史』, 臺灣商務印書館.

陳聰銘, 2016, 『中梵外交史』, 臺北: 光啓文化.

天主敎輔仁大學 歷史學係, 2002, 『中梵外交關係史國際學術硏討會論文集』, 臺 北: 輔仁大學歷史係.

佟洵 主編, 1999, 『基督敎與北京敎堂文化』, 北京: 中央民族大學出版社.

矢澤利彥, 1972, 『中國とキリスト敎: 典禮問題』, 東京: 近藤出版社.

佐伯好郎, 1949, 『淸朝基督敎の硏究』, 東京: 春秋社.

Morse, Hosea Ballou. *The Chronicles of the East India Company: trading to China 1635-1834*, 5 vols, Oxford: Oxford Univ. Press, 1926-1929.

Latourette, Kenneth S. *A History of Christian Missions in China*, New York: The Macmililan Company, 1932.

Cohen, Paul A. *China and Christianity, the Missionary Movement and the Growth of Chinese Antiforeignism, 1860~1870*, Cambridge: Havard Univ. Press, 1963

Cordier, Henri. *Historie des relations de la Chine avec les Puissances occidentales 1860-1900.* 3 vol., Paris: Félix Alcan, 1902.

Thomas. A. *Histoire de la Mission de Pékin*, Tome Ⅰ·Ⅱ, Paris: Louis Michaud, 1925.

3. 논문

박준만, 2007, 「중국대륙과 바티칸 관계개선에 대한 사전적 고찰」, 『중소연구』 113.

신의식, 2002, 「天主敎 解禁(1840년) 前後의 傳敎 狀況變化」, 『중국학논총』 13.

신의식, 2016, 「만주국과 천주교회」, 『교회사연구』 49.

신태갑, 2011, 「뱅상 레브 신부와 중국 천주교의 토착화」, 『대구사학』 103.

오규열, 2009, 「중국 천주교회와 교황청의 관계」, 『가톨릭 신학과 사상』 29.

조현범, 2012, 「세계 교회의 흐름과 교계제도의 설정: 동아시아 선교 정책의 변화를 중심으로」, 『교회사연구』 40.

최기영, 2014, 「우빈(于斌) 주교와 한국독립운동」, 『교회사연구』 44.

최병욱, 2002, 「1860년대 重慶·酉陽의 反基督敎運動」, 『강원사학』 17·18.

최병욱, 2004, 「四川省 川東地域의 敎案과 地域社會」, 『강원사학』 19·20.

최병욱, 2004, 「중국에서의 프랑스 '保敎權'의 기원과 성립-淸初 프랑스 예수회 선교사의 중국파견에서 淸佛<北京條約>의 체결까지」, 『명청사연구』 22.

최병욱, 2007, 「청조·교황청의 외교관계 수립 교섭(1885-1886)과 프랑스 '保敎權' 문제」, 『동양사학연구』 100.

최병욱, 2008, 「近代 中國 不平等條約 중의 基督敎 관련 조항의 의미」, 『중국근현대사연구』 37.

최병욱, 2010, 「淸·敎皇廳의 외교관계 수립에 대한 淸朝 관리의 인식과 실천」, 『명청사연구』 32.

최병욱, 2010, 「20세기 초 중국의 反基督敎에 대한 소통과 치유-뱅상 레브 신부를 중심으로」, 『中央史論』 32.

최병욱, 2011, 「사회적 실천과 치유-뱅상 레브 신부의 예」, 『인문과학연구』 30.

최병욱, 2012, 「교황 사절 코스탄티니의 중국 파견과 동서 문화의 소통」, 『교회사연구』 40.

최병욱, 2016, 「충돌과 화합 : 마샹보(馬相伯)의 중국 천주교 토착화」, 『교회사연구』 48.

최병욱, 2017, 「20세기 중국과 바티칸 외교관계의 재조명」, 『교회사연구』 50.

최병욱, 2019, 「天主敎徒 馬相伯의 宗敎·政治思想」, 『중국사연구』 118.

최병욱, 2019, 「19세기 후반 서세동점 하의 上海 상황과 오페르트 도굴 사건의 국제적 배경」, 『한국학』 42-2.

허원, 2003, 「淸末의 敎案 終熄論」, 서원대학교 인문과학연구소, 『인문과학연구』 12.

警雷 譯, 1960, 「剛樞機筆下的雷鳴遠」, 『恒毅』, 第9卷 第1期.

警雷, 1956, 「剛樞機與雷鳴遠」, 『恒毅』, 第5卷 第9期.

顧衛民, 1996, 「剛恒毅與近代中西文化交流」, 『世界宗敎硏究』, 第4期.

顧衛民, 2002, 「近代中國的保敎權問題」, 中國義和團硏究會 編, 『義和團運動100周年國際學術討論會論文集』 下, 濟南: 山東大學出版社.

顧衛民, 2005, 「剛恒毅與1924年第1屆中國敎務會議」, 『上海大學學報』, 제3期.

顧衛民 譯(Agostino Giovagnoli 著), 1996, 「本篤十五任敎宗時期羅馬敎廷與中國的外交關係」, 『近代中國』, 第1期.

顧衛民·楊國强, 1995, 「二十世紀初期在華天主敎會的中國化」, 『檔案與史學』, 第5期.

龔政定, 1962, 「法國在華之保敎權」, 臺北: 國立政治大學 碩士論文.

郭衛東, 2000, 「淸朝禁敎政策演變的若干問題」, 『安徽史學』, 第1期.

權赫秀, 2003, 「馬相伯在朝鮮的顧問活動(1882年11月-1884年4月)」, 『近代史硏究』, 第3期.

金燕, 2012, 「馬相伯與基督敎會」, 『檔案與建設』, 第2期.

雷火劍, 2012, 「論中梵關係正常化的障碍及其出路」, 『雲南社會主義學院學報』, 第3期.

婁獻閣, 1993, 「馬相伯與抗日救亡運動」, 『抗日戰爭硏究』, 第2期.

白新良, 2003, 「康熙朝奏折和來華西方傳敎士」, 『南開史學』, 第1期.

謝麗莎, 2010, 「馬相伯宗敎觀述評」, 『華夏文化』, 第4期.

薛玉琴, 2012, 「民國初年有關制憲問題的爭論-以馬相伯的經歷爲視覺的考察」, 『復旦學報』, 第2期.

孫邦華, 2004, 「試論北京輔仁大學的創建」, 『世界宗敎硏究』, 第4期.

宋維紅, 1992, 「馬相伯敎育思想述評」, 『蘇州大學學報』, 第3期.

楊大春, 2001, 「晩淸政府與羅馬敎廷的外交歷程」, 『史學月刊』, 第1期.

楊大春, 2004, 「晩晴政府關于外國傳敎士護照政策槪述」, 『歷史檔案』, 第2期.

楊愛芹, 2009, 「<益世報>創辦人雷鳴遠其人其事」, 『縱橫』, 第7期.

呂堅, 1988, 「關于近代史上敎會內地置産協定」, 『史學集刊』, 第2期.

冉光榮, 1985, 「淸前期天主敎川活動與淸政府的査禁」, 『社會科學硏究』, 第4期.

閻宗臨, 1998, 「十七,十八世紀中國與歐洲的關係」, 閻守誠 編, 『閻宗臨史學文集』, 太原: 山西古籍出版社.

吳伯婭, 2002, 「禮儀之爭爆發後康熙對傳敎士的態度」, 『歷史檔案』, 第3期.

吳宗文, 1976, 「由剛樞機的回憶錄看中國第一批主敎的選擇與敎區成立的經過」, 『恒毅』 6卷 第3期.

翁飛, 1994, 「李鴻章與蠶池口敎堂遷移案」, 『學術界』, 第1期.

王立新, 1996 「晚淸政府對基督敎和傳敎士的政策」, 『近代史硏究』, 第2期.

王中茂, 2006, 「重評耆英的外交活動及其思想」, 『史學月刊』, 第12期.

王曉焰, 1999, 「19世紀上半葉法國對華政策的主要特征」, 『首都師範大學學報』, 1999年 第2期.

劉義, 2005, 「基督徒與民初憲法上的信敎自由」, 『東岳論從』, 第1期.

劉正偉·薛玉琴, 2006, 「敎育救國: 科學與人文幷重-馬相伯大學理念與實踐考察」, 『高等敎育硏究』, 第7期.

李師洲, 1990, 「帝國主義列强在華保敎權的沿革」, 『山東大學學報』,第2期.

李晟文, 1995, 「淸代法國耶穌會士在華傳敎策略」, 『淸史硏究』, 第3期.

李晟文, 1999, 「明淸時期法國耶穌會士來華初探」, 『世界宗敎硏究』, 第2期.

李晟文, 2001, 「明淸之際法國耶穌會士來華過程硏究」, 黃時鑒 主編, 『東西交流論譚』 第二集, 上海文藝出版社.

李存娜, 2003, 「1949年以來中梵關係變化三階段」, 『國際資料信息』, 第10期.

李天綱, 1995, 「馬相伯晚年宗敎生活與思想」, 『史林』, 第3期.

人民日報 評論員, 2000, 「梵蒂岡'封聖'是向中國人民的嚴重挑釁」, 『人民日報』, 10月 3日.

林金水, 1991, 「試論南懷仁對康熙天主敎政策的影響」, 『世界宗敎硏究』, 第1·2期.

林延淸, 1986, 「論鴉片戰爭前淸政府對耶穌會士的政策」, 『南開史學』, 第1期

張建華, 2001, 「中法<黃埔條約>交涉: 以拉萼尼與耆英之間的來往照會函件爲中心」, 『歷史硏究』, 第2期.

張繼才, 2009, 「淸末至北洋政府統治時期馬相伯對國家結構的思考」, 『湖北社會科學』, 第10期.

蔣純焦·杜保源, 2012, 「馬相伯大學敎育思想探析」, 『大學敎育科學』, 第4期.

張天護, 1936, 「法國之護敎政策」, 『外交月報』, 第9卷 第6期, 北平: 外交月報社.

張天護, 1936, 「淸代法國對華貿易問題之硏究」, 『外交月報』, 第8卷 第6期, 北平: 外交月報社.

趙賓實, 1965, 「讀『雷鳴遠神父傳』後的我感與回憶」, 『恒毅』, 第14卷 第11期, 臺北: 天主敎主徒會 恒毅學社.

朱靜, 1997, 「羅馬天主敎會與中國禮儀之爭」, 『復旦學報』, 第3期.

陳瑋, 2005, 「基督敎第三次入華與康熙末年的禁敎」, 『歷史敎學』, 第6期.

陳才俊, 2010, 「文化會通與中國敎育現代化的嘗試-以馬相伯敎育哲學理念爲中心」, 『暨南學報』, 第6期.

陳聰銘, 2009, 「1920年代末梵·法在華保敎權之爭－以敎宗駐華代表剛恆毅爲中心的討論」, 『中央研究院近代史研究所集刊』, 第65期.

秦和平, 1998, 「淸季中國政府與羅馬敎廷交往史論(1885-1905)」, 章開沅 主編, 『社會轉型與敎會大學』, 漢口: 湖北敎育出版社.

鄒振環, 2005, 「馬相伯與『拉丁文通』」, 『復旦學報』, 第6期.

胡建華, 1990, 「論咸豊朝的限敎政策」, 『近代史研究』, 第1期.

黃書光, 2003, 「論馬相伯在中國近代高等敎育思想的地位」, 『高等敎育研究』, 第6期.

黃書光, 2004, 「馬相伯宗敎價値觀與天主敎中國化探索」, 『學術界』, 第1期.

黃書光, 2004, 「馬相伯中西匯合的文化敎育觀」, 『華東師範大學學報』, 第1期.

矢野仁一, 1916, 「支那に於ける天主敎の保護權に就て」, 『史林』, 第1卷 第1號.

矢澤利彥, 1960, 「中華思想と典禮問題」, 『歷史敎育』, 第8卷 第11號.

佐々木正哉, 1982, 「同治年間の敎案」, 『近代中國』, 第12卷.

Cohen, Paul A. "Christian Mission and Their Impact to 1900", in John K. Fairbank, ed. *The Cambridge History of China*. Vol.10, Cambrige: Cambrige U. P., 1978.

Landry Vedrenne, "The diplomatic relations between the Holy See and the Republic of China from 1942 to 2012", Master's Thesis, National Chengchi University, June 2012.

W. A. P. Martin, "The Worship of Ancestors - A Pea for Toleration", *Records of the General Conference of Protestant Missionaries in China*, Shanghai: American Presbyterian Mission Press, 1890.

중국 지명 표기 대조표
한글명(한자, 중국어 발음)

감숙(甘肅, 간쑤)

강서(江西, 장시)

강소(江蘇, 장쑤)

개봉(開封, 카이펑)

경주(瓊州, 충저우)

계림(桂林, 구이린)

고웅(高雄, 가오슝)

광동(廣東, 광둥)

광서(廣西, 광시)

광주(廣州, 광저우)

구룡(九龍, 주룽)

귀주(貴州, 구이저우)

김가항(金家巷, 진자샹)

난주(蘭州, 란저우)

남경(南京, 난징)

남창(南昌, 난창)

노서개(老西開, 라오시카이)

노안(潞安, 루안)

단도(丹徒, 단투)

단양(丹陽, 단양)

담수(淡水, 단수이)

대만(臺灣, 타이완)

대북(臺北, 타이베이)

동가도(董家渡, 둥쟈두)

등주(登州, 덩저우)

망하(望廈, 왕샤)

무석(無錫, 우시)

무창(武昌, 우창)

복건(福建, 푸젠)

복주(福州, 푸저우)

북경(北京, 베이징)

분양(汾陽, 펀양)

사천(四川, 쓰촨)

산동(山東, 산둥)

산서(山西, 산시)

산해관(山海關, 산하이관)

상해(上海, 상하이)

서가회(徐家匯, 쉬쟈후이)

서림(西林, 시린)

서만자(西灣子, 시완쯔)

서십고(西什庫, 시스쿠)

서안(西安, 시안)

서주(徐州, 쉬저우)

선화(宣化, 쉬안화)

섬서(陝西, 산시)

성도(成都, 청두)

소주(蘇州, 쑤저우)

소흥(紹興, 사오싱)

송강(松江, 쑹장)

안국(安國, 안궈)

양곡(陽穀, 양구)

양성(襄城, 샹청)

여현(蠡縣, 리시엔)

연주(兗州, 옌저우)

열하(熱河, 러허)

영파(寧波, 닝보)

요동(遼東, 랴오둥)

우장(牛莊, 니우좡)

운남(雲南, 윈난)

유양(酉陽, 유양)

장강(長江, 창장)

절강(浙江, 저장)

정정(正定, 정딩)

조경(肇慶, 자오칭)

조주(潮州, 차오저우)

중경(重慶, 충칭)

직예(直隸, 즈리)

진강(鎭江, 전장)

창덕(彰德, 장더)

천동(川東, 촨둥)

천진(天津, 톈진)

청도(靑島, 칭다오)

탁주(涿州, 줘저우)

태원(太原, 타이위안)

태주(台州, 타이저우)

포기(蒲圻, 푸치)

포동(浦東, 푸둥)

하남(河南, 허난)

한구(漢口, 한커우)

해남(海南, 하이난)

해문(海門, 하이먼)

호남(湖南, 후난)

호문(虎門, 후먼)

호북(湖北, 후베이)

황포(黃浦, 황푸)

중국 인명 표기 대조표
한글명(한자, 중국어 발음)

강유위(康有爲, 캉유웨이)
고유균(顧維鈞, 구웨이쥔)
곽숭도(郭嵩燾, 궈송다오)
기영(耆英, 치잉)

나광(羅光, 뤄광)
노신(魯迅, 루쉰)

단국새(單國璽, 단궈시)
담보신(覃輔臣, 탄푸천)
동광청(董光淸, 동광칭)

마건숙(馬建淑, 마젠수)
마건충(馬建忠, 마젠충)
마건훈(馬建勳, 마젠쉰)
마군무(馬君武, 마쥔우)
마상백(馬相伯, 마샹보)
묘기수(苗其秀, 먀오치슈)

사수강(謝壽康, 셰서우캉)
서계여(徐繼畬, 쉬지위)
서수(徐壽, 쉬서우)
설복성(薛福成, 쉐푸청)
성화덕(成和德, 청허더)
세증(世增, 스쩡)

소력자(邵力子, 샤오리즈)
손덕정(孫德楨, 순더전)
손문(孫文, 쑨원)
심측공(沈則恭, 선저궁)

양계초(梁啓超, 량치차오)
양육휘(楊毓輝, 양위후이)
엄복(嚴復, 옌푸)
여서창(黎庶昌, 리수창)
여해환(呂海寰, 루하이환)
영렴지(英斂之, 잉롄즈)
오경웅(吳經熊, 우징숑)
왕도(王韜, 왕타오)
왕정위(王精衛, 왕징웨이)
왕정정(王正廷, 왕정팅)
우빈(于斌, 위빈)
우우임(于右任, 위유런)
원문화(袁文華, 위안원화)
원세개(袁世凱, 위안스카이)
유곤일(劉坤一, 류쿤이)
육건영(陸建瀛, 루젠잉)
육징상(陸徵祥, 루정샹)
이홍장(李鴻章, 리훙장)
임삼(林森, 린썬)

장개석(蔣介石, 장제스)

장서음(張瑞蔭, 장루이인)

장식성(蔣式瑆, 장스싱)

장지동(張之洞, 장즈둥)

장학량(張學良, 장쉐량)

전경신(田耕莘, 톈경신)

정보정(丁寶楨, 딩바오전)

조자양(趙紫陽, 자오쯔양)

조회의(趙懷義, 자오화이이)

주개민(朱開敏, 주카이민)

주안생(朱安生, 주안성)

주지요(朱志堯, 주즈야오)

증국번(曾國藩, 증궈판)

진국지(陳國砥, 천궈디)

진기장(陳其璋, 천치장)

진독수(陳獨秀, 천두슈)

진연독(陳緣督, 천위안두)

진원(陳垣, 천위안)

채원배(蔡元培, 차이위안페이)

허경징(許景澄, 쉬징청)

혁광(奕劻, 이쾅)

혁흔(奕訢, 이신)

호약산(胡若山, 후뤄산)

황수일(黃秀日, 황슈르)

홍수전(洪秀全, 홍슈취안)

황은동(黃恩彤, 황언퉁)

서양 인명 표기 대조표
한글명(본명, 중국명)

게브리앙(Mgr. Guébriant, 光主敎)

고빌(Antoine Gaubil, 宋君榮)

고틀랑(Claude Gotteland, 南格祿)

구르동(Gourdon, 古洛東)

그라몽(Jean de Grammont, 梁棟材)

그로(J. B. Gros, 葛羅)

넬(Jean-Pierre-Néel, 文內耳)

다니쿠르(T. Danicourt, 顧鐸德)

달랴부에(F. Tagliabue, 戴濟世)

데트링(G. von Dtring, 德璀琳)

데플레슈(E. J. C. Dèsfleches, 范若瑟)

들라마르(Louis Delamarre, 艾嘉略)

들라플라스(Louis Delaplace, 田類思)

라그르네(T. de Lagrené, 拉萼尼)

랑길라(Adrien Languillat, 郎懷仁)

레지스(Jean Baptiste Regis, 雷孝思)

루카(F. de Luca, 盧嘉德)

르메르(V. G. Lemaire, 李梅)

리베리(Antonio Riberi, 黎培理)

리즈털위베르(Paul Ristelhueber, 林椿)

마레스카(F.X. Maresca, 趙方濟)

마이아(de Mailla, 馮秉正)

마태오 리치(Matteo Ricci, 利瑪竇)

마틴(W. A. P. Martin, 丁韙良)

메그로(Charles Maigrot, 顏璫)

메리탕(M. de Méritens, 美理登)

메차바르바(C. A. Mezzabarba, 嘉樂)

몽텔(Ferdinand Montels, 曾福定)

몽티니(L. C. de Montigny, 敏體尼)

물리(Joseph-Martial Mouly, 孟振生)

뱅상 레브(Vincent Lebbe, 雷鳴遠)

베르테미(Jules Berthémy, 柏爾德密)

베지(Louis de Bési, 羅類思)

보임(Michael Boym, 卜彌格)

부르블롱(A. de Bourboulon, 布爾布隆)

부베(Joachim Bouvet, 白晉)

브누아(Michael Benoist, 蔣友仁)

브란트(S. Von Brandt, 巴蘭德)

브릿지맨(E. C. Bridgman, 裨治文)

비즈루(Claude de Visdelou, 劉應)

산츠(Pierre Martyr Sanz, 白多祿)

샵들렌느(Auguste Chapdelaine,
　　馬賴)

스펠타(L. C. Spelta, 徐伯達 혹은
　　徐類思)

아담 샬(Adam Schall, 湯若望)

아데미스(Tristan de Athemis,
　　談方濟)

아미오(Amiot, 錢德明)

안쩌(J. B. Anzer, 安治泰)

야코비니(Card. Jacobini, 雅各比尼)

엔리케즈(Antoine J. Henriquez,
　　黃安多)

올콕(Rutherford Alcock, 阿禮國)

자닌(Mario Zanin, 蔡寧)

제라르(A. Gérard, 施阿蘭)

제르비용(Jean-François Gerbillon,
　　張誠)

조톨리(Angelo Zottoli, 晁德莅)

존 G. 던(John George Dunn,
　　敦約翰)

존 프라이어(John Fryer, 傅蘭雅)

지우리아넬리(F. Giulianelli, 瑞神父)

카스틸리오네(G. Castiglione,
　　郞世寧)

칼르리(Joseph-Marie Callery,
　　加略利)

코스탄티니(Celso Costantini,
　　剛恒毅)

코타(Antoine Cotta, 湯作霖)

콩트(Louis Le Comte, 李明)

쾨글러(Ingnaz Kögler, 戴進賢)

쿠플레(Couplet, 柏應理)

투르농(Tournon, 多羅)

파레냥(Dominicus Parrenin, 巴多明)

파비에(A. Favier, 樊國梁)

파우리(Louis S. Faurie, 胡縛理)

파커(P. Parker, 伯駕)

팔뤼(François Pallu, 巴錄)

페레이라(Thomas Pereira, 徐日昇)

페르비스트(Ferdinand Verbiest,
　　南懷仁)

퐁타네(Jean de Fontaney, 洪若翰)

피숑(J. M. Pichon, 畢盛)

하비에르(Francisco Javier, 沙勿略)

할러슈타인(A. von Hallerstein,
　　劉松齡)

찾아보기

최 병 욱

강원대학교 사학과 졸업
중국 북경대학 역사학과 고급진수과정 수료
강원대학교 대학원 문학박사
전 강원대학교 인문과학연구소 HK연구교수
　　명지대학교 사학과 객원교수
　　상지대학교 교양과 외래교수
현 강원대학교 인문학부 사학전공 강사
　　춘천교육대학교 사회과교육과 강사

저서
『옛 사람들의 마음건강, 그리고 인문치유』(단독)
『역사 속의 동서문화교류』
『세계 영토분쟁의 과거와 현재』(이상 공저) 外

논문
「20세기 초 중국의 反基督敎에 대한 소통과 치유」
「사회적 실천과 치유 - 뱅상 레브 신부의 例」
「다문화사회에서 문화교류사 교육의 사회 치유적 역할」
「'위기청소년'을 위한 인성교육과 인문치료」
「현재적 관점에서 본『채근담』의 마음건강」
「20세기 중국과 바티칸 외교관계의 재조명」
「천주교도 馬相伯의 종교·정치사상」
「1920년대 중국의 '非基督敎運動' 재평가」
「19세기 후반 서세동점 하의 上海 상황과 오페르트 도굴 사건의
　국제적 배경」 外

중국 근현대 천주교사 연구

초판 인쇄 2020년 10월 15일
초판 발행 2020년 10월 22일

저   자 최병욱

펴 낸 이 한정희
펴 낸 곳 경인문화사
편   집 김지선 유지혜 박지현 한주연
마 케 팅 전병관 하재일 유인순
등   록 제406-1973-000003호
주   소 경기도 파주시 회동길 445-1 경인빌딩 B동 4층
전   화 (031) 955-9300   팩 스 (031) 955-9310
홈페이지 http://www.kyunginp.co.kr
전자우편 kyunginp@chol.com

ISBN 978-89-499-4865-2 93910
정가 28,000원